HENRICUS BATE

SPECULUM DIVINORUM
ET QUORUNDAM NATURALIUM

CENTRE DE WULF-MANSION

PHILOSOPHES MÉDIÉVAUX

COLLECTION DE TEXTES ET D'ÉTUDES
PUBLIÉE PAR L'INSTITUT SUPÉRIEUR DE PHILOSOPHIE
DE L'UNIVERSITÉ DE LOUVAIN
SOUS LA DIRECTION DE FERNAND VAN STEENBERGHEN
PROFESSEUR A L'UNIVERSITÉ

PHILOSOPHES MÉDIÉVAUX

TOME X

E. VAN DE VYVER o.s.b.

DOCTEUR EN PHILOSOPHIE

HENRICUS BATE

SPECULUM DIVINORUM

ET

QUORUNDAM NATURALIUM

ÉDITION CRITIQUE

TOME II

PARTES II-III

OUVRAGE PUBLIÉ AVEC LE CONCOURS

DE LA FONDATION UNIVERSITAIRE DE BELGIQUE

PUBLICATIONS UNIVERSITAIRES
2, Place Cardinal Mercier
LOUVAIN

BÉATRICE - NAUWELAERTS
4, Rue de Fleurus
PARIS (VIe)

1967

PARS II

SECUNDA PARS INCIPIT

CAPITULUM 1

DE INTELLECTU QUI POTENTIA SEU POSSIBILIS DICITUR

De intellectualibus quidem itaque substantiis tractaturi secundum
5 supra dicti processus observationem, primo investigemus virtutem
intellectivi principii cuius actionem in nobis experimur. Illud autem
quod de intellectu in nobis communiter experimur, hoc est quod
quandoque non intelligentes actu, potentia sumus intelligentes,
quandoque vero actu intelligimus. Intelligere autem vocamus for-
10 mam materialem cognoscere secundum id quod est, sed et universaliter quidem *ens in quantum ens est, et quod quid est* entis apprehendere.

Si igitur dicat HOMERUS aut EMPEDOCLES quod intelligere est
quidam actus corporeus, et sapere tamquam quoddam sentire, etiam
15 ex ipsorum suppositione concludit PHILOSOPHUS contra ipsos quod,
si est intelligere sicut sentire, necesse est intellectum *impassibilem*
et incorporeum esse, *susceptivum autem specierum,* et non esse
formam aliquam materialem sed immaterialem, quemadmodum
neque sensus est aliqua forma sensibilium formarum quas cognoscit.
20 Commentator autem AVERROES ait quod *in hoc sermone Philo-*

---

1 Secunda pars incipit] Secunda pars *BE* : *om. A*   2 Capitulum 1] Secunde partis
primum capitulum *CD* : Sequitur secunde partis primum capitulum *AE*   3 qui]
est *add. B*   seu] vel qui *B*   4 itaque] ergo *B*   5 processus] scilicet *add. B*
7 communiter *post* intellectu *B*   10 materialem] naturalem *A*   11 quid est
inv. D   13 igitur] ergo *D*   omerus *B*   15 ipsorum] eorum *B*   16 est intelligere *inv. B*   est² *om. A*

5 supra : Pars I, c. 1 et 32. Ed. Van de Vyver, I, p. 71, 4-14 et 212, 71-76.

11 ens in - quid est : ARIST., *Metaph.*, VI (E), 1, 1026 a 31-32.

13 Si - 14 sentire : ARIST., *De Anima*, III, 3, 427 a 21-29.

16 si est - 17 specierum : ARIST., *De Anima*, III, 4, 429 a 13-15.

20 in hoc - 28 sono : AVER., *De Anima*, III, 4. Aver. lat., VI. 1, p. 385 (lin. 64-73).

sophus usus est duabus *propositionibus, quarum una est quod ista substantia*, scilicet noster intellectus, *recipit omnes formas materiales, et hoc notum est de hoc intellectu; secunda autem est quod omne recipiens aliquid necesse est ut sit denudatum a natura recepti, et ut sua substantia non sit substantia recepti in specie. Si enim recipiens* 25 *esset de natura recepti, tunc res reciperet se, et tunc movens esset motum. Unde necesse est*, inquit, *ut sensus recipiens colorem careat colore, et recipiens sonum careat sono. Utrum autem haec substantia*, scilicet intellectus iste, *habeat formam* propriam *diversam in esse a formis materialibus, adhuc non declaratur ex hoc sermone*, ait COM- 30 MENTATOR. *Propositio enim dicens quod recipiens debet esse denudatum a natura recepti, intelligitur a natura speciei illius recepti, non a natura sui generis, et maxime remoti, et maxime eius quod dictum est per aequivocationem*, sicut patet in tactu. Unde, quemadmodum sensus non simpliciter denudatus esse concluditur ab omni specie materiali, 35 licet susceptivus sit specierum sensibilium sine materia, sed tantum denudatus est a natura formarum quarum species recipit sine tali quidem materia qualis est in obiectis, non tamen omnino sine materia, ut dictum est, neque sine proprietatibus individuantibus, sic etiam de intellectu concludi non potest ex his aliud quam quod 40 denudatus sit ab omni forma materiali, postquam in potentia est cognoscendi omnem formam, et spiritualem et aliam quamcumque materialem. Et quidem ex his quae, 2º D e A n i m a, PHILOSOPHUS in sensitivis potentiis inducendo manifestat, palam est universaliter accipiendam esse tamquam notam suppositionem quandam huiusmodi 45 propositionem, videlicet quod omnis potentia materialium cognitiva formarum quarumlibet, actu quidem non cognoscens ullam, nisi postquam ei similem actu singulo susceperit speciem qua formam cognoscat singulam, caret omni materiali forma, cuius quidem similem sic habet suscipere speciem. 50

21 quarum *om. B* 23 est¹] esse *B* autem *om. B* 24 aliquid] aliquod *B* 24-25 et ut... recepti *om. AE* 36 specierum sensibilium *inv. B* tantum] tamen *CAE* 37-38 natura... sine *om. AE* 40 sic] sicut *A* 42 quamcumque] quantumcumque *C* 43 quidem] quia *x* quae] in *add. B* 45 suppositionem] superficiem *B* 48 qua] que *B*

28 Utrum - 34 tactu : AVER., *De Anima*, III, 4. Aver. lat., VI.1, p. 386 (lin. 90-98).
39 dictum est : Pars I, cc. 3, 4 et 6.
44 manifestat : ARIST., *De Anima*, II, 12, 424 a 17-24.

Si ergo sic *est intelligere sicut sentire* — sic, inquam, quod intellectus possibilis praemisso modo cognitiva supponatur esse potentia — de necessitate sequitur, syllogistice concludendo, quod intellectus possibilis omni materiali forma carens est, ac per hoc immaterialis
55 et immixtus necessario. Commendat igitur PHILOSOPHUS ANAXA-GORAM in hoc quod dixit intellectum *immixtum esse*, id est non mixtum, *ut imperet, hoc est ut cognoscat* et iudicet materialia. In ipso namque existens forma materialis impediret iudicium quoad aliam formam extraneam, secundum quod per experientiam declaratur. *Quare*
60 *neque est*, inquit, *ipsius naturam esse neque unam, sed aut hoc quia possibilis.* Secundum aliam vero litteram : *sed aut hanc quod possibilis. Vocatus itaque animae intellectus — dico autem intellectum quo opinatur et intelligit anima — et hoc nihil est actu eorum quae sunt ante intelligere. Unde neque misceri rationabile est ipsum corpori; qualis*
65 *enim aliquis utique fiet aut calidum aut frigidum si organum aliquod erit sicut sensitivo; nunc autem nullum est.*

Super quo THEMISTIUS : *Necessarium ergo talem*, ait, *intellectum non esse naturam propriam nullam neque formam nisi hanc, quod possibilis est comprehendere alienas naturas et formas, et nullam ha-*
70 *bere speciem determinatam, quoniam comprehendere omnia natus est. Qui ergo vocatur intellectus animae — dico autem intellectum quo intelligit et suscipit anima, non ille in quo saepe abutentes ferimus et super phantasiam — nihil entium est actu ante aliquid intelligere. Propter quod neque rationabile est ipsum esse mixtum corpori; corporis*

---

52 praemisso modo *inv.* B   54 ac] Sic B   61 sed aut] secundum autem B
62 autem] aut x   64 misceri] miscere C   65 fiet] fieret E   calidus aut frigidum D
66 erit] esset B   sensitivo] sentivo A   67 Super quo Themistius *i.m.* D
ergo] esse D   talem ait *inv.* B   68 esse] est B   quod] quia B   69 possibile
AE   apprehendere B   71 autem] aut x   72 anima] vel omnia *add. codd.*
ille] illum B   ferimus et] ferimur scilicet *in ras.* E[2]   73 aliquod B   74 mix-
tum] esse *add.* E, *sed del.* esse E[2]

51 Si - sentire : ARIST., *De Anima*, III, 4, 429 a 13-14.
55 Commendat - 66 nullum est : ARIST., *De Anima*, III, 4, 429 a 18-27.
60-61 sed aut hoc quia possibilis (429 a 21-22) : translatio vetus, ed. M. ALONSO, *Pedro Hispano. Expositio libri « De Anima »*, p. 303, 11.
61 sed aut hanc quod possibilis : Translatio nova, cod. Brugensis, Bibl. publica, 478, f. 214[ra].
67 Necessarium - 88 corpore : THEMIST., *In De Anima*, lib. V (*ad locum*). CAG V. 3, p. 94, 24 - 95, 5; CAG lat. I, p. 215, 11 - 216, 34.

enim ad corpus mixtura est. Necesse autem corpus existentem actu 75
esse et formam habere propriam; sed neque organo utique utitur
neque *corpore sicut sensus; etenim sic assumet qualitatem organi*
quae, coexistens semper operationibus ipsius, alias species prohibebit.
Palam autem maxime hoc ex sensitiva potentia; hoc enim corpus
quidem non est, sed quoniam utitur totaliter organis corporalibus, 80
coassumit cum his passionibus. *Et hoc manifestum in sensiteriis.*
Quando enim a valde sensibilibus vehementius moveantur sensitiva,
velut a sono magno auditus, et a fulgido colore visus, aut a gravi
odore odoratus, non potest adhuc debilia et tenuia comprehendere
facile, sed immanet vestigium fortioris percussionis expellens tenuiorem 85
et debiliorem. Intellectus vero quando intellexerit valde intelligibile non
minus intelligit demissiora, immo magis. Sic ergo sensus quidem non
sine corpore, hic autem intellectus separatus ab omni corpore.

Hoc enim est per se notum quod omnis potentia receptiva seu
passiva praecedens actum seu formam ab ipsa receptibilem, caret 90
eodem actu seu forma receptibili. Ad huius autem suppositionis
verificationem in sensitivis potentiis est declarandum, cum duo sunt
modi receptionis et alterationis ac passionis quorum unus est qui
corporalis et *cum materia* simpliciter esse dicitur, secundum quem
lapides et ligna necnon et animata cetera consimilia patiuntur et 95
alterantur ab igne seu ab aliis contrariis, alius vero modus qui spi-
ritualis et quodammodo sine materia dicitur, secundum quem
organa potentiarum sensitivarum a suis obiectis patiuntur, non ad
corruptionem ut in primo modo, sed ad perfectionem, quae fit per
speciem obiecti seu similitudinem quandam ipsius receptam in sen- 00
siteriis. Ostendit autem PHILOSOPHUS, in 2° D e A n i m a , quod
ex huiusmodi receptione seu passione dicta secundo modo, sequitur
necessario huiusmodi receptivam seu passivam potentiam non solum

76 utique utitur] uteretur utique *B*   78 coexistens] existens vel *B*   79 maxime
post potentia *B*   hoc²] haec *x*   80 quidem] quod *B*   81 coassumitur *x*
passionibus] alias cum (tamen *CDA*) his quid passionis *add. x* : aliquid passionis
Themist.   82 moveantur] moneantur *B* : moventur *E*   84 tenuia] temica *A*
85 percussionis] passionis *in ras.* *E*²   87 demissiora] remissiora *B*   ergo *om. B*
89 Hoc enim *ad finem capituli om. x*

92 cum - 00 sensiteriis : ARIST., *De Anima*, II, 5, 417 b 2 sqq.
94 cum materia : ARIST., *De Anima*, II, 12, 424 b 3.

speciebus ipsis et similitudinibus obiectorum carere seu ab illis
5 denudatam esse quas habet ⟨ suscipere ⟩, verum etiam et materialibus eorum formis et qualitatibus ipsorum corporalibus, quas in obiectis
habet cognoscere. Sensitiva namque potentia, cum sit necessario
media quaedam ratio sensibilium, ut PHILOSOPHUS docet ibidem, si
formas obiectorum seu qualitates reciperet primo modo, prout
10 videlicet in ipsis obiectis habent esse perfecte, non ad sui perfectionem et salutem illa pateretur, sed potius ad sui corruptionem.

Concludit ergo PHILOSOPHUS quod virtus, actionem recipiens
colorum obiectorum quorum est cognitivus, de necessitate non co-
loratus ⟨ est ⟩ illis coloribus, quatenus per alterationem simplicem,
15 corporalem dictam, visus ipse colorum obiecta non recipiat, sed
ipsius utique spiritualem quandam similitudinem sive speciem sine
corporea seu corpulenta quadam obiecti materia. Consimiliterque
concludit PHILOSOPHUS hoc ipsum in sensibus reliquis formis necessarium. Et hinc etiam experimur in sensu tactus, qui media ratio tangibi-
20 lium qualitatum est, quod, ⟨ si ⟩ non qualitatum obiectorum, suae
mediae rationi quodammodo dissimilium, actionem recipiat et patia-
tur spirituali dicto secundo modo, nequaquam sentit illas, quemadmodum et visus elementorum aeris et ignis et consimilium spiritu-
alium sive subtilium corporum occultas, quorum actionem in se
25 non percipit, non videt neque sentit. Sic ergo palam est potentiam
omnem sensitivam a sensibilibus necessario denudatam esse qualitatibus et formis, quarum est cognitiva per se, mediante quadam
specierum illarum sive quarundam similium receptione spirituali.
Et hoc ad primam suppositionem declarandam in sensibus.

30 Sane, quilibet nostrum potest experiri in se, si velit advertere,
quandam in nobis esse potentiam qua possumus actu intelligere
quamlibet materialem formam tam substantialem quam accidentalem, sive corporalem sive spiritualem et universaliter etiam quam-

---

DEFICIT x 4-5 ab illis denudatam *scripsi*] ad illos denudatum *B* 5 suscipere
supplevi 14 est *supplevi* quatenus *scripsi*] quamvis *B* 20 si *supplevi*
24 corporum *iter. B* 26 sensibilibus *scripsi*] sensibus *B* 30 quilibet *scripsi*]
quibus *B*

7 cum - 8 sensibilium : ARIST., *De Anima*, II, 11, 424 a 4-5; 12, 424 a 27-28; III,
2, 426 b 3 et 7.
12 Concludit - 18 necessarium : ARIST., *De Anima*, II, 11, 424 a 7-9; 12, 424 a 17-24.
19 Et - 22 illas : ARIST., *De Anima*, II, 11, 424 a 2-6.

libet organicam sensitivam; et haec utique potentia sic est hominis
virtusque singularis et sic eidem attribuitur, non arbitrario quidem, 35
quod per illam unusquisque nostrum veraciter dicere potest : Ego
Socrates possum aut intelligo tamquam intelligens utique per id
quod ego principaliter sum, aut per mei partem aliquam intrinsecam
essentialem, aut per essentiam ipsam solam; per aliud enim, a me
separatum quidem existens penitus ita quod nihil mei sit, ego ne- 40
quaquam intelligo, nec aliquis alius per id quod sui nihil est, intelligens dici potest, quemadmodum nec caecus per oculum alterius
a se videntis videre potest. Expertam itaque veritatem hanc ut per
se notam accipiamus pro secunda suppositione.

Ex his ergo syllogizare possumus, maiorem quidem ex prima 45
suppositione sumentes propositionem in hunc modum : omnis
potentia cognitiva, species recipiens materialium formarum omnium,
quemadmodum et sensus nostri species recipiunt qualitatum sensibilium, caret omni forma materiali tamquam ab omni tali denudata
penitus et immaterialis existens † forma autem quae sic ex secunda 50
suppositione patet unusquisque nostrum singulariter intelligit et per
se cognitiva materialium omnium formarum ipse quidem est huiusmodi † praesertim apud opinantes quod nostrum *intelligere est sicut
sentire quoddam*; ergo simpliciter unusquisque noster intellectus ab
omni materiali forma denudatus est, et sic etiam immaterialis 55
necessario, materiam in sua quidditate vel essentia non includens,
et quantum ad hoc non irrationabiliter dici potest a materia separatus.

DEFICIT x ad lin. 58   35 arbitrario quidem *scripsi*] arbitror quaedam *B*
36 dicere *scripsi*] dici *B*   37 Socrates *scripsi*] Sor *B*   38 partem *scripsi*] partis *B*
49 omni[1] *scripsi*] enim *B*   57 irrationabiliter *scripsi*] rationabiliter *B*

53 intelligere - 54 quoddam : Arist., *De Anima*, III, 4, 429 a 13-14.

CAPITULUM 2

⁶⁰ EXPOSITIO IOHANNIS GRAMMATICI SUPER PRAEMISSIS

GRAMMATICUS quidem igitur IOHANNES in hoc loco 'Qui ergo vocatur, inquit, animae intellectus — dico autem intellectum quo meditatur et existimat anima — nihil est actu ante intelligere, propter quod neque mixtum esse rationabile est ipsum corpori' : Meditari
65 quidem ipsam significat meditationem, existimare autem opinionem. Quoniam intellectum communius usque nunc appellavit Aristoteles, merito nunc distinxit qualem intellectum dicit, quia non quo phantasiamus, sed quo existimamus et meditamur. Iste igitur ait Philosophus : 'nihil est actu ante intelligere', sed potentia omnia. Si autem
70 hoc, palam quia non solum incorporeus erit, sed et separatus ab omni corpore. Incorporeum autem ipsum esse necesse est, si quidem et deterior ipso sensus incorporeus est; neque enim corporis proprium est cognoscere, neque partibilis simul comparare differentia; quare necesse est etiam ipsum et non mixtum esse corpori et separatum. Si
75 enim incorporeus ens corpori mixtus est, aut secundum complexionem ipsi immixtus, aut species corporis, sicut sensitivi sensus et digestivi digestio. Si quidem igitur secundum complexionem immixtus corpori, 'qualis quidem, ait, est, puta frigidus vel calidus' et similia. Primo quidem igitur inconveniens est qualificari intellectum; necesse autem
80 est si secundum complexionem mixtus est corpori. Et aliter, si neque sensus qualitas aliqua existens corporis et complexio, multo magis

61 Grammaticus... Qui] cum B   62 inquit om. B   63 existimat] estimat B est] esse E   67 nunc] autem B   distinxit] talem add. A   quia] hoc add. B 68 existimamus et] estimamus et opinamur sive B   igitur] ergo B   69 est om. AE   potentia] est add. B   omnia] animae A : intelligibilia add. Philop.   70 quia] quod B   72 enim om. C   73 quare] quia est D   74 est om. A   76 sensitivi] principii add. B   77-78 immixtus corpori qualis iter. B   78 vel] aut B 79 igitur om. x   80 immixtus C et Philop.   aliter] alter DA

61 Qui - 64 corpori : ARIST., De Anima, III, 4, 429 a 22-25. Lemma in Philoponi com., CAG lat., III, p. 11, 65-68.
64 Meditari - 22-23 utrumque : Io. PHILOPONUS, In III De Anima (ad locum). CAG lat., III, p. 11, 69 - 14, 26.
78 qualis - calidus : ARIST., De Anima, III, 4, 429 a 25-26.

intellectus. Adhuc autem, si calidus sit actu, quomodo cognoscet qualitates reliquas? Impediet enim praeaccepta cognitione reliquarum, ut dictum est. Si autem ut species immixtus est corpori sicut irrationales et vegetativae potentiae, palam quia organo corporeo utetur sicut et 85 *illae.* 'Qualem autem, ut *ait* Philosophus, in 1º D e A n i m a, *partem aut qualiter intellectus continebit, difficile est et fingere'. Non enim videmus intellectum in intellectivis operationibus organo aliquo utentem, immo contrario impeditur a corpore, non* enim *solum in ebrietatibus et talibus, sed et in valitudinibus ipsius, quo et palam quia non est* 90 *intellectus in subiecto corpore; oportebit enim magis coalescere corpori et condetrimentum pati. Nunc autem e contrario se habet : crescente quidem enim corpore debiliores habet operationes, marcescente autem magis claret. Secundum nullum igitur modum immixtus est corpori. Separatus ergo est et non mixtus.* 95

Ad distinctionem igitur *a phantasia dixit* Philosophus † quem vocat hic intellectum animae † — *non enim proprie intellectus est phantasia, neque sine adiectione intellectus, sed cum adiectione passivus intellectus vocatur; idem autem est dicere : neque intellectus; adiectiones enim, ut saepe diximus,* inquit, *quod a principio* est, *perimunt — aut etiam* 00 *ad differentiam eius qui in actu intellectus, dico autem speculativi; maxime enim et principalissime iste intellectus.* 'Sicut, ait, manus est organum organorum, ita et qui actu intellectus species est *specierum'* ; *sicut enim scientia scientiarum* est *quae omnes in se ipsa continet, ita et species specierum quae omnes in se species continet.* 5

Quod autem ait Philosophus : '*Quo meditatur et existimat anima'* non ut '*per organum' legatur* ipsum '*quo'*, scilicet organo, sed *pro* '*secundum quod meditatur'. Non enim est intellectus animae organum, immo e contrario ipsius intellectus* organum est *anima, ac si diceret*

---

82 cognoscit *x*   84 immixtus] -ta *B* : id est intus mixtus *add. C*ˣᵐᵍ *D*   irrationalis *B*   88 intellectum *om. A*   utente *CDA*   90 et¹ *om. AE*   91 coalescere] valescere *B* : calescere *C*   93 enim *om. B*   marcessente *A*   94 immitus *CDA* 96-97 quem... animae] hoc autem 'qui ergo vocatur animae intellectus' *Philop.*   99 autem est *inv. C*   dicere] inquit *add. B*   adiectionem *C*   2 ait] *post* est *CAE* : *post* manus *D*   4-5 sicut... specierum *om. A*   5 species continet *inv. B*   6 meditatur (-tus *A*) et existimat *inv. B*   7 quo scilicet *inv. C*   sed] scilicet *C* 8 enim est *inv. B*

86 Qualem - 87 fingere : ARIST., *De Anima*, I, 5, 411 b 18.
89 non solum in ebrietatibus : Cfr ARIST., *De Anima*, I, 4, 408 b 23-24.
2 Sicut - 3 specierum : ARIST., *De Anima*, III, 8, 432 a 1-2.

10 *aliquis anima scientem esse* hominem *et sensu sentire pro hoc*, scilicet 'secundum animam et secundum sensum'. *Sic autem et* 'quo meditatur anima' pro 'secundum quod meditatur'. *Non enim est intellectus animae organum, immo e contra ipsius intellectus anima. Quare* 'qui vocatur animae intellectus' *ita dictum est sicut pars animae*, inquit GRAM-
15 MATICUS, *ac si diceret* Philosophus *partem entis substantiam esse. Palam ergo ex his* est, ait, *quod de nostro intellectu est sermo; non enim utique de conditore intellectu locum haberet dici talia. Et A-lexander autem haec de nostro ait dicta esse, etsi non sit impossibile de conditore hoc dici. Sed etsi non sit mixtus*, ait, *secundum modum*
20 *corporum, inexistere enim non impossibile. Sed nos nihil minus contra ipsum verba Aristotelis dicemus, quia si incorporeus existens inexistit, aut qualis erit, aut organo corporeo utetur. Sed impossibile est u-trumque.* Haec itaque GRAMMATICUS hactenus.

Rursus, quoniam *impassibilem* PHILOSOPHUS concludit intellectum
25 esse, *susceptivum autem specierum*, commendat etiam *dicentes animam intellectivam esse locum specierum*. Unde, cum intellectus sit impassibilis et tamen, quia susceptivus specierum, ratione potentiae necessario comprobatur esse virtus passiva quodammodo, idcirco concludit huiusmodi pati non dici proprie, sed communiter sive
30 aequivoce, ut *intellectus* iste *qui potentia est intelligibilia quodammodo, sed actu nihil antequam intelligat*, pati dicatur, *sicut tabula* in qua *nihil actu scriptum est*.

Amplius, pati multipliciter dico. Licet sentire non dicatur pati proprie, sed perfectio quaedam et *evasio patientis* a potentia in
35 perfectionem, *non* tamen *similis est impassibilitas sensus et intellectus*. Post excellens enim sensibile sensus sentire non potest debile, sed

---

10 aliquis *om. B*　　　scilicet] id est *B*　　　15 substantiam] scientiam *A E*　　　17
habere *C*　　　17-18 allexander *B, ut semper*　　　18 haec *om. x*　　　19 hoc dici *inv. A*
20 corporis *B*　　　nihilominus *B*　　　24 Rursum *B*　　　26 loco *C*　　　27 tamen]
cum *x*　　　ratione potentiae *om. A*　　　30 iste] ille *B*　　　33-34 pati proprie *inv. A E*

---

24 impassibilem - 25 specierum : ARIST., *De Anima*, III, 4, 429 a 15.
25 commendat - 26 specierum : ARIST., *De Anima*, III, 4, 429 a 27-28.
29 huiusmodi - 32 est : ARIST., *De Anima*, III, 4, 429 b 29 - 430 a 1.
33 pati[1] - 35 perfectionem : ARIST., *De Anima*, II, 5, 417 b 2-4 et 7, sed verba «evasio patientis» sumpsit Bate ex AVER., *De Anima*, II, 57. Aver. lat., VI. 1, p. 216 (lin. 14-15) et p. 217 (lin. 24 et 34).
35 non - 39 separatus : ARIST., *De Anima*, III, 4, 429 a 29 - b 5.

intellectus post excellens intelligibile facilius quod infimum est,
comprehendit. Cuius quidem causam assignat PHILOSOPHUS, quia
sensus sine corpore non est, intellectus autem separatus. Vocat autem
PHILOSOPHUS, intellectum hunc possibilem, qui *nihil est actu eorum* 40
quae sunt, ante intelligere.

Verum, ipsius habitudinem in recipiendo speciem intelligibilem,
licet ante supposuerit quodammodo similem esse receptioni speciei
sensibilis in sensu, consequenter nihilominus etiam cum hoc differ-
tiam inter hanc et illam subiungens : *Et bene iam dicentes sunt,* 45
inquit, *animam esse locum specierum, nisi quod non tota sed intellectiva,
neque actu sed potentia species* est. *Id est,* secundum COMMENTATOREM,
sed locus differt ab anima intellectiva *in hoc quod locus nihil est
eorum quae sunt in eo. Anima autem rationalis materialis est formae
existentis in ea, non actu sed potentia.* IOHANNES quoque GRAM-- 50
MATICUS : *Intellectus autem,* inquit, *sic est locus specierum, ita* scilicet
ut suscipiens ipsas non subicitur eis, sed *quod ipse fiat illae species* ;
materia vero sive subiectum transmutationis non fit species aut
forma, sed compositum.

Porro, notum est — inquam — quod *sensus* per modum subiecti, 55
nequaquam autem ut locus specierum, *sensibilium sine materia*
propria *susceptivus est.* Intellectus vero possibilis neque se ipsum
intelligere neque aliquatenus intelligibilis esse potest, ut post
apparebit, nisi quatenus ipse nihil aliud est essentialiter quam ipsae

---

37 post] postquam intellexit *B*   42 Verum *ad finem capituli om. B*   in recipiendo
iter. A   44 etiam] esse *A*   48 intellectiva] distinctiva intelligenti *Aver.*   49
materialis] aliquod *in ras.* E^2 50 non] in *add. A*   51 est *om. A*   52 subicitur eis
sed] in subici ipsis et *Philop.*   53 fit] sit *CA*   55 inquit *AE*   59 quam] quod *C*

---

38 Cuius - 39 separatus : S. THOMAS, *De Unitate Intellectus,* c. 1. Ed. Keeler, § 24, p. 17,
   106-108 : « Et huius causam assignat ex supra probatis, quia sensitivum... separatus».
40 nihil - 41 intelligere : ARIST., *De Anima,* III, 4, 429 a 24.
45 Et - 47 species : ARIST., *De Anima,* III, 4, 429 a 27-29.
47 Id est - 50 potentia : AVER., *De Anima,* III, 6. Aver. lat., VI. 1, p. 417 (lin. 101-104).
51 Intellectus - 52 species : IO. PHILOPONUS, *In III De Anima* (ARIST., 4, 429 a 27-29).
   CAG lat., III, p. 16, 77-78.
55 sensus, 56 sensibilium - 57 est : ARIST., *De Anima,* II, 12, 424 a 18-19 ; III, 2, 425 b
   23-24.
58 post : c. 7.

60 rerum species intelligibiles, nullatenus autem earum subiectum existens, alioquin oporteret ipsum intelligibilem esse per propriam sui speciem vel suae quidditatis, et non per species rerum obiectarum, quemadmodum sensus ac sua quidditas intelligibilis est. Aut oporteret illum essentialiter intelligere se ipsum, et per se, quod est impossi-65 bile, non solum quidem expertum in nobis, verum etiam in 9º P h i-l o s o p h i a e   P r i m a e demonstratum, quia *nihil intelligitur nisi secundum quod est in actu*, quemadmodum neque materia *scibilis* aut intelligibilis *est* nisi *per analogiam* ad formam. Secundum quidem enim id quod in nobis apparet primo de intellectu, probatum est 70 quod ipse *nihil actu entium est*, sed intellectus ens potentia, *vocatus possibilis intellectus*.

CAPITULUM 3

DE INTELLECTU IN HABITU SEU MEDIO MODO QUODAM
INTER POTENTIAM ET ACTUM SE HABENTE

75   Hic igitur intellectus *ante addiscere aut invenire* per se operari non potest, sed postquam *factus est singula* intelligibilia, *ut sciens*, tunc *dicitur secundum actum*, id est : tunc reductus est ad quendam actum habendi scientiam, licet non consideret actu, *quia per se* tunc *potest operari*. Hic autem *actus*, qui *quasi medius est inter potentiam*

DEFICIT B ad lin. 71   60 eorum *C*   63 ac] et *A*   65 9º] conclusione *AE*
68 aut] autem *A*   Secundum] itudene *add. codd., sed del. E*¹   69 enim] autem
*add. CAE, sed del. E*² : autem ait *add. D, sed del.* ait *D*ˣ   73 modo quodam *inv. B*
75 aut] seu *A*   77 id est] Idem (?) *B*   redactus *E*

65 in 9º - 67 actu : S. Thomas, *In De Anima*, lib. III, lect. 9, n. 725 : « Ostendit enim
  Philosophus, in nono Metaphysicae, quod nihil... actu ». Vide Arist., *Metaph.*,
  IX (Θ), 9, 1051 a 21-33.
67 materia - 68 formam : Arist., *Physic.*, I, 7, 191 a 8.
70 nihil - est : Arist., *De Anima*, III, 4, 429 a 24.
70 vocatus - 71 intellectus : Arist., *De Anima*, III, 4, 429 a 22.
75 Hic - 79 operari : Arist., *De Anima*, III, 4, 429 b 5-9.
79 Hic - 80 habitus : S. Thomas., *C.G.*, lib. I, c. 92. Ed. Leon. XIII, p. 251 a 20-21.

et actum ultimum, dicitur *habitus.* Est enim tunc in potentia ad 80
actum ulteriorem, ut ad se ipsum intelligendum, sicut dicit Philosophus. Verum, haec potentia non est sicut prima. Haec enim
per se operari potest, nam in se habet unde per se potest operari;
prima vero potentia non sic. Commentator autem, super hunc
locum, dicit quod *cum intellectus fuerit in hac dispositione* iam dicta, 85
tunc erit potentia quoquo modo, id est : tunc dicitur de eo hoc nomen
'potentia' non vere, sed modo simili. Et cum intellectus fuerit in hac
dispositione, tunc intelliget se secundum quod ipse non est aliud nisi
formae rerum, in quantum extrahit eas a materia. Quasi igitur se
intelligit ipse modo accidentali, ut dixit Alexander, scilicet secundum 90
quod accidit intellectis rerum quod fuerint ipse, id est essentia eius,
et hoc e contrario dispositioni in formis abstractis; illae enim, cum
intellectum earum non est aliud ab eis in intentione per quam sunt
intellecta istius intellectus, ideo intelligunt se essentialiter et non acci-
dentaliter. Et hoc perfectius invenitur in primo intelligente, quod nihil 95
intelligit extra se.

CAPITULUM 4

DE INTELLECTU IN ACTU ET EIUS DIVERSIFICATIONE AC
PROPRIO IPSIUS OBIECTO

Quoniam autem omnis *cognitio secundum quandam fit similitudinem* 00
et proprietatem, ut scribitur 6° E t h i c o r u m, necesse est virtutem
cognitivam suo cognoscibili proportionari. Secundum diversas igitur

---

85 dispositione] disputatione *A*   86 erit] in *add. B*   id est] idem (?) *B*   88
intelligit *AE*   90 dixit] dicunt *B*   scilicet] sed *B* : id est *Aver.*   secundum
om x   91 intellectus *CAE*   92 hoc] haec *B*   disponi *C*   93 in *om. A*   98
ac] et *x*   99 ipsius] eius *x*   obiectu *CDA*   00 omnis] communis *C*   1 et
proprietatem *om. B*

---

81 ut ad - intelligendum : Arist., *De Anima,* III, 4, 429 b 9.
85 cum - 96 extra se : Aver., *De Anima,* III, 8. Aver. lat., VI. 1, p. 420 (lin. 15-29).
00 cognitio - 1 proprietatem : Arist., *Eth. Nic.,* VI, 2, 1139 a 10-11.

intelligibilium rationes rationabile est actus intelligendi diversificari.
Sed aliud est quidditas et habens quidditatem in aliquibus entibus,
5 ut patet 7º M e t a p h y s i c a e; in aliquibus vero non est aliud
sed idem. *Aliud enim est magnitudo et magnitudini esse et aqua et aquae
esse, et sic in multis aliis, non autem in omnibus* nam *in quibusdam idem
est esse carni et carnem,* si quidem esset sine materia. Quare necesse est
actum intelligendi secundum hoc diversificari, ita quod cognitio
10 intellectus rerum entitati proportionetur. *Alio igitur et alio modo
intellectus cognoscit* haec quorum utique cognitivus est. Convenientiam enim et differentiam discernit inter particularia et suas quidditates, quemadmodum sensus communis inter sensibilia generum
diversorum. Cum ergo particularia sine materia non possint esse,
15 neque sine qualitatibus sensibilibus quarum sensus cognitivus est,
non potest intellectus hoc sine sensitivo cognoscere.

Dicit itaque PHILOSOPHUS quod intellectus cognoscendo particularia non sine sensu, *se habet ut* linea *circumflexa* seu incurvata
seu fracta *ad se ipsam*; quae cum extensa sit, quidditates parti-
20 cularium cognoscit. Concludit ergo quod *omnino sicut res separabiles
sunt a materia, sic et quae circa intellectum sunt.* Signanter autem
assimilat PHILOSOPHUS hanc diversificationem actus intelligendi
diversae rationi eiusdem lineae, secundum quod extensa est seu recta,
et secundum quod circumflexa seu incurvata aut fracta; ut quem-
25 admodum linea recta simplex est — incurvata vero seu fracta est
non simplex sed *quasi duplex* — sic et intellectus prout separatus
existens a magnitudine, quidditatem apprehendit instar simplicis
extensionis lineae rectae, ipsum vero particulare, scilicet habens
quidditatem, cum sit compositum ex quidditate et materia particulari

6 magnitudini] magnum *x*   8 carnem] caro *B*   9 cognitio *om. B*   11 cognoscet
CD   haec] hoc *CDE*   14 possunt *B*   18 curvata *B*   19 seu] sive *B*   21
quae] et *add. E*   22 assignat *B* : assimilat *A*   23 rationi eiusdem] eiusdem
rationis *B*   seu] sive *B*   26 prout separatus] quasi separatus prout *B*   27
apprehendit] ad *add. B*   29 et] ex *add. B*

4 Sed - 6 idem : ARIST., *Metaph.,* VII (Z), 11, 1037 a 34 - b 7.
6 Aliud - 8 carnem : ARIST., *De Anima,* III, 4, 429 b 10-13.
10 Alio - 11 cognoscit : S. THOMAS, *In De Anima,* lib. III, lect. 8, n. 712.
18 se habet - 20 cognoscit : ARIST., *De Anima,* III, 4, 429 b 16-17.
20 omnino - 21 sunt[2] : ARIST., *De Anima,* III, 4, 429 b 21-22.
25 incurvata - 26 duplex : THEMIST., *In De Anima,* lib. V (ARIST., III, 4, 429 b 16-17).
   CAG V. 3, p. 96, 29; CAG lat., I, p. 219, 4.

tamquam ex natura duplici, non per modum extensionis simplicis 30
ut separatus; sed prout immersus virtutibus corporis materialibus
assimilatur composito, duplicatus quodammodo et quasi circumflexus. Sic enim recta linea, diaphano densiori sive magis materiali
partim immersa, circumflexa seu incurvata quidem apparet seu
fracta et quasi duplex. Palam igitur quod haec sensibilia per se 35
obiecta non sunt intellectus qui ipsa cognoscere non potest sine
sensu, sed quidditates rerum propria sunt obiecta eius et per se.

Unde IOHANNES GRAMMATICUS, in commento suo super 3^m D e
A n i m a : *Neque intellectualium*, inquit, *est sensus receptivus, neque*
intellectus sensibilium, sed quando intelligit sensibilia, sensu utens 40
intelligit. Quando enim separaverit se ipsum a corpore et sensibilibus,
solis applicatus intelligibilibus, sensibilium nullam habet perceptionem;
propria enim ipsius et secundum naturam operatio intelligibilium
perceptio. Quando autem sensibilia ⟨intelligit⟩ non sine corpore neque
sine sensu intelligit, sed cum sensu et per sensum, non solum in corpore 45
hoc, sed et post corporis amotionem. Palam enim quia et quod semper
ipsius apprehensum corpus, quod autoeides, id est eiusdem speciei,
dico, veluti ens multo melius isto et perpetuum, et melioribus etiam
sensibus utitur et paucioribus; propter quod neque ipsum, scilicet
corpus illud, *detrahit intellectum veluti utique sequestratum ab omni* 50
mortali difficultate, sed corpus *ipsum magis illius est et coattrahitur,*
sed *non coattrahit intellectum. Quoniam igitur sensibilia non sine*
sensu intelligit intellectus, propter hoc, quando sensibilia intelligit, ait
ipsum assimilari incurvatae rectae; quando tamen de ipsis speciebus
intendit, non utens sensu, sed eas quae in ipso rationes movens, ut 55
puta quae caliditatis ratio vel hominis et adhuc animae aut angeli,
tunc non incurvatam rectam imitatur, uno modo operans et nihil
indigens sensu. Sic igitur et idem intellectus qui composita et species
cognoscit, sed qui quidem composita, cum sensu; qui autem simplicia,
secundum se ipsum sine sensu superiacens.   60

31 materialibus] duplex factus *add. B*   34 seu²] sive *B*   35 ergo *D*   41 et
sensibilibus *iter. B*   43 ipsius] scilicet *B*   naturam] suam *add. B*   44 intelligit
supplevi ex Philop. 46 quod *om. C*   47 ipsius apprehensum *inv. AE*   antoeides
B : ancoeidos *CD* : aucordos *A* : ancordos *E*   49 paucioribus *codd.*] purioribus *Philop.*
50 intellectui *B*   54 assimilari] lineae *add. B*   56 quae *om. B*   aut *om. x*

39 Neque - 60 superiacens : Io. PHILOPONUS, *In III De Anima* (ARIST., 4, 429 b 10-
    11), CAG lat., III, p. 23, 53 - 24, 74.

Sensitivo autem dicit Philosophus cognosci carnem et calidum ac cetera composita, *non quia sensitivo solum,* ait GRAMMATICUS, *sed quia non sine sensitivo. Speciem autem ipso modo intellectus cognoscit, non coutens sensu. Palam autem quia calidum et frigidum* 65 *discernens intellectus per sensum, ut compositum rursum discernit. Aliud enim est calidum et calido esse : calidum quidem enim est corpus participans caliditate; calido autem esse* est *caliditatis species. Similiter et in frigido et in sicco et in reliquis.*

Etenim *rerum,* inquit, *hae quidem sunt simplices, hae autem com-* 70 *positae sunt : simplices quidem quae immateriales, puta anima, intellectus, Deus, quae quidem separata ipsa sunt species sine materia; compositae autem quae ex materia et specie, puta ignis, aqua et simpliciter omnia corpora, et in* huiusmodi *compositis aliud quidem est species, aliud autem* est *simul utrumque, puta aliud quidem est ipse* 75 *ignis, dico autem compositum, aliud autem est ipsi igni esse, dico autem speciem secundum quam est ignis.*

Eodem autem *modo se habet,* ait, *et in mathematicis quae ex abstractione vocat* Philosophus. Etenim *in his et in abstractis a materia est iterum duplicatio ipsa : aliud enim est rectum et aliud recto esse, et* 80 *aliud curvum et aliud curvo esse. Est enim subiectum aliquod et in his et velut materia, scilicet continuum; hoc enim est quasi materia mathematicis, ut et in Physica dixit. Species autem rectitudo ipsa et incurvatio aut peripheria; compositum vero rectum, curvum et circulare. Ex continuo enim, ut ex materia, et peripheria, ut specie, fit*

62 ac] et *B*   sensitiva *A*   solum *codd.*] solo *Philop.*   63 sensitivo] sensu *B* ipso] ipse *x*   64 couterens (?) *A* : coutente *Philop.*   65 intellectus... discernit] intelligit *A*   68 in[2] *om. CAE*   69 Etenim] Et quidem *B*   72 composita *B* ignis] et *add. A*   72-73 simpliciter] similiter *C*   73 corporea *B*   75 ipsa *A* : ipsum *E*   77 se... et] et se habet *B*   mathematicis] methaphisicis *A*   78 in[1] *om. D*   79 et[1] *om. x*   aliud[2] *om. B*   81 scilicet] sicut *B*   84 ut[1]] et *B* fit] sit *C*

61 Sensitivo - 68 reliquis : Io. PHILOPONUS, *In III De Anima* (ARIST., 4, 429 b 14-16). CAG lat, III, p. 27, 41-47.

69 rerum - 76 ignis : Io. PHILOPONUS, *In III De Anima* (ARIST., 4, 429 b 10-11). CAG lat., III, p. 22, 21 - 23, 28.

77 Eodem - 5 differens : Io. PHILOPONUS, *In III De Anima* (ARIST., 4, 429 b 10-11). CAG lat., III, p. 24, 75 - 25, 4.

77 ex - 81 continuum : ARIST., *De Anima*, III, 4, 429 b 18-20.

81 hoc - 82 mathematicis : ARIST., *Physic.*, II, 2, 193 b 22 - 194 a 12.

circulare et alia similiter. Rursum igitur, ait, *quando quidem circulum* ₈₅
intelligit intellectus, aut curvum, aut rectum, hoc autem est compositum,
proportionaliter se habens incurvatae intelligit; cum sensu enim veluti
recurvatur a sensibus ad se ipsum. Quando autem ipsas solas nudas
species intelligit, scilicet incurvationem, rectitudinem, tunc non coutens
sensu, quia neque sensibilibus proportionaliter se habet non incur- ₉₀
vatae rectae; non enim indiget exterioribus neque sensu, sed apud se
rationes specierum promit. Sicut igitur differt incurvata recta ad
extensam, cum sit eadem subiecto, habitudine autem differens —
quando enim extenditur incurvata, nihil coaccipit ad rationem essentiae
— ita differt et intellectus qui compositum intelligit, ab intelligente ₉₅
simplex habitudine sola in essentia. Et iterum quam rationem habet
species quae est in compositis ad ipsum compositum, ita et intellectus
cognoscens speciem secundum se ipsum ad cognoscentem compositum.
Cum igitur species quae est in compositis, non separatur a composito
nisi intellectu solo — intellectu enim solo etiam ignea species ab igne ₀₀
separatur — ita ergo et intellectus qui cognoscit compositum, a co-
gnoscente species solo intellectu alter est et habitudine, ipso *subiecto*
tamen idem. Quando quidem enim compositum cognoscit, consideratur
in habitudine ad sensus; quando autem species, sine habitudine est
ad ipsos. Idem ergo est, modo operationis differens. 'In quibusdam ₅
enim idem est', ait Philosophus. *In immaterialibus enim non est aliud*
quidem species, aliud autem compositum; neque enim est ibi materia
neque compositum, sed idem intellectus et intellectui esse, et angelus et
angelo esse, et anima et animae esse.

---

85 alia] natura *CDA* : cetera *in ras. E*²   86-87 intellectus... intelligit *om. AE*
87 proportionabiliter *B*   incurvatae] rectae *add. Philop.*   intelligitur *C*   enim
veluti *Philop.*] veluti enim *codd.*   90 sensibilibus] sensibus *C*   92 igitur] enim
A : ergo *E*   94 coextenditur *B*   96 in] non *Philop.*   97 et *om. x*   98 speciem]
se ipsum *AE*   ipsum *Philop.*] ipsam *codd.*   99 Cum *codd.*] Quando *vel* Quoniam
Philop.   00 enim solo] etiam sola *A*   6 enim¹] tamen *A*   materialibus *BD*
7 autem *om. AE*   8 intellectui *Philop.*] -tum *codd.*   et² *om. B*   9 et anima
om. AE

5 In - 6 idem est : Arist., *De Anima*, III, 4, 429 b 12.
6 In - 9 esse : Io. Philoponus, *In III De Anima* (Arist., 4, 429 b 12). CAG lat.,
   III, p. 25, 6-9.

10   # CAPITULUM 5

EXPOSITIO THEMISTII SUPER PRAEMISSIS

THEMISTIUS autem sic : *Quoniam aliud quidem est*, inquit, *aqua, aliud autem aquae esse, aqua quidem enim quod ex specie et materia, aquae autem esse est species aquae et secundum quam est*
15 *aqua ; unumquodque enim non secundum materiam sed secundum formam characterizatur. Sic autem et in artificialibus ; aliud enim est domus et domui esse, et aliud statua et statuae esse, et domus quidem figura cum lapidibus et lignis et lateribus, domui esse forma et compositio talis. Sed non in omnibus similiter ; in quibusdam enim idem*
20 *est, puta punctus et puncto esse, aut si quid immateriale omnino et simplex, in quibus ratio eius quod quid erat esse et species qua est, idem est toti naturae rei. Sic itaque his se habentibus, quando quidem formam iudicamus ut conceptam cum materia, puta frigidum et humidum cum materia, hoc est quando iudicamus totam aquam ; ratio*
25 *enim horum et compositio quae cum materia erat aqua ; quando igitur iudicamus aquam totam aut carnem totam, serviens nobis est sensitiva potentia, magis autem et coniuga sibi phantasia ; quando autem perquirimus quid sit aquae esse et quid carni esse, aliud aliquid est quod iudicat aut aliter se habens. Ne forte enim sicut unam necesse est potentiam*
30 *esse iudicantem quod dulce a flavo differt, sic iterum rursum unam et hanc necesse est iudicantem quod aliud quidem est aqua et aliud aquae esse et hanc percipere quidem ambo, sed aliter se habentem et aliter, quando materiam cum specie intuetur et quando speciem abstrahit seorsum. Ad aquam quidem enim indiget phantasia annuntiante ; ad*

---

12 aliud *om. B*   est *om. B*   15 materiam] naturam *A*   16 caracterisetur *A*
autem] *om. B* : enim *A*   18 figura *om. A*   19 *post* talis *propositionem* Similiter... statuae (CAG lat., I, p. 218, 76-77) *om. codd.*   20 si] secundum *add. B*
21 quod quid] quidem quod *B*   et] aut *A*   22 est *Themist.*] *om. B* : et *x*   25
igitur] ergo *B*   27 coniuga] coniuncta est *B*   28 quid sit *om. A*   32 percipere] percipe *CD* : parcipere *A*   habente *B*   34 anuntiante *B* : adnuntiante *x*
ad] aliud *B*

12 Quoniam - 63 conatur : THEMIST., *In De Anima*, lib. V (ARIST., III, 4, 429 b 11-21).
CAG V. 3, p. 95, 35 - 97, 7 ; CAG lat., I, p. 218, 69 - 220, 25.

esse autem aquae sufficit sibi ipsi. Sicut igitur eandem lineam ex- 35
tensam et incurvatam eandem quidem esse dices utique, aliter autem se
habere et aliter, ita et intellectum quando corpus ut compositum ap-
prehendit et quando speciem ipsam solam et formam; coassimilatur
enim rebus quas speculatur, et quandoque quidem fit ut compositus,
scilicet quando compositum intelligit, quandoque autem ut simplex, 40
quando speciem excipit solam, et quandoque quidem assimilatur
lineae rectae, quandoque autem incurvatae. Plato quidem enim circulo
assimilat operationes intellectus, scilicet facile cursili et recto, Aris-
toteles autem lineae extensae et incurvatae; fit enim pro uno quasi
duplex tunc, quando materiam simul speculatur cum forma. 45

Sunt autem, inquit, *et in his quae dicuntur ex abstractione, haec*
quidem assimilata aquae, haec autem assimilata ipsi esse aquae;
aliud enim et in his rectum et recto esse, et rectum quidem cum continuo,
sicut simum (supponitur enim continuum recto), recto autem esse ratio ea
quae recti. In his itaque quae ex abstractione ambo iudicare videtur 50
intellectus; dico autem ambo compositum ex subiecto et forma et
ipsam formam, sed non similiter se habens et tunc, sed etiam in his
quandoque quidem ut simplex, quandoque autem ut compositus factus.
Etenim si alia quidem materia subiacet sensibilibus corporibus, alia
autem his quae ex abstractione dicuntur, attamen et in his quandoque 55
quidem simpliciores dicemus utique speculationes intellectus, quandoque
autem magis compositas. Corpora quidem igitur considerans indiget
potentia sensitiva; non enim possibile est sibi secundum se ipsum
iudicare quid aqua aut caro, derelicto penitus sensu; ad trigonum
autem et rectum magis sibi ipsi sufficiens est intellectus, sicut enim res 60
separatae sunt a materia, sic et intellectus speculatio. Sicut igitur haec
ratione sola separari possunt, per se autem non utique subsistunt,
ita et intellectus separare ipsa sola ratione conatur.

Rursum, GRAMMATICUS, dicente PHILOSOPHO quod *in his quae*
in abstractione sunt, rectum est ut simum; cum continuo enim est : 65

35 igitur] ergo *AE*   38 coassimulatur *A*   40 scilicet *om. x*   quando] quandoque *CDA*   42 lineae] litterae *D*   circulis *Themist.*   45 quandoque *C*   46
inquit *post* his *B*   47 aquae esse aquae *E, sed del. secunda vice* aquae *E*[1]   48 cum
om. B   49 recto[2]] Ratio *B*   53 quidem *om. B*   56 simpliciores] singulares
B   intellectus *om. B*   57 Compora *A*   60 et] ad *add. B*   61 et] ipsius
add. B   speculatio] speculo *x, sed corr.* speculatio *E*[2]   62 ratione sola *inv. B*
65 in *om. x*

64 in his - 65 enim est : ARIST., *De Anima*, III, 4, 429 b 18-19.

*In abstractione, dicit, mathematica, et in his, ait, consideratur duplatio
aliqua*; *et aliud quidem est rectum,* inquit, *puta compositum quoddam,
aliud recto esse. Similiter autem intellectus, unus ens et idem, alia et alia
habitudine compositum et simplex et in his cognoscet. Ait enim* Phi-
70 losophus *quasi subiectum esse mathematicis continuum; omni enim
figurae subiectum est continuum. Exemplum autem recti, hoc est
compositi, simum, sicut simum compositum; cavitas enim in nare est
naris quidem subiectum, simitas autem species; simum autem simul
utrumque; ita se habet et rectum;* 'cum continuo enim', *hoc est in*
75 *subiecto continuo.*

Demum, cum ait Philosophus : *Quod quid autem erat esse, si
est alterum recto esse et rectum, aliud. Sic enim dualitas. Altero ergo
aut aliter se habente* iudicat sive *discernit, hoc est : species,* inquit
Grammaticus, *altera est praeter compositum,* 'si aliud quidem recto
80 esse', *hoc est rectitudo ipsa,* 'aliud autem rectum', *hoc est compositum
et quae in continuo rectitudo. Hoc enim* [est] 'sic enim dualitas', *id
est : supponitur et in mathematicis duo esse,* scilicet *aliud quidem
species, aliud autem compositum. Si igitur et in mathematicis aliud
est,* inquit, *species praeter compositum, aut altera et altera particula*
85 *simplex et compositum cognoscet, aut eadem aliter et* 'aliter se habente',
quod et ostensum est.

Omnino ergo sicut separatae sive *separabiles sunt res a materia,
sic et quae circa intellectum sunt,* ait Philosophus, *ponens* quidem

66 dicit *codd.*] ait *Philop.*   mathematicus *B* : methaphysica *AE*   67 quiddam *B*
69 compositum et simplex] et simplex compositum *x*   et²] *del. et rest. post* simplex
E² : etiam *Philop.*   70 methaphysicis *A*   omni] omnis *Philop.*   71 figurae]
figere *C*   72 enim] autem *A*   73 simul] similiter *C*   76 autem *om. B*   77
alterum] alicui *x*   77-81 Altero... dualitas *om. B*   81-82 id est] una *x*   82
methaphysicis *A*   83 autem *om. AE*   methaphysicis *A*   aliud²] quidem *add. B*
84 inquit species *inv. B*   85 et¹] cognosi *add. B*   cognoscit *B*

66 In - 75 continuo : Io. Philoponus, *In III De Anima* (Arist., *ad locum*). CAG lat.,
   III, p. 27, 61 - 28, 70.
76 Quod - 78 discernit : Arist., *De Anima*, III, 4, 429 b 19-21. Lemma in Philoponi
   com., CAG lat., III, p. 28, 71-73.
78 hoc est - 86 est : Io. Philoponus, *In III De Anima* (Arist., *ad locum*). CAG lat.,
   III, p. 28, 75-82.
87 Omnino - 88 sunt : Arist., *De Anima*, III, 4, 429 b 21-22. Translatio nova, sed *separatae sunt* inseruit Bate ex lemmate in Philoponi com., CAG lat., III, p. 28, 83.
88 ponens - 98 essentiam : Io. Philoponus, *In III De Anima* (Arist., *ad locum*).
   CAG lat., III, p. 28, 85 - 29, 94.

absolutionem cum probatione, secundum quod GRAMMATICUS dicit.
Rationabile enim est, *ait, sicut se habet species ad compositum, ita* 90
se habere intellectum cognoscentem compositum ad cognoscentem
simplex; *sicut species a composito intellectu solo separetur, ita ergo*
et intellectus qui compositum cognoscit a cognoscente simplex sola
intelligentia separabitur. Sicut enim se habet intellectus ad speciem,
ita et intellectus ad compositum; ⟨*igitur et sicut se habet species ad* 95
compositum⟩ *et intellectus ad intellectum*; *sicut species intelligentia*
sola et non essentia separatur a composito, ita et intellectus ab
intellectu. Idem ergo et unus est secundum essentiam.

CAPITULUM 6

QUALITER INTELLECTUS IMPASSIBILIS EST ET PASSIBILIS   00

Dubitabit autem aliquis, ait PHILOSOPHUS, *si intellectus simplex*
est et impassibilis et nulli nihil habet commune, sicut ait Anaxagoras,
quomodo quidem *intelliget, si intelligere pati quoddam est. In quantum*
enim aliquod commune est utrisque, hoc quidem agere videtur, illud
vero pati.   5

Super quo GRAMMATICUS : '*Si quidem est intelligere*, inquit, *sicut*
sentire, aut pati utique erit aliquid ab intelligibili, aut aliquid tale

---

90 Rationale *A*   est ait] inquit est *B*   91 habere] ad *add. Philop.*   ad] intellectum *add. B*   92 separatur *D*   93 et *om. B*   95-96 igitur... compositum
supplevi ex Philop.   96 intellectum] et *add. s. lin. E*   97 ita et *inv. B*   1 Dubitabat *A*   2 habens *B*   3 pati quoddam *inv. B*   4 utriusque *x, sed corr.* utrisque *E*ˣ   4-5 illud vero] hoc quidem *B*   6 inquit *om. B*   7 aliquid[1]] aliquit *C*
aliquid[2]] aliquod B

---

1 Dubitabit - 5 pati : ARIST., *De Anima*, III, 4, 429 b 22-26. — Dubitabit - quoddam
    est (429 b 22-25) est lemma in Philoponi com., CAG lat., III, p. 29, 95-97.
6 Si - 18 impassibilem : Io. PHILOPONUS, *In III De Anima* (ARIST., 4, 429 b 22-25).
    CAG lat., III, p. 30, 1-13.
6 Si - 8 alterum : ARIST., *De Anima*, III, 4, 429 a 13-15.

alterum', quomodo igitur impassibilis ens intelligeret? Oportet enim
intellectum habitudinem habere ad id quod intelligitur et velut tangere
10 *ipsum. Si autem hoc ita se habet, non utique erit impassibilis; patientia*
enim pati videntur ab agentibus eo quod commune aliquid habeant ad
ipsa; communi enim materia videntur communicare facientia et
patientia. Quare si patitur intellectus ab intelligibilibus, intelligens
ipsa, erit utique habens aliquid commune ad intellecta ab ipso a quibus
15 *patitur. Sic autem non utique erit sine mixtura neque impassibilis*
neque ad nihil non habens aliquid commune a quibus patitur. Quare male
pronuntiamus, inquit, *nos et Anaxagoras, 'sine mixtura' ipsum esse*
et impassibilem.

THEMISTIUS vero sic ait : *Anaxagoras autem sic quidem recte*
20 *dicebat de intellectu, sic autem non recte; immixtum quidem enim*
ipsum ab omni materia faciens recte suspicatus est. Qualiter autem
talis existens omnia intelligat, si quidem intelligere pati est, non recte
docere nos neglexit; patitur enim nihil quod non communicat materia,
sed hanc oportet communem supponi et patienti et agenti. Propter
25 *quod quidem neque patitur quodcumque a quocumque, puta a sono*
linea, sed quorum eadem et communis est materia. Sed hoc Anaxogoras
quidem non discernit.

Ad hanc igitur quaestionem dissolvendam, *nobis rursum*, inquit,
rememorandum est iam saepe determinatorum. Si enim pati neque
30 *in sensu dicitur proprie, quanto utique magis in intellectu? Sensus*
quidem enim coutitur corporalibus et habebit utique aliquod commune
subiectum ad agentia, dico autem ad sensibilia; corpore enim utens
movetur a corporibus, intellectus autem potentia quidem est omnia
intelligibilia, actu autem nullum antequam intelligat. Longius igitur

8 intelligeretur *A* : intelligitur *E*　　10 non... impassibilis] erit utique passibilis
B　　　patientiam *A*　　11 pati *post* agentibus *B*　　videtur *C*　　12 et] ad *Philop.*
16 neque] nec *A*　　ad *Philop.*] om. *B* : aliud *x*　　aliquod *B*　　20 dixit *B*　　21
perspicatus *x*　　23 neglexit] intellexit *A*　　26 eadem et *Themist.*] et eadem et
B : et eadem *x*　　hoc] haec *B*　　27 discernit *codd.*] discrevit *Themist.*　　28 solven-
dam *AE*　　nobis *iter. ante* dissolvendam *B*　　28-29 rursum inquit rememorandum]
inquit rursum memorandum *B*　　29 saepe] sese *B*　　31 quidem *om. B*　　habebit
Themist.] habebat *B* : habeat *x*　　aliquid *CA*　　33 quidem *om. B*　　34 igitur]
enim *C*

17 sine mixtura : ARIST., *De Anima*, III, 4, 429 a 18.
19 Anaxagoras - 48 adhuc : THEMIST., *In De Anima*, lib. V (ARIST., III, 4, 429 b 22-26).
　　CAG V. 3, p. 97, 8-33; CAG lat., I, p. 221, 26 - 222, 56.

ab eo quod est pati, est qui neque naturam sortitus est determinatam, 35
sed sicut in tabula nihil habente actu scriptum, quando scribuntur litterae,
perfectionem utique dices tabulae inscripta, non passionem, quoniam
ad quae facta fuit, haec recepit, sic accidit et in intellectu : neque enim
patitur intellectualia actuans, sed perficitur; quare secundum hoc
immixtus et simplex. Totaliter enim qui potentia intellectus, ut ait 40
Aristoteles, actu nihil entium est, nihil autem actu [non] *ens neque*
patietur, neque utique miscebitur; entis enim quod aliquid actu est et
pati et misceri est. *Fit autem ex eo qui potentia intellectus actu, quando*
utique ipsa fiunt noemata, id est intellecta, et tunc simul intellectus
et intelligibilis. Non patitur igitur, inquit, *ab intellectualibus, sed* 45
ipse illa fit. Et videtur in sola fieri anima humana qui potentia in-
tellectus; huius enim solius et passiones obedientes rationi, et ad
rationem apte nate habet, aliorum autem animalium non adhuc.

PHILOSOPHUS itaque, dissolvens quaestionem hanc, sic ait : *Aut*
pati quidem secundum commune aliquid divisum est prius, quoniam 50
potentia quodammodo est intelligibilia intellectus, sed actu nihil an-
tequam intelligat. Oportet autem sic esse, sicut in tabula nihil est actu
scriptum, quod quidem accidit in intellectu.

Super hoc autem ait GRAMMATICUS quod praemissam *dubita-*
tionem hic *solvit, dicens quod pati est aequivocum. Dicitur enim pati* 55
et quod vertitur et corrumpitur secundum substantiam, secundum quod
et elementa dicimus pati ab invicem; corrumpunt enim et transmu-
tant invicem. Dicuntur autem et pati quae ducuntur in id quod secun-
dum naturam et in perfectionem propriam, sicut dicimus pati sensum a
sensibilibus, qui perficitur ab ipsis; et eas quae secundum naturam 60
operationes accipiens; perficitur enim suscipiens species sensibilium.

35 qui] quia *C*　　　neque] secundum *add. B*　　　36 actu *om. x*　　　scriptum] inscrip-
tum *B*　　　quando] quandoque *x*　　　37 dicens *CDA* : dicentes *E*　　　inscripta *Themist.*]
in scriptura *codd.*　　　38 fuit] sint *B*　　　sic] sicut *D*　　　in *om. A*　　　neque] non
Themist.　　　39 actuans] actu ens *in ras. E*[2]　　　40 ut] uti *x*　　　42 aliquid actu *inv. x*
44 fiunt] fit vel fiunt *B* : fit *x*　　　45 intelligibilis] -le *B*　　　50 quoniam] quomodo *A*
51 est intelligibilia] *inv. D* : intelligibilia *A*　　　52 est actu *inv. B*　　　56 et[2]] quod
add. A　　　57 ab] ad *B*　　　et[2] *iter. C*　　　58 ad invicem *B*　　　Dicantur *x, sed corr.*
Dicuntur *E*[2] : Dicitur *Philop.*　　　et pati] pati rursum et *Philop.*　　　59 in perfec-
tionem] imperfectionem *x*

49 Aut - 53 intellectu : ARIST., *De Anima,* III, 4, 429 b 29 - 430 a 2.
54 dubitationem - 7 species : Io. PHILOPONUS, *In III De Anima* (ARIST., 4, 429 b
　　22-25). CAG lat., III, p. 31, 39 - 33, 93.

Secundum priorem quidem igitur significationem passionis impas-
sibilis est intellectus, quod et proprie est passio. Secundum autem
perfectam passionem et susceptionem specierum secundum quod et
65 *intelligit, pati ipsum dicimus, aequivoce nomine passionis utentes.*
Propter quod quidem et cum dixisset ipsum intelligere in *pati* esse,
ubi dixit 'si itaque est intelligere sicut sentire, aut pati utique aliquid
erit', quoniam non videtur sibi proprie dici in his passionis nomen,
subiunxit 'aut tale aliquid alterum'. Sic enim et sensus dicebatur pati
70 *a sensibilibus, non corruptus ab ipsis sed perfectus. Sicut igitur sensus*
suscipit sensibiles species, puta album, non corruptus ab ipsis neque
factus quod illa, puta albus visus aut niger, sed cognoscibiliter speciem
ipsam suscipiens, sic et intellectus, impassibilis manens secundum
substantiam, patitur ab intelligibilibus, cognoscibiliter suscipiens ipsa.
75 *Magis autem eminenter quam ‹ secundum › sensus patitur, ut*
iam dictum est superius. Sensus quidem enim corrumpitur ab
excellentia sensibilium; intellectus autem magis perfectivus fit,
quanto maiora percipit. Impassibilis igitur est, inquit, *secundum*
primum significatum, passibilis autem secundum secundum. Haec
80 *autem patientium una materia participant cum agentibus quaecumque*
in pati ad corruptionem ducuntur, et neque haec solum, sed et quaecum-
que patientia et contra agunt, quoniam et quae sub luna sunt patiuntur
a caelestibus, et non sunt omnino eiusdem materiae. Et corpus etiam
ab anima patiens, non corruptiva passione sed perfectiva, nihil com-
85 *mune habet ad ipsam secundum substantiam. Quare etsi dicatur pati*
ab intelligibilibus intellectus, non iam propter hoc commune aliquid
habebit ad ipsa, perfectiva passione patiens, non corruptiva. Dicitur
tamen pati quia, sicut patientia secundum proprie passionem, dico
utique corruptivam, susceptiva agentis speciem, permanent in ipsa

62 igitur *om. x*   64 perfectam] perfectivam *Philop.*   69 aut] autem *B*   Sic]
sicut *B*   70 corruptis *A*   ipsis] eis *E*   profectus *A*   72 sed cognoscibiliter]
scilicet cognoscit *B*   73 secundum] suam *add. B*   75 eminentem *B*   secundum
supplevi ex Philop.   76 iam… superius] dictum est iam supra *B*   77 perfectivus
Philop.] perficitur *B* : perfectius fit *CD* : perfectus sit *A* : perfectus fit *E*   79 autem]
vero *B*   Haec] hoc *B*   80 unam materiam *B*   81 ducuntur] dicuntur *B*
haec] hoc *B* : hic *CDA*   82 et¹ *del.* E¹   patientur *A*   88 secundum] quod
add. x   89 susceptiva] suscipientia *Philop.*   permanet *B*   ipsa *Philop.*]
ipso *codd.*

67 si - 68 erit : Arist., *De Anima*, III, 4, 429 a 13-14.
69 aut - alterum : Arist., *De Anima*, III, 4, 429 a 14-15.

aliquo tempore velut aer patiens ab igne, aut lignum, et quod sit ignis 90
permanet aliquo tempore in hoc secundum susceptionem ignis, sic et
intellectus et sensus suscipiens species permanent in receptione ipsorum,
excepto quod haec quidem vertunt substantiam, haec autem non vertunt.
Et adhuc, sensus quidem non permanet, species sensibilium habens,
sed mox abicit; intellectus autem permanet. Et intellectus quidem est 95
per se motivus et a se ipso quandoque intelligens; sensus autem indiget
sensibilium praesentia. Et intellectus quidem transmutatur ab eo qui
potentia in eum qui actu, non suscipiens quas quidem non habuit
species, neque ex prima potentia transmutans, sed similis dormienti
geometrae qui non novit tunc quod novit, sed habet quidem rationes; 00
impeditur autem a cognitione quod quidem habet a somno, et indiget
auferente impediens, dico utique somnum, sic et intellectus indiget
auferente impediens. Iste autem qui actu intellectus, aut qui doctrina-
tivus est, aut qui universalis; impediens autem, quae ex connexione
phantasiae absurdae opiniones, quas purgans redargutionibus, notum 5
facit inexistentem thesaurum. Sensus autem ex prima potentia trans-
mutatur, suscipiens quas quidem non habuit species.

CAPITULUM 7

QUALITER INTELLECTUS SE IPSUM INTELLIGIT

Quaerit autem iterum PHILOSOPHUS *si* a se *intelligibilis est* 10
ipse intellectus. Nam si intelligibilis est sicut alia potentia intelligibilia, consequi videbitur et illis intellectum esse forsan, si *unum*
aliquid specie seu ratione *est intelligibile* secundum quod tale, et se

---

90 sit] fit *x*   91 permanet] in *add. B*   93 vertunt[2] *om. x*   94-95 species...
permanet *iter. A*   95 permanet] species sensibilium *add.* E, *sed inseruit* habens
post species *E*[2]   intellectus[2]] intellectivus *A*   2-3 dico... impediens *om. B*   2
et *om.* AE (*B*)   3 actu *om. B*   4 est *post* autem (*lin. 3*) *Philop.*   quae] qui *D*
13 aliquod *AE*

10 si - 16 compositum : ARIST., *De Anima*, III, 4, 429 b 26-29.
13 seu ratione : Io. PHILOPONUS, *In III De Anima* (ARIST., 4, 429 b 27-29). CAG lat.,
    III, p. 35, 41 : « Hoc autem *specie* pro *ratione* dixit ».

ipsum intelligat intellectus per se ; aut si per aliud intelligibilis,
15 tunc se habebit ad intelligendum ut alia materialia, et erit mixtum
aliquod sive compositum, quod impossibile est, ut demonstratum est
prius, quia si sic, non posset esse principium intellectivum.

Et respondet PHILOSOPHUS quod *intelligibilis est ipse* intellectus
sicut intelligibilia, per easdem scilicet species, nam ipse nihil aliud
20 est quam species intelligibiles ; quapropter se ipsum intelligit hoc
modo accidentaliter, ut dictum est supra. *In his quidem enim quae
sunt sine materia, idem est intelligens et quod intelligitur, scientia
autem speculativa et quod sic scibile idem est* ; nam per speciem separatam a materia fit actu intelligibile. Idem autem est actus in-
25 telligibilis et intellectivi sicut sensibilis et sensitivi, quemadmodum
et universaliter mobilis et motivi, non tamen omnino similiter, licet
quodammodo secundum quod in actu.

Advertendum enim est quod, licet *idem* subiecto sit *actus sensibilis*
in actu *et sensitivi*, tamen actus sentiendi et actus quo quis se sentire
30 percipit non est idem actus secundum rationem et omnimode,
alioquin phantasians actu sive imaginans numquam esset in actu
phantasiandi, nisi hoc percipiendo actum suum diiudicaret, cuius
contrarium experimur praesertim *in passionibus existentes*. Item,
extra passionem etiam existentes numquam iudicaremus solem esse
35 pedalis quantitatis, si phantasia suum actum diiudicaret. Propter
quod concludit PHILOSOPHUS, libro D e S o m n o , quod iudicium
actus huiusmodi a principaliori virtute dependet ac digniori. Unde,
licet idem subiecto sit actus videndi et sentiendi se videre, ratione

17 intellectum *A*   19 per... species *om. B*   23 sic *Arist.*] sit *BCDE* : scit *A*   25
sicut *om. C*   25-26 quemadmodum... motivi *om. x*   26-27 non... quodammodo
om. B   28 Advertendum enim est] sed est hic advertendum *B*   actus] actu *A*
29 sensitivi] non *add. AE*   se sentire *inv. BA*   30 non *del. E*ˣ   31 phantasias *C*
32 percipiente *B*   35 pedalis] bipedalis *B*   actum *om. E, sed rest. post* diiudicaret *E*²

17 prius : c. 1-2.
18 intelligibilis - 19 intelligibilia : ARIST., *De Anima*, III, 4, 430 a 2-3.
21 supra : c. 3.
21 In-23 idem est : ARIST., *De Anima*, III, 4, 430 a 3-5.
28 idem - 30 rationem : ARIST., *De Anima*, III, 2, 425 b 26-27 et 426 a 15-17.
33 in passionibus existentes : ARIST., *De Insomniis*, 2, 460 b 4.
34 solem - 37 digniori : ARIST., *De Insomniis*, 2, 460 b 16-19 ; 461 b 3-5.

tamen alius est, ad sensum communem tamquam ad principaliorem
virtutem et digniorem sic vel sic relatus.   40

Idem quoque de actu sensus communis dicere possumus, quia
ratione non idem est prout album iudicat esse dulce et prout se
iudicat hunc actum diiudicare; principalioris enim virtutis est hoc
iudicium et dignioris.

Igitur, ne in virtutibus corporis videatur continuari processus iste 45
in infinitum, idcirco PROCLUS in E l e m e n t a t i o n e T h e o-
l o g i c a, 15ª propositione, concludit *omne quod ad se ipsum
conversivum est, incorporeum esse. Si enim illud quod convertitur ad
aliquid copulatur*, inquit, *illi ad quod convertitur*, sequitur *quod et
omnes partes corporis ⟨ eius ⟩ quod ad se ipsum convertitur, ad omnes* 50
copulentur, quia hoc dicitur *ad se ipsum converti, quando conversum
et illud ad quod facta est conversio fiunt unum. Hoc autem impossibile
est in corpore propter partium diversitatem.*

Perspicaciter itaque intuenti valde sufficiens esse videtur haec
PROCLI ratio, ut satis colligi potest etiam ex determinatis prius de 55
sensu. Diiudicatio enim impressionis factae in una parte sensiterii
ad illam quae in alia, comparari et converti non potest, nisi in idem
indivisibile facto quasi concursu quodam tamquam in eandem men-
suram, quae est virtus sensus communis. Sicut enim ad iudicandum
convenientiam sensibilium diversorum genere vel differentiam, non 60
sufficit unitas animae in organis pluribus, nisi cum hoc et unum sit
organum in quo virtus indivisibiliter comprehendens illa sensibilia
diversa genere, sic et eadem ratione necessarium est hanc virtutem
indivisibiliter comprehendere species eiusdem generis sensibilium,
tam specie convenientium quam differentium, si quidem eorum 65
convenientia seu differentia iudicari debet. Simile quoque modo se

39 tamen] tamquam *C*   42 prout[1]] ut *A*   45 continuare *A*   47 concludit] quod
add. B   48 illud] id *B*   48-49 ad aliquid] ad aliud *B* : *om. C*   49 quod et *inv. B*
50 eius *supplevi ex Proclo*   51 copulentur] complerentur *x* : copulabuntur *Proclus*
52 illud] id *B*   fiunt unum *inv. B*   53 diversitatem] separationem *Proclus*
55 etiam *om. BA*   prius] supra *B*   de] ex *AE*   56 facta *AE*   sensiterii]
sensitivi *in ras. E*[2]   58 divisibile *C*   61 nisi] et *add. B*   66 seu] et *B*   66-67
se habere *post* necesse est *B*

47 omne - 53 diversitatem : PROCLUS, *Elementatio Theologica*, prop. 15. Ed. Dodds,
     p. 16, 30; 16, 32 - 18, 1 et 18, 3; ed. Vansteenkiste, p. 271.
55 prius : Pars I, cc. 19-21.

habere necesse est hanc virtutem in iudicando convenientiam aut differentiam partium sensibilis unius; verbi gratia visus, videns visibile partim album et partim nigrum, non potest differentiam
70 inter partes iudicare nisi per virtutem albedinis speciem et nigredinis indivisibiliter comprehendentem, eo quidem modo quo dictum est superius. Similiter et convenientiam partium eiusdem sensibilis uni coloris virtus iudicare non potest, nisi quae indivisibiliter partium dispositionem comprehendit, cum eiusdem virtutis sit opposita
75 iudicare.

Palam igitur ex his quod nullum actu sensibile, sub ratione qua partes eius convenientiam habent ad invicem aut differentiam, a virtute divisibiliter hoc comprehendente iudicari potest sine virtute digniori indivisibiliter comprehendente. Sed actus sentiendi et
80 perfectio, quia divisibilis est, perfecte cognosci et iudicari non potest, nisi dispositio totius et habitudo partium ad invicem, quarum est perfectio, diiudicetur; quod quidem nihil aliud est quam ratio convenientiae aut differentiae illarum. Cum itaque perfectio sentiendi et actus sit talis, impossibile est sensum in actu se ipsum iudicare
85 sine virtute digniori, sive particularis sit sensus, sive communis. Quamvis enim respectu sensuum particularium species sensibilium indivisibiliter comprehendat, quia in organo suo principali non recipiuntur species distinctae ab invicem et diversae per partium distinctionem sicut in particulari sensiterio, in se tamen virtus
90 corporea est et actus divisibilis in partes, convenientiam habentes inter se aut differentiam. Actus igitur sensus communis in sensiterio principali eiusdem iudicii est, quoad conversionem sui ipsius ad se ipsum diiudicandum, cuius et ceteri sensus particulares. Supra sensum autem communem virtus dignior non est alia quam intellectus.
95 Sine intellectu ergo non potest actus sensus communis diiudicari, alioquin esset processus in infinitum in actibus sensuum diiudicandis.

Praeterea, sentire sensibile extrinsecum et sentire se sentire non

---

67 in *om. B*   74 virtus *C*   76 igitur] ergo *B*   78 comprehendente] comprehendere (?) *B* : hoc *add. D*   79 Sed actus *in lac. A*ˣ   83 itaque] utique *A*   84 sit] sic *B*   88 diversae] divisae *B*   89 et 91 sensiterio] sensitivo *in ras. E*²   95 Sine… sensus *iter. D*   96 aliquin *C*

72 superius : Pars I, c. 20.
96 esset - diiudicandis : ARIST., *De Anima*, III, 2, 425 b 15-16.
97 sentire[1] - 98 idem : ARIST., *De Anima*, III, 2, 425 b 26-27 ; 426 a 15-17.

est actus ratione idem nec semper simul sunt; experimur enim in nobis aliquando nos sentire sensibile aliquod, non diiudicantes actum sentiendi in se nec advertentes actu sed potentia. Haec ergo oo potentia cum per se ad actum non vadat, necessario requiritur aliud per quod hoc fiat. Quod autem sensus in actu perfectionem accipiat a sensu communi et complementum, declaratum est supra. Quare et consimilis potentia in sensu communi complementum recipit a virtute digniori se. Visus igitur se videre non iudicat sine sensu 5 communi, neque ceteri sensus. Insuper neque sensus communis actum proprium diiudicare potest sine digniori virtute, quae est intellectus. Et ut ad omne dicatur, nihil se ipsum cognoscere potest actu proprio quod divisibile est in partes; hoc enim ad se ipsum indivisibiliter converti non potest, ut dicit PROCLUS. Firmum ergo 10 stat eius dictum quod *omne ad se ipsum conversivum*, actu scilicet proprio, illud *incorporeum est* et immateriale. Unde COMMENTATOR, 2º D e C a e l o : *Omne habens actionem in se, est spirituale* et *non corporeum*. Et hoc est quod dicit PHILOSOPHUS: In non habentibus materiam idem est intelligens et intellectum.   15

IOHANNES autem GRAMMATICUS, in expositione sermonis huius, ait : *Quod potentia* quidem *intelligibile est, non est idem intellectui quoniam neque proprie intelligibile* est. *Omne* vero *quod proprie et actu intelligibile* est *et intellectus est.* 'Scientia enim speculativa et quod sic scibile idem est' *hoc est intellectus speculans, et 'quod sic scibile'* 20 *hoc est quod proprie et actu intelligibile* est. Haec enim *convertuntur,*

1 vadit *B*   requirit *B*   2-3 accipiat a] suscipiat de *B*   5 igitur] ergo *BE*
11 eius dictum *inv. B*   16 Iohannes *ad finem capituli om. B*   16-17 huius ait
sermonis *A* : huius sermonis ait *E*   17 intellectui *Philop.*] intellectum *x*   18
proprie[1]] neque actu *add. Philop.*   Omne] esse *C*   20 sic[1] *Philop.*] sit *DAE* :
fit *C*   21 quod *om. A*

3 supra : Pars I, c. 22. Ed. Van de Vyver, I, p. 168-69.
9 hoc - 10 potest; 11 omne - 12 est : PROCLUS, *Elementatio Theologica*, prop. 15.
   Ed. Dodds, p. 18, 2-3 et 16, 30.
13 Omne - 14 corporeum : AVER., *De Caelo*, II, 17. Ed. Venet. 1562, f. 106 K.
14 In - 15 intellectum : ARIST., *De Anima*, III, 4, 430 a 3-4.
17 Quod - 19 est[2] : Io. PHILOPONUS, *In III De Anima* (ARIST., 4, 430 a 2-3). CAG lat.,
   III, p. 40, lin. 50-52 et 49-50.
19 Scientia - 20 idem est : ARIST., *De Anima*, III, 4, 430 a 4-5. Lemma in Philop. com.,
   CAG lat., III, p. 41, 53.
20 hoc - 30 intellectui : Io. PHILOPONUS, *In III De Anima* (ARIST., *ad locum*). CAG lat.,
   III, p. 41, lin. 54-57 et 59-65.

aut *aliter dictum est hoc*, inquit, *ad probationem huius, quia quod sine materia* est, *intelligibile* est ‹ *mox et intellectus est, quod autem sine materia intelligibile* › *actu est intelligibile et sic secundum actum; idem*
25 *ergo sic scibilibus, hoc est speculativis* actu, scientia est. *Quid enim aliud est scientia quam theoremata? Haec autem sunt scibilia. Non enim quae extra latent* ipsa scibilia sunt; *circuli enim intellectus, non sensibilis circulus, scibile* est. *Si autem hoc, est scientia quidem intelligentia quaedam et intellectus; scibilia autem intelligibilia. Idem*
30 *ergo quod secundum actum intelligibile et immateriale intellectui.*

Expositor vero THOMAS, praedictum sermonem explanans, dicit *possibilem intellectum intelligibilem esse per aliquam speciem intelligibilem sicut et alia intelligibilia* sunt. Quod et Philosophum dicit *probare per hoc, quod intellectum in actu et intelligens in actu sunt*
35 *unum, sicut et supra dixit* Philosophus *quod sensibile in actu et sensus in actu sunt unum. Est autem aliquod intelligibile in actu per hoc quod est a materia abstractum, sicut enim supra dixit* Philosophus *quod 'sicut res sunt separabiles a materia, sic sunt et quae circa intellectum sunt'. Et ideo hoc dicit, quod 'in his quae sine materia sunt' id*
40 *est si accipiamus intelligibilia actu, 'idem est intelligens et quod intelligitur', sicut idem est* sciens *in actu et quod* scitur *in actu. Ipsa enim scientia speculativa idem est et sic scibile; et scibile in actu est species ipsius intellectus; et sic per eam se ipsum intelligere potest. Unde et supra Philosophus, per ipsum intelligere et per id quod intelligitur, scrutatus est naturam intellectus possibilis. Non enim cognoscimus intellectum nostrum nisi per hoc quod intelligimus nos intelligere. Accidit autem hoc intellectui possibili quod non intelligatur per essentiam suam sed per speciem intelligibilem, ex hoc quod est potentia tantum in ordine rerum intelligibilium. Ostendit enim Phi-*

DEFICIT B   23 intelligibile] -lem *C*   23-24 mox... materia intelligibile *supplevi ex Philop : huius omissionis loco inseruit* et *E*[2]   24 sic *Philop*] cum *CDE, sed del.* cum *E*[2] : tamen *A*   28 quidem intelligentia *Philop*] quaedam intelligibilia *x*   37 sicut] sic *Thomas*   39 hoc] hic *Thomas*   39-40 id est] id *E, rest.* est *E*[2]   41 sciens... scitur] sentiens... sentitur *Thomas*   42 idem... in actu] et sic scibile, idest scibile in actu, est idem. Species igitur rei intellectae in actu *Thomas*   43 est] et *C*   46 intelligamus *DE*   47 intelligatur *Thomas*] intelligat *x*

32 possibilem - 53 susceptam : S. THOMAS, *In De Anima*, lib. III, lect. 9, n. 724-725.
38 sicut - 39 intellectum sunt : ARIST., *De Anima*, III, 4, 429 b 21-22.
39 in his - sunt[2]; 40 idem - 41 intelligitur : ARIST., *De Anima*, III, 4, 430 a 3-4.

losophus, in 9° M e t a p h y s i c a e , *quod nihil intelligitur nisi* 50
secundum quod est in actu. Unde, *intellectus possibilis, qui est in*
potentia tantum in ordine intelligibilium, nec intelligit nec intelligitur
nisi per speciem in eo susceptam.

Sane, COMMENTATOR in hac parte ait : *Cum dubitavit* Aristoteles
de intellectu materiali seu possibili, *utrum intellectum ex eo ipse est* 55
intellectus aut aliud aliquo modo, et oportet, si intellectus in eo est
ipsum intellectum, ut sit intellectum per se, non per intentionem in eo,
id est non per speciem, *incepit declarare quod est intellectum per*
intentionem in eo, id est per speciem, *sicut aliae res intellectae, sed*
differt ab eis in hoc quod illa intentio sive species *est in se intellectus* 60
in actu, et in aliis rebus est intellectus in potentia. Et dixit Philosophus:
'*Et est etiam intellectum sicut intellecta',* id est: *et est intellectum per*
intentionem in eo, sicut aliae res intellectae. Deinde dedit Philosophus
demonstrationem super hoc, et dixit quod ' *formare per intellectum et*
formatum per intellectum in eis quae sunt extra materiam, idem sunt. 65
Scientia enim speculativa et scitum secundum hunc modum idem sunt',
id est: *et est necesse ut sit intellectum per intentionem in eo, quia*
formare per intellectum et formatum idem sunt in rebus non mate-
rialibus. Et si iste intellectus esset intellectum per se, contingeret,
inquit, *ut scientia speculativa,* possibilis quidem intellectus, inquam, 70
et scitum ipsius possibilis *essent idem, quod est impossibile,* ait COM-
MENTATOR, quia non est, inquam, actu intelligibile secundum se
nec aliquid actu ens antequam actu intelligat, licet quiddam immateriale sit, ut prius visum est, secundum PHILOSOPHUM.

Ex his ergo manifestum est intentionem esse PHILOSOPHI quod 75
species actu intelligibilis qua res extra, quae secundum se potentia
tantum intelligibilis est, actu intelligitur, ipsa quidem in se est
ipsemet intellectus, non autem species ipsius, ut THOMAE visum est.

DEFICIT B   60 in hoc *om. A*   67 est necesse *inv. C*   69 intellectum] -tus
Aver.   73 aliquid actu *inv. A*

50 nihil - 51 actu : ARIST., *Metaph.,* IX (Θ), 9, 1051 a 21-33.
54 Cum - 71 impossibile : AVER., *De Anima,* III, 15. Aver. lat., VI. 1, p. 434 (lin.
    6-9, 11-22).
62 Et - intellecta : ARIST., *De Anima,* III, 4, 430 a 2-3.
64 formare - 66 sunt : ARIST., *De Anima,* III, 4, 430 a 3-5. Lemma in Aver. com.,
    Aver. lat., VI. 1, p. 434, 2-5.
74 prius : c. 1-2.
78 ut Thomae visum est : vide supra, lin. 32-53.

Et ideo, sicut alia scilicet obiecta per speciem actu intelligibilem
80 intelligibilia sunt in nobis, per se quidem et primarie, sic et per
eandem speciem intellectus noster intelligibilis est, accidentaliter
autem et secundario; similiter et intellectus noster possibilis intelligibilis quidem sic est in potentia, sicut actu intelligibilis est actuatus
noster intellectus. Praeter intelligibiles vero species rerum extra,
85 velut per modum quorundam accidentium in intellectu susceptas,
propriam similiter in eodem suscipi speciem substantiae sui ipsius
a se distinctam, qua substantiam sui ipsius intelligat, frivolum est
utique dicere. Rem enim sive speciem rei cuiuslibet actu intelligibilem esse, nihil aliud est quam ipsam a materia fore separatam
90 actu seu abstractam, et e converso. Quare materiam non habens
intellectus, immaterialis existens ac separatus a materia, secundum
se quidem, eo ipso quo talis est actu, idem est quod species actu
intelligibilis, ac per hoc alia non indigens abstractione ad intelligendum se ipsum. Atvero, si velut materiae similitudinem quandam
95 habens, intellectus possibilis ut subiectum seu materia fore dicatur
eiusmodi speciei, tunc proculdubio species haec abstracta non erit
ab eodem intellectu, cuius id quod utriusque subiectum est pro-
priaeque materiae simile, penitus idem numero est. Nam, sicut visum
est prius, id quod intentio vocatur sive rei species, reali formae non
00 communicat in subiecto seu materia, rationis unius et eiusdem
existente, alioquin univoce diceretur cum reali et esset vera materialis forma, non similitudo rei seu formae neque species illius.

Ex his itaque manifestum est speciem illam intellectus aut fig-
mentum, aut nihil aliud esse penitus quam ipsam eandem formam
5 intellectus realem, seu realiter illud idem omnino quod ipsemet
intellectus est unum numero.

Praeterea, *si intelligere est sicut sentire*, praesertim in suscipiendo
speciem abstractam, in sensu autem qui *susceptivus est specierum
sine materia*, species ipsae, licet a materia propria quidem ipsorum
10 sensibilium separatae seu abstractae suscipiantur in organo sensus,
non tamen abstractae neque separatae sunt ibidem a materia subiecti

---

DEFICIT B　　84 intelligibilium *A*　　86 suscepi *DA*　　88 rei] rerum *A*　　94
velut materiae *inv. AE*

7 si - sentire : Arist., *De Anima*, III, 4, 429 a 14-15.

8 susceptivus - 9 materia[1] : Arist., *De Anima*, II, 12, 424 a 18-19; III, 2, 425 b
23-24.

sensiterii suscipientis illas. Similiter ergo species in intellectu recepta, quaecumque sit, abstracta non est ab eodem in quo sic est existens. Quare neque species est ipsius intellectus, quamvis nihil prohibeat ipsam a materia rerum extra separatam esse speciem seu abstractam. 15

Rursus, neque potest intellectus agens aliquam abstrahere speciem quin ipsa recipiatur in intellectu possibili. Non minus enim est intellectus possibilis *in* potentia *fieri omnia* seu recipere quam intellectus agens activae virtutis *in omnia facere* seu abstrahere. Si vero dicat aliquis, eo quod intellectus noster, sive secundum 20 substantiam suam, sive secundum quod possibilis, *est* ens *in potentia tantum in ordine rerum* intellectualium seu *intellegibilium,* seu eo quod a materia non sufficienter est abstractus ad intelligendum se ipsum, necessariam esse speciem aliam, tam a se ipso quam a specie rerum extra distinctam abstractamque sufficienter, qua fiat actu se 25 ipsum intelligens, proculdubio dictum hoc se ipsum interimit. Quia, si potentia tantum ens noster intellectus in ordine rerum intellectualium, recepta specie fit per ipsam ens actu, profecto substantialis est ei species illa, non accidentalis, eo quod actus et perfectio substantialis est huiusmodi. Si vero sit aliquid ens actu 30 noster intellectus, abstractus quidem et separatus a materia seu immaterialis existens utique, substantialis ipsius essentia sive ratio qua per se stans est et subsistens, non minus profecto sed magis utique separabilis est a materia, pariter et ab eo quod materiae similitudinem habet, abstractionique convenientior quam acci- 35 dentalis quaecumque species, cuius esse quidem est inesse cuidam alii diversi prorsus a se generis existenti, a quo separari seu abstrahi non potest aliqualiter, ac per hoc neque per se stantis rationem habere neque similitudinem neque proprietatem qua substantia proprie cognosci habet. Etenim *scientiae secantur in res,* ut ait 40

DEFICIT B 12 sensitivi *ex* sensiterii E^2 19 virtus *AE* in *del. E*ˣ 23 non *om. D* sufficienter est *inv. A* 27 Quod *AE* 28 profecto] pro facto *A* 30 huiusmodi] huius *C* aliquid] aliquod *D* : *iter. A* 33 profecto] perfecto *A* 36-37 cuidam alii *inv. AE* 40 in] ut *E*

18 in fieri omnia; 19 in - facere : Arist., *De Anima,* III, 5, 430 a 14-15.
21 est ens - 22 intelligibilium : S. Thomas, *In De Anima,* lib. III, lect. 9, n. 725.
Vide supra, p. 37, 48-49.
40 scientiae - res : Arist., *De Anima,* III, 8, 431 b 24-25.

PHILOSOPHUS, 3º D e A n i m a, omnisque *cognitio secundum si-*
militudinem quandam et proprietatem habet existere, ut prius visum est.

Postquam igitur accidentalis esse non potest species huiusmodi,
necesse est eam substantialem esse, non aliam autem a substantia
45 intellectus, nisi duae formae aeque substantiales ab invicem actu
separatae simul inesse ponantur in una substantia, quod est impossibile. Relinquitur ergo quod species omnis, qua noster intellectus se ipsum intelligit, est substantia sive substantiale quiddam
ipsius. Talis autem est, ut visum est, omnis intelligibilis actu species,
50 qua res materiales intelligimus; quare substantia sive substantiale
quiddam ipsius intellectus est omnis huiusmodi species. Adhuc et
actum intelligendi necesse est per consequens etiam fore substantialem actum ipsius intellectus. In sensu vero, quoniam substantialis
quidem est actus primus, accidentalis autem secundus, qui dicitur
55 et est idem eius quod actu sensibile est et sensitivi, necesse est
speciem sensibilium, actum hunc actuantem, consimiliter accidentalem esse.

Palam igitur hinc esse potest advertenti quod intellectus noster
in substantia sua species materialium rerum omnium in se continet :
60 substantiarum quidem substantialium rationum speciebus idealibus,
eo quod in causis et causatis illarum similitudo requiritur magis
expressa quam in reliquis entibus, insuper ac determinata proprietas
in cognoscendo; accidentium autem, eo quod non semper similitudinem servant in causando, propter quod et Platonici dicunt ipsa
65 proprias ideas non habere. Non sunt in intellectu propriae species
accidentales actu intelligibiles, sed una cum substantiarum ideis
intellectus virtutem illarum in se continet, propagini quodammodo
similem, qua prioribus inhaerent posteriora tamquam dependentia
penitus ab eisdem.

70 Ex his ergo manifestum est qualiter, secundum intentionem
ARISTOTELIS, in his quae non habent materiam, idem est intelligens
et intellectum, una cum intellectu.

DEFICIT B   48 quoddam *A*   51 huiusmodi] huius *C*   55 et est] est etiam *D*
sensibile] -lem *CDA*   60 substantialium] similium *in ras. E*²   61 illarum]
aliarum *C*   65 ideas] ydrias *A*

41 cognitio - 42 existere : ARIST., *Ethic. Nic.,* VI, 2, 1139 a 10-11.
42 prius : c. 4, p. 20, 00-1.
64 ipsa - 65 habere : Cfr ARIST., *Metaph.,* I (A), 9, 990 b 22-34.
71 in his - 72 intellectum : ARIST., *De Anima,* III, 4, 430 a 3-4.

CAPITULUM 8

QUALITER SE IPSUM NON SEMPER INTELLIGIT NOSTER
INTELLECTUS   75

His itaque sic se habentibus, tamquam inquirendo proponit
PHILOSOPHUS quod consideranda est causa quare non semper intelligit intellectus noster.

Super quo dicit GRAMMATICUS quod interpositi problematis
solutionem non praetermisit Aristoteles, *ut quidam putaverunt.* sed 80
posterius determinabit eam cum *dicet* quare per intellectum non
memoramur. Alii vero expositores dicunt quod PHILOSOPHUS responsionem confestim subiunxit quaestioni, dicens quod *in habentibus*
materiam potentia solum unumquodque est intelligibilium; *quare ipsis*
quidem non inest actus intelligendi, quia natura eorum non est actu 85
intelligibilis secundum se, sed esse eorum quod est *sine materia*, sive
species uniuscuiusque eorum abstracta a materia, *est potentia intel-*
lectus talium.

Pro quo GRAMMATICUS sic : '*Intellectus vero sine materia potentia*
est talium', *hoc est intelligibilium. Quare si haec quidem materialia,* 90
haec autem sine materia, non idem est intellectus materialibus intel-
ligibilibus.

74-75 noster intellectus *inv. E*   78 intellectus noster *inv. B*   79 quo] quod *B*
propositi *B*   probleumatis *codd.*   80 dissolutionem *x*   quidam] quidem *CDA*
81 determinabit] declaravit *B*   dicit *B*   83 subiungit *B*

---

76 tamquam - 78 noster : ARIST., *De Anima*, III, 4, 430 a 5-6.

80 solutionem - 81 dicet : Io. PHILOPONUS, *In III De Anima* (ARIST., *ad locum*).
   CAG lat., III, p. 42, 72-73.

81 quare - 82 memoramur : ARIST., *De Anima*, III, 5, 430 a 24-25.

83 in habentibus - 88 talium : ARIST., *De Anima*, III, 4, 430 a 6-8.

89 Intellectus - 90 talium : ARIST., *De Anima*, III, 4, 430 a 7-8. Lemma in Philop.
   com., CAG lat., III, p. 42, 79.

90 hoc - 91-92 intelligibilibus : Io. PHILOPONUS, *In III De Anima* (ARIST., *ad locum*).
   CAG lat., III, p. 42, 80-81.

Unde THEMISTIUS : *Quare merito intelliguntur quidem quae tales,*
id est materiales species, *intelligunt autem non*; *intellectus autem*
95 *iste qui potentia dico,* seu possibilis intellectus, *sicut potentia intel-*
lectus, ita et potentia intelligibilis. Propter quod quidem non semper in-
telligit et intelligens continue laborat ; adest enim ipsi quod potentia, quia
neque semper intelligibilis, sed quando collegerit noemata, id est intellecta.
Declaratum est quidem enim 9º M e t a p h y s i c a e quod cum
00 *intelligere sit actus, entia in potentia* non intelliguntur nisi *ad actum*
sint reducta. Unde nec *potentia* cognoscitur nisi *ex actu.* Concludit
igitur PHILOSOPHUS quod non habentia materiam non solum actu
intelligibilia sunt, sed sunt etiam intelligentia in actu.

AVERROES vero sic exponit, dicens quod habentia materiam,
5 *quia sunt intellecta in potentia,* ideo *non habent intellectum. Intellectus*
enim attributus istis non est nisi formae istorum abstractae a materia.
Et ideo istae formae non erunt respectu eorum intellectae in actu, id
est : non sunt *comprehensae ab eis,* scilicet ab habentibus materiam ;
neque ipsa habentia materiam *sunt intelligentia per illas* formas,
10 *sed in respectu illius qui abstrahit ea a materiis suis, erunt intellecta*
in actu, et per hoc erit ipse abstrahens *intelligens, et illa per illam*
eandem intentionem seu formam *erunt non intelligentia.*

Ex hoc itaque, inquit COMMENTATOR, habetur dissolutio quaestionis
principalis, scilicet quod intellectus *ipse intelligibilis est sicut* alia
15 *intelligibilia* quoquo modo, quia est intelligibilis *per intentionem in eo,*
sicut aliae res intellectae. Sed in hoc est differentia *quoniam intentio per*
quam intellectus materialis sive possibilis *fit intellectus in actu* et ens

93 quae tales] aliter quae quales quae tales *B* : alias quales *add. x*   95 seu] sive *B*
97 adest *Themist.*] quidem *B* : idem *x*   99 quidem *om. B*   00 entia] in potentia *A*
nisi] cum *add. B*   2 igitur] ergo *B*   3 sunt etiam *inv. x*   6 formae istorum]
ipsorum *B*   8 scilicet] id est *C*   11 hoc] ea *Aver.*   12 intentionem] intelligentiam *B*   13 inquit] numquid *A*   14 intellectus ipse *inv. B*   17 fit] sit *DA*

93 Quaere - 98 intellecta : THEMIST., *In De Anima*, lib. V (ARIST., III, 4, 430 a 5-9).
CAG V. 3, p. 98, 4-7 ; CAG lat., I, p. 223, 66-73.
99 cum - 1 actu : ARIST., *Metaph.*, IX (Θ), 9, 1051 a 29-31.
5 quia - 13 quaestionis : AVER., *De Anima*, III, 16. Aver. lat., VI. 1, p. 435 (lin.
21-30).
14 ipse - 15 intelligibilia : ARIST., *De Anima*, III, 4, 430 a 2-3.
15 per - 16 intellectae : AVER., *De Anima*, III, 15. Aver. lat., VI. 1, p. 434 (lin. 11-12
et 15-16).
16 quoniam - 18 in actu : AVER., *De Anima*, III, 16. Aver. lat., VI. 1, p. 436 (lin. 36-38).

actu, *est quia est intellectum in actu* per intentionem illam intelligibilem ;
quod si non, tunc necesse est ut sit intelligibilis per aliam intentionem, *et hoc procedit in infinitum.* Non est igitur idem specie 20
intelligibile habentium materiam et ipsius intellectus, licet per
eandem intentionem habens materiam sit intelligibile et ipse intellectus. Per illam enim intentionem non solum est actu intelligibilis
ipse intellectus, sed et ens actu et intellectus in actu, cum ipse aliud
ens non sit quam intellectus. *Intentio vero per quam res, quae sunt* 25
extra intellectum, *sunt entia, est quia sunt intellectae in potentia. Et si*
essent actu intellectae per illam intentionem, aut si intelligibile
quod est in intellectu materiali, esset idem cum intellectu materiali,
seu cum re materiali quae intelligitur, *tunc* ipsae res materiales
essent intelligentes.   30

  Cum ergo per eandem intentionem a materia separatam et abstractam, qua materiam habentia fiunt actu intelligibilia, fiat ex
consequenti intelligibilis in actu ipse intellectus, hanc autem abstractionem et sequestrationem non semper potest intellectus actu
facere, idcirco nec semper actu intelligere potest hic intellectus, 35
sed quandoque.

18 in *om. AE*   19 ut] quod *B*   20 procederet *x*   23 solum *om. A*   26 intel-
lectum] animam *Aver.*   28 esset... materiali[2] *om. B*   intellectu[2]] -to *DE*   29
seu] sive *B*   32 qua] quae *B*   fiat] fiant *B*   33 intelligibilis] -lia *B*   hanc
autem *om. B*   34 semper *post* intellectus *B*   intellectus actu *inv. AE*   35
idcirco] quare *B*

20 et hoc - infinitum : AVER., *De Anima*, III, 16. Aver. lat., VI. 1, p. 435 (lin. 35).
25 Intentio - 27 actu : AVER., *De Anima*, III, 16. Aver. lat., VI. 1, p. 436 (lin. 38-
    40).
27 si intelligibile - 28 materiali[2] : AVER., *De Anima*, III, 16. Aver. lat., VI. 1, p. 435
    (lin. 31-32) : « si autem intellectus fuerit idem cum intellecto in intellectu mate-
    riali ».
29 tunc - 30 intelligentes : AVER., *De Anima*, III, 16. Aver. lat., VI. 1, p. 436 (lin.
    40).

CAPITULUM 9

DE NECESSITATE INTELLECTUS AGENTIS ET CONDITIONIBUS EIUS AC NATURA

40 Quoniam autem potentia intellectus per se ad actum pervenire non potest, quemadmodum nec in naturalibus hoc accidit neque in artificialibus, immo sicut in omni genere materia seu ens in potentia alterum requirit principium, agens scilicet seu factivum, *necesse est in anima has esse differentias* proportionaliter, ut *hic quidem sit*
45 *intellectus in omnia fieri, ille vero in omnia facere*, qui est utique *sicut habitus quidam* et non sicut privatio, ut ille qui est in omnia fieri seu potentia intellectus.

Dicit autem PHILOSOPHUS quod ille factivus intellectus seu agens est *sicut habitus quidam, sicut lumen*; *quodam enim modo et lumen*
50 *facit potentia* quadam *existentes colores actu colores*, hoc est visibiles actu, nam etsi visus sufficienter dispositus sit, et colores praesentes non tamen videntur actu nisi praesente lumine. Et sic etiam est de phantasmatibus seu de potentia intelligibilibus ad hoc quod actu intelligibilia sint.

55 Notandum autem est quod inter omnia sensibilia non potest exemplum intellectui agenti similius et convenientius reperiri, neque universaliter intellectuali naturae propinquius, quam est lumen, non solum quidem propter iam dictam similitudinem, sed et propter alias cum maiori declaratione inferius prosequendas. Secundum
60 enim quod dictum est supra, inter omnia quidem sensibilia lumen

---

41 nec] et *B*   42 seu] sive *B*   43 scilicet *om. B*   necesse est *iter. A*   44 hic] hoc *BA*   47 seu] sive *B*   49 quidam] quidem *x*   et *om. B*   52 etiam est *inv. B*   53 seu] sive *B*   acta *D*   55 est *om. B*   56-57 neque... propinquius *om. B*   58 quidem *om. B*   59 cum *om. x*   declaratione] delectatione *x*

41 quemadmodum - 46 quidam : ARIST., *De Anima*, III, 5, 430 a 10-15.
49 sicut[1] - 50 colores[2] : ARIST., *De Anima*, III, 5, 430 a 15-17.
60 supra : Pars I, c. 8. Ed. Van de Vyver, I, p. 98, 13-16 et p. 97, 1-4. Cfr etiam c. 32, ed. cit., p. 211, 43-47.

spiritualior est forma et magis immaterialis. Quamobrem conveniens exemplum posuit Philosophus de lumine, quatenus sic de lumine non separato quidem onmino a materia, per lumen spirituale conscendentes illuminati, clarius ad lumen separatum intellectus agentis sincerius cognoscendum accedamus.   65

Dicit quidem igitur Philosophus quod separatus est *intellectus iste* sive *separabilis*. Unde Themistius : Et quamvis de intellectu possibili Philosophus haec etiam dixerit, *non tamen* est ille *separatus similiter activo*, qui principalius et magis sincere *immixtus* est *et impassibilis, substantia actu ens*; nihil enim agens est nisi 70 ens actu. Et *honorabilius semper est agens patiente et principium materia*. De intellectu autem possibili tamquam de materia vel de patiente quodam iam probatum est quod separatus est, immixtus et impassibilis; quare multo fortius agens erit talis.

Adhuc, quoniam talis est et non habens materiam, necessarium 75 est in ipso intelligens et intellectum idem esse, ut patet ex praedictis; quare relinquitur in ipso *scientiam* quae *secundum actum* est, *eandem esse rei* scitae. Et quamvis scientia, quae in aliquo homine est quandoque potentia quandoque actu, prius in illo sit potentia quam actu, non tamen *omnino neque tempore* simpliciter prior est, sed illa 80 quae actu simpliciter est prior. Et in hoc dicto videtur ipse Philosophus convenire cum opione Platonis, ut infra magis apparebit.

61 spiritualior... immaterialis] forma spiritualior est et immaterialis magis *B*   62 quatinus *BCD*   63 separatum *A*   64 agentis] intellectus *B*   66 igitur] ergo *D* 67 Unde] et *add. B*   68 haec] hic *CDA* : hoc *E*   est ille *inv. B*   69 qui] et *add. B*   70 est[1] *om. B*   70-74 substantia... impassibilis *om. A*   72 de materia vel *om. x*   73 iam *om. x*   75 Adhuc] Ad haec *CD*   77 est *om. B*   78 esse] rem *A*   aliquo *om. B*   78-79 est quandoque *inv. B*   79 sit] est *post* prius *B* 80 sed] et *add. B*   81 ipse Philosophus *om. B*

66 Dicit - 67 separabilis : Arist., *De Anima*, III, 5, 430 a 17.
67 Et - 69 activo. Themist., *In De Anima*, lib. VI (Arist., III, 5, 430 a 23-25). CAG V. 3, p. 105, 34-35; CAG lat., I, p. 239, 85-87.
69 immixtus - 72 materia[1] : Arist., *De Anima*, III, 5, 430 a 18-19.
72 De - 74 talis : S. Thomas, *C.G.*, lib. II, c. 78. Ed. Leon XIII, p. 494 a 39-41 : « Sed possibilis, qui est sicut patiens et materia, est separatus et immixtus, ut supra probatum est. Ergo multo magis agens ».
75 quoniam - 76 esse : Arist., *De Anima*, III, 4, 430 a 3-4.
76 ex praedictis : c. 7, p. 33, 21-23.
77 scientiam - 80 tempore : Arist., *De Anima*, III, 5, 430 a 19-21.

Amplius, postquam hic intellectus actu intelligibile semper apud se praesens habet non impeditum, necesse est ipsum secundum se
85 semper actu intelligere et incessanter, et *non esse aliquando quidem intelligentem* et *aliquando non*, secundum quod PHILOSOPHUS sentire videtur. De hoc tamen restat superius disputandum.

Rursus, habentia materiam et universaliter omnia participantia naturam potentiae pro tanto deficiunt ab entitate simpliciter dicta,
90 pro quanto potentiae ratio in eis reperitur; ens enim potentia non simpliciter ens est. Intellectus autem agens non est potentia ens, sicut possibilis, aut quandoque ens actu quandoque non, ut speculativus, sed actu incessanter; propter quod concludit PHILOSOPHUS quod hic intellectus, non prout est respectu phantasmatum aliquando
95 actu agens et aliquando potentia, sed prout est *separatus* ens in se, *est solum hoc* quod quidem simpliciter est et *quod vere* ens *est*, secundum quod etiam, 9º M e t a p h y s i c a e, incompositas substantias et immateriales quae sunt actu, vere entia aliquid esse dicit. De accidentibus quidem enim non potest dici proprie quod sunt entia,
00 sed magis quod sunt entis aliquid. Entia quoque materialia natura potentiae non privantur. Item neque formae materiales sunt entia proprie, quia per se non existunt sed per composita, quibus tamen dant esse; propter quod convenienter dicit PLATO corporea quaelibet entia imagines esse et *simulacra vere existentium rerum*, scilicet
5 invisibilium, non quidem res vere existentes. In hoc ergo discipulus,

---

83 hic] iste *B*   86 et aliquando] aliquando quidem *B*   87 videretur *A*   De...
disputandum *om. B*   91 simpliciter *post* est[1] *B*   92 aut] Et *B*   94 aliquando]
est *add. E*[2]   95 et *om. A*   sed *om. B*   est *om. A*   ens *iter. A*   96 *post*
hoc *iter.* tam a se ipso... substantia propria cognoscitur (*c. 7, p. 40, 24-40*) *A*   97
substantias *om. B*   98 aliquid] aliqua *AE*   99 proprie dici potest *B*   2 sed per
composita] vel subsistunt *B*   3 quod *om. A*   dixit *B*   corpora *E*   4-5
scilicet invisibilium] visibilium *B*

85 non esse - 86 non : ARIST., *De Anima*, III, 5, 430 a 22.
87 restat superius disputandum : Pars III, c. 5-14.
95 separatus - 96 ens est : ARIST., *De Anima*, III, 5, 430 a 22-23.
97 incompositas - 98 esse : ARIST., *Metaph.*, IX (Θ), 10, 1051 b 30-31.
98 De - 00 aliquid : ARIST., *Metaph.*, VII (Z), 1, 1028 a 18-20; XII (Λ), 1, 1069 a 21-22.
98 De - 3 esse : Cfr S. THOMAS, *De Unitate Intellectus*, c. 1. Ed. Keeler, § 37, p. 25, 80-82
et 76-78.
3 corporea - 5 invisibilium : PLATO, *Tim.*, 48 E. Plato lat., IV, p. 46, 14-15 : « alterum
simulacrum et imago eius... idque visibile ». — *Ibidem*, 50 C, p. 48, 10 : « simulacra
sunt vere existentium rerum ».

bene imitatus magistrum, signanter dixit intellectum, et praecipue
illum qui agens dicitur, *solum esse id quod vere est,* in comparatione
scilicet illorum quae potentiae participant aliqualiter rationem,
adhuc *et immortale solum* respectu eorundem, *et perpetuum* similiter. Immortalis quidem necessario est intellectus iste quia im- 10
mixtus et impassibilis et immaterialis, et per consequens ab omni
denudatus causa mortis atque corruptionis, secundum quod alibi
sufficienter est hoc declaratum.

Signanter etiam non aeternum dicit Philosophus hunc intellectum esse, sed perpetuum. Et de hoc infra magis.   15

CAPITULUM 10

DICTA QUORUNDAM EXPOSITORUM SUPER QUIBUSDAM CON-
DITIONIBUS INTELLECTUS AGENTIS; ET QUID INTENDIT
PHILOSOPHUS PER INTELLECTUM PASSIVUM

Perpetuum denique Philosophus commemorans intellectum hunc, 20
adhuc et substantiam actu existentem et semper intelligentem, insuper et differentiam unam animae nostrae sicut et possibilem
intellectum, problema nobis insinuat, ait Grammaticus, quare non
semper intelligimus actu, adhuc et si *post mortem reminiscimur
eorum quae hic intelleximus,* secundum expositionem [Averrois et] 25
Themistii sic arguentis : *Post mortem enim,* inquit, *neque amicitias
retribuimus neque apparentia domesticis de quibus maxime curavimus.*

---

6 imitatus] ymitatus *DAE* : ymitatus *post* magistrum *B* : ymaginatus *C*   8 potentia
C   participant aliqualiter *inv. B*   9 et²] id est *C*   9-10 similiter] simpliciter *B*
12-13 alibi... hoc] hoc alibi est sufficienter *B*   18 intendit] intelligit *B*   22 et¹ *om.*
B   23 probleuma *codd.*   24 intelligimus] inte //// *B*   27 apparentiam *D*

---

7 solum - 9 perpetuum : Arist., *De Anima,* III, 5, 430 a 22-23.
20 Perpetuum - 23 intellectum : Arist., *De Anima,* III, 5, 430 a 23, 18, 22, 13-15.
23 problema - 24 actu : Io. Philoponus, *In III De Anima* (Arist., 4, 430 a 5-6).
   CAG lat., III, p. 41-42, 68-72.
24 post - 27 curavimus : Themist., *In De Anima,* lib. VI (Arist., III, 5, 430 a 23-25).
   CAG V. 3, p. 101, 2 et 14-15; CAG lat., I, p. 229, 93 et 230, 7-8.

PHILOSOPHUS ergo, hoc praeveniens, dicit quod *non reminiscimur* neque memoramur per illum intellectum separatum, *quia impas-* 30 *sibile* quiddam *est*; *passivus autem intellectus corruptibilis est, et sine hoc nihil intelligit.* Super quo THEMISTIUS exponendo sic ait: *Quando* Philosophus *dicit:* '*non memoramur autem, quia hoc quidem impassibile' etc., nos quidem facit activum intellectum.* Sed qualiter hoc sit, infra diligentius inquiretur.

35   In hoc autem unanimiter omnes consentiunt expositores quod per intellectum passivum intendit PHILOSOPHUS phantasiam seu virtutem sensitivam, intellectualis luminis radio quasi fracto illustratam. Talis enim est intellectus particularium cognitivus, et per consequens ratione virtutis sensitivae passionum receptivus; quare 40 convenienter passivus intellectus a PHILOSOPHO vocatur. Est etenim quiddam compositum ex intellectu et virtute sensitiva, quod etiam in 1º D e A n i m a PHILOSOPHUS vocat commune. Hoc ergo commune, seu hic *passivus intellectus, sine hoc,* id est sine materiali aliquo seu particulari, *nihil intelligit.*

45   Adhuc, neque memorari neque reminisci contingit sine sensitiva virtute, ut declaratum est in libro D e M e m o r i a . Unde *intelligibilium non est memoria sine phantasmate,* nec est intellectivi quidem principii memoria proprie dicta nisi per accidens, hoc est nisi secundum quod sensitivae virtuti copulatur, et fit quoddam com- 50 mune, ut puta intellectus sensitivus. Corruptibilis autem necessario est intellectus iste propter phantasiae corruptibilitatem, sine qua

28 ergo] igitur *B*   reminiscimur] eorum *add. B*   29 memoramur] rememoramur *D*   30 corruptivus *B*   32 Philosophus dicit *inv. B*   35 unamiter *A*   36 intendit] intelligit *compendio B*   38 est *om. AE*   42 Philosophus *post* etiam *B* 42-43 Hoc ergo commune *om. B*   43 seu] sive *B*   47 intellectivi] -tui *D*   48 quidem *om. B*   49 nisi] *in ras.* E^2 : nichil *A*   fit quoddam *inv. B*   50 Corruptibilis *ad finem capituli*] *locum signo, obliquam imaginem hominis barbati exhibente, adnotavit B'. Vide T. I, tab. III*   50-51 necessario est *inv. B*

28 non - 31 intelligit : ARIST., *De Anima*, III, 5, 430 a 23-25.

32 Quando - 33 intellectum : THEMIST., *In De Anima*, lib. VI (ARIST., III, 5, 430 a 23-25). CAG V. 3, p. 102, 5-7 ; CAG lat., I, p. 231, 37-39.

41 quod - 42 commune : ARIST., *De Anima*, I, 4, 408 b 28-29.

43 passivus - 44 intelligit : ARIST., *De Anima*, III, 5, 430 a 24-25.

45 neque[1] - 48 accidens : ARIST., *De Memoria*, 1, 450 a 14 et 12-14.

memorari non contingit nec reminisci; *corrupto enim mortali*, et
simul corrumpitur quae ad ipsum colligatio eius quod immortale, ut
ait THEMISTIUS.

Palam igitur ex his est quare post mortem non memoramur pro- 55
prie loquendo, nec reminiscimur. Et si *post amotionem corporis*
corruptibilis nobis adveniat illud *corpus semper apprehensum*, quod
GRAMMATICUS *autoeides* appellat, non tamen univoca videtur esse
memoria quae in illo corpore et quae in isto.

                    CAPITULUM 11   60

DE PASSIBILI SEU PASSIVO INTELLECTU SECUNDUM AVER-
ROEM ET SECUNDUM IOHANNEM GRAMMATICUM, AD DIS-
SOLUTIONEM PRAEMISSI PRIUS PROBLEMATIS

AVERROES autem dicit quod *per intellectum passibilem* seu passivum *intendit* Philosophus imaginationem, et quod *sine hoc, id est sine* 65
virtute imaginativa et cogitativa, nihil intelligit intellectus qui dicitur
materialis. Hae etenim, inquit, *virtutes sunt quasi res quae praeparant*
materiam artificii ad recipiendum actionem artificis. Et ad confir-
mationem expositionis suae, *in alia translatione* dicit hoc contineri :
et quod induxit nos ad dicendum quod iste intellectus non alteratur 70
neque patitur, est quod aestimatio vel imaginatio est intellectus pas-

52 memerari *C*   55 Palam...] post mortem non memoramur *notat i.m. B'*   memoratur *C*   58 antoeydes *B* : antoeides *E* : antoyeides *A*   59 quae² *om. B*   63
prius *om. B*   probleumatis *codd.*   65 id est] et *A*   sine² *om. D*   66 intelligit]
agit *A*

52 corrupto - 53 immortale : THEMIST., *In De Anima*, lib. VI (ARIST., III, 5, 430 a
    23-25). CAG V. 3, p. 107, 28-29 ; CAG lat., I, p. 242, 52-53.
56 post - 58 autoeides : IO. PHILOPONUS, *In III De Anima* (ARIST., 4, 429 b 10-11).
    CAG lat., III, p. 24, 60-61.
64 per - 65 imaginationem : AVER., *De Anima*, III, 5 et 20. Aver. lat., VI. 1, p. 409
    (lin. 640) et p. 449 (lin. 173-174).
65 sine - 68 artificis : AVER., *De Anima*, III, 20. Aver. lat., VI. 1, p. 449-50 (lin. 184-188).
69 in alia - 73 imaginatione : AVER., *De Anima*, III, 20. Aver. lat., VI. 1, p. 452
    (lin. 247 et 249-253).

sibilis, et quod corrumpitur, et non comprehendit intellectum, et nihil intelligit sine imaginatione.

Ex his ergo dicit, ad dissolutionem primi problematis, quod licet
75 intellectus aeternus sit et recipiens etiam secundum intentionem suam, actus tamen intelligendi in nobis generabilis est et corruptibilis; et *causa in hoc est quia intellectus materialis nihil intelligit sine intellectu passibili, licet agens et recipiens sit, sicut comprehendere colorem non est, licet lux sit et visus sit, nisi coloratum sit* seu obiectum.
80 Hoc est dictum AVERROIS.

Sed tunc remanet ei quaestio. Non enim est simile de intellectu et de visu. Visus enim sibi ipsi obiectum esse non potest, quod potest intellectus; in non habentibus namque materiam, idem est intelligens et intellectum, ut visum est supra. Propter quod GRAMMATICUS,
85 aliam tradens expositionem, aliter dissolvit hoc problema, cuius solutionem differri supra dixerat usque ad hunc locum. Dicit igitur quod *passivum intellectum* vocat Philosophus phantasiam, quae *quoniam corruptibilis est* et *sine ipsa intellectus non intelligit, aut cooperante aut impediente, merito non semper intelligimus.* Et cum
90 dicit PHILOSOPHUS : *Sine hoc autem nihil intelligit,* exponens GRAMMATICUS : *Subaudiendum est,* inquit : *ut in pluribus. Ut enim in pluribus cum phantasia sunt intellectus operationes; sine hac autem raro. Et* quidem *raro aut semel in tota vita his qui ascenderunt* usque *ad summum philosophiae, sine phantasia intellectus operatur,* quod

73 intelligit *post* imaginatione *B*   74 probleumatis *codd.*   75 recipiens] similiter *add. B*   76 generabilis] generalis *A*   79 licet] nisi *CD : om. AE, sed rest.* licet *E²* seu] sive *BA*   80 Hoc] ergo *add. B*   82 de *om. BA*   quod potest *om. B* 83 namque] enim *B*   85 probleuma *BCAE*   86 igitur] ergo *BC*   87 quod *om. C*   92 intellectus operationes *inv. x*

77 causa - 79 coloratum sit : AVER., *De Anima*, III, 20. Aver. lat., VI. 1, p. 451 (lin. 236-240)
83 in non - 84 intellectum : ARIST., *De Anima*, III, 4, 430 a 3-4.
84 supra : c. 7.
85 cuius - 86 locum : Io. PHILOPONUS, *In III De Anima* (ARIST., 4, 430 a 5-6). CAG lat., III, p. 42, 72-73. Vide supra, p. 42, 80-82.
87 passivum - 89 intelligimus : Io. PHILOPONUS, *In III De Anima* (ARIST., 5, 430 a 23-25). CAG lat., III, p. 61, 73-76.
90 Sine - intelligit : ARIST., *De Anima*, III, 5, 430 a 25.
91 Subaudiendum - 94 operatur : Io. PHILOPONUS, *In III De Anima* (ARIST., 5, 430 a 23-25). CAG lat., III, p. 61, 77-81.

utique PHILOSOPHUS in T h e o l o g i c a P h i l o s o p h i a insinuare 95
videtur, cum loquitur de optima deductione quae *nobis* accidit *parvo
tempore.* Unde, in 1º D e A n i m a, dicit quod *intellectus secundum
prudentiam dictus neque omnibus hominibus similiter inesse videtur.*
Super quo THEMISTIUS sic: *Qui secundum sapientiam,* inquit, *dicitur
intellectus, non omnibus similiter inest animalibus, sed forte neque* 00
multis hominum. Adhuc, in 2º T i m a e i, PLATO : *Intellectus,* inquit,
Dei proprius est *et paucorum admodum lectorum hominum.*

   Propter raritatem igitur, ut ait GRAMMATICUS, *universaliter pronun-
tiavit* Philosophus *quia sine phantasia nihil intelligit, hoc quidem ut
cooperante, ut in mathematicis; velut enim vehiculum intellectus in* 5
*his est phantasia et ad alia etiam multa cooperatur, hoc autem ut
impediente, ut in intelligibilibus et divinis theoriae; in speculatione
enim horum detrahitur intellectus a phantasia, figuras et magnitudines
phantasiante et non concedente sincere illa percipi. Quoniam igitur
sine phantasia,* inquit, *nihil intelligit,* eo inquam modo quo dictum 10
est, *corruptibilis autem est haec et ob hoc transmutabilis, et alias aliter
se habens, propter hoc non semper intellectus intelligit, phantasiae
quidem coniugatus, non habens autem ipsam propriis motibus ob-
sequentem, sed contrariantem et impedientem.*

---

95 in *om. B*   insinuari *C*   00 similiter] simpliciter *B*   1 thymei *BC* : thimei
DAE   2 *del.* lectorum *et*   ponit *sup. lin.* electorum *E²*   3 igitur]ergo *B*   4
quia] quod *D*   hoc] hic *x*   6 hoc] hic *x*   8 retrahitur *B*   9 sincere illa
inv. B   11 haec *Philop.*] hic *codd.*   12 non] enim *x*   intellectus] -tum *CDA* :
-tu *E, sed corr.* -tus *E²*   13 coniugatus] commixtus *B*   13-14 obsequentem]
assequentem *Philop.*   14 contrariantem] contrahentem *Philop.*   impedientem]
non intelligit *add. E²*

---

96 optima - 97 tempore : ARIST., *Metaph.*, XII (Λ), 7, 1072 b 14-15.

97 intellectus - 98 videtur : ARIST., *De Anima*, I, 2, 404 b 5-7.

99 Qui - 1 hominum : THEMIST., *In De Anima*, lib. I (*ad locum*). CAG V. 3, p. 10, 10-11 ;
   CAG lat., I, p. 25, 97-99.

 1 Intellectus - 2 hominum : PLATO, *Tim.*, 51 E. Plato lat., IV, p. 50, 9-10.

 3 Propter - 14 impedientem : Io. PHILOPONUS, *In III De Anima* (ARIST., 5, 430 a
   23-25). CAG lat., III, p. 61, 81 - 62, 92.

15 # CAPITULUM 12

PROPTER QUID ET QUOMODO POTEST ASSEQUI OBLIVIO
INTELLECTUI NOSTRO, POSTQUAM ALIQUANDO SE IPSUM
INTELLEXERIT AUT SEPARATA

Dubitabit autem utique quis merito propter quid in omnimode sepa-
20 *ratis* a materia *assequitur oblivio. Si enim quae circa illa sunt opera-*
tiones ipsius intellectus secundum se, phantasia non conferente sibi
sed impediente, oportere videtur, *semel acceptis speciebus illis ab*
intellectu, indelebilem habere notitiam, cum sit impassibilis. In sen-
sibilibus vero speciebus, et mathematicis, ac in illis quorum esse in
25 sensibilibus est, *sicut vehiculo utens phantasia, ita sensibilium species*
cognoscebat intellectus; *merito igitur ex impressionibus in phantasia*
apparentibus, quia passibilis est ipsa, circa intellectum oblivio fit.
In receptione autem separatarum specierum, ipso secundum se co-
gnitionem ipsarum accipiente et ente impassibili, unde ipsa oblivio
30 *fit?* Et ut ad unum dicatur, cum intellectus noster immaterialis
existat secundum se, et semper se ipsum intelligens actu, quare
non semper hunc actum percipimus, secundum supra positum
problema?

Respondens autem GRAMMATICUS, dicit quod *forsan et huius causa*
35 *est phantasia, altero* tamen *modo.* Nam, *sicut complexio vitae irra-*
tionalis homini ad hoc disposito *somnum inducens aut alienationem,*

---

18 aut] sive *x*   19 in omnimode] omnino *vel* omnimodo *B*   20 Si] Sic *x, sed corr.*
si *E*²   illam *B*   21 ipsius *om. x*   22 impediente] non *add. B*   23 indelibilem *B* : indebilem *AE, sed corr.* indelibilem *E*²   In sensibilibus] insensibilis *C*
27 ipsa *post* quia *B*   fit] sit *A*   30 ut *om. B*   cum] ut *AE*   noster *om. x*
31 secundum *om. B*   33 probleuma *BCAE*   34 forsan et *inv. B*

---

19 Dubitabit - 30 fit : Io. PHILOPONUS, *In III De Anima* (ARIST., 5, 430 a 23-25).
   CAG lat., III, p. 62, 93 et 98-6.
32 supra : c. 10, p. 48, 23-24 et c. 11, p. 51, 84-86.
34 forsan - 44 patiente : Io. PHILOPONUS, *In III De Anima* (ARIST., 5, 430 a 23-25).
   CAG lat., III, p. 62, 9 - 63, 15 et p. 63, 18-23.

universalis oblivionis fit causa, ita nihil mirum et aliquas phantasiae
dispositiones *universaliter ad vitam* quae *in corpore particularem
oblivionem efficere, offuscantem ipsius puritatem et claritatem substantiae, ut in ebrietatibus accidit* et consimilibus, aliquas vero tales ₄₀
quod *vita irrationalis non contrahat intellectum, immo e contrario,
et propter hoc etiam non phantastice intelligibilibus adhaerere potentibus*
rationabile est *neque iam consequi oblivionem intelligibilium receptionem, nusquam adhuc intellectu ab irrationali vita et phantasia patiente.*

Videtur autem haec dissolutio ex dictis Philosophi accepta fore, ₄₅
nam postquam humano corpori tales frequenter accidunt affectiones
et dispositiones, ex quibus causatur in nobis *velamentum* lumini
intellectus, ne in nobis appareat eius operatio sed solius phantasiae
seu irrationalis vitae, ut in *somno* accidit, *aut aegritudine,* aut in
alia *passione,* secundum quod ait Philosophus, nihil mirum si non ₅₀
semper actu intelligimus, aut si oblivio nobis contingit intelligibilium
specierum.

Adhuc, in nobis quidem experimur quod etiam extra passionem
existentes et habentes apud nos phantasma quodcumque, verbi gratia
Socratis, contingit tamen non considerare seu non actu intelligere ₅₅
humanitatem, secundum quod ab ipso per intellectum abstrahibilis
est, similiter neque alia intelligibilia superiora et magis immaterialia,
quae ex eodem phantasmate possunt elici, puta substantiam et ens
sub propriis rationibus, secundum quod Philosophus *universale* dicit
esse posterius aut nihil. Nemo tamen dubitat quin aliquid nostri sit ₆₀
intellectus ille, quo substantiam universaliter intelligimus aliquando
et ens cum aliis quae adhuc consequi possunt.

Quod si intellectum in nobis non esset prohibens, aut impedimentum aliquod quodammodo velans actum eius in nobis, aut quasi
transponens in actum alium, numquam possemus, phantasma ₆₅
Socratis habentes, albedinem eius aut magnitudinem seu figuram

37 ita] et *add. B*   39 obfuscantem *BA*   40 tales] scilicet *add. B*   42 intel-
ligibilibus] intelligentibus *x*   43 consequi] assequi *Philop.*   receptionem] -num
B : vel receptioni *add. x*   45 accepta fore *inv. B*   53 quidem *om. B*   55 Socratis *scripsi*] sor *B* : sortis *x*   tamen] non *B*   seu non] neque *B*   58 quae] non
x, sed corr. quae *E*[2]   59 universale] universaliter *x*   62 adhuc] ad hoc *BE*   63
intellectui *CD*   66 Socratis *scripsi*] sortis *codd.*   habentis *B*   magnitudinem
seu] mgre[nem] aut *B*

46 nam - 50 passione : Arist., *De Anima*, III, 3, 429 a 7-8.
59 universale - 60 nihil : Arist., *De Anima*, I, 1, 402 b 7-8.

iudicare, non cointelligentes omnia quae ab illo phantasmate per intellectum abstrahi possent et considerari. Sed huius contrarium experimur cuius quidem *causa*, secundum expositionem GRAMMATICI,
70 *est phantasia. Figurata enim*, inquit, *aliene ex sensibilibus et sic obnubilans intellectum a propria illocatione et cognitione* quodammodo *exstare facit*, id est extasim pati; ex parte namque intellectus non videtur huiusmodi impedimentum provenire nec in ipso cadere cum sit impassibilis et immaterialis. Per experientiam ergo colligere
75 possumus et addiscere quod nostrum intelligere, secundum quod ad phantasiam convertitur diligentius aut negligentius, secundum hoc intellectus in nobis velatur, impeditur et retrahitur a propria operatione, quasi transformatus in aliam, et hoc secundum plus et minus; universaliter enim quae ad sensualia conversio ab intel-
80 lectualibus plus vel minus retrahit et avertit.

Ex quo utique concludere possumus ulterius quod, licet phantasmata necessario conferant ad actum intelligendi universalia sensibilium sub distinctione, ratione cuius, in libro D e   M e m o r i a et alibi, dicit PHILOSOPHUS quod nostrum intelligere sine phantas-
85 matibus non consistit, secundum quod infra magis apparebit, nihil tamen prohibet, quantum ad aliam operationem, puta se ipsum intelligendi prout est separatus, impedimentum et obnubilationem afferri ex illis.

Sic igitur, experientiam sequendo, rationabiliter opinandum vi-
90 detur quod, sicut intellectus in se conversus et se ipsum intelligens et secundum hoc assimilatus lineae circulari, quae si extendatur,

---

68 possent] posse *E, sed corr.* possent E^2 70 aliene] aliquo *in ras.* E^2 71 illocatione] operatione *ex* illocatione E^2 74 ergo] enim *C* : igitur *DAE*   76 aut] at *B* 78 hoc secundum *inv. A*   81 ulterius *om. B*   85 consistit] existit *B*

69 causa - 72 facit : Io. PHILOPONUS, *In III De Anima* (ARIST., 5, 430 a 23-25). CAG lat., III, p. 63, 16-18.

75 nostrum - 80 avertit : AVICENNA, *De Anima*, pars V, c. 2. Ed Venet. 1508, f. 23vb. « Tu scis etiam quod sensus retrahit ab intellectu. Anima enim cum est intenta sensibilibus, retrahitur ab intellectu ».

84 nostrum - 85 consistit : ARIST., *De Memoria*, 1, 449 b 31. Vide etiam *De Anima*, III, 7, 431 a 16-17; 8, 432 a 8-9; *De Sensu*, 6, 445 b 16-17 et *An. Post.*, I, 18.

85 infra : c. 13-17.

91 assimilatus - circulari : PLATO, *Tim.*, 37 B-C. Vide THEMIST., *In De Anima*, lib. V (ARIST., III, 4, 429 b 16-17). CAG V. 3, p. 96, 27-28; CAG lat., I, p. 219, 2-3 : « Plato quidem enim circulis assimilat operationes intellectus » et AVER., *De Anima*, III, 11. Aver. lat., VI. 1, p. 425 (lin. 29) : « Plato autem (assimilat intellectum) lineae girativae ».

formam amittit circuli, sic et ipse intellectus operationem suam vel
se extendens quasi extra se tendens, scilicet in obiectum aliud, in
quidditatem videlicet rei sensibilis quam in phantasmate necessario
considerat abstrahendam, quasi proprium actum relinquens, in alium 95
quodammodo transformatur tamquam extasim passus. Experimur
enim in nobis quod quanto attentius quidditatem alicuius sensibilis
consideramus, tanto minus attendimus ad considerationem quidditatis ipsius intellectus.

Rursum, sicut intellectus quidditatem sensibilium intelligens seu 00
universale tamquam obiectum proprium, et secundum hoc a PHILO-
SOPHO extensae assimilatus lineae, quae si frangatur aut circumflectatur seu incurvetur, a simplici recedit unitate rectitudinis, sic
et intellectus, virtuti se immergens sensitivae ad cognoscendum
particularia seu materiam habentia, secundum quod quidem sensui 5
se immergit plus aut minus, secundum hoc et in actum transit
alterius rationis et maioris compositionis, per quem utique plus vel
minus ipse intellectus a simpliciori operatione et sibi magis propria
retrahitur interdum, seu impeditur et velatur; partita namque
potentia, ut ait PROCLUS, pauciora potest quam non partita, secun- 10
dum quod et universaliter una virtus aliam retrahit ab operatione.

---

92 et ipse] etiam *B*   93 aliud] aut *B*   97 enim *om. A*   actencius *B*   00
seu] ex *A*   2 quae] quasi *B* : quod *AE*   5 seu] sine *B*   7 vel] aut *AE*   8
simplici *A*

2 extensae - 3 incurvetur : ARIST., *De Anima*, III, 4, 429 b 16-17.
9 partita - 10 partita : PROCLUS, *Elementatio Theologica*, prop. 61. Ed. Dodds,
    p. 58, 16-21 ; ed. Vansteenkiste, p. 288.

CAPITULUM 13

QUALITER INTELLIGENDUM EST SECUNDUM GRAMMATICUM
ID QUOD AIT PHILOSOPHUS : ET SINE HOC, ID EST SINE
15 PHANTASMATE, NIHIL INTELLIGIT NOSTER INTELLECTUS

Sed est hic advertendum quod, licet virtute sensitiva princi-
palitatem interdum obtinente intellectus ab operatione sua retrahatur,
a phantasmatibus tunc impeditus et velatus, quando tamen prin-
cipalitatem obtinet intellectus circa quidditates sensibilium nego-
20 tiando, non sunt impedimenta sibi phantasmata sed adiutoria
quaedam et fundamenta expedientia sive subiecta necessaria ad
hunc actum intelligendi. Nam sicut quidditates rerum sensibilium
sine sensibilibus esse non possunt, sed in ipsis existunt necessario,
sic et intelligibiles quidditatum species sine particularibus sensibilium
25 speciebus, quae quidem phantasmata sunt, intelligi non possunt.
Virtus enim cognoscitiva cognoscibili proportionatur obiecto. Et
haec est ratio PHILOSOPHI ad hanc conclusionem.

Dicit igitur GRAMMATICUS quod hoc dictum PHILOSOPHI 'Et sine
hoc nihil intellligit', quidam sic intelligunt quia eorum quae hic sunt
30 sensibilium nihil sine phantasia intelligit, cointelligentes scilicet
sensibilium specierum. Et non est hoc extra intellectum Aristotelis,
ait GRAMMATICUS. In sequentibus enim, de operatione intellectus
disputans quae fit circa substantias sensibiles, ait : 'Quoniam autem
nihil est praeter magnitudines, ut videtur, sensibiles separatum, in

---

13 secundum] Johannem add. B 20 adiutoria] seu adiuvamenta add. B : adiu-
menta sive iuvamenta alias (vel AE) adiutoria x 23 existunt] erunt x 28
igitur] ergo B 29 intelligunt] -git B 33 fit] sit B substantias] species
Philop.

14 et - 15 intelligit : ARIST., De Anima, III, 5, 430 a 25.
26 Virtus - obiecto : Vide supra, c. 4, p. 20, 00-1, ubi Bate allegat ARIST., Eth. Nic.,
 VI, 2, 1139 a 10-11.
28 Et - 29 intelligit : ARIST., De Anima, III, 5, 430 a 25.
29 quidam - 41 intellectus : Io. PHILOPONUS, In III De Anima (ARIST., 5, 430 a 23-25).
 CAG lat., III, p. 63, 26-36.
33 Quoniam - 38 speculari : ARIST., De Anima, III, 8, 432 a 3-9.

speciebus sensibilibus intelligibilia sunt, quae in abstractione di- 35
cuntur, et quaecumque sensibilium habitus et passiones. Et propter
hoc non sentiens aliquid, nihil utique addiscet neque intelliget ; quando
etiam speculatur, necesse simul phantasma aliquod speculari'. Mani-
feste igitur et in his apparet, inquit GRAMMATICUS quod *circa sensibilia*
speculationem intellectus cum phantasia dixit fieri Philosophus. *Non* 40
enim simpliciter dixit hoc de omni *operatione intellectus.* Unde cum
ad mundum respicientes, inquit, *in intellectum Dei venimus, non ipsi*
intellecto sensus aut phantasia adiacet, sed quasi provocat intellectum
per apparentia eas quae in ipso emittere rationes ; impossibile enim
erat, non inexistentibus sibi rationibus de divinis, ex sensibilibus 45
ad illa recurrere.

Hinc etiam dicit AVICENNA quod *intellectus contemplativus eget*
corpore et virtutibus eius, sed nec semper nec omni modo. Sufficit
enim, inquit, *ipse sibi per se ipsum.*

Iterum, si modus loquendi consideretur, manifestius hoc idem 50
apparebit. Dicens enim quod *nihil est separatum praeter magnitudines*
sensibiles, ut videtur quibusdam, scilicet Platonicis, expresse dat
intelligere, si quidditates sensibilium essent separatae, quod nihil
prohiberet ipsas intelligi sine phantasmatibus. Eadem etiam ratio est
de omnibus separatis. Item, dicens 'nihil', non est eius intentio 55
universaliter negare quaecumque separata, sed tantum magnitudines
separatas, licet universalis videatur sermo de omnibus. Hunc ergo
sermonem referendo ad illum quo dicit : *et sine hoc nihil intelligit,*
non est inconveniens alterum per alterum declarari. Sic enim, veluti
ex ignibilibus confricatis, saepe verbis PHILOSOPHI effulget eorum 60
declaratio et veritas intellectus.

---

38 necesse] est *add. E*   phantasma aliquod *inv. B*   39-40 sensibilia specula-
tionem] sensibiles species theoriam *Philop.*   42 ad mundum respiciens inquit
respicientes inquit *E, sed del.* ad... inquit[1] *E*ˣ   in *om. A*   43 aut] vel *B*   adiecit
Philop.   44 emitte *B*   45 in existentibus *B*   47 quod *om. B*   48 omni
modo *Avic.*] omnino modo *B* : omnimodis *x*   58 quo] qui *B*

---

41 cum - 46 recurrere : Io. PHILOPONUS, *In III De Anima* (ARIST., 8, 432 a 3-6).
    CAG lat., III, p. 116, 82-86.
47 intellectus - 49 ipsum : AVICENNA, *De Anima,* pars V, c. 1. Ed. Venet. 1508, f. 22 ᵛᵇ.
51 nihil - 52 videtur : ARIST., *De Anima,* III, 8, 432 a 3-4.
58 et - intelligit : ARIST., *De Anima,* III, 5, 430 a 25.

CAPITULUM 14

QUALITER ET QUARE DIXIT PHILOSOPHUS HOMINEM NON
INTELLIGERE SINE PHANTASMATE, ET : INTELLECTORUM
OBLIVISCITUR, AC PER INTELLECTUM NON MEMORATUR

Quoniam igitur *omnino sicut separabiles a materia sunt res, sic et* ea *quae circa intellectum,* ad intelligendum separata necessario requiritur intellectum circa phantasmata et phantasmatibus copulata non occupari nec impediri. Hoc autem in homine raro potest accidere, ut dictum est supra, tum propter *decem millia vacationum impedimenta* quae *nobis exhibet corpus,* ut scribitur in P h a e d o n e, tum etiam propter impressiones phantasmatum et commotiones raro sedatas aut rarissime non apparentes; sed frequentius intelligit homo illa intelligibilia quae in phantasmatibus, quam quae sine ipsis. PHILOSOPHUS itaque docens scientiam esse tradendam de his quae frequenter accidunt et in maiori parte, et non de his quae raro, hunc modum observat in scientia de anima, et similiter in his quae de intellectu, et universaliter in omnibus quae ab ipso tradita sunt. Unde in 1º libro D e C a e l o : *Sola quidem,* inquit, *haec ponenda rationabiliter quaecumque in multis aut in omnibus videmus existentia.* Rationabiliter ergo dicit PHILOSOPHUS quod sine passivo

---

65 oblivisci *x*   memorari *x*   66 sicut] sic (?) *B*   67 quae] sunt *add. B*   68 copulatum *E*   69 occuparari *C*   70 tum *iter. B*   decies millena *Plato*   vocationum *D*   71 exhibet corpus *inv. x*   federone *B* : fedrone *E*   tum] tunc *A*   74 quae¹] circa *add. B*   75 scientiam esse *inv. B*   76 in maiori parte et *om. E*   79 haec *Arist.*] hic *codd.*   ponendum *B*

66 omnino - 67 intellectum : ARIST., *De Anima*, III, 4, 429 b 21-22.
70 supra : c. 11.
70 decem - 71 corpus : PLATO, *Phaedo*, 66 B. Plato lat., II, p. 16, 29-30.
75 scientiam - 76 parte : ARIST., *An. Post.*, I, 8, 75 b 33; *Physic.*, II, 5, 197 a 19; *Metaph.*, VI (E), 2, 1027 a 20-21; XI (K), 8, 1065 a 4-5.
79 Sola - 80 existentia : ARIST., *De Caelo*, I, 10, 279 b 18-19.
81 sine - 82 materialem : ARIST., *De Anima*, III, 5, 430 a 25.

intellectu nihil intelligit homo per intellectum materialem, quia in maiori parte verum est, secundum quod et GRAMMATICUS convenienter hoc idem sic exponit.

THEOPHRASTUS autem, hanc tractans materiam, prius dubitando 85 sic ait: *Si quidem* activus intellectus homini *complantatus* est, *semper et mox oportebat* actu intelligere per ipsum. *Si autem posterius, cum quo et qualiter generatio* fit eius? *Videtur ergo*, inquit, *ut ingenitus sit, si quidem incorruptibilis. Inexistens autem, propter quid non semper* intelligit? *Propter quid oblivio et deceptio?* Respondens autem 90 ait: *propter mixturam*. Quoniam quidem igitur intelligere, copulatum intellectui passivo seu immixtum quodammodo, generabile est et corruptibile, quemadmodum et ipse passivus intellectus, quem PHILOSOPHUS communem vocat in 1º D e A n i m a, secundum quod THEMISTIUS verba PHILOSOPHI in 3º ad illa refert quae in 1º, ipsa 95 ad invicem confricando, *propter mixturam* ad hunc communem, inseparabilem utique a corpore, *oblivionem et deceptionem* fieri ait THEOPHRASTUS.

Ex his ergo colligi potest aliqualiter quomodo per intellectum agentem non reminiscimur, proprie loquendo, nec memoramur neque 00 intelligibilium separatorum in hac quidem vita, neque similiter materialium post hanc vitam, adhuc et per quem modum sine passivo intellectu nihil intelligit intellectus.

---

86 homini *post* est *B*   87 et mox *om. B*   88 ergo] igitur *D*   ut] quod *B*   89 quid] quod *C*   92 immixtum] in mixtum *B*   est] et *C*   00 proprie loquendo *inv. x*   2 sine] scilicet *C*

82 quia - 83 verum est : Io. PHILOPONUS, *In III De Anima* (ARIST., 5, 430 a 23-25). CAG lat., III, p. 61, 77-81.

85 Theophrastus - 91 mixturam : THEMIST., *In De Anima*, lib. VI (ARIST., III, 5, 430 a 23-25). CAG V. 3, p. 102, 25-29; CAG lat., I, p. 232, 59 - 233, 64.

93 quem - 94 vocat : ARIST., *De Anima*, I, 4, 408 b 28-29.

94 secundum - 96 confricando : THEMIST., *In De Anima*, lib. VI (ARIST., III, 5, 430 a 23-25). CAG V. 3, p. 101, 15-37; CAG lat., I, 230, 8 - 231, 32. Ibi Themist. confert III, 5, 430 a 21-25 ad I, 4, 408 b 25-30.

96 propter - 98 Theophrastus : Vide supra, lin. 90-91.

CAPITULUM 15

5 QUOD NON EST IMPOSSIBILE PHILOSOPHUM ERRASSE CIRCA
IAM PRAEDICTA, SICUT ETIAM EX QUIBUSDAM ALIIS
DICTIS SUIS COLLIGI POTEST

Si quis autem proterviendo dicere conetur intentionem esse
PHILOSOPHI quod per intellectum nostrum nihil intelligere possumus
10 nisi quidditates sensibilium, sive illa tantum intelligibilia quae a
phantasmatibus sensibilium abstrahuntur, quia dicit PHILOSOPHUS
quod sine passivo intellectu aut sine phantasmate nihil intelligit,
respondebimus quod hoc dictum neque notum est per se, neque
usquam demonstratum a PHILOSOPHO, neque ex dictis eius alicubi
15 potest hoc demonstrari.

Et si diceretur ulterius quod verba sua videntur hoc sonare, et
non est *credendum*, ut dicit COMMENTATOR, quod *aliquid dixerit
sine probatione*, tunc respondere possemus quod neque omnes suae
probationes de necessitate concludunt, neque similiter rebus con-
20 veniunt sensatis omniquaque. Concludit enim, 2º libro D e C a e l o,
per suas probationes quod sphaera stellarum fixarum prima est, et
quod non habet motus plures uno simplici et uniformi. Cuius con-

---

10 tantum intelligibilia *inv. B*   13 neque[1] *post* quod *B*   14 usquam] uesquequam
C   15 hoc *ante* ex dictis *B*   16-24 Et si... certificatas] *signo adnotavit B'*   17
dicit Commentator *inv. AE*   18 tunc...] non semper concludit Aristoteles *notat i.m.*
B'   20 sensatis] undiquaque *add. B*   enim] in *add. B*   22 uno] quidem *add. B*

---

12 sine[1] - intelligit : ARIST., *De Anima*, III, 5, 430 a 25.
17 non - 18 probatione : AVER., *De Gener.*, I, 38. Aver. lat., IV. 1, p. 50 (lin. 54).
21 sphaera - 22 uniformi : ARIST., *De Caelo*, II, 14, 296 a 34 - b 1. Cfr S.THOMAS, *In
De Caelo*, lib. II, lect. 26, n. 3 (ed. Leon., III, p. 218-19) vel n. 523 (Spiazzi) :
« Omnia corpora quae circulariter moventur, videntur esse ,haesitantia', id est non
semper *uniformem* situm habentia, ex eo quod quodlibet eorum movetur pluribus
motibus et non uno solo, excepta *prima sphaera, quae movetur uno motu : et haec,
secundum ipsum, est sphaera stellarum fixarum* ».

trarium astronomi ad sensum invenerunt et inveniunt per observationes, in pluribus annis cum omni cautela certificatas.

Rursus, id quod de lacteo dicit PHILOSOPHUS, 1º M e t e o r o l o- 25
g i c o r u m, in aere scilicet ipsum consistere, atque causatum
esse ex fumosa sive spirituosa exhalatione seu concretione subtili,
in directo quidem cuiusdam astrorum multitudinis consistente, ac
totius caeli lationem assequente, quemadmodum cometes circa unum
fit astrum quod assequitur, seu halo circa solem aut lunam, quamvis 30
— inquam — verisimiliter et valde probabiliter dictum appareat,
exquisitius tamen perscrutando contraria est ratio fortior et quod
ratione nobis certius est experimentum sensus. Rationabilius enim
et probabilius est huiusmodi passionem aeris non multo durabiliorem
esse ceteris impressionibus aeris, quibus assimilat eam PHILOSOPHUS, 35
quam quod fere sine comparatione permanentior sit et quasi perpetua.
De natura quippe passionum aeris est quod non sint diu permansivae,
sed variabiles in diversas formas. In superiori etenim aeris parte
existens impressio, praesertim subtilis materiae, propter ignis vicinitatem cito inflammatur et consumitur; in medio quidem inter- 40
stitio in aqueam naturam cito convertitur aut condensatur propter
frigidum; in parte vero inferiori cito discerpitur aut dissipatur
propter ventum.

Adhuc, secundum loquendi modum et ordinem tractandi, quo
PHILOSOPHUS de comete determinat et lacteo, superior utique vel 45
saltem non inferior ipso lacteo cometae locus est, ad quem exha-
lationes fumosae perveniunt multiformes, siquidem aliarum exha-
lationum figuram necessario permutantes; lacteus autem a mille
annis et amplius eandem penitus figuram retinet et quantitatem,

23 et inveniunt *om. B*   25 dicit Philosophus *inv. B*   27 spirituosa] spumosa *x*
29 assequente] con- *AE*   35 ea *B*   36 permanenciar *B*   37 sint] fuit *A*   42
vero] enim *CDA*   45 determinat *om. x*

23 astronomi : Hipparchus, Ptolemaeus etc. Vide P. DUHEM, *Le système du monde*,
      t. II, p. 180 sqq.
26 in aere - 30 lunam : ARIST., *Meteor.*, I, 8, 345 b 32 - 346 a 11.
38 In - 42 frigidum : Cfr ARIST., *Meteor.*, I, 4, 342 a 16-19.
44 loquendi modum : ARIST., *Meteor.*, I, 1, 338 b 22-23 ; 3, 339 a 34-36 ; 6, 342 b 25-26 ;
      8, 346 b 11-13.
44 ordinem tractandi : ARIST., *Meteor.*, I, c. 4-5 : de discursu astrorum et ignita
      flamma ; c. 6-7 : de cometis ; c. 8 : de vocato lacteo.

50 ac etiam eundem situm respectu stellarum notabilium, secundum quod ad sensum patet experienti nunc et consideranti observationes PTOLEMAEI, 6⁰ dictione A l m a g e s t i, quas etiam tamquam sensui convenientes in diebus suis GEBER confirmavit.

Adhuc, si aeris esset passio, ipsius pars eadem versus oriens nunc 55 situata nunc versus occidens, propter diversitatem aspectus seu visus hominum in eadem situs distantia respectu stellarum earundem apparere non posset; nec etiam apud nos in 7⁰ climate atque in aliis climatibus eadem apparere posset quantitas habitudinis eius respectu stellarum fixarum notabilium, quam in Rhodos insula seu 60 in Alexandria consideravit PTOLEMAEUS. Quorum omnium quidem contrarium docet sensus, prout apparere potest experienti. Non est autem haec passio ex reflexione causata, ut iris et halo, quatenus dici possit quod ob hoc eandem distantiae quantitatem semper observare queat, stellas quidem semper assequens ut halo solem aut 65 lunam; lacteus etenim regularis figurae non est qualis ad fractiones huiusmodi necessario requiritur seu ad reflexiones.

Demum, in aere existens impressio densior quidem ipso aere, parte — inquam — eius existente in umbra terrae et parte extra umbram, a sole videlicet illuminata aut a luna, necessario distincta secundum 70 hoc apparere deberet colorum diversitas partium illarum, quemadmodum et de aurora consimiliter demonstratum est libro D e C r e p u s c u l i s, et in libro etiam D e C o l o r i b u s a PHILOSOPHO declarata est horum causa. Universaliter quoque clarius

---

51 experimenti C   52 ptholomei BCDE : tholomei A   56 visus hominum inv. B
57 7⁰] alio A   in² om. B   59 rodos BCDE   seu] sive B   60 allexanᵈⁱᵃ B
considerat B   ptholomeus codd.   61 apparere potest] apparere CA : appareret D   62 reflectione C   causata] tanta (?) CD   63 posset B   65 etenim]
enim AE

---

51 observationes... : PTOLEMAEUS, Almagestum (Syntaxis Mathematica), dictio VIII, c. 2 (transl. Arabico-Latina, ed. Venet. 1515, f. 89ʳ-90ʳ) vel lib. VIII, c. 2 (textus Graecus, ed. Heiberg, pars II, p. 170-179).

52 quas... : GEBER AVEN AFFLAH, Elementa Astronomica, lib. VI. Ed. Norimberg. 1534, p. 95-98 : In descriptione almaiarati sive viae lacteae.

71 de aurora... : ALHAZEN, De Crepusculis, c. 1 et 6. Ed. Risner, p. 284 et 287.

73 declarata est : Ps.-ARIST., De Coloribus, c. 3. Vide etiam 2, 792 a 15-20.

73 Universaliter - 76 umbra : Vide supra, Pars I, c. 18. Ed. Van de Vyver, p. 151, 2-12.

apparere deberet illuminata quidem a sole vel luna, aut supra
horizontem existentibus aut sub eo, et ideo stellas in directo eius 75
obscuriores reddere quam existentes in umbra. Per observationes
autem, diligenter et convenienter ad hoc factas, non haec sed his
contraria nobis apparent.

Hinc igitur AVERROES, libro D e S u b s t a n t i a   O r b i s,
galaxiam, quae et lacteus dicitur seu almaiarati secundum Arabes, 80
inter accidentia corporum caelestium enumerat, ex diversitate
quidem diaphaneitatis causatam, secundum quod et de lunae
macula opinatur. Aut forte causatur ex aggregatione stellarum
minimarum quarum quidem lumen, propter debilitatem eius et
obscuritatem ac illarum propinquitatem ad invicem, visus noster non 85
sufficienter acutus confusum iudicat et quasi continuum, secundum
quod et visus debilis aggregationem illam stellarum parvarum,
quae Caput vocatur Orionis aut Pleiades, nubeculam iudicat esse
continuam. Et huiusmodi quidem deceptiones frequenter contingunt
circa visum, secundum quod ALHAZEN sufficienter declarat.   90

Praeterea, probationes PHILOSOPHI in descriptione partis terrae
habitabilis, 3º M e t e o r o l o g i c o r u m, sensui contradicunt. In 2º
namque dictione A l m a g e s t i nominat PTOLEMAEUS insulas ad quas
necessario accesserunt homines, postquam visae sunt ultra Tropicum
Cancri, quod est contra PHILOSOPHUM. Similiter et inhabitatur terra 95
ultra Islandiam, quasi sub polo septentrionali, vocata Gronelandia,
secundum quod vulgatum apud nos est. Et ego similiter ab incolis
Norveiae hoc audivi, et a mercatoribus quorum noti in partibus illis

74 vel] aut B 76 existens x 77 haec] hoc CDA 79 igitur] ergo B 80
almaiarati *scripsi*] almagerathi B : almaiaraci x 82 causata B 84 debilitatem
eius *inv.* B 85 visus] non *add.* B 87 illarum parvarum stellarum B 88
pelyades B 93 namque] nam C 94 necessario accesserunt] introaccesserunt
B visi BA 95-97 Similiter... nos est] *signo adnotavit* B' 96 Gronelandia...]
nota *i.m.* B' 98 Norveiae *scripsi*] norbeye B : norwegie CE : northwegie D : nor-
wergie A quorum] qui B : *ex* quorum *corr.* qui E^2

80 galaxiam - 83 opinatur : AVER., *De Subst. Orbis*, c. 2. Ed. Venet. 1562, f. 7 L-M.
80 secundum Arabes : Vide supra, ad. lin. 52.
83 Aut - 86 continuum : Cfr ROGERUS BACON, *Opus Maius*, P. V (*Perspectiva*), pars II,
     dist. I, c. 1. Ed. Bridges, II, p. 100.
90 secundum... : ALHAZEN, *Optica*, lib. III.
91 probationes - 92 habitabilis : ARIST., *Meteor.*, II, 5, 362 a 32 - b 30.
93 nominat - 95 Cancri : Cfr. PTOLEMAEUS, *Almagestum (Syntaxis Mathematica)*,
     dictio vel liber II, c. 6.

fuerunt, dicentes medietatem anni fere noctem ibi fore, et reliquam
oo medietatem esse diem.

Item, quod dicit ventos 11 esse tantum, non concordat sensui
apud nos, nec in aliis etiam regionibus multis.

Praeterea, 9° D e H i s t o r i i s A n i m a l i u m et 2° D e G e n e -
r a t i o n e A n i m a l i u m, valde probabiliter ostendere videtur
5 quod secundum deficientes lunas seu lunationes currit muliebrium
motus, cuius tamen contrarium sensus docet quotidie in multis bene
dispositis mulieribus et bene sanis. Certa namque probat experientia
motum fluxus huiusmodi mensem sequi revolutionis proprie dictum,
qui apud medicos mensis peragrationis sive proprius dicitur, seu
10 restitutionis lunae ad datum locum pristinum, non mensem illum
qui consecutionis dicitur seu communis, nisi contingat hoc etiam in
quibusdam. Tempora namque fluxuum huiusmodi ac periodorum
in diversis diversantur. Unde AVERROES, 3° C o l l i g e t : *Et tempus*,
inquit, *naturalis purgationis menstrui breve est unius diei, et longum*
15 *est 7 dierum. Et tempus brevis interpolationis menstrui est 20*
dierum, et tempus *longae est 30.*

Quod si *de corruptibilibus* determinando, scilicet de *animalibus* et
eorum accidentibus, de quibus *abundamus magis ad notitiam propter*
connutrituram, ut dicit ipse PHILOSOPHUS, defectus invenitur aut
20 error in sermonibus eius, nihil mirum quod circa insensibilia et in-
corruptibilia falli posset aut errare, homo existens sicut et alii
sunt aut fuerunt.

Verum, quoniam, ut *dicit Alexander, nos non sumus sustentati*
super sententiam istius hominis inter omnes alios, nisi quia videmus
25 *ipsam minoris ambiguitatis* aliorum sententiis *et remotiorem a con-*
tradictione, similiter et AVERROES 3° D e A n i m a, de ARISTOTELE

---

1 11] 11ᶜⁱ *B* : enim *CA* : 12 *E*   2 etiam] *post* nec *B* : enim *A*   5 seu] aut *B*   9
peragrationis] dicitur *add. B*   10 non] ad *A*   13 Et *om. B*   tempus *Aver.*]
tempora *codd.*   17 et] de *add. B*   18 habundamus *codd.*   19 ipse *om. B*   24
alios] homines *add. B*   26-36 similiter... quidditates] *signo adnotavit B'*

1 quod - tantum : ARIST., *Meteor.*, II, 6, 363 b 11 - 364 a 5.
5 secundum - 6 motus : ARIST., *De Hist. Animal.*, VII, 2, 582 a 34-35; *De Gen.*
    Animal., II, 4, 738 a 16-21.
13 Et - 16 est 30 : AVER., *Colliget*, lib. III, c. 29. Ed. Venet. 1562, f. 46 H.
17 de - 19 connutrituram : ARIST., *De Part. Animal.*, I, 5, 644 b 28-29.
23 dicit - 25 contradictione : AVER., *De Caelo*, II, 1. Ed. Venet. 1562, f. 96 B.

loquens : Opinandum est, inquit, quod natura fecit hunc hominem
ut esset *regula in natura*, et ut *ultimam perfectionem in materiis*
ostenderet, idcirco nequaquam existimandum est intentionem eius
de intellectu nostro hanc in uno loco fuisse, cuius contrarium de 30
necessitate in alio loco concluditur ex dictis eius. Declarandum est
enim inferius quod sibi ipsi contradiceret PHILOSOPHUS, si dicens :
et sine passivo intellectu *nihil intelligit*, hic intendit dicere quod per
intellectum nostrum nihil intelligere possumus, nisi illa tantum quae
a phantasmatibus sensibilium abstrahi possunt, aut ipsorum sen- 35
sibilium quidditates. Et hoc quidem satis apparere potest etiam,
inspecta diligenter et pensata virtute probationis seu potentia rationis PHILOSOPHI ad hanc, ut dictum est, conclusionem. Si enim
sufficiens esset illa ratio, non solum de intellectu concluderet humano,
ut etiam testatur GRAMMATICUS, sed et de quocumque alio, etiam 40
divino, phantasiae quidem non coniuncto neque sensui, videlicet
quod sine phantasmate nullum entium, in materia formam habentium,
intelligere posset intellectus aliquis, neque Deus. Hoc autem inconveniens est et impossibile.

CAPITULUM 16   45

QUOMODO POSSIBILE EST NOS ABSQUE PHANTASMATIBUS
INTELLIGERE

Quapropter advertendum quod, licet ad veritatem res ita se habeant sicut ad esse, quantum quidem ad principia causandi, non

---

29 ostenderet *post* ut[2] (*lin. 28*) *B*   estimandum *B*   29-30 eius de] eiusdem *B*
30-31 contrarium... loco] in alio de necessitate *x*   32 si] sic *D*   dicens] diceret *B*
33 intelligit] et *add. B*   hic] hoc *E*   intendit dicere] dicatur vel dicere intenderet
B   48 ad] secundum *B*   48-49 habeant] ad cognosci *add. B*

---

27 Opinandum - 29 ostenderet : AVER., *De Anima*, III, 14. Aver. lat., VI. 1, p. 433
    (lin. 142-145).
33 et sine - intelligit : ARIST., *De Anima*, III, 5, 430 a 25.
38 dictum est : c. 13, p. 57, 16-27.
39 non - 41 sensui : Io. PHILOPONUS, *In III De Anima* (ARIST., 8, 432 a 3-6). CAG lat.,
    III, p. 116, 82-86.
48 ad veritatem - 49 esse : ARIST., *Metaph.*, II (a), 1, 993 b 30-31.

50 tamen cognoscendi modus idem semper est seu omnino similis essendi
modo, alioquin oporteret ipsum intellectum formam esse materialem
seu ens materiale, sicut et obiectum eius ens est materiale seu
quidditas materialis; aut formam omnem entis cuiuslibet materialis
oporteret immaterialem esse, sicut est intellectus. Et in hoc quidam
55 errasse dicunt PLATONEM, tamquam id non discernentem seu non
considerantem. Unde, licet *praeter magnitudines sensibiles* non sit
magnitudo *separata*, nihil tamen prohibet intellectum divinum, aut
alium non copulatum phantasiae, speciem intelligibilis alicuius in se
habere praeter sensibilem illius speciem seu phantasma. Non enim
60 necesse est omnibus modis ita se habere intellectum respectu phantasmatum, sicut se habet sensus exterior respectu sensibilium extra,
videlicet obiectorum eius, sine quorum quidem praesentia nihil
sentit. Similitudo namque sive species quae in sensu fit per illorum
praesentiam, abeuntibus illis, abit similiter. Obiectum autem intel-
65 lectus quidditas est rei, non phantasma; neque solum apud praesentiam phantasmatis adest species intelligibilis, neque hoc abeunte
similiter abit et illa necessario, quinimmo et abeunte phantasmate,
nulla tamen fit transmutatio in ipso intellectu, prout manifestius
hoc apparebit consequenter. Proinde, et habitudini sensuum inte-
70 riorum respectu sensibilium magis assimilatur intellectus, licet in
paucioribus et raro quidem appareat experientia huius rei.

PHILOSOPHUS autem scientiam tradens de his quae ut in pluribus
et in maiori parte, ut dictum est, consideransque non absurde quod
naturali ordine et congeneitate quadam satis convenienti, materialis
75 et inferior potentia immateriali et superiori servit opportune, qua-

---

50 est *om. BC*   51 formam esse *inv. B*   52 ens est *inv. B*   54 quidam]
quidem *x*   59 phantasmata *D*   60 respectu *om. A*   63 illorum] ipsorum
B   64-67 similiter... abit *om. B*   66 hoc] hac *x, sed corr.* hoc *E²*   69
hoc] hic *x*   70 assimulatur *A*   73 in *om. B*   74 congeneitate] con-
grueitate *in ras. E²*   75 et²] suae *add. B : iter. E*   75-76 quatenus] qualitatis
comp. B

---

54 quidam : S. THOMAS, *In De Anima*, lib. III, lect. 8, n. 717; *In Metaph.*, lib. I,
   lect. 10, n. 158.
56 praeter - 57 separata : ARIST., *De Anima*, III, 8, 432 a 3-4.
60 se habere - 61 extra : ARIST., *De Anima*, III, 7, 431 a 14-15.
64 Obiectum - 65 rei : ARIST., *De Anima*, III, 4, 429 b 17.
73 dictum est : c. 14, p. 59, 75-80.

tenus, nihil ponendo superfluum nihilque diminutum, proportionaliter suo cognoscibili se habeat potentia cognitiva, sicut universalis
magnitudo naturalis aut mathematica non est per se existens separata, sed in magnitudine sensibili, et quidditas in habente quidditatem singulari, sic et horum cognitionem proportionaliter habendam 80
iudicat per intellectivam potentiam non sine phantasmate convenienti, in phantasia quidem existente, quae virtus est organica
sensibilium cognoscitiva, particularium quidem, non universalium. Intellectus autem universalium cognitivus est, non particularium secundum quod huiusmodi, nisi mediante sensu aut 85
differenti modo ab eo quo virtus sensitiva quaecumque, prout
posterius declarandum est. Et haec quidem sententia PHILOSOPHI
consona est experientiae quae in maiori parte, secundum quod humanam ducendo vitam seu politicam speculationi quis intendit.

Verum, quia sensitiva potentia materialis est sicut et obiectum 90
eius ipsum sensibile particulare seu individuum, intellectiva autem
potentia, secundum quod concludit PHILOSOPHUS, immaterialis est,
licet eius obiectum sit materiale, quidditas videlicet rei sensibilis,
ideo non omnino similis est modus recipiendi speciem in hac et in
illa, tamquam in eis quorum natura genere diversa est, et ita nec 95
omnino proportionalis est alteri altera, proprie loquendo. Quocirca
et ipsemet PHILOSOPHUS *non similem esse* dicens *impassibilitatem*
intellectus ei quae sensus, intellectivam potentiam loco fore com-

76 nihilque] nihil ve *B*   80 horum] eorum *A*   81 uidicavit *x*   non
sine] nihil scire sine *in ras. E²*   85 nisi] non *A*   86 ab eo *om. B*   quo]
quae *A*   89 speculationem *B*   94 omnino] omni modo *B*   95 ita
nec] sic neque *B*   97 similem] solum *B*   98 quae] quae est *E* : qui est *A*

76 nihil - diminutum : ARIST., *De Anima*, III, 9, 432 b 21-22 ut patet ex ALBERTO
   MAGNO, *Quaest. super De Animalibus*, lib. XVIII, q. 5, obi. 2. Ed. Colon., XII,
   p. 299, 50-53 : « apud quem nihil est superfluum, nihil diminutum, ibi non potest
   esse monstrum ; sed tale est natura, quia *natura nihil facit frustra neque deficit in
   necessariis* ».
76 proportionaliter - 77 cognitiva : ARIST., *Eth. Nic.*, VI, 2, 1139 a 10-11.
77 universalis - 79 sensibili : ARIST., *De Anima*, III, 8, 432 a 3-6. Vide S. THOMAS, *In
   De Anima*, lib. III, lect. 13, n. 791 : « tam... mathematica quam naturalia ».
79 quidditas - quidditatem : ARIST., *Metaph.*, VII (Z), 11, 1037 a 34 - b 7; VIII (H),
   3, 1043 b 1-4.
80 horum - 83 universalium : ARIST., *De Anima*, III, 8, 432 a 7-10.
92 concludit : ARIST., *De Anima*, III, 4, 429 a 15, 24-25 et b 5.
97 non similem - 98 sensus : ARIST., *De Anima*, III, 4, 429 a 29-30.
98 intellectivam - comparabilem : ARIST., *De Anima*, III, 4, 429 a 27-28.

parabilem asseverat non autem sensum, quia species recipit sen-
00 sibilium ut subiectum, intellectus vero non ut subiectum, sed, prout
ait PHILOSOPHUS, ipse fit intelligibilia seu intelligibiles species, quae
quidem sunt ipsa intellectus essentia, ut ait COMMENTATOR, et hoc
modo proportionabilitatem habet ac similitudinem ad cognoscibilia,
secundum aliam quidem et aliam, ut dictum est, rationem ad diversa,
5 sive communia quidem et universalia, sive particularia magis; non
tamen eo modo particulare cognoscendo quo sensus, ne superfluum
fit aliquid, nec obiectum unum duarum sit potentiarum, sed alio
quidem et eminentiori modo, sicut et vegetativa ad sensitivam se
habet, praecipue quidem cum et ipsam particularem substantiam
10 secundum essentiam propriam non cognoscat sensus aliquis, sed
accidentia eius tantum, puta colorem et figuram ac cetera tam
propria sensibilia quam communia, de substantialibus autem nihil.
Et haec quidem infra magis apparebunt.

   Intellectu itaque species intelligibiles existente, ut dictum est et
15 posterius apparebit, unumque ens constituente cum humano corpore
tamquam eius forma propria, ut posterius declarabitur, nihil prohibet
hominem idonee se habentem, a phantasiae quidem et sensuum
occupationibus aversum, non distractum nec alias impeditum ab
eis, intellectu — inquam — in sensum extatice transposito, sed magis
20 e contrario sensu quidem seu phantasia in intellectum passo extasim,
ipsa per se ipsam pura intelligentia fruentem, ut ait PLATO, *ipsum
per se ipsum purum unumquodque existentium* sine aliquo phantasmate
cognoscere per ipsum intellectum, quidditates videlicet entium
separatas speculando necnon et ipsa separata entia, si proportionari
25 quidem oportet cognoscibili cognitivum. Opinandum etenim est quod,

99 asserit *B*   00 intellectus... subiectum[2] *om. AE*   3 proportionalitatem *CAE*
5 quidem] quaedam *B*   6 eo] eodem *B*   superfluum] ne *add. B*   7 fit] sit *B*
nec] ut *B*   sit *om. B*   11 accidentia] actio *B*   14 existente] et *add. B*
15 unumquodque *B*   19 sensum] sensitivum *B*   disposito vel transposito *B*
22 existentium] entium *x*   25 cognoscibili cognitivum *inv. B*

   1 ipse - species : ARIST., *De Anima*, III, 4, 429 b 6.
   1 quae - 2 essentia : AVER., *De Anima*, III, 8. Aver. lat., VI. 1, p. 420 (lin. 24).
   10 sed - 12 communia : ARIST., *De Anima*, II, 6, 418 a 7-20.
   21 ipsa - 22 existentium : PLATO, *Phaedo*, 66 A. Plato lat., II, p. 16, 17-18.

quemadmodum unius virtutis operatione vehementer intensa et
vigente seu praevalente, retrahitur alia et silet ab operatione sua
sive cessat, ut puta cogitatione vehementer vigente circa cogitabile
aliquod aut memorabile seu phantasma, retrahitur visus aut alius
sensus exterior et silet a consideratione sensibilis extra, praesentialiter 30
etiam moventis organum sensus, et e contrario similiter accidit
interdum de sensitivis exterioribus respectu interiorum, secundum
quod frequenter in nobis experimur, ita et de intellectu nostro
accidere nihil prohibet quod, ipso vehementer intenso et vigente
circa propriam operationem intellectualem et cognitionem sui ipsius 35
ac aliorum immaterialium, materiales potentiae retrahantur et
cessent, sileantque interdum phantasmata, quasi cum speciebus
memorabilium reposita, quandoque quidem habitu moventia non
actu , et his itaque silentibus et pausantibus, pura quidem et sincera
per se vigeat in nobis operatio intellectus.   40

CAPITULUM 17

EX PRAEMISSIS IAM RESPONSIO AD QUAESTIONEM IN PRO-
OEMIO PROPOSITAM, ET OBIECTIONIS DISSOLUTIO

Ex his ergo patet responsio ad id quod in prooemio huius negotii
dicebatur nostrum intelligere sine phantasmate non existere. Et ratio 45
ibidem inducta magis etiam ad oppositum facere videtur quam ad
propositum. Intellectuum enim ordo naturalis non concludit quod
infimus in genere intellectuum de ipsorum quidem genere non sit,
sed potius quod sit de genere intellectuum et substantiarum im-

27-28 seu... vigente *om. B*   28 cognitione *C*   28-29 cogitabile aliquod *inv. B*
30 cogitatione vel consideratione *B*   31 sensus *iter. C*   similiter *post* interdum *B*
33 frequenter *post* nobis *B*   34 accidere nihil *inv. B*   35 operationem] eius
scilicet *add. B*   36 ac] et *B*   retrahuntur *B*   37 cessant *B*   38 posita *B*
39 et¹] Ex *B*   itaque] ita *B*   42 Ex praemissis iam (*om. C* : patet *add. s. lin. E²*)
responsio] est responsio ex pramissis *B*   46 quam] tamquam *C*   48 ipsorum]
ipso *B*

44 in prooemio : pars 2. Ed. Van de Vyver, I, p. 59, 65 - 60, 91.

50 materialium, ac per hoc non solum per phantasmata intellectivus quidditatum sensibilium, sed et separatorum entium, secundum debitam ordini suo convenientiam. Non minus enim pro una parte concludit ratio quam pro alia, postquam immaterialis esse concluditur intellectus; propinquitas igitur eius ad substantias materiales auferre 55 non debet ex toto naturam illam, qua de genere intellectuum et immaterialium est substantiarum, de qua PROCLUS, 167ª propositione: *Omnis*, inquit, *intellectus se ipsum intelligit*, nec istud auferri potest ab illo qui de genere est intellectus. Unde, 7º capitulo D i v i n o r u m N o m i n u m , dicit DIONYSIUS quod per divinam sapientiam *fines* 60 *primorum principiis coniunguntur secundorum*. Et hoc est quod ait PROCLUS, 147ª propositione, quod *omnium divinorum ornatuum summa ultimis assimilantur superpositorum*, generaliter concludens in fine commenti quod *similitudo igitur erit principiorum submissi ordinis ad ultima superlocati*, item et propositione 112ª : *Omnis* 65 *ordinis prima formam habent eorum quae ante ipsa*.

Palam igitur ex his quod humana conditio ex ratione naturalis ordinis secundum quam *in horizonte* corruptibilium est et incorruptibilium ac etiam immaterialium et materialium, participans quidem de natura utrorumque, sicut ratione sensus genere communi70 cat animalibus corruptibilibus et materialibus sic neccesse est quod immaterialibus communicet atque divinis entibus per rationem intellectus.

50 ac] et *B*   intellectivus] intelleximus *x, sed corr.* intelligimus *E²*   51 quidditatem *A* : quidditates *in ras. E²*   separatorum entium *inv. B*   53 esse concluditur *inv. B*   55 debent *C*   intellectum alium intellectuum *E, del.* intellectuum *E²*   57 istud] illud *B*   58-59 Divinorum Nominum] di. no. *codd.*   59 dyoᵘˢ *BDE* : dyonisius *C* : dynisius *A*   60 primorum *codd.*] priorum *Ps.-Dionys.*   63-64 principiorum... ordinis *om. C*   64 112ª *scripsi*] 3ª *BCA* : iii *DE*   65 habet *B* quae] habent *add. D*   68 materialium *om. B*   69-70 communicant *B*   71 communicet] alias participat (-pet *E*) *add. x*

57 Omnis - intelligit : PROCLUS, *Elementatio Theologica*, prop. 167. Ed. Dodds, p. 144, 22; ed. Vansteenkiste, p. 514.
59 fines - 60 secundorum : Ps.-DION., *De Div. Nom.*, c. 7, § 3. PG 3, 872 B; *Dionysiaca*, I, p. 407, 3-4.
61 omnium - 64 superlocati : PROCLUS, *Elementatio Theologica*, prop. 147. Ed. Dodds, p. 128, 32-33 et p. 130, 2-3; ed. Vansteenkiste, p. 508.
64 Omnis - 65 ipsa : PROCLUS, *Elementatio Theologica*, prop. 112. Ed. Dodds, p. 98, 33-34; ed. Vansteenkiste, p. 495.
67 in horizonte : *Liber De Causis*, prop. 2. Ed. Pattin, p. 50, 81.

CAPITULUM 18

DISPUTATIO UTRUM INTELLECTUS REALITER NOVAS RECI-
PIAT SPECIES INTELLIGIBILIUM, SIMPLICITER VIDELICET　　75
ET ABSOLUTE

Ut autem ea quae de intellectu hucusque congesta sunt, ruminata
subtilius, convenientius digesta, queant comprehendi, remasticanda
sunt iterum et revolvenda dubitabilia quae circa hoc, ad principium
utique revertendo.　　　　　　　　　　　　　　　　　　　　　　　80

Quoniam igitur intellectus, materialia cognoscens *non sine phan-*
tasmatibus, specierum susceptivus esse supponitur a Philosopho,
primo quidem occurrit dubium utrum abstractas a phantasmatibus
species novas recipere possit et illas amittere, impassibilis existens
et immaterialis. Non enim per se nota est haec suppositio, sed ab 85
adversariis sumpta tantum, et concessa opinantibus quidem, ut
tactum est supra, intellectum esse corporeum quid, ac idem esse
intelligere et sentire, prout evidenter hic patet, ubi Philosophus
primo incipit de intellectu tractare, dicens sic : *Videtur autem intel-*
ligere et sapere tamquam quoddam sentire esse; propter quod inferius 90
sub conditione suppositionem illam assumpsit dicens : *Si igitur*
intelligere est sicut sentire, etc.

Praeterea, eiusdem generis non est intellectiva cognitio cum sensitiva sed alterius, quare nihil prohibet comparationem earum ad invicem
aliter in re se habere, quam nobis apparet prima fronte notius esse, 95
sensum imitando. Illa enim *quae primo* nobis *nota* sunt, *multotiens*
debiliter nota sunt, et parum aut nihil entis habent, ut ait Philosophus

---

74 Disputatio *om. B*　　74-75 recipit *x*　　82 esse] est *B*　　84 posset *A*　　85
et] ac *B*　　haec] illa *B*　　88 hic] hoc *B*　　94 comparationem earum] cognitionem
illarum *B*　　95 appareat *x*　　96 primo nobis] prima singula *Arist.*

81 non sine phantasmatibus : Arist., *De Anima*, III, 8, 432 a 13-14; *De Memoria*,
　　1, 449 b 31.
82 specierum susceptivus : Arist., *De Anima*, III, 4, 429 a 15.
87 supra : c. 1, p. 9, 13 sqq.
89 Videtur - 90 esse : Arist., *De Anima*, III, 3, 427 a 19-20.
91 Si - 92 sentire : Arist., *De Anima*, III, 4, 429 a 13-14.
96 quae - 97 habent : Arist., *Metaph.*, VII (Z), 4, 1029 b 8-10.

7° P h i l o s o p h i a e   P r i m a e. Nihil autem mirum — inquam — si PHILOSOPHUS, de intellectu tractaturus, exordium sumpserit et suppositionem quandam a similitudine inter actum sentiendi et actum intelligendi, ut ex hoc nihilominus diversitatem inter eorum subiecta facilius concludere posset convenienter. Convenientius enim propositum suum demonstrare non poterat, ut prius dictum est, quam, accepta communiter et ab adversariis concessa suppositione, oppositum intentionis eorum concludere, errorem declarans antiquorum.

Atvero, si intelligere quidem esset sicut sentire, ita scilicet quod univocus esset modus recipiendi species in sensu et in intellectu, aut etiam si esset aequivocus, dum tamen speciem recipiat quam non habebat prius, ex principiis philosophiae ARISTOTELIS necessario sequi videtur intellectum, et universaliter omne sic recipiens, corporeum esse ac materiale. Aliter enim se habens in se ipso nunc et prius, mutatum est in se necessario ; non aliter namque *se habens* sed eodem modo nunc et prius, neque mutatum existens sed *idem, natum est idem facere* et non aliud, neque speciem recipit quam prius non habebat, et universaliter nihil cognoscit post quod prius non cognoscebat, alioquin posset secundum naturam motus universaliter esse novus post non motum, et non solum periret tota machina 8^i libri P h y s i c o r u m, sed et totaliter destrueretur tam physica quam theologica ARISTOTELIS philosophia.

Universaliter igitur omne recipiens speciem, sive particularem sive universalem, quam prius non habebat, mutatum est necessario, si principiis PHILOSOPHI credere debeamus. Concludit autem PHILOSOPHUS, 6° P h y s i c o r u m, quod *necesse est omne quod mutatum est, mutari prius,* dicens *eandem esse demonstrationem et in non*

98 Philosophiae Primae *inv. B*   inquam *om. B*   99 *ante* si *add.* quod *x*   00 suppositionem quandam] quandam a suppositione *A* : *inv. E*   1 intelligendi] alias (vel *in ras. E*^{2}) inter sensum et intellectum *add. x*   2 potest *D*   3 propositum suum demonstrare] suum propositum ostendere *B*   4 concessa *post* et *B*   5 concluderet *B*   7 sicut sentire *om. AE*   ita *om. B*   8 in^2 *om. x*   9 speciem recipiat *inv. B*   10 prius *post* quam (*lin. 9*)*B*   12 ac] a *D*   13-14 est in se... prius *om. B*   16 post quod] postquam *B*   18 non^1] vero *CDA* : verum *in ras. E*^{2} 19 et *om. x*   tam *om. B*   quam] et *B*   20 philosophia] physica *B* : alias physica *add. CDA*   21 igitur] ergo *B*   seu... seu *x*   22 prius *om. D*

13 non aliter - 15 aliud : ARIST., *De Gener.,* II, 10, 336 a 27-28.
24 necesse - 26 contradictione : ARIST., *Physic.,* VI, 6, 237 a 34 - b 2.

continuis per se *ut in contrariis et in contradictione, cuius* quidem
causam ait *esse* quod *impartibile impartibili coniunctum esse non*
potest. Quoniam autem in uno nunc et eodem idem subiectum non
simul est habens speciem et non habens, *nec est* possibile *dari ulti-*
mum nunc in quo id quod fit seu *generatur, sit non ens*, ut patet in 30
8°, necesse igitur est illa nunc esse diversa inter quae medium cadit
tempus, non quidem ut medium inter contradictoria, sed ad alterum
eorum spectans, secundum quod a priori dispositione incipit deficere
quousque illud mutatum esse sit perfectum. In hoc ergo tempore
divisibili, concludit PHILOSOPHUS necessario subiectum illud, vel 35
aliquid adiunctum ei, divisibiliter transmutari antequam perfecte
mutatum sit, sicut ante generatum esse perfecte necesse est generabile alterari. Ex divisibilitate enim temporis, divisibilitatem mutationis concludit PHILOSOPHUS conversive, necnon et divisibilitatem
subiecti quod mutatur. Unde PHILOSOPHUS infert : *Manifestum* 40
igitur est ipsum *quod factum est fieri prius, et quod fit factum esse,*
quaecumque, id est quae omnia, *divisibilia sunt et continua*. Virtus
enim demonstrationis cogit hoc universaliter esse concludendum;
completius tamen declaranda sunt haec posterius.

Quapropter PHILOSOPHUS, 12° P h i l o s o p h i a e P r i m a e, de 45
intellectu loquens transmutabili, dicit quod *motus quidam* est *iam*
tale. Item, *si non est* semper actu *intelligens sed potentia, rationabile*
est, inquit, *laboriosum quid esse continuationem intelligendi* actu.
Et iterum, COMMENTATOR, super eodem : *Et cuius intellectus est*
exiens de potentia in actum, sicut est de nostro intellectu, eius intellectus 50
est motus.

26 in² *om.* D   29 non *om. AE, sed rest. ante* habens¹ E^2 30 id] illud x seu]
sive B 31 8°] physicorum *add.* B   igitur est *inv.* B   34 sit] fit *CD*   35
subiectum] secundum x 37 sit] est A 41 fit] sit B 44 haec *post* tamen B
45 Philosophiae Primae *inv.* B   46 motus] intellectus (?) *in ras.* E^2 quidam]
-dem x 47 actu intelligens *inv.* A   48 quid] quidem E ·   50 sicut est *iter.* B

26 cuius - 28 potest : ARIST., *Physic.*, VI, 6, 237 b 7-8.
29 nec - 30-31 in 8° : S. THOMAS, *In Physic.*, lib. VI, lect. 8, n. 9 (ed. Leon., II, p. 300 b)
    vel n. 1634 (Pirotta) : « sicut in Octavo dicetur, non est dare ultimum instans,
    in quo id quod generatur sit non ens ». — ARIST., *Physic.*, VIII, 8, 263 b 9-26.
38 Ex - 40 mutatur : ARIST., *Physic.*, VI, 4, 235 a 10-24.
40 Manifestum - 42 continua : ARIST., *Physic.*, VI, 6, 237 b 9-11.
46 motus - 48 actu : ARIST., *Metaph.*, XII (Λ), 9, 1074 b 27-29.
49 Et² - 51 motus : AVER., *Metaph.*, XII, 51. Ed. Venet. 1562, f. 335 K.

Ex principiis ergo PHILOSOPHI demonstratum esse videtur quod omne recipiens novam speciem qualemcumque, quam prius quidem non habebat, divisibile est vel ipsum vel ipsius aliquid, hoc est :
55 per se vel per accidens divisibile, et per consequens corporeum seu materiale et non separatum. Separatus itaque existens ac immaterialis, neque per se quidem neque per accidens divisibilis, speciem novam recipere non potest. Ex dignioribus tamen principiis ac divinioribus philosophanti visum est AUGUSTINO, necnon et aliis quam-
60 pluribus, inconveniens non esse quod aliquae sint spirituales substantiae seu immateriales quarundam novitatum receptivae, receptione quidem alterius rationis quam illa, quae ex sensibilibus in maiori parte seu communiter apparet.

Ad propositum autem redeuntes, iterum resumamus quod sentire
65 et intelligere nostrum, et universaliter omne mutatum esse, indi· visibile quoddam est, seu terminus transmutationis praecedentis, secundum principia PHILOSOPHI. Nullus autem terminus seu nullum indivisibile rei divisibilis separari potest ab ipsa re divisibili; terminus enim omnis in illo est cuius est terminus, ut scribitur 4º
70 P h y s i c o r u m ; ergo nullum intelligere novum separatum esse potest a divisibili subiecto. Intellectus ergo, immaterialis existens et indivisibilis per se et per accidens, secundum quod talis, novas species recipere non potest.

Unde COMMENTATOR 12º M e t a p h y s i c a e : *Si* intellectus,
75 inquit, in nobis *generabilis esset* et corruptibilis, *consequeretur transmutationem, ut declaratum est in tractatibus substantiae, cum declaravit Philosophus quod, si aliquid fieret sine transmutatione, tunc aliquid fieret ex nihilo. Et ideo intellectus*, inquit, *qui est in potentia, est quasi locus, non quasi materia*, alioquin, si tamquam subiectum seu
80 materia se haberet, species novas recipiendo, tunc aut educerentur illae de potentia ipsius, et hoc utique non sine transmutatione ac

53 qualecumque *B*   54 habuit *B*   hoc est] vel *add. CDE*   55 seu] vel *B*
63 seu] se *x, sed corr.* seu *E*ˣ   66 quoddam] q'd'dam *B*   seu] sive *B*   67 seu]
sive *B*   71 subiecto] re divisibili *add. x*   74 12º] 2º *AE*   75 consequitur *B*
75-76 translationem *B*   77 Philosophus] Aristotiles *AE*   aliquid² *om. B*   79
seu] aut ut *B*   80 habere *C*

59 Augustino : Haud dubie auctor ad illam illuminationis doctrinam alludit.
69 terminus¹ - terminus² : ARIST., *Physic.*, IV, 11, 220 a 22-23.
74 Si - 79 materia : AVER., *Metaph.*, XII, 17. Ed. Venet. 1562, f. 303 B.

divisibilitate transmutati, ut visum est, aut necessario de foris
advenirent translatae de subiecto in subiectum, quod est impossibile,
si de genere sunt accidentium, non substantiarum, ex nihilo quidem
non creatae. 85

Rursus, *universaliter* omnia *quae aliquando quidem sunt, aliquando
vero non sunt, necesse est esse in tempore,* seu a *tempore mensurari,*
ut patet 4º P h y s i c o r u m. Tempus autem mensurare non potest
aliquid nisi in genere sit quantitatis, ut ibidem habetur. Mensurans
enim esse debet in eodem genere cum mensurato, ut patet 10º 90
M e t a p h y s i c a e. Intellectus ergo, quandoque intelligens et quandoque non intelligens, necessario in magnitudine est et corporeus ac
materialis. Immaterialis igitur simpliciter existens, actu semper intelligit et speciem non recipit quam prius non habebat.

Item, si nunc et hic conditiones sunt individuantes, necesse est 95
cuiuscumque speciei novae receptionem, quae fit in nunc aliquo,
individualiter conditionatam esse. Sed intellectus species non recipit
nisi abstractas a conditionibus individuantibus; in hoc enim differt
a virtutibus sensitivis. Nullam ergo speciem de novo recipit quam
prius non habebat. Quod si species intelligibiles per quas intellectus 00
intelligit, individuae essent, seu individualiter impressae intellectui,
prout innuere videtur AVICENNA, de individuis tantum seu particularibus, et non de universalibus cognitionem habere possemus.
Non enim cognoscere possumus aliquid, nisi secundum modum quo
speciem habemus cognoscibilis illius. 5

Praeterea, si intellectus noster nihil de novo potest intelligere nisi
de novo species formaliter recipiat, tunc sequitur necessario quod
species contrariorum simul recipiat formaliter, si differentiam eorum
simul cognoscere debeat, aut etiam totum aliquod ex diversis partibus

84 si] Cum *B*   90 debent *B*   cum mensurato] et mensuratum *post* enim *B*   91
Metaphysicae *om. x*   93 simplex *CD, sed corr.* simpliciter *D¹*   94 habet *AE*   95
est *om. A*   96 fit] sit *B*   97 intellecti *A*   9 partibus] particularibus *B*

82 visum est : p. 73, 7 sqq. Vide etiam P. I, c. 2 et 18.
83 translatae - 84 accidentium : Cfr MAIMONIDES, *Dux Neutrorum,* lib. I, c. 73. Ed.
    Paris. 1520, f. 36ᵛ.
86 universaliter - 87 tempore¹ : ARIST., *Physic.,* IV, 12, 221 b 29-30.
87 seu - mensurari : ARIST., *Physic.,* IV, 12, 221 b 21-22.
88 Tempus - 89 quantitatis : ARIST., *Physic.,* IV, 12, 220 b 24-28.
89 Mensurans - 90 mensurato : ARIST., *Metaph.,* X (I), 1, 1053 a 24-25.
 2 Avicenna : *De Anima,* pars V, c. 5. Ed. Venet. 1508, f. 25ʳᵇ.

10 aggregatum et dissimilibus. Sufficienter autem declaratum est supra
quod hoc esse non potest nisi in subiecto divisibili, nequaquam vero
in eodem indivisibili, ut est intellectus; dissimiles enim species
formaliter inesse simul in eodem indivisibili etiam fingere difficile
est, quantum ad eam quae intus rationem. Unde COMMENTATOR,
15 super 12^m : *Si* illud quod intelligitur *fuerit compositum ex multis
intellectis, necesse est* illum intellectum *esse diversarum partium non
consimilium.* Item, super 7^m : *Non congregantur in anima duae formae
contrariae insimul, sicut non congregantur extra animam, quoniam
esse alterius est corruptio reliquae,* etc. Separatus igitur ac immaterialis
20 existens, intellectus per receptionem novarum specierum in se, simpliciter loquendo, non intelligit, ut videtur.

Amplius, si intellectus noster ad phantasmata se habet sicut
sensus ad sensibilia, sub hac — inquam — proportione quod, sicut
sensus speciem sensibilem a sensibilibus abstrahendo recipit, sic
25 intellectus a phantasmatibus abstrahendo speciem recipit intelligibilem, quae phantasmati similis existat, eo quidem modo penitus
quo sensibilis species ipsi obiecto sensibili, tunc intellectus noster
nihil aliud cognoscere posset, nec aliquid ultra vel plus intelligere quam
universalia seu intelligibilia propriorum sensibilium et communium
30 accidentaliumque formarum, quia phantasma nihil aliud est quam
impressio speciei sensibilis, non substantialis quidem forma sive
species obiecti, nec haberet intellectus unde proprium et principale
cognosceret obiectum, quod est quidditas substantialis.

Rursus, GRAMMATICUS sic ait : *Si intellectum circuli, aut sphaerae,*
35 vel lineae, *aut pulchritudinis et reliquorum, ex abstractione colligentes,
ex sensibilibus habemus, propter quid respuimus sensibilia tamquam
non certa, et dicimus quod non est in artificialibus circulus certus, et
cetera huiusmodi? Ad hoc iudicantes, videlicet ad aliquam aliam*

13 etiam] et *C*   15 illud] id *B*   24-25 recipit... abstrahendo *om. B*   26 modo]
quo *add. B*   28 plus] post *AE*   30 accidentalium *C*   34 Rursum *CD*   ait]
arguit *B*   35 et] aut *A*   37 in *om. B*   artificia^{u9} *B*   et^2] aut *A*   38 iudi-
cantes] non *add. Philop.*   38-39 aliam speciem *inv. AE*

10 supra : p. 75, 52 sq. Vide etiam P. I, c. 18.
15 Si - 17 consimilium : AVER., *Metaph.*, XII, 51. Ed. Venet. 1562, f. 336 F.
17 Non - 19 reliquae : AVER., *Metaph.*, VII, 23. Ed. Venet. 1562, f. 173 H.
22 intellectus - 23 sensibilia : ARIST., *De Anima*, III, 7, 431 a 14-15.
34 Si - 45 expergefacti : Io. PHILOPONUS, *In III De Anima* (ARIST., 4, 429 a 27-29).
    CAG lat., III, p. 15, 52-64 sed praetermissum est lin. 58-59 : « Non enim - materia ».

speciem meliorem hoc quod in nobis similiter, dicimus quod non est
quae in materia pulchritudo sincera? Et quidem si ex sensibilibus 40
habemus intellectum pulchritudinis, numquam utique sensibile res-
pueremus. Nunc autem ad alteram aliquam pulchritudinem diviniorem
iudicantes, sic sensibilia respuimus. Venimus tamen, inquit, *ad*
reminiscentiam intellectualis pulchritudinis, manuducti a sensibilibus
et veluti expergefacti. Dicit itaque GRAMMATICUS quod etiam *ipse* 45
Plato ait potentia esse in rationali anima species, non actu sicut et Aris-
toteles; sed Plato quidem secundario dicta *potentia, sicut sunt in dormien-*
te geometra theoremata et indigere auferente impediens ad prompte
utendum theorematibus, Aristoteles autem potentia primo dicta, *scilicet*
aptum natum suscipere, habitum nondum autem habens, accipit autem 50
species a sensibilibus, ut videtur, inquit; *videntes enim si forte album*
hoc et illud, recurrimus ad simpliciter album. Similiter ex particularibus
hominibus accipimus intellectum simpliciter hominis, et in reliquis
similiter. Redarguta est autem a Socrate in Phaedone talis opinio.
Dico utique, ait GRAMMATICUS, *quod non ex sensibilibus scientes* 55
efficimur, hoc est ideas rerum habemus. Si enim ex sensibilibus
intellectum specierum acciperemus, propter quid respuimus sensibiles
species tamquam non sinceras, tale quidem *aliquid dicentes? Ex his*
ergo forte, inquit, *et consimilibus existimari potest utique Aristotelem,*
ut videtur, mortalem dicere animam. Quomodo enim possibile est primo 60
modo dicta *potentia esse in anima species, ipsa* quidem *immortali*
existente et mundo perpetuo? Si enim non sunt actu, inquit, *infinitae*
animae immortales existentes sed finitae, omnino necesse praeexistere
ante corpus, et multa successive subinduunt corpora. Si autem hoc,

41-44 numquam... pulchritudinis *om. B*   43 indicantes *D*   sic *Philop.*] sicut *codd.*
44 manuducti a] manuducta *B*   46 et *om. B*   47 secundario dicta] secundum
secundario *Philop.*   48 geometrica *B*   theoreumata *B, et sic lin. 49*   48-49
impediens... theorematibus] hoc impedimentum ad promptum usum theorematum
Philop.   49 primo dicta] secundum primo *Philop.*   50 suscipe *A*   52 currimus
B   54 federone *BE*   55 utique] itaque *Philop.*   57 acceperimus *AE*   59 consimilibus... potest] talibus existimabitur *Philop.*   60-61 primo modo dicta] secundum
primo modo *Philop.*   61 immortali] in mortali *A*   63 sed] hec *CDA* : hee *E, sed corr.*
hec *E²*   64 subinduere *Philop.*

45 ipse - 58 dicentes : Io. PHILOPONUS, *In III De Anima* (ARIST., 4, 429 a 27-29).
    CAG lat., III, p. 14, 38 - 15, 52.
58 Ex - 72 corruptibile : Io. PHILOPONUS, *In III De Anima* (ARIST., 4, 429 a 27-29).
    CAG lat., III, p. 16, 82-96.

65 *quomodo possibile est, secundum hoc quod primo modo potentia, esse
in ipsis species quae ab aeterno intelligentiam ipsorum habent ? Quare
omnino necesse, si mundus aeternus, ut videtur Aristoteli, aut animam
immortalem entem non secundum primo modo dictam potentiam habere
species, sed secundo modo, hoc est secundum habitum, ut Platoni*
70 *videtur; aut, si secundum primam potentialitatem in anima sunt,
necesse generabilem secundum tempus ipsam esse, et propter hoc etiam
mortalem; omne enim generabile aiunt esse corruptibile.*

Adhuc, motus concupiscentiam sequens, quae a phantasia vel a
sensu praesente, nequaquam posset retrahi per intellectum propter
75 futurum, aut propter rationabile aliquid, si intellectus per speciem,
a praesente phantasmate receptam, solum iudicaret, quoniam itaque
‹ impediretur › iudicium deliberationis, quae per intellectum *uno*
quodam *mensurari necesse est* mensurante, ut ait PHILOSOPHUS,
per quod victricem esse rationabiliter accidit virtutem principa-
80 liorem.

Adhuc, et universaliter in omni iudicio intellectus, quo differentia
intelligibilium et convenientia eorum ad invicem iudicatur, de necessitate sequi videtur, quemadmodum de sensu communi prius est
conclusum, sic et concludendum de intellectu, quod simpliciter
85 loquendo species intelligibilium formaliter in ipso nequaquam recipiuntur, sed virtualiter sibi inexistunt seu potestate, secundum quod
et vult AVICENNA sic inquiens : *Debes autem scire quod in nostro puro
intellectu non est multitudo ullo modo, nec ordo formarum. Ipse enim
est principium omnis formae emanantis ab eo in animam*, qua-
90 tenus quidem intelligibilia omnia sit intellectus quodammodo, sicut
sensibilia est sensus seu anima sensitiva, prout concludit PHILO-

67 aut] ut *A*   68 entem *Philop.*] esse *codd.*   potentia *B*   69 habitum] non *add.*
B   70 primam potentialitatem] possibilitatem *B*   71 generabile *B*   ipsum *B*
72 mortale *B*   73 quae] quo *B*   74 praesente] fit *add. B*   75 aliquod *x*   77
impediretur *supplevi*   quae *del. E*ˣ   79 per] propter *D*   victricem] virtutem *B*
81 et *om. B*   iudicio] iudicem *A*   84 concludendum] est *add. AE*   86 existunt *x*
87-91 Avicenna... sensitiva *signo adnotavit B'*   90 sit] Sic *B*

74 retrahi - 75 futurum : ARIST., *De Anima*, III, 10, 433 b 7-8.
77 quae - 78 mensurante : ARIST., *De Anima*, III, 11, 434 a 8-9.
79 per quod - principaliorem : ARIST., *De Anima*, III, 11, 434 a 12-15.
83 prius : Pars I, c. 23. Ed. Van de Vyver, I, p. 169-70.
87 Debes - 89 animam : AVICENNA, *De Anima*, pars V, c. 6. Ed. Venet. 1508, f. 26ʳᵃ⁻ᵇ.
90 intelligibilia - 91 sensitiva : ARIST., *De Anima*, III, 8, 431 b 20-23.

SOPHUS naturam et rationem potentiarum animae ex rationibus obiectorum; aliter enim de illis cognitionem habere non potest, ut patet ex praemissis.

Unde AUGUSTINUS, de hac loquens parte animae, ait quod *servat* 95 *aliquid quo libere iudicet de speciebus imaginum et hoc est mens, id est rationalis intelligentia, quae servatur ut iudicet. Nam illas animae partes, quae per corporum similitudines informantur, etiam cum bestiis nos communes habere sentimus.* Et hinc etiam idem AUGUSTINUS, 6⁰ suae M u s i c a e, quosdam in anima numeros esse dicit manentes, 00 non praetereuntes quidem, sed immortales et aeternos, iudiciales, inquit, vocatos, per quos de praetereuntibus iudicamus. Iudiciaria namque virtus naturae superiori seu praepositivae dignitati convenit, non inferiori aut coaequali; propter quod et *Anaxagoras immixtum ait* intellectum *esse, ut imperet, id est, ut iudicet,* secundum quod 5 ipsum exponit PHILOSOPHUS in hoc verbo.

CAPITULUM 19

DISSOLUTIO PRAEMISSAE QUAESTIONIS SECUNDUM OPINIO-
NEM AVERROIS ET ALIORUM QUORUNDAM PHILOSOPHORUM

Commentator quidem igitur AVERROES, quaestionem hanc dissol- 10 vens secundum opinionem suam, dicit quod *intellecta speculativa constituuntur per duo* subiecta, *quorum unum est generatum et aliud*

92 et rationem] philosophorum *A*   95 Augustinus] 10 de trinitate *add. i.m. CD*
96 hoc] haec *x*   97 ut iudicet *om. B*   illa *C*   99 idem *om. A*   00 Musicae]
mistice *A*   1 et *om. B*   3 naturae *om. x*   dignitate *C*   convenit *om. B*   4
et *om. C*   10 igitur] ergo *B*   quaestionem hanc *inv. B*

95 servat - 99 sentimus : AUGUSTINUS, *De Trinitate*, X, c. 5, n. 7, in fine. PL 42, 977.
00 quosdam - 2 iudicamus : AUGUSTINUS, *De Musica*, VI, c. 6-7. PL 32, 1172.
 2 Iudiciaria - 4 coaequali : AUGUSTINUS, *De Libero Arbitrio*, II, c. 12, n. 34. PL 32, 1259-60.
 4 Anaxagoras - 5 iudicet : ARIST., *De Anima*, III, 4, 429 a 18-19.
11 intellecta - 24 animam est : AVER., *De Anima*, III, 5. Aver. lat., VI. 1, p. 400 (lin. 376-393).

non generatum. Nam cum *formare per intellectum, sicut ait Philo-*
sophus, sit sicut comprehendere per sensum, quod quidem *per duo*
15 *subiecta perficitur, quorum unum est subiectum per quod sensus fit*
verus (et est sensatum extra animam), aliud autem est subiectum per
quod sensus est forma existens (et est prima perfectio sentientis),
necesse est etiam ut intellecta habeant huiusmodi *subiecta duo, quorum*
unum est subiectum per quod sunt vera, scilicet formae quae sunt
20 *imagines verae, secundum autem* subiectum *est illud per quod intellecta*
sunt unum entium in mundo, et istud est intellectus materialis. Nulla
enim differentia est, inquit COMMENTATOR, *in hoc inter sensum et*
intellectum, nisi quia subiectum per quod sensus est verus, extra ani-
mam est, et subiectum intellectus per quod est verus, intra animam est.
25 *Et cum haec ita sint ut narravimus,* ait COMMENTATOR, *non contingit*
ut ista intellecta quae sunt in actu, id est speculativa, sint generabilia
et corruptibilia, nisi propter subiectum per quod sunt vera, non propter
subiectum per quod sunt unum entium scilicet intellectum possibilem
seu *materialem.*

30 　Et *opinandum est,* inquit COMMENTATOR, *quod in anima sunt tres*
partes intellectus, quarum una est intellectus recipiens, secunda est
efficiens, tertia autem est factum. Et duae istarum trium sunt aeternae,
scilicet agens et recipiens; tertia autem est generabilis et corruptibilis
uno modo, aeterna autem alio modo. Nam, *cum opinati sumus,* ait, *ex*
35 *hoc sermone quod intellectus materialis est unicus omnibus hominibus,*
ac etiam ex hoc sumus opinati quod species humana est aeterna, ut
declaratum est in aliis locis, necesse est ut intellectus materialis non
sit denudatus a principiis naturalibus communibus toti speciei
humanae, scilicet primis propositionibus et formationibus singularibus
40 *communibus omnibus. Haec enim intellecta sunt unica secundum*
recipiens, et multa secundum intentionem receptam. Secundum ergo
modum secundum quem sunt unica, necessario sunt aeterna, cum es-
se non fugiat a subiecto recepto, scilicet a motore qui est intentio for-

14 apprehendere *B*　　20 imaginationes *x*　　24 subiectum] et *add. A*　　25 Et...
ut] et subiectum intellectus per quod (*lin. 24) A*　　27 propter[1]] per *B*　　sunt]
sint *B*　　propter[2]] per *B*　　29 seu] sive *B*　　materialem] naturalem *A*　　32
afficiens *A*　　34 simus *CDE*　　36 simus *B*　　38 naturalibus] materialibus *AE.*
sed corr. naturalibus *E*[2]　　43 fugiant *B*　　receptum *in ras. E*[2]　　scilicet *om. AE*
est *om. B*

25 Et - 29 materialem : AVER., *De Anima,* III, 5. Aver. lat., VI. 1, p. 401 (lin. 419-423).
30 opinandum - 59 aeterna : AVER., *De Anima,* III, 5. Aver. lat., VI. 1, p. 406-407
　　(lin. 569-604).

marum imaginatarum, et non sit illic impediens ex parte recipientis.
Generatio igitur et corruptio non est ei nisi propter multitudinem con- 45
tingentem eis, non propter modum secundum quem sunt unica. Et
ideo, cum in respectu alicuius individui fuerit corruptum aliquod pri-
morum intellectorum per corruptionem sui subiecti, per quod est copu-
latum cum nobis et verum, necesse est ut illud intellectum non sit cor-
ruptibile simpliciter, sed corruptibile in respectu uniuscuiusque indivi- 50
dui. Et ex hoc modo possemus dicere quod intellectus speculativus est
unus omnibus.

Et cum consideratum fuerit, ait COMMENTATOR, *de istis intellectis*
secundum quod sunt entia simpliciter et non in respectu alicuius
individui, vere dicuntur esse aeterna, et quod non intelliguntur quandoque 55
et quandoque non, sed semper. Et quasi istud esse est eis medium inter
esse amissum et esse remanens; secundum multitudinem enim et
diminutionem contigentem eis a postrema perfectione sunt generabilia
et corruptibilia, et secundum quod sunt unica, sunt aeterna. Nam,
cum sapientiam esse in aliquo modo proprio hominum est, sicut 60
modum artificiorum esse in modis propriis hominum, aestimatur quod
impossibile est ut tota habitatio evacuetur a philosophia, sicuti quod
evacuetur ab artificiis naturalibus. Si enim aliqua pars eius caruerit eis,
verbi gratia quarta terrae septentrionalis, non carebunt eis aliae quartae,
quia declaratum est quod habitatio est possibilis in parte meridionali 65
sicut in septentrionali. Forte igitur philosophia invenitur in maiori
parte subiecti in omni tempore, sicut aequus ab aequo.

Intellectus igitur speculativus non est generabilis et corruptibilis
secundum hunc modum. Et universaliter ita est de intellectu agente
creante intellecta, sicut de intellectu recipiente et distinguente. Quemad- 70
modum enim intellectus agens numquam quiescit ab agendo, generando
et creando simpliciter, licet ab hac scilicet generatione evacuetur ali-

44 imaginatarum *om. B* illic] illud *AE* 45 et] erit *B* ei nisi propter] enim
id per *B* 46 unita *A* 47 individui *om. x* corruptum aliquod *inv. AE* 47-
48 priorum *B* 50 simpliciter sed corruptibile *om. E* 51 ex *om. B* modo]
non C 53 intellectis *del. E*x 54 alicuius *om. x* 60 hominum *om. A* 61 esse]
est *B* 62 habitatio] habitudo *C* evacuetur] fugiat *Aver.* 62-63 quod evacue-
tur] opinandum est quod impossibile est ut fugiat *Aver.* 63 eius *om. B* eis]
scilicet artificiis *add. Aver.* 64 quarta *om. B* 65 habitatio] habitudo *C* 67
sicut] homo invenitur ab homine et *add. Aver.* 68 igitur] ergo *B*

59 Nam - 78 materiali : AVER., *De Anima*, III, 5. Aver. lat., VI. 1, p. 408-409 (lin.
610-635).

quod subiectum, ita est de intellectu distinguente. Et hoc innuit Aristoteles
in 1º De Anima, cum dixit : 'Et formare per intellectum et con-
75 siderare sunt diversa, ita quod intus corrumpatur aliquid aliud; ipsum
autem in se nullam habet corruptionem'. Et intendit per 'aliquid
aliud' formas imaginatas humanas; et intendit per 'formare per intellectum' receptionem quae est semper in intellectu materiali. Et universaliter ista intentio apparuit a remotis animam esse immortalem,
80 scilicet intellectum speculativum. Unde Plato dixit, inquit Commen-
TATOR, quod universalia sunt neque generabilia neque corruptibilia,
et quod sunt existentia extra mentem. Et est sermo verus ex hoc modo,
et falsus secundum quem sonant verba eius, et est modus quem laborat
Aristoteles destruere in Metaphysica. Et universaliter ista intentio
85 est pars vera in propositionibus probabilibus quae dant animam esse
utrumque, scilicet mortalem et non mortalem; probabilia enim impossibile est ut sint falsa secundum totum. Et hoc apologizaverunt
antiqui, et in repraesentatione illius conveniunt omnes leges.

Ex his itaque sermonibus commentatoris AVERROIS, manifestum
90 est quod, licet eius opinio ad unitatem intellectus tendere videatur,
de qua posterius inquirendum relinquitur, eius tamen intentio mani-
feste praetendit quod in ipso intellectu secundum se vicissitudo
receptionis novarum specierum non contingit. Quocirca, dicente
PHILOSOPHO, in 3º D e A n i m a, quod impassibilitas vel privatio
95 passionis in sentiente et in formatione per intellectum consimilis non
est, dicit ipse COMMENTATOR quod privatio transmutationis in intellectu
debet esse pura et non est ita privatio transmutationis in sensu, cum
sensus sit virtus materialis. Dicit ergo quod in ipso intellectu praeexis-

---

74 in om. B   75 intus] intellectus B   76-82 Et intendit... mentem signo adnotavit B'   78 semper om. B   in om. A   80 Plato] philosophus B   83 et¹
om. x   secundum om. B   84 Aristoteles om. B   85 dant] dicunt in ras.E²
87 apologisaverunt A   89 Ex] Et x   commentatoriis C   95 sentiente]
sciente B   97 debet] dent AE, sed corr. debet E²   98-99 praeexistit x

---

74 Et - 76 corruptionem : ARIST., De Anima, I, 4, 408 b 24-25.
78 Et - 88 leges : AVER., De Anima, III, 5. Aver. lat., VI. 1, p. 409 (lin. 641-653).
91 posterius : Pars VI.
94 privatio - 96 est : ARIST., De Anima, III, 4, 429 a 29-30. Lemma Aver., text. 7.
96 privatio - 98 materialis : AVER., De Anima, III, 7. Aver. lat., VI. 1, p. 418 (lin.
19-22).

tunt species secundum *esse* quoddam, *quasi medium inter esse remanens et esse amissum.*   00

Unde GRAMMATICUS : *Ex ipso* quidem *exemplo Philosophi palam est,* inquit, *intentio eius. Nam, sicut sol oriens non hypostasim coloribus exhibet, sed subsistentes et immanifestos entes facit evidentes, et neque colores facit — etenim nocte nihil minus erant colores — sed visibiles facit, sic videlicet et qui actu intellectus perficit eum qui potentia, et du-* 5 *cit in actum, non imponens in ipso non entes species, sed immanifestas entes et occultas, propter id quod a nativitate nubilum elucidans.*

Et hoc est quod intendebant Platonici, dicentes *addiscere reminisci quoddam esse,* nec est inter ipsos et PHILOSOPHUM contradictio realis, licet aliter sermones eorum sonare videantur. Dicens quidem enim 10 PHILOSOPHUS, in 1º D e A n i m a , quod *dicere quidem irasci animam simile est et si aliquis dicat eam texere vel aedificare*; *melius autem fortassis est non dicere animam misereri, aut addiscere, aut intelligere, sed hominem anima*; *hoc autem non tamquam in illa motu existente, sed aliquando quidem usque ad illam, aliquando autem ab illa*; rursus 15 quoque, dicens quod *intelligere et meditari marcescunt* in nobis, *quodam interius corrupto,* ipso autem intellectu secundum se impassibili existente, et sicut est de corrumpi, sic etiam de fieri necesse est accidere, evidenter nobis insinuat quod per nostrum addiscere in ipsa substantia intellectus secundum se nihil novae receptionis 20

---

2 ipostasim *B* : ypostasim *x*   3 subsistens *BC*   et[1]] in *B*   in manifestos *A*
5 qui[1]] in *add. B*   7 nubium *B*   eludicas *C*   11 in *om. B*   14 hominem]
in *add. E*   18 etiam] et *CDE* : est *A*   20 substantia] subiecta *x*

---

99 esse - 00 amissum : AVER., *De Anima,* III, 5. Aver. lat., VI. 1, p. 407 (lin. 600-601).
   Vide supra, p. 82, lin. 56-57.
1 Ex - 7 elucidans : Io. PHILOPONUS, *In III De Anima* (ARIST., 4, 429 b 29-30).
   CAG lat., III, p. 40, 30-37.
8 addiscere - 9 esse : S. THOMAS, *C.G.,* lib. II, c. 74. Ed. Leon. XIII, p. 470 a 18.
   Huius loci fontes allegat HENLE, *Saint Thomas and Platonism,* p. 200, n. 10.
9 nec - realis : Cfr ALBERTUS MAGNUS, *Metaph.,* lib. I, tract. 5, c. 15. Ed. Colon.,
   XVI. 1, p. 89, 52-54 : « Et hoc modo intelligendo Platonem, non multum devia-
   vit a vero, quia etiam Aristoteles non multum diversa dicit ab hoc intellectu ».
11 dicere - 15 illa : ARIST., *De Anima,* I, 4, 408 b 11-16.
16 intelligere - 18 existente : ARIST., *De Anima,* I, 4, 408 b 24-25. Vide supra, p. 83,
   74-76.

acquiritur, sed tantum respectus eius ad id quod intus, particeps est innovationis, ut iam dixit AVERROES.

In hanc quoque sententiam, concordant PHILOSOPHO THEO-PHRASTUS et THEMISTIUS, idem penitus intendentes per mixturam ad intellectum passivum seu communem, quod AVERROES per respectum ad species imaginatas. Quantum ad intentionem enim omnium expositorum, tam Graecorum quam Arabum, mens eorum in hoc est consona, licet verba ipsorum dissona videantur : ad designandum autem intraneitatem intellectus, mixturae vocabulo usus est THEOPHRASTUS ; ad relationis vero designationem usus est AVERROES nomine respectus. Et hinc accidit quod secundum partem intellectivam non est alteratio neque motus, nisi per accidens, ut patet 7º P h y s i c o r u m ; in ad aliquid enim aliter hoc contingere non potest, ut in 5º palam est. Unde *in sedando et quiescendo animam fit* homo *sapiens et prudens ; pueri enim neque scientiam neque prudentiam habere possunt sicut senes. Acceptio* itaque *scientiae a principio neque generatio est neque alteratio,* ut ait PHILOSOPHUS, *sicut neque cum* geometra *dormiens surgat, aut ebrius quiescat, aut infirmus sanetur, ipse fit sciens, licet prius uti non possit* scientia quam habet quodammodo. *In his tamen* et huiusmodi *accidit aliquid alterari,* puta virtutes sensitivas, cum fit sciens. Quapropter

---

21 respectu *E*   intus] intellectus *B*   25 averroim *B*   28 ipsorum] eorum *B*
32 nisi] neque *D*   34 in² *om. AE*   sedendo *x*   35-36 prudentiam neque scientiam *x*   36 sicut] ut *B*   39 fit] sit *B*   40 tamen] cum *A*   41 fit]
sit *B*

21 respectus - 22 innovationis : AVER., *De Anima*, III, 5. Aver. lat., VI. 1, p. 408 (lin. 630-35). Vide supra, p. 83, 74-78 et infra, lin 30-31.

29 mixturae - 30 Theophrastus : THEMIST., *In De Anima*, lib. VI (Arist., III, 5, 430 a 23-25). CAG V. 3, p. 102, 29 ; CAG lat., I, p. 233, 64.

30 ad relationis - 31 respectus : AVER., *De Anima*, III, 5 et 20. Aver. lat., VI. 1, p. 407 (lin. 589-600) et p. 448 (lin. 136-39). Vide supra, p. 82, 46-56.

31 secundum - 32 accidens : ARIST., *Physic.*, VII, 3, 248 b 27-28.

33 in ad aliquid - 34 potest : ARIST., *Physic.*, V, 2, 225 b 11-13.

34 in sedando - 35 prudens : ARIST., *Physic.*, VII, 3, 247 b 23-24.

35 pueri - 36 senes : ARIST., *Physic.*, VII, 3, 247 b 30 - 248 a 26.

36 Acceptio - 37 alteratio : ARIST., *Physic.*, VII, 3, 247 b 22-23.

38 sicut - 39 scientia : ARIST., *Physic.*, VII, 3, 247 b 24-26. Sed inseruit Bate *geometra* ex ARIST., *De Gen. Animal.*, II, 2, 735 a 10-11.

40 In - 41 alterari : ARIST., *Physic.*, VII, 3, 248 a 28 - b 26.

concludit PHILOSOPHUS quod *ipsum alterans in sensibilibus est et in sensitiva parte* et *in alio nullo, nisi secundum accidens.* Unde COMMENTATOR, super 3ᵐ D e A n i m a : *Intellectum,* inquit, *actionem imperfectam esse* seu transmutationem, *accidit ei propter materiam* 45 corporalem, *non secundum quod est actio,* ipsius scilicet intellectus. *Et cum hoc accidit actioni* intellectus, *necesse est,* inquit, *aliquam actionem eius esse liberatam ab hoc accidente; quod enim accidit alicui per accidens, necesse est ut non sit ei secundum quod est, et si non est ei secundum quod est, necessarium est ut separetur ab eo.* 50

CAPITULUM 20

MODERNORUM QUORUNDAM OPINIO CIRCA PRAEMISSAM QUAESTIONEM, ET ILLIUS REPROBATIO

Quidam autem opinati sunt *intellectum possibilem* sic se habere *secundum se,* quod *semper est* quasi *in ultima dispositione ad recipien-* 55 *dam speciem intelligibilem,* et propter hoc sine motu et alteratione ipsam recipere ad praesentiam eius, *sicut in aere illuminatio ad praesentiam solis,* nisi sit impedimentum aut prohibens ad cuius remotionem *motus requiritur per accidens.*

Sed haec quidem dicta sententiae PHILOSOPHI non conveniunt. 60 Ut enim patet 8º P h y s i c o r u m, potentia dupliciter dicta,

---

45 materiam] naturam *AE*   47 hoc *om. x*   est *om. A*   47-49 inquit... necesse est *iter. A*   50 est³ *om. A*   53 et illius reprobatio *om. B*   54 possibilem *om. x*   55-56 recipiendum *E*   59 motus requiritur *inv. AE*

---

42 ipsum - 43 accidens : ARIST., *Physic.,* VII, 3, 248 b 27-28.
44 Intellectum - 50 eo : AVER., *De Anima,* III, 28. Aver. lat., VI. 1, p. 466 (lin. 32-37).
54 intellectum - 59 accidens : S. THOMAS, *In Physic.,* lib. VII, lect. 6, n. 9 (ed. Leon., II, p. 345 b) vel nn. 1889 et 1888 (Pirotta).
61 potentia - 65 accidentali : ARIST., *Physic.,* VIII, 4, 255 a 30 sqq.

essentiali scilicet et accidentali, ens in potentia ad formam quam non habet actu, dicitur ens in potentia secundum potentiam essentialem; habens vero formam et non operans secundum ipsam propter
65 aliquod prohibens, in potentia dicitur accidentali. Intellectus igitur possibilis, quamdiu speciem intelligibilem non habet, in potentia est essentiali ad illam, cuius quidem exitus ad actum transmutationem essentialiter comitatur, ut declaratum est supra, quae extra magnitudinem nequaquam esse potest; secundum hanc enim viam proce-
70 dunt rationes ibi factae. Si vero in potentia accidentali dicatur esse, ita quod non requiratur transmutatio nisi accidentaliter, ad remotionem scilicet impedientis, tunc sequitur ipsum iam habere speciem, licet actu non consideret ipsam, quod est contra id quod ponebant.

75   CAPITULUM 21

DESTRUCTIO FUNDAMENTI EORUNDEM QUANTUM AD
IPSORUM OPINIONEM, ET IN EO CONTENTAE VERITATIS
ENUCLEATIO

Advertendum autem est quod de huiusmodi speciebus intelligi-
80 bilium necnon et sensibilium multifarie locuti sunt multi, dicentes interdum huiusmodi species diversas simul recipi posse in eodem, distinctas tamen, interdum vero sine transmutatione recipi, quia non sunt natura aliqua constituens aliquid cum illo in quo est, sed

62 scilicet *om.* C   65 aliquid B   igitur] ergo B   68 quae] et *add.* B   71
non *om.* A   78 enucliatio B   80 loquuti B   82 sine transmutatione]
sive transmutatas B

68 supra : c. 18, p. 73, 7 sqq.
81 huiusmodi - 82 recipi : S. Thomas. *In De Sensu*, lect. 19, n. 291; Aegidius Romanus, *De Intellectus Possibilis Pluralitate*. Ed. Venet. 1500, f. 91v; cod. Oxford, Merton, 275, f. 102r; (ed. Barracco, p. 21-23, 305-387).
83 non sunt - 84 cognitionem : S. Thomas, *C.G.*, lib. III, c. 51. Ed. Leon. XIV, p. 140, 10-12 : « Species autem intelligibilis, unita intellectui, non constituit aliquam naturam, sed perficit ipsum ad intelligendum ».

sunt solum perfectio quaedam ad cognitionem, cum non sint res
ad aliquod genus reductae, sed intentiones solum sicut species 85
visibilium, figmenta ponendo pro principiis et cetera consimilia,
quae philosophiam ARISTOTELIS transcendunt, ut satis visum est.

Occasionem tamen dicti sui ex quodam sermone PHILOSOPHI
extorquere conantur contra mentem eius, necnon et sui COMMEN-
TATORIS, 6º P h i l o s o p h i a e   P r i m a e. PHILOSOPHO namque 90
dicente quod verum et falsum simul in intellectu sunt et *non con-*
sequenter, sed in unum aliquid fieri, glossat COMMENTATOR, dicens
quod Philosophus *intendebat per hunc sermonem declarare diversi-*
tatem entium duorum, scilicet entis quod est in intellectu et entis quod
est extra intellectum. Quod enim est in anima, contingit ut in anima 95
recipiat duo opposita insimul; quod autem est extra animam non,
quasi dicat : quoquo modo autem accidit quod anima intelligit opposita
simul, quod non potest esse extra animam, quia materia recipit con-
traria successive, et loquendum est de hoc in alio loco, et innuit librum
De Anima, inquit COMMENTATOR. *Et causa in hoc, quod intellectus* 00
comprehendit insimul duo opposita, est, ait COMMENTATOR, *quia*
natura primorum oppositorum in intellectu, veri et falsi, non est natura
primorum oppositorum extra animam, scilicet boni et mali. Verum
enim *et falsum sunt in cogitatione, et bonum et malum sunt in materia,*
et nullum entium, quae sunt in cogitatione, dicitur esse simpliciter 5
secundum quod est extra animam. Unde PHILOSOPHUS in textu
subiungit, translationis quidem Arabicae, quod ens in anima *in*
genere diminuto est generum entis.

Item, in 9º eiusdem P h i l o s o p h i a e   P r i m a e dicit COM-
MENTATOR *quod entia, quae non sunt extra animam, ut sunt intel-* 10
ligibilia et voluntabilia, non dicuntur esse simpliciter, sed esse in

86 pro] et *B*   87 quae] quod *x*   90 6º] 8º *B*   92 glosat *codd.*   98 esse *om.*
A   2 et 3 *ante* primorum *add.* propriorum vel *codd.*   4 sunt[2] *Aver.*] est *codd.*
5 esse *om. A*   simpliciter] vel similiter *add. codd.*   9 in *om. C*   11
voluntaria C

87 visum est : Pars I, c. 1 et 18. Ed. Van de Vyver, I, praesertim p. 71, 15-18; 73, 64 -
    74, 5 et 152, 29 sqq.
91 verum - 92 fieri : ARIST., *Metaph.*, VI (E), 4, 1027 b 24-25.
93 Philosophus - 6 animam : AVER., *Metaph.*, VI, 8. Ed. Venet. 1562, f. 152 E-G.
  7 ens - 8 entis : ARIST., *Metaph.*, VI (E), 4, 1028 a 1-2. Lemma in Aver. com., ed.
    Venet. 1562, f. 152 B.
10 quod - 13 mobiles : AVER., *Metaph.*, IX, 7. Ed. Venet. 1562, f. 231 K-L.

anima et in cognitione, seu in anima cogitativa aut in anima appetitiva.
Et non dicuntur entia, sicut dicuntur res mobiles.

　　Ex quo concludi potest merito quod nihil prohibet alterius rationis
15 esse receptionem quae in anima, et illam quae in materia fit extra.
Et haec quidem dicta vera sunt proculdubio, ea praesertim intentione
ad quam ipse PHILOSOPHUS inducit et suus COMMENTATOR, sed
non ad illam partem, ad quam multi loquentes illa pervertere
conantur, immo ad contrariam. Quod enim opposita simul sunt in
20 intellectu et *non consequenter, sed in unum aliquid fieri,* hoc magis
consonum est his quae dicta sunt de intellectu, quod potestate seu
virtualiter in ipso sunt species intelligibilium, quam illi dicto quod
sub formali distinctione simul recipiantur in eodem, propter incon-
venientia quae ex hoc sequuntur.

25 　　Sane, quod eadem sit intentio COMMENTATORIS cum iam dicta,
et quod nullatenus intendat species formaliter sive sub distinctione
formali recipi in intellectu, hoc evidenter apparet ex eis quae ipsemet
dicit in 7º, consequenter intentionem suam completius exponendo.
Ait enim quod *non congregantur in anima duae formae contrariae*
30 *insimul, sicut non congregantur extra animam, quoniam esse alterius*
est corruptio reliquae, et corruptio alterius est generatio reliquae. Et
formae contrariae, existentes in anima, sunt quodammodo eadem forma,
et ideo recipit anima formas contrarias. Multotiens enim scimus non
esse per formam, et formam per non esse, quoniam non existunt insimul,
35 *ut sanitas et infirmitas, sed corruptio alterius generatio reliquae est.*
Hic ergo modus cognoscendi contraria simul est ille de quo in
9º M e t a p h y s i c a e tractatur, et in 3º D e A n i m a, secundum
quod illuc nobis innuit COMMENTATOR iste, et est modus secundum
quem et rectum iudex est sui ipsius et obliqui.

40 　　Palam igitur est qualiter natura oppositorum, secundum quod

---

12 in¹ *om. B*　　cognitione] cogitatione *E*　　17 ipse *scripsi*] ipsa *codd.*　　22 illa
C　　23 simul *om. D*　　34 existunt *Aver.*] existit *codd.*　　35 sed... reliquae
est *om. B*　　reliqua *A*　　39 et¹ *om. x*

19 opposita - 20 fieri : ARIST., *Metaph.*, VI (E), 4, 1027 b 24-25.
21 dicta sunt : c. 7, p. 41, 58 sqq ; c. 18, p. 79, 81 sqq.
29 non - 33 contrarias : AVER., *Metaph.*, VII, 23. Ed. Venet. 1562, f. 173 H-I.
33 Multotiens - 35 reliquae est : AVER., *Metaph.*, VII, 23. Ed. Venet. 1562, f. 173 G.
37 : ARIST., *Metaph.*, IX (Θ), 10 ; *De Anima*, III, 6-7.
39 rectum - obliqui : ARIST., *De Anima*, I, 5, 411 a 5-7.

sunt in anima, non est eadem cum natura oppositorum extra animam.
Et universaliter *nullum entium, quae sunt in cogitatione, dicitur esse*
simpliciter secundum quod extra animam est, ut ait COMMENTATOR.
Non enim species lapidis, quae est *in anima, est lapis* simpliciter
loquendo, nec est omniquaque in materia simili materiae lapidi 45
propriae, quae est extra, sed est in hoc diminuta a natura lapidis
materiali, quae est in re extra animam; quocirca *in genere diminuto*
generum entis seu diminutum ens dici potest non absurde, respectu
naturalis entis, illud ens quod est in anima sive in intellectu. Nihilominus tamen in se est ens aliquod illud quod in anima et, pro quanto 50
in intellectu est, verius est ens et magis quam prout est in materia,
ut dictum est prius, et posterius apparere poterit, quamvis COM-
MENTATOR ens quod est extra animam, dicat esse perfectum. Non
obstante ergo quod respectu modi essendi qui est in materia, ens
quod est in anima, diminutum dicatur, quod tamen revera non est 55
simpliciter esse diminutum, nihil prohibet ipsum esse ens aliquod,
et per consequens in aliquo 10 generum, et non de alio genere ab
istis seu praeter haec.

Causa enim huius entis, ut ait PHILOSOPHUS, est cognitio seu
mentis aliqua passio. Quapropter, in supra dicta 6[i] parte, loquens 60
PHILOSOPHUS de ente per accidens et de ente quod in anima, ubi
dicit in translatione quae de Arabico : *et utrumque est in genere*
diminuto generum entis, et non sunt ex eis quae significant esse entis,
loco huius, in translatione correcta quae de Graeco, sic habetur :
et utraque circa reliquum genus entis, et non extra ostendunt entem 65

43 simpliciter] vel (universaliter *x*) similiter *add.* codd., *vide supra, lin. 5*   45 omniquaque *om. B*   lapidis *B*   51 est[3] *om. x*   53 esse] ens *B*   perfectum] imperfectum *E*   56 ipsum *om. B*   ens aliquod *inv. A*   59 seu] sive *B*   60 parte]
per se *B*   62 et utrumque] ut utrum *B*   65 ostendunt] ascendunt *B*

42 nullum - 43 est : AVER., *Metaph.*, VI, 8. Ed. Venet. 1562, f. 152 G.
44 Non - lapis : ARIST., *De Anima*, III, 8, 431 b 29.
47 in genere - 48 ens : ARIST., *Metaph.*, VI (E), 4, 1028 a 1-2. Lemma in Aver.com.,
    ed. Venet. 1562, f. 152 B.
52 prius : c. 9, p. 47, 95 sqq.
53 ens - perfectum : AVER., *Metaph.*, VI, 8. Ed. Venet. 1562, f. 152 I.
59 Causa - 60 passio : ARIST., *Metaph.*, VI (E), 4, 1027 b 34 - 1028 a 1.
62 et utrumque - 63 entis[2] : ARIST., *Metaph.*, VI (E), 4, 1028 a 1-2. Lemma in Aver.
    com., ed. Venet. 1562, f. 152 B.
65 et utraque - 66 entis : ARIST., *Metaph.*, VI (E), 4, 1028 a 1-2.

aliquam naturam entis. Super quo Expositor : *Quia utraque, scilicet ens verum, quod est in anima, et ens per accidens, sunt circa reliquum genus entis,* scilicet *circa ens per se quod est in rebus, et non ostendunt aliquam aliam naturam entis existentem quam per se entia. Unde si* 70 *determinetur illud genus entis quod continetur sub praedicamento, manifestum erit et de ente per accidens et de ente vero,* quod est in anima. Unde et Philosophus scientiam in ad aliquid esse dicit, necnon et in genere qualitatis. In non habentibus vero materiam, actu intellectum idem ait esse cum intellectu, qui in genere quidem 75 substantiae consistit.

Ex his igitur palam est quod loquentes de speciebus, quae in anima seu in intellectu tamquam non sint ens aliquod seu natura aliqua secundum principia Philosophi, propriam vocem ignorant. Perfectio namque immaterialis substantiae et incorruptibilis non 80 minus entis habere dicenda est quam illa quae corruptibilis ac materialis. Verumtamen non est illius generis cuius est obiectum extra, scilicet cognoscibile, sed reliqui seu alterius cuiusdam, scilicet entis dicti secundum rationem, de quo rationalis est scientia, quemadmodum et ens per accidens etiam non est de genere simpliciter 85 scibilium, scilicet necessariorum seu determinatorum entium, quae sunt per se extra, scilicet in rerum natura simpliciter. Et haec profecto videtur sententia Philosophi, concors utrique litterae supradictae, praesertim cum ibi subiungat Philosophus quod *eapropter* utraque illa *praetermittantur,* non pertractanda scilicet in P h i l o s o p h i a 90 P r i m a, sed *perscrutandae sunt,* inquit, *entis ipsius causae, principia* scilicet simpliciter et realiter entis, *in quantum ens.* Hoc autem, ut

66 Super quo] supra qua *A* 68 scilicet] non *Thomas* non *om. B* 69 naturam] materiam *A* quam] extra *Thomas* 70 determinetis *A* 71 et²] ut *D* vero quod] quod non *B* est *om. x* 77 seu... seu] sive... sive *B* natura] nec *B* 82 scilicet² *om. A* 84 etiam] et sic *B* 86 profecto *scripsi*] perfecto *B* : perfectio *x, sed corr.* perfectior *E²* 87 videtur] dicitur *B* uterque *C* 89 praetermittuntur *A* 91 Hic *CDA* ut *om. B*

66 Quia - 69 entia : S. Thomas, *In Metaph.*, lib. VI, lect. 4, n. 1243. Sed adverte varias lectiones, lin. 68 et 69.
69 Unde - 71 vero : S. Thomas., *In Metaph.*, lib. VI, lect. 4, n. 1244.
72 scientiam - 73 qualitatis : Arist., *Categ.*, 8, 11 a 20-38; *Topic.*, IV, 4, 124 b 19; *Metaph.*, V (Δ), 15, 1021 b 4-6.
73 In - 74 intellectu : Arist., *De Anima*, III, 4, 430 a 3-4.
88 eapropter - 91 ens : Arist., *Metaph.*, VI (E), 4, 1028 a 2-4.

patet in 5°, multipliciter dicitur; significat enim hoc quidem quid
est, hoc autem quale, et sic secundum unumquodque praedicamentum. Relinquitur itaque quod, licet species intelligibiles secundum
unam considerationem, ut infra magis patebit, sint entia quaedam 95
realia, secundum aliam tamen, secundum quod ad genera suorum
obiectorum cognoscibilium relatae, quorum similitudines quaedam
sunt, non sunt illorum generum entia simpliciter, sed modo diminuto sive secundum quid, ut dictum est.

Rursus, quamvis per huiusmodi species interdum contraria simul 00
cognoscantur, non tamen ob hoc oportet species huiusmodi formaliter distinctas esse, quae proportionaliter illis correspondeant,
ut visum est. Quapropter ad propositum revertendo, palam est quod
philosophiam ARISTOTELIS observantes, ac super ea, quae ex sensibilibus nobis ut plurimum apparentibus seu in maiori parte collecta 5
sunt, principia sustentati, probationes non habent, fidem nobis
facientes, quod simpliciter loquendo intellectus secundum se per
vicissitudinem novas formaliter recipiat species, sed ex aliis principiis aliter nobis notis, de quibus post tractare intendimus, forsan
posset hoc probari. 10

CAPITULUM 22

DETERMINATIO QUAESTIONIS PRAEMISSAE SECUNDUM
SENTENTIAM SEU MENTEM PHILOSOPHI ET EXPOSITORUM
EIUS GRAECORUM ET ARABUM

Verum quia intellectus respectum habet ad phantasiam, ut dictum 15
est, et quandam mixturam seu intraneitatem, ut etiam infra magis

---

92 5°] 2° B   95 entia] etiam B   98 entia] etiam x   99 quid] quod CA   ut
om. A   00 contraria] communia A   2 respondeant B   9-10 forsan... probari om. B   12 praedictae x   secundum iter. C.   13 expositorum] oppositorum A   16 ante mixturam add. in B

92 significat - 93 praedicamentum : ARIST., Metaph., V (Δ), 7, 1017 a 24-27.
99 dictum est : lin. 46-49.
 9 post : Pars III, c. 7 et 14.
15-16 dictum est : c. 19, praesertim p. 85, 23-26.

apparebit, licet proprie loquendo vere sit immixtus, id est non
mixtus, hinc omnes expositores, tam Graeci quam Arabes, in hoc
consentiunt quod intellectus sic relatus et consideratus uno quidem
20 modo se habet secundum quandam aequivoce dictam rationem
potentiae seu virtutis passivae, qua tabulae nudae in qua *nihil actu
scriptum est* comparatus, intellectus dicitur esse possibilis, tamquam
novas species recipiens quoquo modo propter potentiam intelligendi,
cuius innovationem in nobis experimur.

25   Respectus enim ille seu habitudo relativa intellectus et phantasiae,
convenienter quidem dispositae, sub quadam proportione sic vel
sic innovatur propter mutationes quae in phantasia, novas receptiones
patiente ; compatiens itaque quoquo modo phantasiae intellectus
propter mixturam et respectum consubstantialem, ut supra demon-
30 stratum est, sub hac ratione quandam in nobis contrahit innovationem, connatam quandam habens proportionem ad phantasmata,
secundum quam species intelligibiles, quae in nobis, huic phantasmati
aut illi determinate correspondent.

Quemadmodum igitur sensus communis, species quoquo modo
35 continens in se omnium qualitatum sensibilium, ut visum est prius,
ad praesentiam unius sensibilis actu, tantum de illo iudicium exercet
determinate, sic et intellectus, quamvis secundum se nullam speciem
novam recipiat, sed omnia sit intelligibilia quoquo modo, ad praesentiam tamen unius phantasmatis convenienter se habentis, in nobis
40 iudicium suum exercet tantummodo circa intelligibile illius phantasmatis determinate. Huiusmodi itaque respectus seu proportio
intellectus sic se habentis actu ad phantasma determinatum, seu
intellectus hoc modo se habens, species dicitur intelligibilis aut
universale seu idea illius phantasmatis, aut obiecti cuius est illud
45 phantasma.

17 vere *om.* E   19 sic] sit A   20 dictae D   21 qua²] quae E   actum CA
22 possibilis] potentialis B   25 phantasiae] quidem *add.* B   28 compatiens *om.* B
30 rationem AE   31 connatam (cog- B)] alias (vel B) connaturalem (generalem
AE) vel innatam *add. codd., sed del.* alias E²   32 quae] quasi B   33 correspondens
B   34 igitur sensus] gressus B   38 sit] sic BCDA   40 illius] istius A   41
Huius B   42 seu] sive B   43 aut] seu E   44-45 illud phantasma *inv.* B

21 tabulae - 22 comparatus : Arist., *De Anima*, III, 4, 429 b 31 - 430 a 1.
29 supra : c. 19.
35 prius : Pars I, c. 23. Ed. Van de Vyver, I, p. 169-170.

Quoniam autem esse huiusmodi speciei, secundum hanc rationem consideratae, innovationem comitatur et mutationem quae in phantasia, licet per accidens — aliter enim huiusmodi species esse tale non habet determinate, neque in ipso intellectu neque in phantasia — necesse est intellectum sic relatum ad phantasmata, antequam 50 actu intelligimus, intellectum dici potentia seu intellectum possibilem, qui profecto secundum hoc *nihil est actu eorum quae sunt ante intelligere* et actu intellectum; et quia nihil aliud est ille quam ipsa species intellecta, necesse est ipsum etiam in nobis fieri per novam speciei intelligibilis receptionem; actu enim inexistens nobis quod 55 prius in potentia, nisi per susceptionem novam nobis inesse non potest. Unde COMMENTATOR intellectus receptionem exponit per comprehensionem, dicens: recipere, id est comprehendere sive cognoscere. Secundum hunc ergo modum addiscere nostrum non est reminisci proprie loquendo, sed intellecta speculativa in nobis 60 fiunt, seu nobis infiunt nova.

CAPITULUM 23

QUOD INTELLECTUS POSSIBILIS SPECIES INTELLIGIBILES
NON RECIPIT UT SUBIECTUM, NEC EIDEM IMPRIMUNTUR
AB EXTRA   65

Ex his itaque manifestum esse potest advertenti quod intellectus possibilis, qui specierum intelligibilium seu intellectorum speculativorum susceptivus esse dicitur, licet ratione potentiae seu respectus quem habet ad materialia, materialis vocetur a COMMENTATORE, non tamen ad huiusmodi species suscipiendas se potest habere sub 70 ratione materiae, sive subiecti suscipientis species illas, neque ut

---

46 huius *B*   46-47 rationem consideratae *inv. x*   47 concomitatur *CD*   49
non habet] habent *B*   65 extra] etc. *add. B*

52 nihil - 53 intelligere : ARIST., *De Anima*, III, 4, 429 a 24.
58 recipere - comprehendere : AVER., *De Anima*, III, 7. Aver. lat., VI. 1, p. 419
(lin. 62).

accidentales neque ut substantiales, alioquin sequeretur contra
PHILOSOPHUM, quod ante intelligere ipse intellectus possibilis aliquod
esset actu entium, aut intelligibile aut sensibile, quia materia num-
75 quam est sine forma aliqua, neque subiectum similiter.

COMMENTATOR autem ait *in hoc intellectu non esse aliquam in-
tentionum existentium in actu, sive fuerit intentio intellecta in potentia aut in actu.* Intellectus enim possibilis non est intelligibilis
nisi per speciem receptam seu intellectam, ut patet supra, quare
80 secundum quod sic se habet, aliam formam non habet, neque
substantialem neque accidentalem, nam si haberet aliquam, quia
materialis esse non potest, ut demonstrat PHILOSOPHUS, necessario
immaterialis esset, quare actu intellectus esset et actu intelligens,
et per consequens sequeretur quod possibilis non esset seu potentia
85 intellectus. Immateriale namque, eo ipso quo immateriale est, actu
intelligibile est, secundum quod omnibus concorditer expositoribus
ac ipsi PHILOSOPHO THOMAS attestatur, nec irrationabiliter quidem.
Experimur etenim hoc in nobis, quod omne cognoscibile etiam
materiale, praeter conditiones materiales consideratum, est actu
90 intelligibile. Cum igitur omne materiale propter materiae conditiones
potentia tantum sit intelligibile per se et non actu nisi per accidens,
per abstractionem autem a conditionibus materialibus, et sic factum
immateriale, de necessitate fit actu intelligibile, necessario sequi
videtur quod ipsa immaterialitas ratio sit essentialis et per se causa
95 essendi actu intelligibile seu actu intellectum. De hoc tamen infra
latior erit sermo et magis exquisitus. Denuo, sequeretur intellectum
possibilem totiens transmutari in ens aliud secundum substantiam,
quotiens novam reciperet speciem, si species — inquam — huiusmodi esset forma substantialis.

00   Ex hoc itaque manifestum est illos errare, qui opinati sunt intel-

73 aliquid *A*   76-77 intentionem *BAE*   80 neque *om. B*   85 Immaterialia *A*
87 Thomas] etiam super 3^m de anima et in prima parte suae summae 79 quaestione 3
add. x (prima parte *inv. A*)   88 omne] esse *B*   etiam] et *B*   90 igitur *om. B*
94 immaterialitas] -tatis *CDA*   97 totius *A*   98 species inquam *inv. B*

72-73 contra Philosophum : ARIST., *De Anima*, III, 4, 429 b 31.
76 in - 78 actu : AVER., *De Anima*, III, 30. Aver. lat., VI. 1, p. 469-70 (lin. 38-40).
79 supra : c. 7.
82 materialis - potest : ARIST., *De Anima*, III, 4, 429 a 18 sqq.
85 Immateriale - 86 intelligibile est : S. THOMAS, *In De Sensu*, lect. 1, n. 1 ; *S. Th.*,
    I, q. 79, a. 3 c, etc.

lectum possibilem ita se habere in genere intelligibilium, sicut in genere sensibilium materia prima. Nam et praeter inconveniens contra ipsos iam illatum, sicut materia prima in sensibilibus omnibus, praesertim generabilibus, est una numero, sic etiam, contra ipsorum opinionem, intellectum possibilem unum esse numero tantum in 5 omnibus hominibus sibi ipsis concludunt, propriam vocem ignorantes. Opinantur quidem autem hi non solum quod intellectus possibilis ut subiectum se habet respectu specierum intelligibilium, quod est contra PHILOSOPHUM, ut iam visum est, verum etiam quod huiusmodi species, accidentales quidem existentes, ut aiunt, ab extra seu de 10 foris infunduntur seu ingrediuntur, et intellectui imprimuntur. Sed hoc utique rationi contrarium est. PHILOSOPHUS enim et sui commentatores, una cum reliquis expositoribus, concorditer asserunt actum seu formam, quae post potentiam habet actu esse in subiecto, et per subiectum seu materiam ens est, non de foris ingredi seu 15 infundi ab extra, sed deintus educi, de potentia quidem ipsius materiae sive subiecti. Passiva namque subiecti potentia non passibili existente ad actum huiusmodi, numquam erit actu huiusmodi, quemadmodum nec agens aget non habens agendi potentiam, ut ait PROCLUS. Unde *omne*, inquit, *quod fit, ex duplici* 20 *fit potentia*, activa scilicet quam vocat perfectam, et passiva quam vocat imperfectam. Et quidem activa potentia passivam exigit necessario potentiam, in quam operetur et quae recipere possit actionem et pati, alioquin impassibile existens et impotens recipere seu pati, reciperet seu pateretur. 25

Praeterea, illud quod per subiectum habet esse, per hoc quod in subiecto est habet esse, non in alio quidem de foris, inquam, ingre-

---

3 omnibus] generibus *B*   8 ut subiectum *om. B*   11 infunduntur] extenduntur *D*   egrediuntur *B*   intellectum *A*   15 ens est] habet esse *B*   16 sed] et *AE, sed corr.* sed *E*[2]   induci *A*   18 possibili *x*   19-20 potentiam] potestatem *B* 21 passivam *C*   23 quae] qua *B*   posset *A*   24 impassibile *scripsi*] impossibili *codd.*

9 visum est : p. 95, lin. 72-73.
19 nec - potentiam : PROCLUS, *Elementatio Theologica*, prop. 80. Ed. Dodds, p. 76, 5-7.
20 omni - 21 potentia : PROCLUS, *Elementatio Theologica*, prop. 79. Ed. Dodds, p. 74, 18.
21 activa - 22 imperfectam : PROCLUS, *Elementatio Theologica*, prop. 78. Ed. Dodds, p. 74, 8.

diente. Unde PHILOSOPHUS, 2º De Generatione Anima-
lium: *Quorumcumque,* inquit, *principiorum est corporalis operatio,*
30 *palam quia haec sine corpore impossibile* est *existere, ut ambulare*
sine pedibus; quare et de foris ingredi impossibile; neque enim ipsas,
inquit, *secundum ipsas ingredi possibile* est *inseparabiles existentes,*
neque in corpore ingredi corporeas, inquam, formas existentes, eo
quod inseparabiles a subiecto corpore. Quemadmodum autem in
35 his quidem, sic in sensu concludit eadem universalis ratio necnon
et in intellectu similiter, de receptione videlicet speciei seu formae
qualiscumque, per subiectum habentis esse tantum seu in subiecto,
et non secundum se. Nullam ergo speciem intelligibilem, actu esse
non habentem nisi in ipso intellectu, de foris ingredi seu infundi
40 ab extra possibile est.

Imprimi quoque huiusmodi speciem in intellectum ab extra similiter impossibile est, ut iam supra declaratum est de sensu, nisi
quemadmodum imprimens ab illo differt in quo fit impressio, sic
et ab imprimente specie differat impressa species, de potentia
45 quidem subiecti intellectus educta necessario, ut dictum est; hoc
autem impossibile secundum PHILOSOPHUM, ut iam declaratum est.

Ab explanandum igitur quomodo intellectus possibilis respectu
specierum intelligibilium se habet non ut subiectum, commendat
PHILOSOPHUS Platonicos, *animam intellectivam dicentes esse locum*
50 *specierum,* et non sensitivam; locus enim, licet respectu locati se
habeat ut recipiens, non tamen ut subiectum, sicut anima sensitiva
quae in subiecto est corpore, species sensibiles recipiente. Differt
enim intellectus possibilis a loco *in hoc, quod locus nihil est eorum*
quae sunt in eo, seu nihil est locati quod recipit, nec e converso,
55 neque fit ipsum locatum. Intellectus autem possibilis est species
seu *formae existentes in eo, non actu sed potentia,* ut dicit PHILO-

30 palam *om.* A   quia] quod *x*   31 quare] quando *B*   impossibile] est *add. x*
31-32 ipsas inquit] ipsas ipsas *C*   33 inquit *D*   35 sic] sicut *B*   sensu] se usu *B*
36 in *om.* B   39 habentem] nec *add. B*   41 in intellectum] intellectum *A* :
intellectui *E*   43 quemadmodum] inquantum *AE*   in] etiam *B*   44 specie]
speciem *p. corr. E²*   45 est *om.* C   46 autem] est *add. B*   53 enim] tamen *x*

29 Quorumcumque - 33 ingredi : ARIST., *De Gen. Animal.,* II, 3, 736 b 22-26.
49 animam - 50 specierum : ARIST., *De Anima,* III, 4, 429 a 27-28.
52 Differt - 54 eo : AVER., *De Anima,* III, 6. Aver. lat., VI. 1, p. 417 (lin. 102-103).
55 Intellectus - 56 potentia : AVER., *De Anima,* III, 6. Aver. lat., VI. 1, p. 417 (lin.
    104); ARIST., *De Anima,* III, 4, 429 a 28-29.

sophus et Averroes. Themistius vero : Intellectus, inquit, possibilis *non sic locus est ut ambiat, sed ut fiat aliqualiter illa quae intelligit.* Unde Philosophus de hoc intellectu dicit quod *singula fit* intelligibilia, *ut sciens.* Eapropter concludit quidem Grammaticus 60 potentia intellectum seu possibilem nequaquam esse sicut materiam intelligibilium sive subiectum ; materia enim sive subiectum non fit species seu forma quam recipit, sed ipsa fit compositum ; intellectus autem fit species tantum, et non compositum aliquod. Unde venerabilis Albertus : Intellectus, inquit, possibilis *non fit omnia sicut* 65 *materia ; non enim materia fit forma. Et cum dicitur quod possibilis intellectus fit omnia intellecta, intelligitur quod sit forma illa quodammodo. Et huius simile iam dixit Alfarabius imaginandum esse, quemadmodum si cera intelligatur vel imaginetur tota transire in figuram sigilli, ita quod nihil eius distinguatur ab ipsa figura sigilli.* Item 70 Averroes, 3º D e An i m a : Ex intellectu, inquit, materiali et intentione in actu compositum *non est aliquod tertium ab eis, sicut est de aliis compositis ex materia et forma.*

Quoniam igitur *ante intelligere nihil est intellectus* possibilis, secundum quod talis, nisi *potentia species,* et non subiectum proprie 75 loquendo, relinquitur ipsum esse nihil aliud quam respectum intellectualis substantiae seu intellectum quendam sub ratione respectus, prout determinate quidem se habet in quadam potentia proportionali ad hoc phantasma vel ad illud, secundum quod iam dictum est prius, insuper et prout consubstantialis est phantasiae. Nullum enim 80 ens in potentia in actum exit sine concurrente per se transmutatione,

---

61 seu] sive *B*   62 materia... subiectum[2] *om. D*   63 seu] sive *B*   67 sit] fit *x*
68 alforabuis *B*   70 distigwatur *B*   81 actu *x*

58 non - intelligit : Themist., *In De Anima,* lib. V (Arist., III, 4, 429 b 2-11). CAG
    V. 3, p. 95, 8-9 ; CAG lat., I, p. 216, 37-38.
59 singula - 60 sciens : Arist., *De Anima,* III, 4, 429 b 6.
61   potentia - 64 aliquod : Io. Philoponus, *In III De Anima* (Arist., 4, 429 a 27-29).
    CAG lat., III, p. 16, 77-80.
65 Intellectus - 70 sigilli[2] : Albertus Magnus, *De Intellectu et Intelligibili,* lib. II,
    c. 4. Ed. Borgnet, IX, p. 509 a.
68 imaginandum - 70 sigilli[2] : Alfarabi, *De Intellectu et Intellecto.* Ed. Gilson, p. 118,
    94-97.
71 Ex - 73 forma : Aver., *De Anima,* III, 5. Aver. lat., VI. 1, p. 404 (lin. 506-508).
74 ante - 75 species : Arist., *De Anima,* III, 4, 429 a 24 et 29.
80 prius : c. 22, p. 93, 28-33.

praeterquam ens in respectu seu ad aliquid quoquo modo se habens,
nam in hoc sufficit ipsam per accidens concurrere, ut dictum est,
quemadmodum columna, non dextra actu sed potentia, fit actu
85 dextra per motum hominis, licet in se novam formam non recipiat
tamquam materia sive subiectum, ex quo et ex forma illa fiat
quoddam compositum; fit tamen alterius rationis per respectum
ad hominem, quem prius talem non habebat.

CAPITULUM 24

90   QUALITER INTELLECTUS POSSIBILIS DICITUR POTENTIA

Manifestum itaque ex hoc est quod huiuscemodi potentia, et
receptio quae secundum ipsam, etsi de genere virtutum passivarum
quoquo modo dicatur, non potest tamen dici passio univoce dicta
sed aequivoce, quia neque corrumpitur neque transmutatur, sed
95 perficitur potius cum fit actu intellectus.
Ad hoc autem explanandum, assimilat ipsum PHILOSOPHUS
tabulae nudae sive *scripturali non inscripto*, ut ait GRAMMATICUS,
dicens quod *intellectus quidem transmutatur ab eo qui potentia in
eum qui actu, non suscipiens quas quidem non habuit species, neque*
00 *ex prima potentia transmutans, sed similis dormienti geometrae qui non
noscit tunc quod novit, sed habet quidem rationes; impeditur autem a
cognitione* per id *quod a somno, et indiget auferente impediens, sic et
intellectus indiget auferente impediens,* quod quidem *est quae ex connex-*

---

82 seu] sive *B*   83 ipsum *E*   85 se] et *add. B*   86 ex² *om. B*   87 fit] sit *D*
92 secundum] si *D*   98 qui] quia *B*   00 sed *om. x*   2-3 sic... impediens *om.*
DAE, sed rest. i.m. D¹   3-4 connexione *Philop.*] commixtione *codd., sed vide supra*
p. 32, 4.

84 quemadmodum...: Cfr AVER., *Physic.*, VII, 20. Ed. Venet. 1562, f. 322 H : « Columna enim non transmutatur in se, quando de sinistra posita est in dextra ».
91-95 : ARIST., *De Anima*, II, 5, 417 b 2-5.
96 assimilat - 97 inscripto : Io. PHILOPONUS, *In III De Anima* (ARIST., 4, 429 b29-30).
CAG lat., III, p. 37, 79. Vide ARIST., *De Anima*, III, 4, 429 b 31 - 430 a 2.
98 intellectus - 6 species : Io. PHILOPONUS, *In III De Anima* (ARIST., 4, 429 b 22-25)
CAG lat., III, p. 33, 82-93.

ione phantasiae absurdae opiniones, quas purgans redargutionibus,
notum facit inexistentem thesaurum. Sensus autem ex prima 5
potentia transmutatur, suscipiens quidem quas non habuit species.

Attendere autem oportet, inquit GRAMMATICUS, *quod animam*
rationalem Aristoteles scripturali non inscripto assimilare videtur
secundum primam potentialitatem, et non, ut Plato, secundum habi-
tum, sive secundum potentiam secundo modo dictam. *Si autem hoc,* 10
non ergo praevivere animam existimaret; praeviva enim ens debebit
utique secundum habitum habere rationes.

Ad hoc igitur *est dicere,* inquit, *quod oportet ⟨ad⟩ totam intentionem*
Aristotelis, et dicta ubique sententiose de intellectu ab ipso et nunc
dicta diligenter sententiose intelligere. Si enim saepe ostendimus, 15
Aristotelica proponentes verba, quod separatam et immortalem esse velit
rationalem animam Aristoteles, palam quia, etsi scripturali non in-
scripto ipsam assimilat hic, non secundum primam potentialitatem
habere ipsam species vult, ut dicitur sperma homo esse potentia. Sed
quoniam in unoquoque potentiae signato latitudo aliqua consideratur 20
— dicimus enim et primam materiam potentia hominem; tamen et
elementa et sperma et omnia secundum primam potentialitatem, quae
secundum idoneitatem, consideratur, sed non similiter, sed hoc quidem
propinquius rei, hoc autem remotius — sic et penes secundam poten-
tialitatem, quae est secundum habitum, consideratur latitudo. Etenim 25
dormiens geometra sic dicitur esse potentia et vigilans, sed propinquior
actui vigilans, et assimilatur dormiens aut ebrius geometra ei qui
omnino non habet habitum propter opprimi a somno aut ebrietate.

PHILOSOPHUS etiam et AVERROES hoc idem innuere videntur
2º D e A n i m a, ubi sermo est de potentia sensus et intellectus, 30
similiter et de passione eorum, de altero ipsorum per alterum exem-

4 purgans] de *add.* B   9 potentialitatem] possibilitatem *B*   11 ergo praevivere
inv. x   13 igitur] ergo *B*   ad *supplevi ex Philop.*   totam] tantam *B*   14-15
de intellectu... sententiose *om. AE*   16 aristotilica *B*   18 assimulat *A*   19 ut]
et *B*   23 similiter] universaliter *x*   24 penes] pones *C*   25 habitum] situm *B*
27 actu *C*   28 a *iter. B*   29 etiam] autem *C*   30 est *om. B* : *exp. D*ˣ   31 de²] et *B*

7 Attendere - 12 rationes : Io. PHILOPONUS, *In III De Anima* (ARIST., 4, 429 b
    29-30). CAG lat., III, p. 37, 81 - 38, 86.
13 Ad - 28 ebrietate : Io. PHILOPONUS, *In III De Anima* (ARIST., 4, 429 b 29-30).
    CAG lat., III, p. 38, 99 - 39, 15.
30 ubi - 31 exemplificando : ARIST., *De Anima*, II, 5; AVER., *De Anima*, II, 51-62.

plificando. *Sic igitur, quamvis dicat* Philosophus *animam assimilari scripturali non inscripto, propter eam quae ex passionibus et cognitione oppressionem videri neque totaliter habere species, hic ait et iam igitur*
35 *scientem factum et ipsum adhuc potentia esse dicit.* COMMENTATOR autem dicit quod *licet* hoc *exemplum,* de tabula scilicet et intellectu, *non sit verum* neque penitus simile receptioni intellectus, *est tamen via ad intelligendum; et iste modus doctrinae,* inquit, *est necessarius in talibus rebus, licet sit rhetoricus.* Unde dicit quod secundum unam
40 considerationem *exemplum hoc valde est simile dispositioni intellectus qui est in potentia, cum intellectu qui est in actu.* Nam sicut *tabula nullam habet picturam in actu neque in potentia propinqua actui, ita nec in intellectu possibili est aliqua formarum intellectarum quas recipit, neque in actu neque in potentia propinqua actui.*
45 Advertendum autem quod non est contrarietas realis inter has expositiones. Nam GRAMMATICUS loquitur de potentia seu de receptione attributa intellectui secundum se; COMMENTATOR vero de respectiva, qua totius quidem hominis est, ad commune relata potentia ,secundum quam intellectus possibilis dicitur *esse nihil horum*
50 *quae sunt,* ut dictum est : formas enim *quas* hoc modo *recipit, neque actu* habet, *neque potentia propinqua actui.* Vocat autem COMMENTATOR *potentiam propinquam actui, dispositionem mediam inter potentiam remotam et postremam perfectionem. Et hoc est,* inquit, *ut non sit in illo* intellectu *intentio quae sit in potentia intellecta; et hoc*
55 *est proprium soli intellectui* possibili. *Prima enim perfectio sensus est aliquid in actu in respectu potentiae remotae, et est aliquid in potentia respectu postremae perfectionis. Et ideo assimilavit Aristoteles primam*

32 igitur] ergo *B*   34 oppressione *B*   videri] videretur *Philop.*   hic] hoc *E Philop.*   35 sciente *AE*   41-42 Nam... actu *om. A*   41 Nam] qui *B*   42 in[1] *om. C*   45 autem] tamen *A*   46 seu de] sive *B*   48 qua... potentia *om. B* qua] quae *E : (om. B)*   50 neque] nec *A*   54 et *del. E*[x]   55 est[1] *om. C*   57 assimulavit *A*

32 Sic - 35 dicit : Io. PHILOPONUS, *In III De Anima* (ARIST., 4, 429 b 29-30). CAG lat., III, p. 39, 16-19.
36 licet - 39 rhetoricus : AVER., *De Anima,* III, 14. Aver. lat., VI. 1, p. 429-30 (lin. 47-50).
40 exemplum - 44 actui : AVER., *De Anima,* III, 14. Aver. lat., VI. 1, p. 430 (lin. 58-65).
49 intellectus - 50 sunt : ARIST., *De Anima,* III, 4, 429 a 24.
50 formas - 60 sentiamus : AVER., *De Anima,* III, 14. Aver. lat., VI. 1, p. 430 (lin. 63-75).

perfectionem sensus geometrae quando non utitur geometria. Scimus
enim certe, inquit, *quod habemus virtutem sensibilem existentem in actu,*
licet tunc nihil sentiamus, quod in intellectu possibili esse non potest; 60
sic enim esset aliquid eorum quae sunt actu ante intelligere actu.
Verum, in hoc est exemplum illud de tabula dissimile dispositioni
intellectus : tabula enim antequam scripturam recipiat est aliquod
ens actu; intellectus vero possibilis secundum quod talis non sic,
sed tantum est potentia species intelligibiles. Unde THEMISTIUS : 65
Fit autem ex eo qui potentia intellectus actu, quando utique ipse fit
intellecta, et tunc simul intellectus et intelligibilis. Non patitur igitur,
inquit, *ab intelligibilibus, sed ipse illa fit, et videtur solum infieri*
anima humana qui potentia intellectus. Et hoc est quod in 1 D e A n i m a
dicit PHILOSOPHUS sic : *Intellectus autem videtur infieri quaedam* 70
substantia existens et non corrumpi.

  Hinc ergo manifestum est *quod haec nomina, scilicet potentia,*
receptio et perfectio, ‹modo› aequivoco dicuntur in rebus materialibus
et in intellectu, secundum quod etiam ait COMMENTATOR. Unde
non est opinandum, inquit, *quod prima materia est causa* omnis 75
receptionis, sed est *causa receptionis transmutabilis* tantum, *et est*
receptio huius singularis; causa autem receptionis simpliciter, scilicet
non individualis neque transmutabilis, *est ista natura* secundum quam
videlicet dicitur esse receptio possibilis intellectus. *Et ex hoc modo*
fuit possibile, inquit COMMENTATOR, *quod corpora caelestia reciperent* 80
formas abstractas et intelligerent eas, et fuit possibile ut intelligentiae
abstractae perficiantur per se ad invicem. Et si non, non esset possibile
ut illic intelligeretur recipiens et receptibile. Unde videmus, inquit,
quod illud, quod est liberatum ab hac natura, est primum intelligens.
Et ponendo, inquit, *istam naturam, dissolvetur quaestio dicens :* 85
quomodo intelligitur multitudo, et quomodo intelliguntur multae ex

60 sentiamus] sciamus *D*   61 aliquod *CDE*   63 aliquid *A*   64 ens] eius *B*
65 species *om. A*   66 eo *om. B*   ipsa *A*   67 igitur] ergo *BD* : *om. A*   68 solis
B   70 dicit Philosophus *inv. B*   73 modo *supplevi ex Aver.*   equivoce *x*
79 Et *om. B*   82 ad *om. B*   invice *A*   non non] non *AE*   84 libatum *B*
hac *om. B*   86 multae *om. B*

66 Fit - 69 intellectus : THEMIST., *In De Anima,* lib. V (ARIST., III, 4, 429 b 22-26).
    CAG V. 3, p. 97, 29-32; CAG lat., I, p. 222, 50-54.
70 Intellectus - 71 corrumpi : ARIST., *De Anima,* I, 4, 408 b 18-19.
72 quod - 87 intellecto : AVER., *De Anima,* III, 14. Aver. lat., VI. 1, p. 429 (lin.
    26-44).

formis abstractis, et intellectus idem est in eis cum intellecto? Sed de
his infra cum diligentia maiori est inquirendum.

Non lateat autem nos quod, etsi receptio possibilis intellectus non
90 sit individualis neque transmutabilis, et per consequens nec inno-
vabilis per se quidem, neque secundum se, quia tamen in quodam
respectu relativo seu inclinatione naturali, ut dictum est, se habet
ad phantasmata materialia et corruptibilia, multipliciter quidem
innovabilia, necesse est receptionem illius, quantum ad hanc habi-
95 tudinem relativam in homine, saltem per accidens innovari.

Porro, quia, corruptibili quidem existente illo ad quod est colligatio, corruptibilis est et ipsa colligatio, hinc forsan opinatus est
ALEXANDER corruptibilem esse possibilem intellectum. Atvero *non
in omnibus relativis videtur verum simul esse natura* et simul perimi,
00 ut ait PHILOSOPHUS, libro P r a e d i c a m e n t o r u m; prius enim
tempore non simul est cum posteriori,nec imago semper corrumpitur corrupto illo cuius est imago. Unde, corrupto sensibili, nihil
prohibet eius imaginem apud memoriam remanere. Sic itaque,
corrupto phantasmate, necnon et actuali colligatione phantasmatis
5 cum intellectu possibili perempta, nihil prohibet inclinationem res-
pectivam et proportionalitatem intellectus possibilis ad phantasma,
licet corruptum, incorruptibiliter permanere, praesertim cum de
natura eius huiusmodi sit respectus.

90 individuabilis *B*   91 tamen] cum *B*   93 ad] adhuc (?) *B*   97 est[1]]
et *C*   hinc] si *add. B*   99 relativis] relictis *A*   3 apud... remanere]
quidem... retinere *B*   7 corruptum] et *add. A*   incorruptibile *B*   8 sit]
fit *A*

92 dictum est : c. 19 et 22, p. 93, 28-33.
96 quia - 98 intellectum : AVER., *De Anima*, III, 20. Aver. lat., VI. 1, p. 451 (lin.
233 sqq).
98 non - 99 perimi : ARIST., *Categ.*, 7, 7 b 22-23 et 7 b 37 - 8 a 6 (Ed. Composita, Arist.
lat., I. 1-5, p. 61, 8-9 et 18-23.

CAPITULUM 25

QUOD EX PRAEDICTIS MULTORUM DUBITABILIUM SOLUTIO   10
TRAHI POTEST, AC NOTARI SOLLERTIA PHILOSOPHI SEU
INGENIOSITAS

Consideratis igitur diligenter his quae satis diffuse dicta sunt necessitate cogente, tum propter materiae difficultatem, tum propter dissonantiam sermonum diversorum aut concordandam aut exclu- 15 dendam, multa quidem dubitabilia circa intellectum possibilem incidentia videntur dissoluta.

Primum quidem enim opinantibus antiquis quod intelligere quoddam sentire sit, et quod in entibus materialibus corruptibilibus immateriale non possit esse formale principium, PHILOSOPHUS, 20 ingeniositate admirabili, tamquam a remotioribus intentionis propriae, propinquioribus autem illorum opinioni et magis famosis exorsus, sagacissime demonstrat, ut visum est, intellectum possibilem, immaterialem existentem, *nihil esse horum quae sunt,* entium praesertim materialium, qualia dicebant antiqui omnia fore entia, proprio 25 baculo sic eos feriendo.

Amplius, et quamvis subiectum huius intellectus aliquod esse ens actu possit concludi necessario, prima tamen conclusione nihil plus concludi potest aut aliud quam quod, respectu hominis intellecturi, *nihil est actu entium* intellectus possibilis *antequam intelligat* actu, 30 ut sic, paulatim super adversarios modicum et modicum conquirendo, tandem intentum habere possit. Antequam igitur sciatur utrum intel-

---

11-12 sollertia... ingeniositas *om. A*   13 igitur] ergo *B*   dicta sunt *inv. AE*
14 necessitate] necesse B   18 enim] videtur *B*   20 posset *B*   22 exorsus]
usus *B*   24 horum] eorum *A*   25 fore] fere *B*   29 intellecturi] -tivi *B*

---

21 ingeniositate admirabili : S. THOMAS, *De Unitate Intellectus,* c. 1. Ed. Keeler,
    § 24, p. 17, 102 : « admirabili subtilitate ».
23 visum est : c. 1 et 18.
24 nihil - sunt : ARIST., *De Anima,* III, 4, 429 a 24.
30 nihil - intelligat : ARIST., *De Anima,* III, 4, 429 a 24. Vide lemma in Aver. com.,
    Aver. lat., VI. 1, p. 387 (lin. 5-6) et ARIST., *De Anima,* III, 4, 429 b 31.

lectus possibilis aliquid in homine sit principii formalis, hic tantum
concludi potest quod, respectu hominis intelligere potentis, intel-
35 lectus possibilis, immaterialis existens necessario, ens saltem in
potentia est, etsi non ens actu respectu eiusdem, quemadmodum
de materia prima concluditur, seu de subiecto generationis respectu
generabilis ex ipso generandi modo, et hinc forsan COMMENTATOR
intellectum possibilem appellavit aequivoce materialem.

40   Advertendum autem est quod inter omnia genera entium, debilius
et minus entitatis habens de se est ens respectivum, sive illud quod
ad aliquid quodammodo se habet; eius enim entitas super res aliorum
generum fundatur et suum accipit esse ratum in illis, maxime autem
esse illius entis respectivi quod in ad aliquid esse dicitur, eo quod
45 aliud est ad ipsum. Potentia igitur ens in ad aliquid, seu in respectu,
potissime dici potest non ens inter entia in potentia generum reliquorum. Intellectus autem possibilis sic se habet, ut visum est supra.

   Sic ergo patet qua inductus occasione PHILOSOPHUS necesse habuit
primo de intellectu possibili concludere quod *nihil est entium ante*
50 *intelligere* actu, sed ens in potentia, *dicens* hunc *intellectum* esse *quo*
opinatur et intelligit anima. — Secundum aliam vero correctionem
quae de Graeco : *quo meditatur et existimat anima.* — *'Quo'* quidem
non ut per organum, inquit GRAMMATICUS, sed 'quo', id est : *secundum*
quod meditatur. Non enim est, inquit, *intellectus animae organum*,
55 *immo e contrario anima ipsius intellectus* organum est, *ac si diceret*
aliquis anima scientem esse et sensu sentire, pro hoc 'secundum animam
et secundum sensum'. Quare cum dicitur : *'vocatus itaque animae*
intellectus', ita dictum est sicut pars animae, ac si diceret partem entis
substantiam esse.

33 hic] hoc *BE*   37 seu] sive *B*   41 illud] ad *A, sed exp.* ad *A*ˣ   44 ad *om. C*
45 igitur] ergo *B*   47 autem *om. B*   48 Sic ergo...] Nota animam esse organum
intellectus *i.m. D*¹   ergo] igitur *E*   52 existimat] estimat *B*   55 diceret]
dicens *B*

49 nihil - 50 intelligere : ARIST., *De Anima*, III, 4, 429 a 24.
50 dicens - 51 anima : ARIST., *De Anima*, III, 4, 429 a 23.
52 quo - anima : ARIST., *De Anima*, III, 4, 429 a 23. Lemma in Philoponi com.,
    CAG lat., III, p. 11, 66 et in textu p. 13, 11.
52 Quo - 57 sensum : IO. PHILOPONUS, *In III De Anima* (ARIST., 4, 429 a 22-25).
    CAG lat., III, p. 13, 11-15.
57 Quare - 59 esse : IO. PHILOPONUS, *In III De Anima* (ARIST., 4, 429 a 22-25).
    CAG lat., III, p. 13, 17-19.

CAPITULUM 26

DE INTELLECTU IN HABITU, QUOMODO TALIS EXISTENS DICENDUS EST IMPEDITUS AUT VELATUS SECUNDUM GRAM-MATICUM

Hic *autem* intellectus, *quando singula sic fit* intelligibilia *ut sciens, dicitur* esse *qui secundum actum intellectus*, ait PHILOSOPHUS, ut 65 visum est. Super quo dicit GRAMMATICUS quod Philosophus *apposuit* hanc dictionem *'singula' ad distinctionem et differentiam perfecti intellectus. Ille enim non per singula sed simul integraliter una operatione omnia intelligit intransibiliter*; *noster autem, quando etiam actu fit, et unumquodque intelligit et transit ab altero ad alterum, sub uno* 70 *plura intelligere non potens.* Propter quod ille scilicet perfectus *non fit, sed est actu, magis autem sine potentia actus, stantem habens cognitionem et semper eodem modo*; *noster autem fit* in *actu, et non simul totus, sed per singula intelligibilia et intelligens et exserens.*

Inquisitione autem dignum est, ait GRAMMATICUS, *qualiter in* 75 *praecedentibus, in* 1º scilicet libro D e A n i m a, *dianoiam, id est mentem vel meditationem vel ratiocinationem, non animae solius dixit esse* Philosophus, *sed simul utriusque, hoc est animalis*; *separatam enim a corpore animam non meditari vel ratiocinari, sed nudam nudis rebus occurrere. Hic autem*, scilicet in 3º, *rursus dianoiam, id est* 80 *mentem vel meditationem, potentia intellectum ait aut separatam a*

---

61 *ante* De *add.* Capitulum *x*   in] et *AE*   64 Hic] Sic *B*   sic *om. x*   fit] sit *D*
67 singula] vel *add. B*   68 simul] singulis *A*   integraliter] intelligitur *x, sed del.* E^x
69 intelligit *om. B*   intransmutatur *B*   quando etiam] quandoque *B*   70 ad]
in *AE*   71 intelligera *C*   non] est *add.* E²   Propter] per *B*   74 simul] solum
C   75 dignus *A*   76 dyaniam *codd., et sic deinceps*   78 sed simul *iter B*   79
corpe *D*   80 Hic] haec *B*

---

64 Hic - 65 intellectus : ARIST., *De Anima*, III, 4, 429 b 5-6.
66 visum est : c. 3, p. 19, 75-79 et c. 23, p. 98, 59-60.
66 apposuit - 74 exserens : Io. PHILOPONUS, *In III De Anima* (ARIST., 4, 429 b 5-7).
    CAG lat., III, p. 19, 49-56.
75 Inquisitione - 99 appellatus : Io. PHILOPONUS, *In III De Anima* (ARIST., 4, 429 b
    8-9). CAG lat., III, p. 19, 65 - 20, 88.

corpore. Dicendum autem ad hoc, ait GRAMMATICUS, *quod dianoia quidem intellectus est impeditus a corpore, et non est quod ex corpore et intellectu*, scilicet compositum, *dianoia, sed dianoia est intellectus*
85 *impeditus a corpore; quare non sine corpore quidem est dianoia, non ex corpore tamen. Non enim cooperatur intellectui corpus, sed magis impedit naturales ipsius operationes, ut cinis scintillae, et hinc dianoiam ipsum et esse et vocari. Sicut igitur non operantem secundum naturam scintillam propter sepeliri in cinere dicens scintillam potentia, scilicet*
90 *secundum habitum, et talem non utique esse sine cinere, non hoc dicitur quod talis scintilla componitur ex scintilla et cinere, sed quia solum ab ipso impeditur ad perfectas operationes, ita et si dicatur dianoia non sine corpore, secundum eundem modum dicetur utique. Quando quidem intellectus a corpore impeditur iam habitum habens,*
95 *dicitur secundum habitum intellectus. Quando autem nihil ab ipso impeditur adhuc, aut perfecte semotus ab ipso, aut meliori sortitus illustratione, exaltatus ab ea quae ad ipsum compassione, tunc dicitur secundum actum intellectus qui perfectissimus, et res iam desuper iaciendo speculans, et propter hoc etiam speculativus appellatus.*

00 Sed tunc remanet apud GRAMMATICUM locus quaestioni, qualiter videlicet intellectus immaterialis existens et impassibilis impedimentum pati potest a corpore; scintillam etenim, materialem existentem et passibilem, nihil prohibet impedimentum pati in operatione, quae quidem esse debet in materiam extra; intelligere autem actio est
5 manens in ipso agente, ut scribitur 9°.

Rursus, cum in non habentibus materiam idem sit intelligens et intellectum, sicut dictum est supra, sic et hic intellectus, immaterialis existens a se ipso intelligendo, iugiter non videtur impedibilis aliunde. Verum, ex his quae dicta sunt prius, apparet quod non est idem
10 intelligens et intellectum, nisi in eo qui est actu intelligens. In nobis

83-85 a corpore... impeditus *om. B*   84 sed] se *C*   86 enim *om. B*   87 cinis scintillae] cuius sentibile *B*   88 vocari] locari *B* : vult *add. Philop.*   igitur] ergo *B*
90 hoc] hic *B*   92 ab ipso] ab ipsa *B* : ad ipsa *CD*   si] ita *add. BDAE*   93 non *Philop.*] et *codd.*   94 habens] hominis *B*   96 aut[1] *Philop.*] autem *codd.*
sortitur *x*   97 ab] ad *BAE*   98-99 de superiaciendo *x* : de superiacendo *B*   99 etiam *om. B*   00 quaestionis *B*   2 etenim] enim *C*   4 actio] actus *B*

4 intelligere - 5 agente : ARIST., *Metaph.*, IX (Θ), 8, 1050 a 34-36.
6 in non - 7 intellectum : ARIST., *De Anima*, III, 4, 430 a 3-4.
7 supra : c. 7; c. 11, p. 51, 83-84; c. 21, p. 91, 73-74.
9 prius : c. 7.

autem non est intellectus semper actu intelligens, sed potentia quandoque; propter quod necessarium erat intellectum aliquem esse possibilem, qui, licet immaterialis sit, potentia tamen est intelligens secundum quod huiusmodi, et non actu. Quare nec se ipsum nec aliud a se iugiter intelligere potest; quamdiu enim phantasiam in 15 nobis proportionatam actu non habet, potentia tantum est intelligens et non actu.

Iterum, cum eius esse in nobis secundum quendam sit respectum ad virtutes quasdam materiales, quae utique impedimenta pati possunt, nihil prohibet in intellectu nostro, immateriali et per se 20 impassibili existente, impedimenta huiusmodi per accidens redundare secundum quod convenientem illarum dispositionem aut impedimentorum remotionem actus intelligendi consequitur in nobis, ut dictum est. Intellectus ergo in phantasia indisposita est sicut lumen scintillae in cineribus sepultae. Non est enim hic sermo de intellectu 25 secundum se, sed prout est in homine, sub respectu scilicet quem habet ad phantasma, sicut lumen scintillae ad cinerem suo modo. Unde sicut intelligere in phantasia disposita non dicitur operatio in materiam extra, sed manens in homine intelligente, sic et apparitio luminis scintillae in cinere, si diaphanus esset ut aer, non diceretur 30 operatio in materiam extra, postquam una moles est totus cinis cum scintilla.

Et sicut dicere posset aliquis quod, non obstante impedimento a parte phantasiae, intellectus secundum se intelligit se ipsum tamquam non habens materiam, sic etiam dici posset quod ad lumen reci- 35 piendum, indisposito existente cinere, nihil prohibet scintillam in se luminosam esse. Absurdum ergo non est exemplum Grammatici, quo intellectus in homine sepultae in cineribus scintillae comparatur.

Praeterea est et aliud impedimentum intellectus in homine, ut cum virtus sensitiva, quae intellectui cooperari deberet, in se intensa 40 ac intenta sibi intellectum impedit retrahendo ab operatione sua, et de hoc sufficienter dictum est supra.

14 Quare] quando *B*   15 aliud] aliquid *x*   se *om. C*   18 sit *post* nobis *B*   21 huiusmodi] huius *B*   redundante *B*   24 ergo] igitur *D*   25 enim] autem *AE* intellectum *C*   28 in phantasia disposita] phantasia indisposita *B, sed corr.* disposita *B*x   30 esset] ipse *C*   36 existente *iter. B*   37 ergo] igitur *D*   38-39 sepultae... homine *om. AE*   41 intenta] intensa *C*

24 dictum est : c. 19. p. 85, 23 sqq.; c. 22 et c. 23, p. 98, 74 sqq.
42 supra : c. 12.

CAPITULUM 27

QUALITER INTELLECTUS MULTIS MODIS ET GRADIBUS EST
45   IN POTENTIA SEU HABITU ET ACTU; ET QUALITER SE
IPSUM INTELLIGERE POTEST, DUBITATIONES QUASDAM
CIRCA HOC SOLVENDO SECUNDUM GRAMMATICUM

Quoniam itaque phantasia indisposita existente ac intellectum
velante, non est intellectus in nobis actu intelligens sed potentia,
50 manifestum est rationabiliter dictum esse quod intellectus possibilis
est intellectus a corpore impeditus, impedimento quidem per accidens in ipsum redundante. Phantasia quoque convenienter disposita
ac debito modo proportionabiliter se habente, infit quidem nobis
actus intelligendi. Quare, secundum remotionem velamenti perfec-
55 tiorem aut minus perfectam, rationabile est sincerius aut minus pure
nobis illucescere lumen intellectus, actumque intelligendi nobis
infieri perfectius aut minus perfecte, quatenus actus imperfectus
dicatur quidem habitus, perfectus vero simpliciter actus. Sicut autem
inter potentiam remotam et actum perfectum simpliciter multa
60 sunt media in quibus, recedendo a potentia remota paulatimque ad
actum accedendo, plus vel minus acquiritur de actu, rationem tamen
potentiae non relinquendo penitus, sic et potentiae nomine actus
quoque atque habitus similiter diversa possunt in singulis intelligi
significata, secundum quod et supra GRAMMATICUS, significato
65 potentiae secundo modo dictae, scilicet accidentalis, necnon et
primo modo potentiae, scilicet essentialis, latitudinem assignavit.
Potest igitur intellectus diversimode dici potentia et habitu atque
actu, ut *cum singula factus fuerit* intelligibilia *tamquam sciens*, tunc

49 velante] valente *C*   intelligens] intellectus *B*   53 ac] ad *CA*   proportionaliter *DAE*   54 remotiorem *A*   56 illucescere *A*   57 imperfectus] perfectus *C*
58 quidem] qui dicitur *B*   60 paulatim *AE*   64 quod *om. B*   67 igitur] ergo *B*
68 ut] unde *B*

50 dictum esse : c. 26, p. 108, 18-23.
64 supra : c. 26.
68 cum - 71 invenire : ARIST., *De Anima*, III, 4, 429 b 5-9.

dicitur actu quidem uno modo; maxime enim *per se* tunc *potest operari*. Sed *et tunc est* etiam *potentia quodammodo*, ut dicit Phi- 70 losophus, licet *non* omnino *similiter* sicut *ante addiscere aut invenire*. Huiusmodi autem actus dicitur habitus. Ut enim patet 7º P h y-s i c o r u m, habitus est *dispositio perfecti ad optimum*. Cum ergo sciens, seu habens scientiam, necessario consideret, et universaliter omne habens formam necessario operetur secundum illam, nisi 75 fuerit prohibens, ut scribitur 8º, necesse est intellectum in habitu impeditum esse quoquo modo, licet non similiter ut in potentia prima existentem, scilicet *ante addiscere aut invenire; et ipse autem se ipsum tunc potest intelligere*, inquit Philosophus.

Super quo Grammaticus sic : *Si enim*, ait, *sicut sensus qui se- 80 cundum actum nihil aliud est quam sensibilium species immateriales, sic et intellectus actu factus est intelligibiles species, merito, quando actu fit, tunc et se ipsum intelligit; intelligens enim illas, se ipsum intelligit. Est enim qui secundum actum intellectus intelligibilia, neque aliud est scientia quam scibilia. Scientia enim est theoremata non 85 actuata, et intellectus autem qui in habitu est intelligibilia, non intellecta* actu quidem, *sed quasi reposita. Quando quidem agitur, secundum unumquodque accipit intelligibile et quasi actuans, hoc est qui secundum actum intellectus* — non enim possibile est, inquit, *simul multa intelligere* — *quando autem simul tota et quiescentia, 90 est qui in habitu. Si igitur intellectus est illa quae intelliguntur, merito utique intellectus* actu *intelligens se ipsum intelligit*.

Sed *quomodo quidem*, inquit, *si intellectus intelligens intelligibilia se ipsum intelligit, non erunt simul opposita penes idem et ad idem ? Simul enim idem faciens et patiens erit; quae autem ad aliquid ad altera 95 sunt, non ad ipsa. Dicendum igitur*, ait, *quod, etsi subiecto idem sit*,

69 tunc *om. AE*   71 aut] seu *A*   73 optimum] oppositum *C*   74 sciens] species *C*   78 et] ut *x*   80 Si enim...] Nota quomodo et quare species intelligibiles intelligens se ipsum intelligit *i.m. D¹*   83 actu] factum *AE*   fit] sit *A*   83-84 intelligens... intelligit *om. C*   84 Est enim *iter. B*   intelligibilia] sicut qui secundum actum sensus, sensibilia *add. Philop.*   neque] enim *add. Philop.*   85 theoreumata *B*   87 agitur] agit *B* : igitur *Philop.*   94 erunt] essent *B*   et *om. A* et ad idem *om. B*   96 quod *om. B*   etsi] si *C*

73 habitus - optimum : Arist., *Physic.*, VII, 3, 246 b 23.
73 Cum - 76 prohibens : Arist., *Physic.*, VIII, 4, 255 a 33 sqq.
78 ante - 79 intelligere : Arist., *De Anima*, III, 4, 429 b 9-10.
80 Si - 8 intelligibile : Io. Philoponus, *In III De Anima* (Arist., 4, 429 b 9-10). CAG lat., III, p. 20, 90 - 21, 18.

tamen habitudine differt. Intellectus enim, secundum quod quidem intellectus, principaliter intellectivus est intelligibilium; eo autem quod intelligere ipsius est infieri illa quae intelligit, in hoc, illa intel-
00 *ligens, se ipsum intelligit; secundum accidens igitur est se ipsum intelligere. Sicut igitur simul quiescere idem et moveri non prohibetur, quoniam secundum aliud quidem quiescit, secundum aliud autem movetur — quiescit quidem secundum se ipsum, movetur autem secundum accidens, ut quiescens in navi, navi mota — ita et intellectus intelligit*
5 *quidem secundum se, intelligitur autem a se, eo quod accidat sibi assimilari semper [ab] intellecto ab ipso; quare intelligit se ipsum intellectus, non secundum quod est intellectus, sed secundum quod est intelligibile.*

Circa hoc autem et aliam proponens dubitationem, GRAMMATICUS
10 ait : *Dubitabit utique aliquis quomodo intellectus se ipsum cognoscit. Si enim oportet ipsum nullam speciem habere de his quas debet cognoscere, si, quia cognoscit, fit quod quidem cognitum in suscipiendo species cognitorum; quando intelligit se ipsum intellectus, speciem sui ipsius videlicet suscipit. Accidet igitur, antequam suscipiat speciem*
15 *sui ipsius, potentia esse talem, non actu, quod quidem inconveniens. Et si esset actu, quomodo rursum speciem susciperet quod quidem erit actu? Dico igitur, ait, quod, si quidem intellectus cognoscens res secundum substantiam talis fieret quales sunt et res secundum substantiam, haberet utique locum talis dubitatio. Si autem sic dicitur*
20 *esse intelligibilia intellectus, eo quod rationes ipsorum noscibiliter suscipiat, potest utique et substantiae sui ipsius rationes suscipere, talisque ens naturae, dico utique aptae natae se ipsum cognoscere. Et nullum est inconveniens dicere intellectum, antequam intelligat, potentia suam speciem habere, non actui — ipsum enim hoc et potentia*
25 *intellectus dicitur — tamquam nondum sui ipsius perfectione recepta. Habens igitur prius potentia perfectivam sui ipsius speciem, quando perfectus fuerit, mox se ipsum cognoscit; hoc enim est ipsum perfici*

97-98 quidem intellectus *inv. B*   1 idem] est *add. x*   2 quoniam] quando *Philop.*
4 navi[2] *om. A*   5 quidem *om. x*   10 Dubitabat *A*   11 speciem habere *inv. x*
11-12 cognoscere] species *add. B*   15 quidem] est *add. x*   18 fieret] erit *C*   20
esse] fieri *Philop.*   21 suscipiant *C*   25 nundum *CD*   26 igitur] ergo *B*   27
ipsum[2]] ipsi *Philop.*

10 Dubitabit - 29 ipse : Io. PHILOPONUS, *In III De Anima* (ARIST., 4, 429 a 15-16).
CAG lat., III, p. 9, 1 - 10, 24.

et perfectiones operationum suarum recepisse, quae sunt intelligibilium
acceptiones, intelligibilis autem et ipse.

CAPITULUM 28 30

QUAESTIO QUAE CIRCA PRAEMISSA RESTAT INQUIRENDA;
ET PRAEAMBULA QUAEDAM AD SOLUTIONEM QUAESTIONIS
PROPOSITAE

Postquam igitur nihil aliud est intellectus quam intelligibiles
species, potentia quidem quamdiu possibilis dicitur intellectus, actu 35
vero cum est actu intelligens, secundum quod et nunc et prius dictum
est saepius, nihilominus tamen *cum* actu *factus est singula* intelligibilia *ut sciens*, adhuc dicit ipsum PHILOSOPHUS *esse potentia*
quodammodo, ad se ipsum videlicet intelligendum, tunc restat inquirendum propter quid actu habens speciem intelligibilem actuque 40
intelligens aliquod intelligibile, non semper advertit quod se ipsum
intelligit actu, sed solum intelligibile obiectum extra, interdum et
se ipsum potentia, ut ait PHILOSOPHUS; aut etiam species habens
scibilium et scientiam, propter quid non semper considerat actu
sed habitu quidem, utrobique licet non eodem modo; omne etenim 45
formam habens, quae operationis principium est, necessario operatur,
nisi prohibens fuerit seu impediens, sicut habens formam gravis

---

28 recipisse *D*   29 ipse] Hic addenda (attendenda *AE*) est declaratio concordantiae
dictorum Grammatici in hac parte cum eis quae prius dicta sunt (dicte sint *D*) ab
ipso, necnon et aliis, ut appareat qualiter intellectus substantialiter quodammodo
secundum actum primum se habeat in nobis. Et haec pro parte possunt accipi (accepi
C) ex his duabus cedulis : Sane potentiam tamen (tamen potentiam *AE*) etc. Et
his igitur consideratis. Sed incipiendum est a dictis hic et ordinandum quomodo
rationes intelligibilium, id est species quae sunt intellectus ipse, noscibiliter infiunt
nobis, quasi per modum actus (et *add. x, sed exp. C et del. D*) secundi *add. x*   32-33
et... propositae *om. B, sed vide infra lin. 49*   34 igitur] ergo *B*   37 actu] factu *A*
38 esse *om. A*   39 videlicet *om. B*   40 quid] quod *A*   intelligibilem] ad seipsum
intelligendum *add. B*   42 intelligit] -gat (?) *in ras. E*[2]

37 cum - 39 intelligendum : ARIST., *De Anima*, III, 4, 429 b 5-6 et 8-9.
45 omne - 48 prohibens : ARIST., *Physic.*, VIII, 4, 255 a 33 sqq.

necessario movetur deorsum, nisi fuerit prohibens, ut vult PHI-
LOSOPHUS in 8°.

50 Ut igitur evidentius nobis innotescat habituum huiusmodi natura
et ratio, necnon et impedimentorum causa quae circa ipsos, expedire
videtur per habitus potentiarum sensitivarum discurrere ac inves-
tigare per quales actus et qualiter earum potentiae actuantur, cum
ad ipsarum dispositionem intellectus respectum habeat et quandam
55 proportionem.

Dicamus igitur, resumentes ab his quae dicta sunt prius, quod
cum dupliciter dicatur passio : uno quidem modo, illa quae est a
contrario, et in hac est alteratio proprie dicta propter naturam
contrarii quod inest a principio; alio vero modo, dicitur illa quae
60 non est alteratio, sed potius est salus et perfectio seu evasio ab
alteratione. Et haec quidem passio a termino sumitur seu a fine,
scilicet secundum quod passum assimilatur agenti. Unde, sicut
habens scientiam et potens actu considerare cum voluerit, non
dicitur alterari secundum novam receptionem illius scientiae, cum
65 actu secundum illam considerat, sed illud idem quod quasi occul-
tatum inerat, manifestatur tantum et perficitur amplius, sic dicit
PHILOSOPHUS esse de sensu suo modo, scilicet quod patitur passione
secundo modo dicta, secundum quam additio fit in idipsum, ut
ait THEMISTIUS, una cum PHILOSOPHO, et non passione per alteratio-
70 nem facta, quae quidem secundum essentialem dicitur fieri potentiam, sed illa quae secundum accidentalem. Unde PHILOSOPHUS ait,
in 2° D e A n i m a, quod primo modo dicta *mutatio sensitivi fit a
generante*, et *cum generatum est* sensitivum *habet iam sicut scientiam*

---

49 *post* in 8° *inseruit* Capitulum 29ᵐ praeambula quaedam ad solutionem quaestionis
propositae B   50 Ut igitur] Aᵤat ergo B   51 quae] qua CDE   52 potentia-
rum] virtutum B   53 per] cuiusmodi et *add.* B   56 dicta sunt *inv.* B   58
naturam] numerum B   59 inest] est B   61 seu] sive B   62 agente B   64
secundum] sed B   65 quod *om.* B   66 sic] sicut D   70 dicitur fieri *inv.*
CAE   71 accidentalem] actualem B

56 prius : c. 1, p. 12, 91 sqq. et c. 2, p. 17, 33 sqq. Vide etiam P. I, c. 17. Ed. Van de
Vyver, p. 147, 13 sqq.
57 cum - 62 agenti : ARIST., *De Anima*, II, 5, 417 b 2-5.
68 secundum - idipsum : THEMIST., *In De Anima*, lib. III (ARIST., II, 5, 417 b 6-7).
CAG V. 3, p. 155, 38; CAG lat., I, p. 129, 73-74.
72 primo - 75 considerare : ARIST., *De Anima*, II, 5, 417 b 16-19.

et sentire; quod autem secundum actum sentire *similiter dicitur ipsi considerare.* 75

Et quidem *habens scientiam fit* actu *speculans* et considerans, *quod vere non est alterari* (*in* se *ipsum enim additio est et in actum*) *aut alterum*, inquit, *genus alterationis est.* Quia nihil in hac praeexistens abicitur aut corrumpitur sicut in alteratione seu mutatione primo modo dicta, sed ipsi praeexistenti, privato quidem adhuc seu im- 80 perfecto existenti, fit additio perfectionis *in habitus naturam*, quae perfectior ut actus perfectus. Secundum hoc itaque duplicem oportet esse potentiam, seu potentiae gradum, respectu duplicis actus : primi, scilicet minus perfecti, et secundi, scilicet perfecti simpliciter et magis priore. Primo namque mutationis modo dicitur 85 homo potentia sentiens dum generatur, quemadmodum et addiscens grammaticam aut aliam scientiam potentia sciens dicitur, et *hunc* ait PHILOSOPHUS *alteratum esse per doctrinam et multotiens ex contrario mutatum habitu. Habentem* vero *sensum* tamquam habitum, *et grammaticam* aut aliam scientiam, *non agentem autem*, id est non 90 considerantem seu non sentientem actu, *alio modo* dicit esse in potentia, quia non simpliciter alteratio seu mutatio est ubi praeexistens qualitas non corrumpitur, sed magis perficitur per additionem in idipsum.

Hinc ergo PHILOSOPHUS innuit, prout advertenti palam est, in 95 animali seu in homine potentiam sensitivam tamquam habitum inesse naturaliter; potentiam autem intellectivam a principio quidem non tamquam habitum loquendo proprie, sed primo modo, quantum

---

77 *ante* additio *add.* deductio vel *codd.*   78 Quia] Quoniam *B*   79 abitur *B* aut] et nihil *B* : et *A*   seu] aut *AE*   mutatione] que *add. C*   80 adhuc] ad hoc *B*   82 perfectior ut] perfectio est et *in ras. E²*   itaque] utique *A* 87-90 potentia... scientiam *om. B*   87 hunc] adhuc *AE* (*om. B*)   88-89 contrario *Arist.*] contra *x* (*om. B*)   93 magis *om. x*   95 ergo] igitur *D*   96-97 habitum inesse] in habitu esse *B*

76 habens - 78 est : ARIST., *De Anima*, II, 5, 417 b 5-7.
81 in - naturam : ARIST., *De Anima*, II, 5, 417 b 16. Vide infra, lin. 12.
85 Primo - 86 generatur : ARIST., *De Anima*, II, 5, 417 a 22-24 et 26-27.
86 quemadmodum - 92 potentia : ARIST., *De Anima*, II, 5, 417 a 31 - b 2.
92 quia - 94 idipsum : THEMIST., *In De Anima*, lib. III (ARIST., II, 5, 417 b 6-7).
    CAG V. 3, p. 55, 37 - 56, 1; CAG lat., I, p. 129, 71-74.

ad possibilem — inquam — intellectum. Verum quod ait addiscen-
00 tem a principio mutari seu alterari multotiens, exponentes hoc
ALBERTUS ac THOMAS dicunt PHILOSOPHUM, tamquam exemplariter
ibi loquentem, velle per hoc intelligendum esse modum quendam
aut similitudinem aliquam alterationis aut mutationis de contrario
in contrarium.

5   Porro, PHILOSOPHUS ipse, dictum suum corrigendo seu declarando, consequenter ibidem ait : *Ex eo quod est potentia addiscere seu
accipere scientiam ab eo quod est actu,* scilicet ab intellectu agente
quando per inventionem, et a doctore quando per doctrinam hoc fit,
aut neque pati dicendum est, *sicut dictum est, aut duos* oportet *esse*
10 *modos alterationis* : *et eam* scilicet *quae in privativas dispositiones,*
per corruptionem videlicet praeexistentis contrarii, quae
quidem alteratio vera est, *et aliam quae in habitus naturam,* quae
scilicet est *in idipsum additio, et in actum* seu perfectionem, aut
huic quodammodo proportionaliter se habens passiva potentia
15 quaedam.

    Sane, quamvis ex sententia PHILOSOPHI prius declaratum sit pos-
sibilem intellectum intelligibilia fieri, et sic ea recipere, tali scilicet
passionis modo quod nec mutatio nec alteratio realis in illo fiat,
nihilominus, quantum PHILOSOPHO sufficit ad propositum, in hoc
20 est inter potentiam sensitivam et intellectivam comparatio seu
proportio, quod primus gradus potentiae sensitivae, secundum quem
simpliciter *mutatio fit a generante* sensitivum, differt a secundo qui
est ab habitu in perfectum actum, quemadmodum et primus gradus
intellectivae potentiae, secundum quem addiscens a doctore mutatur
25 in scientem ex ignorantia, differt a secundo gradu potentiae, secundum quem habens scientiam, et non utens, fit actu considerans.

99 ait *om. B*   00 exponens *CA*   1 ac] et *B*   3 aut mutationis *om. A*   10
privativas] scilicet *add. B*   16 sententia] scientia *C*   16-17 possibilem (-le *B*)
intellectum *inv. E*   18 nec mutatio *om. AE*   23 in perfectum] imperfectum *B*
24 quam *B*   25 sciente *A*   26 quam *B*

99 addiscentem - 00 multotiens : ARIST., *De Anima,* II, 5, 417 a 31-32.
  1 Philosophum - 4 contrarium : ALBERTUS MAGNUS, *De Anima,* lib. II, tr. 3, c. 2, ed.
     Borgnet, V, p. 233 b - 234 a et p. 235 a ; S. THOMAS, *In De Anima,* lib. II, lect. 11,
     n. 362-63.
  6 Ex - 12 naturam : ARIST., *De Anima,* II, 5, 417 b 12-16.
13 est - actum : ARIST., *De Anima,* II, 5, 417 b 6-7.
16 prius : cc. 22-24.
22 mutatio - generante : ARIST., *De Anima,* II, 5, 417 b 17.

CAPITULUM 29

SOLUTIO QUAESTIONIS PRAEMISSAE, DECLARANDO EX NA-
TURA SENSUS QUARE INTELLECTUS, SPECIEM HABENS
INTELLIGIBILEM, NON SEMPER ACTU INTELLIGIT ET   30
QUALITER INTELLECTUS EXTASIM PATITUR ALIQUANDO
SICUT ET SENSUS, ACTIONE COGNITIVA PER SE TEN-
DENTE IN OBIECTUM EXTRA

Quoniam igitur sensus patitur a sensibili passione secundo modo
dicta, necesse est sensum habitum esse quendam formarum sensi- 35
bilium seu actum primum, si ex actione sensibilium in sensum additio
tantum fieri debet in idipsum, et non alteratio proprie dicta, nam
et hoc importat ratio habitus qua dicitur quod est *dispositio perfecti ad optimum*, et hoc sive quidem innatus sit habitus sive acqui-
situs. Habitus ergo, cum sit actus quidam, scilicet primus, et 40
dispositio perfecti, entis videlicet actu in genere substantiae, in
potentia tamen accidentali ad optimum seu ad maiorem perfectionem, necesse est agens proportionatum esse potentiae quodammodo, iuxta quod videlicet natura requirit illius potentiae.

Non lateat autem nos quod accidentalis potentia latitudinem 45
habet; nam si corpus aliquod leve, tam a forma substantiali quam
a dispositionibus accidentalibus, sufficiens quantum ad sui naturam
intra se principium habeat movendi sursum, violenter autem reti-
neatur deorsum, in potentia accidentali est sursum movendi. Similiter etiam est si formam levis habeat, a parte tamen disposi- 50
tionum accidentalium sit defectus aliquantulus seu indigentia, ut
in nube formaliter levi, propter indigentiam tamen caliditatis

27 29] 30ᵐ *B*   29 habens *om. x*   36 seu *om. B*   37 non *om. x*   39 sive
quidem *inv. A*   40 Habitus] Hinc *x*   quidam] quidem *B*   42 seu] sive *B*
43 potentiae *om. x*   47 sufficiens *post* naturam *B*   naturam] ut *add. E²*   48-49
detineatur *x*   49-50 Similiter] hic *add. B*   50 forma *C*

36 additio - 37 dicta : ARIST., *De Anima*, II, 5, 417 b 6-7.
38 dispositio - 39 optimum : ARIST., *Physic.*, VII, 3, 246 b 23.

aliquantulae seu aliqualis non actu sursum mota, sed habitu;
huiusmodi enim potentiae accidentali similis omnino videtur potentia
55 habitus sensitivi. Itaque, licet *actus nobilior* sit *et melior potentia*, ut
habetur 9° P h i l o s o p h i a e   P r i m a e, proportionaliter quidem
actus proprius respectu propriae potentiae, essentialis scilicet respectu essentialis et accidentalis respectu accidentalis, propter quod
sensus in actu nobilior est et melior sensu in potentia, et in con-
60 similibus consimiliter, verumtamen sensibile agens non necesse est
esse nobilius sensu, cum sensus tantum sit in potentia accidentali,
ut visum est. Agens namque, huiusmodi potentiam ducens ad
actum, nihil prohibet ignobilius esse passo et imperfectius simpliciter,
et non omnino tale quale passum est in potentia, secundum quod
65 sensus docet. Movens enim per accidens leve sursum non necessario
est leve, ut patet in 8° P h y s i c o r u m, etiam si ab illo movente
accidat magis velocitari motum levis sursum, tamquam additione
facta in idipsum, ut si leve, retentum deorsum cum manu aut alio
instrumento, sursum postea proiceretur addendo velocitati motus
70 eius, aut si dispositioni levis aliqua sit indigentia, puta caliditatis
aliquantulae sive aliqualis, ut dictum est de nube seu de vapore levi
formaliter, et a corpore formaliter gravi, calido tamen, additio fiat
in idipsum et complementum indigentiae caliditatis in illo corpore
levi, propter quod actu sursum moveatur illud leve. Agens ergo,
75 ducens hanc potentiam ad actum, non est tale penitus quale passum
est in potentia.

Praeterea, in genere substantiae tantum neccesse est simile fieri
a simili sibi, nomine et specie, et non in genere accidentium. Actus
vero secundus et potentia quae ad ipsum, in genere accidentium sunt.
80   Manifestum ergo ex his est quod non est necesse obiectum ipsum

54 huiusmodi] huius *B*   omnino] non *B*   57 proprius] primus *E* propriae]
primae *CAE*   scilicet] et 2us *in ras. E*^2   57-58 scilicet... essentialis *om. B*   58
essentialis et] secundae potentiae *in ras. E*^2   respectu accidentalis *om. AE*   60
consimiliter] similiter *C*   68 idipsum] scilicet *add. B*   detentum *C, sed corr. C*^x
69 sursum postea *inv. A*   71 sive] seu *B*   72 a] in *in ras. E*^2   fit *A*   73 in
illo] sicut est in *in ras. E*^2   78 a simili sibi *om. B*

55 actus - potentia : ARIST., *Metaph.*, IX (Θ), 9, 1051 a 4-5.
62 visum est : lin. 41-42 et c. 28, p. 113, 71.
65 Movens - 66 leve : Cfr ARIST., *Physic.*, VIII, 4, 255 b 24-29.
71 dictum est : lin. 52-53.
77 in genere - 78 specie : Cfr ARIST., *Metaph.*, XII (Λ), 3, 1070 a 4 sqq.

sensibile actum aut potentiam habere sentiendi, nedum nobilius esse
seu perfectius, licet potentia sensum moveat in actu sensum, cum
non extrahat ipsum de essentiali potentia in actum sed de accidentali,
supponendo etiam nihilominus quod qualitas obiecti in genere suo
secundum quod talis, nobilior sit et perfectior quam species eius 85
in sensu, comparata quidem ad idem genus obiecti sensibilis vel
reducta.

Proinde, palam quod spiritualitas materiae sive subiecti potentiae
sensitivae non est causa propter quam forma sensus talis est, quod
per species intentionales sensbibilium sensus cognitivus est; non 90
autem ipsa sensibilia sui ipsorum cognitiva sunt, ac si propter materiae diversitatem inter sensum et sensibilia diversitas existat in
forma. Sed est econverso : propter formam enim sensus, talis inquam
rationis et virtutis existentem ut visum est, oportet aptum ad hoc
et idoneum ei subiectum esse necessario seu organum. Et hinc patet 95
etiam quod non *est necesse motorem extrinsecum alium a sensibilibus*
aliquem esse, sensum videlicet agentem, de quo dubitavit COM-
MENTATOR; immo sufficit ad perfectionem sensus illud activi principii quod a sensu communi, ut dictum est prius. Verum, de intellectu secus est : nam, secundum PHILOSOPHUM, intellectus possibilis 00
non est habitus aliquis, seu ens aliquod actu primo ante intelligere,
sed *est nihil actu horum quae sunt*, ut visum est; propter quod et
materiae primae comparaverunt ipsum Latini. Agens ergo, educens
illum de huiusmodi potentia, non accidentali sed quasi essentiali,
ad actum, necessario est tale actu seu virtute quale illud in po- 5
tentia est.

Iterum, cum habitus sensitivae virtutis in potentia sit ad perfectionem secundam seu ad actum secundum, prout etiam de
ratione habitus sic esse debet, quamdiu autem in huiusmodi est
potentia et non in actu perfectionis secundae, nihil actu cognoscens 10

82 actum *E*   sensum] suum *in ras. E²*   93 enim sensus *om. A*   94 virtutis
et rationis *D*   95 Et *om. B*   96 non est necesse] necesse est *B*   1 seu] sive *B*
2 et *om. B*   3 ergo] igitur *D*   5 necessarium *AE*   7 Item *A*   8 seu] sive *B*
9-10 est potentia *inv. B.*

88 spiritualitas - 97 Commentator : AVER., *De Anima*, II, 60. Aver. lat., VI. 1, p. 221
    (lin. 40-57).
99 prius : P. I, c. 22. Ed. Van de Vyver, I, p. 168-169.
 2 est nihil - sunt : ARIST., *De Anima*, III, 4, 429 a 24.
 2 visum est : cc. 1-2, 20 et 24, p. 101, 49-50.

est; ex se quoque, id est sine agente, in actum non vadit seu perfectionem. Impossibile est ergo quod se ipsam per se cognoscere
possit. Sed tamen per actionem sensibilis in sensum potentia illa
in actum exeat et perficiatur, specie quidem sensibilis et perfectione
15 propria actu recepta in sensu quae prius habitualiter inerant. Per
actionem vero sensibilis, *additione facta in idipsum, ad actum* quidem
secundum perficiendum, sine quo nihil cognoscit actu, necesse est
cognitionem virtutis sensitivae, et universaliter omnis virtutis consimili modo cognoscitivae, naturaliter et per se in obiectum tendere,
20 ad quod determinate inclinatur actus eius et perfectio per se et
primo, seu respectu cuius vel a quo talem recipit perfectionem. Hoc
enim naturale est omni perfectibili, verbi gratia sanabili in sanitatem,
et levi sursum ferri seu tendere, ut patet 4º D e C a e l o. Et hinc
accidit quod visus primo et per se non solum qualitatem obiecti
25 apprehendit, sed etiam apparet ei quod virtus visiva usque ad
obiectum protendatur, quasi visio fiat extramittendo. Et nisi prin-
cipalior virtus et dignior contradiceret, opinandum est proculdubio
quod visus non aliter iudicaret, praesertim cum in idem PLATO
consentire videatur. Unde et imago seu idolum apparens in speculo
30 ibidem esse dicitur et a pluribus affirmatur impressa. Eadem quoque
ratio est in aliis sensibus suo modo. Et qamquam aliqui immediatius aliis sua comprehendant obiecta, adeo tamen necessaria est
in omnibus distantia quod, si sensibile supra sensum ponatur, non
facit sensum. Quod igitur actus sentiendi, et universaliter omnis actus
35 cognitionis passivae quoquo modo dictae, per se et primo tendit et
fertur in obiectum extra, quid hoc est aliud quam quod extasim
patitur quodammodo et extrapositionem quandam, tamquam
transsubstantiatus quoquo modo seu transformatus in obiectum?

11 quoque] quarto (?) et *B*   12 ergo] igitur *D*   13 tamen] cum *x*   sensibilis]
et *add. B*   14 perficiatur] in *add. A*   et²] ut *in ras. E²*   15 inerat *E*   16
vero] non *B*   19 cognoscitur *A*   21 cuius] eius *C*   22 naturale] materiale *B*
sanitate *B*   23 levi] in *add. B*   tendere seu ferri *A*   25 sed] seu *A*
apparet *om. B*   26 visio] visus *B*   30 dicitur] dicit *B*   31 ratio est] ratione *A*
33 sensum] sensu *p. corr. E²*   34 igitur] ergo *B*   35 quoquo] quocumque
B   36 hoc] hic *C*   quod *om. B*   37 patitur quodammodo *inv. B*

16 additione - actum : ARIST., *De Anima*, II, 5, 417 b 6-7.
21 Hoc - 23 tendere : ARIST., *De Caelo*, IV, 3, 310 b 16 sqq.
28 Plato : *Timaeus*, 45 B-D. Vide ARIST., *De Sensu*, 2, 437 b 10 sqq.
32 adeo - 34 sensum : ARIST., *De Anima*, II, 7, 419 a 12-31; 11, 423 b 24-26.

Cum itaque proportionem quandam ad intellectum habeant phantasmata, sicut ad sensum sensibilia — *sunt enim* intellectui *phan-* 40
tasmata tamquam sensimata, ut dicit PHILOSOPHUS — ideo et apud
intellectum possibilis est extasis quodammodo, secundum quod etiam
dictum est prius. Unde COMMENTATOR, 12° M e t a p h y s i c a e :
Et illud, inquit, *quod* in nobis actionem intelligendi *agit* est *sub-*
stantia, et est alii non sibi; *et ideo possibile est,* inquit, *ut aliquod* 45
aeternum intelligat aliquod generabile et corruptibile.

CAPITULUM 30

QUARE VIRTUS COGNOSCITIVA, PASSIVA QUIDEM, ACTU
HABENS SPECIEM COGNOSCIBILEM, QUAE ET IDEM IPSE
ACTUS EST IPSIUS VIRTUTIS, ET HOC MODO SIBI PROPIN- 50
QUIOR ET PRAESENTIOR QUAM OBIECTO SEU OBIECTUM
ILLI, SE IPSAM NON PRIUS COGNOSCIT QUAM OBIEC-
TUM EXTRA

Quamquam autem potentia cognoscitiva per se ipsam in actum
cognitionis non exeat, sed per obiectum essentialiter distinctum ne- 55
cessario ab ipsa potentia — propter quod nulla virtus sui passiva ipsius
cognoscitiva potest esse per se — quia tamen idem est actus cognoscibilis et cognoscitivi, et universaliter omnis mobilis et motivi,
idcirco se ipsam hoc modo potest cognoscere, et hoc quidem per
accidens est. Unde sensus quo sensibile obiectum sentit quis et 60
sensus quo se sentire sentit, idem est sensus subiecto quidem licet

40 enim] etenim *x*   41 sensimata] sensitiva *B* : sensibilia *in ras. E²*   ideo]
quare *B* : ita *AE*   42 possibilem *p. corr. E²*   45 possibile] impossibile *x*
aliquod] ad *B*   46 aliquod] aliquid *B*   47 30] 31 *B*   50 modo] non *C*
54 actu *A*   61 se sentire *inv. B*

39 proportionem - 40 sensibilia : ARIST., *De Anima*, III, 4, 429 a 16-18; 7, 431 a
14-15.
40 sunt - 41 sensimata : ARIST., *De Anima*, III, 8, 432 a 9.
44 quod - 46 corruptibile : AVER., *Metaph.*, XII, 17. Ed. Venet. 1562, f. 303 C.
60 sensus - 62 ratione : ARIST., *De Anima*, III, 2, 425 b 26-27 et 426 a 15-17.

non idem ratione, ut dictum est prius. Sentiens autem actu quandoque non perpendit se sentire, et similiter actu intelligens quandoque non perpendit seu non advertit se intelligentem. Actu igitur intelligentem
65 obiectum extra nihil prohibet intellectum potentia esse quodammodo, ad se ipsum videlicet intelligendum.

Sed quoniam omne formam habens secundum quam possibile est operari, necessario secundum illam operatur, nisi fuerit prohibens seu impediens, ut dictum est saepius, inquirendum est de hoc.
70 Praesentior quidem enim et propinquior sibi ipsi existens virtus cognoscitiva quam obiecto cognoscibili, se ipsam potius deberet cognoscere primo et per se quam obiectum, aut saltem obiectum actu cognoscendo simul et se ipsam actu cognoscere semper, et non potentia quandoque, sicut tamen experimur.

75 Ad horum autem dissolutionem, considerandum est quod natura materiae aliena est a cognitione et maxime distat a natura cognoscendi, et hoc quidem palam est et per se notum. Nam entia quae materiae sunt proxima, ut elementa et mineralia et cetera consimilia, nihil participant de natura cognitionis. Unde THEMISTIUS,
80 2º D e A n i m a : *Materia*, inquit, *nulla potest discernere speciem quae generatur in ea* ; *materia enim sine intellectu et sine iudicio et sine perceptione est. Ratio autem alia iudicat, et species speciem percipit* ; illa vero quae maxime remota sunt a natura materiae, ut substantiae separatae, plurimum cognitionis habent.

85 His ergo sic se habentibus, rationabile est et conveniens quod entia inter haec media, secundum rationem mediorum proportionaliter participant naturam cognitionis, et hoc quidem aut clarius aut obscurius secundum proportionem graduum accedendi ad naturam materiae aut ab ea recedendi ; ultima namque coniuncta sunt
90 supremis posteriorum secundum rationem colligationis entium, prout divinus testatur DIONYSIUS, necnon et PROCLUS.

64 igitur] ergo *B*   67 quoniam *om. B*   68 fuerit] alias (vel *E*) existat *add.x*   69 de *om. C*   71 debet *A*   80 nullam *B*   87 participent *B*

62 prius : c. 7, p. 33, 28 sqq et p. 35, 97 sqq. Vide etiam P. I, c. 19. Ed. Van de Vyver, p. 158, 81 sqq.

80 Materia - 83 percipit : THEMIST., *In De Anima*, lib. IV (ARIST., II, 12, 424 a 24 sqq). CAG V. 3, p. 78, 10-13 ; CAG lat., I, p. 179, 21-23.

89 ultima - 90 entium : Ps.-DIONYSIUS, *De Div. Nom.*, c. 7, § 3. PG 3, 872 B ; *Dionysiaca*, I, p. 407, 3-4. — PROCLUS, *Elementatio Theologica*, prop. 147. Ed. Dodds, p. 128-130 ; ed. Vansteenkiste, p. 495.

Item, considerandum est quod natura materiae secundum se inepta est etiam et inhabilis ad hoc quod per se cognoscatur; non enim *est scibilis* nisi *per analogiam*. Et causa huius est, quia nihil per se intelligibile est aut scibile nisi secundum quod est ens actu et non potentia, 95 secundum quod patet 9º M e t a p h y s i c a e. Unde AVERROES, in libro D e S u b s t a n t i a O r b i s : *Forma* quidem, ait, *non est actu*, penitus — inquam — perfecto, *nisi secundum quod intelligitur, sicut materia in actu esse non habet nisi secundum quod videtur*, sive secundum quod sentitur. Adhuc idem, super 12ᵐ M e t a p h y s i - 00 c a e : *Materia*, inquit, *non est sensibilis per se, sed per aliud, id est per formam*. Forma vero sensibilis, secundum quod in materia, potentia sensibilis est tantum et non est actu sensata, nisi, specie eius abstracta quodammodo a materia, *idem* fiat *actus sensibilis et sensitivi*. Igitur, quemadmodum res elongatae sunt a natura 5 materiae, aut secundum quod se habent ad abstractionem seu ad separabilitatem a materia, et ab eius conditionibus, *sic* non solum ad ea *quae circa intellectum*, ut ait PHILOSOPHUS, sed etiam ad hoc quod cognoscibilia sint necnon et cognoscitiva seu potentia seu actu simpliciter seu medio modo qui est habitus; et est sicut actus primus 10 respectu secundi, seu perfectio prima respectu postremae, verbi gratia : virtus sensitiva, quae est actus corporis primus, licet materialis sit, est tamen eius materialitas talis conditionis tantaeque nobilitatis atque perfectionis in tantum elongatae ab hebetudine materiae, ac tantae spiritualitatis et approximationis ad aliqualem 15 similitudinem naturae immaterialis, quod quasi participat de natura utriusque. Et ideo per se non sufficit ad actualem cognitionem sui a se propter naturam materiae; propter naturam vero spiritualitatis et elongationis eius a materia, approximationis quoque ad naturam

93 et *om. B*   enim est *inv. E*   94 per¹] propter *AE*   97 Substantia *B et p. corr. E²*] scientia *CDA*   98 perfectio *B*   1-2 id... formam] id est formam *CDE* : *om. A*   9-10 sive... sive... sive *B*   13 talis] eius *D, sed exp.* eius *Dˣ*   14 in *om. B*   hebetudine] habitudine *comp. B* : hebitudine *A*   19 eius *om. B*

93 non- 94 analogiam : ARIST., *Physic.*, I, 7, 191 a 8.
94 nihil - 95 potentia : ARIST., *Metaph.*, IX (Θ), 9, 1051 a 21-33. Vide supra, p. 19, 65-67.
97 Forma - 99 videtur : AVER., *De Subst. Orbis*, c. 2. Ed. Venet. 1562, f. 7 E.
1 Materia - 2 formam : AVER., *Metaph.*, XII, 14. Ed. Venet. 1562, f. 301 C.
4 idem - 5 sensitivi : ARIST., *De Anima*, III, 2, 425 b 26.
5 res - 8 intellectum : ARIST., *De Anima*, III, 4, 429 b 21-22.

20 immaterialium quoquo modo, in proxima dispositione est ad actum sentiendi. Modica igitur abstractione speciei seu formae a materia sibi deficiente, quam a sensibili recipit, defectum illum supplente ac perficiente, non quidem alterando sed addendo in idipsum ad perfectionem complendam, in actu perficitur cognitionis, qui actus 25 secundus dicitur, seu postrema perfectio, tamquam illud optimum habitus ad quod dispositio perfectionis suae primae ordinatur. Quod autem potentiam habitus sensitivi species materialis seu forma materialis ad actum ducere non potest, sed tantum illa quae a materia sua abstrahitur seu abstracta est, aut quae *sine materia* 30 sua est, ut utamur verbis PHILOSOPHI, hoc probat sensus : sensibile enim positum supra sensum non facit sensum proprie loquendo.

His ergo consideratis diligenter et pensatis, palam est quomodo nihil fit actu cognitum, neque similiter actu cogniscitivum nihil fit de potentia, nisi per speciem sine materia actu receptam, ac unum 35 quidem actum et eundem cognoscibilis et cognoscitivi simul constituentem. Et hinc patet quod virtus sensitiva, licet sibi ipsi propinquior sit et praesentior quam obiecto, non tamen se cognoscere potest sine obiecto ; nam sine obiecto, aut sine reliquiis impressionis eius, actus cognoscendi sibi inesse non potest. Unde praesentia sui 40 ipsius et propinquitas apud se ipsam non est causa cognitionis, sed perfectio quae fit per speciem receptam ab obiecto. Quapropter etiam per se et primo fertur in obiectum omnis cognitio vocata passiva, sicut perfectibile in illud a quo perficitur, ut iam dictum est prius. Non est ergo virtus cognitiva sibi praesentior, sub ratione 45 quidem cogniti per se et primo, sed obiecto, quasi extasim passa, ut dictum est.

24 actu] actum *B*   25 seu] sive *B*   26 primae] potentiae *x*   33-34 neque... potentia *om. B*   38 reliquis *B*   40 ipsam] ipsum *B*   causa] talis *B*   42 cognitionis *B*   43 illud] aliud *C*   44 ergo] igitur *D*   45 obiecto] subiecto *B*

23 non - 24 perfectionem : ARIST., *De Anima*, II, 5, 417 b 6-7.
25 optimum - 26 perfectionis : ARIST., *Physic.*, VII, 3, 246 b 23.
29 sine materia : ARIST., *De Anima*, II, 12, 424 a 18-19; III, 2, 425 b 23-24.
30 sensibile - 31 loquendo : ARIST., *De Anima*, II, 7, 419 a 12-31; 11, 423 b 24-26.
44 prius : c. 29, p. 119, 15-23 et 34-36.
46 dictum est : c. 29, p. 119, 36-38.

CAPITULUM 31

QUALITER SPECIEM HABENS, ET NON ACTU COGNOSCENS,
SPECIEM HABET IMPERFECTE, MANIFESTATUR DISCUR-
RENDO PER VIRTUTES SENSITIVAS   50

Quoniam igitur per speciem quoquo modo abstractam a materia
fit obiectum actu cognitum, et per eandem speciem fit virtus cognoscitiva cognoscens actu, uno quidem et eodem actu cognoscibilis
et cognitivi per eandem speciem constituto, quamobrem videtur
quod habens huiusmodi speciem semper actu cognoscere debeat et 55
obiectum et se ipsum, et numquam habitu vel potentia, specie
quidem habita, cum idem sit actus per quem hoc fieri debet. Discu-
tiendum est igitur impedimentum hoc sive prohibens qualiter se
habet, primo quidem discurrendo per virtutes sensitivas.

Experimur quidem autem quod, visu nostro ad scripturam converso 60
et lumine convenienti existente, si lacertulum pupillae laxemus,
ipsam pupillam dilatantes quasi dispergendo visum vel axem visualem,
et non fingendo ipsum distincte, secundum quod docet ALHAZEN
in 2°, confuse videbimus litteras imperfectas et indistincte; quod si
modum videndi acuamus, axem scilicet visualem distincte in litteras 65
dirigendo, distincte videbuntur litterae ac perfecte. Possumus
quidem enim illum lacertulum constringere vel dilatare pro libito
voluntatis, quia lacerti in corpore instrumenta sunt motus voluntarii,
secundum quod scribit GALENUS, et AVICENNA, 3° C a n o n i s, de

47 31] 32ᵐ B   51 igitur] ergo B   54 et om. D   cognitivi] cognoscitivi
AE   58 igitur] ergo B   59 habet] habens AE : habens habet C, sed exp.
habens C¹   60 viso A   63 fingendo BAE] figendo CDE²   alhaten B : alhacen
x, ut semper   69 galienus codd., et sic lin. 87

63 docet : ALHAZEN, Optica, lib. II, c. 3, n. 65. Ed. Risner, p. 68.
68 lacerti - voluntarii : Cfr GALENUS, De Usu Partium, lib. I, c. 17. Ed. Kühn, III,
    p. 47.
69 de lacerto - 70 facit : AVICENNA, Canon, lib. III, fen 3, tr. 1, c. 1 in fine. Ed. Venet.
    1507, f. 203ᵛᵇ.

70 lacerto motus pupillae mentionem facit. *Dilatatio* quidem autem pupillae *visui semper nocet sive ab ipsa fuerit nativitate, sive postea,* ut ait GALENUS, et AVICENNA similiter. Virtutis enim subiecto spiritu, per naturam facile mobili, commoto existente aut disgregato, aut quomodolibet aliter indisposito, necesse est debilius et 75 imperfectius in ipso recipi speciem obiecti, et per consequens actum cognitionis imperfectum esse. Nihil ergo mirum si organum male dispositum, et per laesionem quandam impeditum, convenienti receptione speciei non informetur, et per consequens nec virtus, quae in ipso est, sufficienter perfici potest in actum secundum. Sic 80 itaque opinandum est impedimenta accidere ceteris sensibus etiam praesente sensibili, propter organi utique indispositionem.

Rursus, destituitur organum a dispositione convenienti aut impeditur actualitas speciei per intensam alterius virtutis operationem, in alio quidem organo, aut etiam in eodem si duplex virtus insit illi. 85 Spiritus enim illac conspirant magis ubi intensius operatur anima, propter innatam ad invicem virtutum corporis conspirationem, ut ait GALENUS, libro D e V i r t u t i b u s N a t u r a l i b u s, in corporibus quidem nostris *conspirationem* dicens *unam esse et confluxum,* et omnia compassibilia. Quod si duae aut plures in 90 uno sint organo virtutes, non est possibile diversas in illo perfici operationes, nisi per diversificationem aliquarum dispositionum proportionaliter competentium unicuique illarum. Quamvis enim virtutes, quae naturales vocantur, plures sint in eodem membro, attractiva tamen per aliam dispositionem operatur qualitatum ac 95 etiam villosorum quam retentiva, et similiter digestiva et expulsiva, sicut patet in his quae de medicina. Sic itaque opinandum est se habere virtutes animales sive sensitivas, ubi plures seu diversae in

---

70 mentionem] motionem *x, sed corr.* mentionem E^2 autem] ait *B*   71 pupilli *A* semper *om. x*   fuerit] fiat *B*   72 enim] in *A*   73 mobili] moli *A* commoto] cum moto *B*   75 in ipso *om. B*   76 actum *om. E, sed rest. s. lin. E^2* ergo] igitur *D*   77 impedimentum *B*   78 receptione] ratione *A*   80 etiam] et *B*   81 dispositionem *BC*   85 illac] illuc *B*   86-88 ut... conspirationem *om. A*   89 confluxuum *B*   duo *B*   91 diversificationes *AE*   93 quae *B et in ras.* E^2] non *CDA*   94 qualitarum *C*   95 villorum *x*   retentina *A*   97 ubi] ut *B*

70 Dilatatio - 71 postea : GALENUS, *De Symptomatum Causis,* lib. I, c. 2, ed. Kühn, VII, p. 88; AVICENNA, *Canon,* lib. III, fen 3, tr. 4, c. 12-14, ed. Venet. 1507, f. 216ʳ. 86 propter - 89 confluxum : GALENUS, *De Naturalibus Facultatibus,* lib. III, c. 13. Ed. Kühn, II, p. 189. Vide etiam lib. I, c. 12. Ed. cit., II, p. 29.

uno consistunt organo. Non enim quidlibet in quodlibet agit, sed
secundum passi dispositionem. In eodem autem dispositiones diversae simul actu esse non possunt, sed, una existente actu, altera oo
necessario in potentia est, tamquam impedita et prohibita quidem
a fortiori et vincente, si motus simul fiat secundum utramque
virtutem, ut, verbi gratia, secundum memorativam et phantasticam.
Illud phantasma sive species, per quam haec virtus vel illa negotiatur
actu seu operatur, alia vincit phantasmata, et facit ea quasi recondita 5
seu reposita conservari sub actu impedito per quandam occultationem
Illud ergo phantasma, quod in actu est nullatenus impedito, virtutem cognoscitivam necessario facit actu cognoscentem; quod vero
impeditum non. Nulla sunt igitur in virtutibus idola perfecta simpliciter et distincta actu completo, antequam per ipsa fit consideratio 10
actualis.

Cuius etiam simile declarat ALHAZEN dicens quod, licet omnes
partes speciei obiecti visibilis describantur actu in superficie pyra-
midis contentae inter superficiem corneae et centrum oculi, hoc
tamen est cum quadam imperfectione et quodam actu indistincto, 15
praeterquam illae partes quas percurrit axis visualis, quae vulgariter
acies visus appellatur. *Comprehensio* enim, inquit, *visibilium* a visu
est secundum duos modos, comprehensio scilicet *superficialis, quae est
in primo aspectu, et comprehensio per intuitionem,* nam *quaedam
intentiones particulares, ex quibus componuntur formae visibilium,* 20
apparent apud primum *aspectum rei visae, et quaedam non apparent
nisi post intuitionem et considerationem subtilem, sicut scriptura
subtilis;* aliter enim perfecte comprehendi non potest visum subtile.
Vera itaque *forma rei visae, in qua sunt intentiones subtiles, non
comprehenditur a visu nisi per intuitionem.* Similiter *cum visus* 25
apprehenderit formam visibilem *in qua non fuerit aliqua intentio
subtilis, comprehendet* quidem *veram formam eius* comprehensione

98 quidlibet] quodlibet *E*   99 autem *om. A*   2 vincente] veniente *B*   4
Illud] quandoque *in ras. E*²   5 phantasmata] fantasma *C*   9 igitur] ergo
B   16-17 quae... appellatur *om. B*   24 quo *A*   25 comrehendetur
B : comprehenduntur *D*   26 apprehendit *B*   27 comprehendit *B*

12 licet - 14 oculi : ALHAZEN, *Optica*, lib. I, c. 5, n. 18. Ed. Risner, p. 9-10.
14 hoc - 16 visualis : ALHAZEN, *Optica*, lib. II, c. 3, n. 65. Ed. Risner, p. 68.
16 quae - 17 appellatur : V.g. AUGUSTINUS, *De Gen. ad litt.*, IV, c. 34, n. 54. PL 34,
   319-20 et CSEL 28, 1, p. 134-35.
17 Comprehensio - 32 forma : ALHAZEN, *Optica*, lib. II, c. 3, n. 64. Ed. Risner, p. 67.

superficiali, sed non certificabitur quod illam formam perfecte comprehendat, *nisi postquam habuerit fortem intuitionem super* 30 *quamlibet partem illius rei visae, et certificetur quod nulla intentio subtilis in ea sit*; tunc enim primo *certificabitur quod forma quam comprehendit, est vera forma.* Non est autem possibile intentionem subtilem et quasi indivisibilem existentem perfecte comprehendi ac distincte, nisi per actum virtutis proportionaliter se habentis. Species 35 igitur sive intentiones, secundum actum intuitionis in illa quidem existentes, in actu perfectiori sunt; quaecumque vero non sic, sed quasi superficialiter, in actu minus perfecto sunt et magis impedito, et hoc proportionaliter secundum habitudinem indispositionis. Experientia quoque huic attestatur, quia *formae quae a visu comprehenduntur* 40 *ex axe radiali, et ex illo quod est prope axem, sunt manifestiores et maioris certificationis quam formae, quae comprehenduntur ex residuis verticationibus.* Huius autem causa est quod omnes lineae radiales obliquate feruntur ad locum nervi concavi, in quo iudicium exercetur potentiae visivae, praeter axem tantum, ut satis declarat 45 ALHAZEN; et quanto fuerint axi propinquiores, tanto minus obliquae. Fortificatur autem actio secundum quod super lineas fit ad perpendicularitatem magis accedentes; ceteris enim paribus suppositis, illae sunt utique breviores. Et hinc accidit quod forma obiecti visibilis perfecte comprehendi non potest, nisi aut per motum oculi 50 aut obiecti axis radialis quamlibet partem formae visae percurrat distincte, vel cum distinctione.

Quoniam autem perfectio visus et universaliter omnis sensus in actu complementum recipit a virtute sensus communis, ut dictum est prius, necesse est actum sensus communis proportionaliter se 55 habere sensibus, subtiles quidem intentiones quasi sub ratione

---

28 quod] per *AE*   formam] nec *add. s. lin. E²*   29 comprehendet *E*   super] supra *B*   30 illius *om. x*   nulla] illa *p. corr. E²*   35 igitur] ergo *B*   37 perfecta *B*   38 secundum] in *add. A*   dispositionis *C*   42 radiales] a *add. E* 43 iudicium] modicum *B*   45 propinquioris *A*   49 visibilis] di *add. B*   perfecte *om. A*

39 formae - 42 verticationibus : ALHAZEN, *Optica*, lib. II, c. 3, n. 65. Ed. Risner, p. 67-68.

42 omnes - 44 tantum : ALHAZEN, *Optica*, lib. II, c. 1, n. 7 in fine et n. 8. Ed. Risner, p. 29.

45 quanto - obliquae : ALHAZEN, *Optica*, lib. II, c. 1, n. 9. Ed. Risner, p. 29.

54 prius : c. 7, p. 36, 2-6.

indivisibilitatis distinctius comprehendendo ac perfectius, super-
ficiales vero imperfectius et indistincte, secundum quod exigit
natura sensus et obiecti ac etiam ratio sentiendi. Sensus enim communis secundum rationem indivisibilis se habet, ut dictum est prius,
unde PHILOSOPHUS ipsum centro comparat in quo plures lineae 60
indivisibiliter uniuntur, quae extra procedentes versus circum-
ferentiam pluraliter multiplicantur.

    Ex his ergo colligere possumus quomodo species sensibilis, con-
venientiorem sibi dispositionem habens in organo, ac fortius movens
et sic obtinens super alias, in actu perfectiori est ceteris, et per 65
consequens principium considerationis, actu quidem secundo;
reliquae vero actu imperfectiori, qui habitus appellatur seu actus
quidam impeditus, quemadmodum et partes sunt in toto, non
quidem actu distincto sed indistincto, qui est potentia quaedam.
Secundum haec itaque contingit quod plures voces simul audiendo, 70
unam inter illas principaliter iudicat auditus sive sensus communis,
aut propter vocis fortitudinem, aut propter sensiterii dispositionem
convenientiorem illi voci, vel natura vel affectione aliqua simul
concepta per sensum alium vel a memoria praecedente. Simili
quoque modo contingit de phantasmatibus post absentiam obiec- 75
torum, tam in virtute phantastica quam etiam in memorativa.

    Postquam igitur intellectus in respectu quodam se habet ac
proportione ad phantasmata, ut visum est, adhuc et, secundum
quod patet 3° D e   A n i m a, proportionalis esse declaratur sensui
communi, cuius propria quidem ratio indivisibilitati comparatur 80
centri plurium linearum in circulo, finis quidem sic et sic principium
existentis, rationabile est et actum intelligendi et habitum phantasmatum habitudini proportionatum esse, ut quemadmodum,
multis phantasmatibus simul existentibus in phantasia, habitualiter

63 ergo] *om. B* : igitur *D*   sensibiles *B*   65 optinens *A*   in] et *x, sed del.*
et *E*²   perfectior *p. corr. E*²   67 reliqua *p. corr. E*²   imperfectiori]
imperfectior est *p. corr. E*²   68 in toto] actu *A*   70 haec] hoc *B*   72
sensitivi *in ras. E*²   74 vel *om. B*   79 sensu *B*   81 centro *B*
quidem sic et sic (sit *A*)] et *B*   82-83 fantasticum *B*

59 prius : c. 30, p. 120-121, 60-62.
60 ipsum - 62 multiplicantur : ARIST., *De Anima*, III, 2, 427 a 10-14.
78 visum est : c. 29, p. 120, 39-40.
79 proportionalis - 80 communi : ARIST., *De Anima*, III, 7, 431 a 17-20.
80 cuius - 82 existentis : Vide supra, lin. 60-62.

85 inest eorum unumquodque, id est actu imperfecto seu impedito,
quamdiu separatim et sub distinctione consideratio non fit per
ipsum — illud autem per quod separatim ac distincte consideratio fit
actualis, est actu perfecto; *actus enim*, ut ait PHILOSOPHUS, *separat
et distinguit* — sic etiam in intellectu intelligibilia sunt actu vel
90 habitu, semper quidem phantasmatibus proportionata. Hinc ergo
contingit quod *multa simul intelligere non* possumus actu perfecto,
licet habitu seu actu quodam impedito seu imperfecto multa simul
intelligere aut scire possumus, *quasi quiescentia*, ut ait GRAMMATICUS,
seu *reposita* quidem habentes illa.

95   CAPITULUM 32

OPINIO QUAEDAM CIRCA REMANENTIAM SEU CONSER-
VATIONEM INDELEBILEM SPECIERUM IN INTELLECTU, ET
ILLIUS REPROBATIO

Opinati sunt autem aliqui de intentione PHILOSOPHI hoc esse,
00 quod in intellectu possibili non solum recipiuntur novae species
simpliciter, sed etiam post novam receptionem stabilius immanent
et firmius quam in materia formae materiales, ac etiam firmius
habent esse in intellectu quam in materia.

Adhuc, et sicut intellectum aliquando convenit esse in potentia
5 simpliciter ut ante addiscere, aliquando vero in actu simpliciter ut
cum post receptionem speciei actu considerat, sic et contingit ipsum

85 inest] est *p. corr.* E^2 eorum unumquodque *inv. B*   id est] in *p. corr.* E^2
88 est] in *add. s. lin.* E^2 93 possumus *B*   95 32] 33^m *B*   97 indelibilem
B et p. corr. E^2 99 sunt autem *inv. B*   2 formae *iter. B*   firmius²]infirmius *B*
4 et *iter. B*   5 ante... ut² *om. AE*

88 actus - separat : ARIST., *Metaph.*, VII (Z), 13, 1039 a 7.
91 multa - 94 illa : Io. PHILOPONUS, *In III De Anima* (Arist., 4, 429 b 9-10). CAG
lat., III, p. 21, 95-00.
99 Opinati - 8 intellectum : S. THOMAS, *C.G.*, lib. II, c. 74, ed. Leon. XIII, p. 470 a 24-
34; *In De Memoria*, lect. 2, n. 316. Vide etiam *In De Anima*, lib. III, lect. 8, n. 703
et lect. 13, n. 791-92; *De Veritate*, q. 10, a. 2 c : «species in eo recepta *stabilius* recipiantur» et q. 19, a. 1 c : «recipiantur species *firmius*»; S. Th., I, q. 79, a. 6 c.

quandoque medio se habere modo inter potentiam simpliciter et
actum simpliciter, et hoc est esse in habitu intellectum.

Ast, ut visum est prius, ex principiis ipsius PHILOSOPHI, intentionem eius continentibus, impossibile fore concluditur in substantia 10
immateriali species novas sic recipi, ut dicitur secundum opinionem
hanc, nedum post receptionem immobiliter aut stabiliter impressas
remanere; intelligo autem sic remanere, sicut post absentiam sensibilium species remanent in phantasia.

Praeterea, nunc esse sub uno extremo, nunc sub alio, nunc vero 15
in dispositione media, non contingit sine motu et transmutatione;
rationem enim divisibilitatis haec includunt. Habitus namque magis
habet de actu et minus de potentia quam simpliciter dicta potentia;
de actu vero simpliciter dicto minus habet, et de potentia magis
quam actus secundus, in quem habitus quidem exit non per ad- 20
generationem alterius speciei novae, sed aut per additionem in
idipsum in eadem scilicet specie, aut per remotionem impedimenti.
*In eadem autem specie mutatio secundum magis et minus alteratio
est*, ut patet 5º P h y s i c o r u m. Intellectus vero, indivisibilis
existens per se et per accidens, nec alterationem nec motum aliquem 25
sustinere potest.

Iterum, actus imperfectus seu imperfecti est ratio actus qui motum
concomitatur, praesertim actus imperfecti in actum tendens perfectum; *actus* enim *entis in potentia secundum quod huiusmodi est
motus*. In intellectu autem motum esse non contingit; quare nec 30
habitum, qui actus dicitur imperfectus aut imperfecti.

Rursum, si habitus quaedam perfectio formalis est, diversis
speciebus in intellectu simul existentibus habitu, necesse est diversas
perfectiones simul esse in eodem indivisibili formaliter, quod impossibile est aut incomprehensibile homini sanae mentis.   35

Adhuc, species intelligibiles, habitualiter in intellectu existentes,

---

7 quandoque] non *add. B*   simpliciter *om. B*   9 ex] quod *AE*   11 novas]
varias *B*   15 Praeterea] Propterea *A* : prima ratio *i.m. D*   17 enim] vero *x*
18 dicta potentia *inv. B*   21 aut *om. B*   22 scilicet *om. B*   27 Iterum...]
2ª ratio *i.m. D*   28 tendentis *B*   30 intellectum *AE*   32 Rursum...]
3ª ratio *i.m. D*   35 incomprehensibili *A*   36 Ahuc...] 4ª ratio *i.m. D*

9 prius : c. 18, p. 73, 7 sqq.
21 per - 22 specie : ARIST., *De Anima*, II, 5, 417 b 6-7.
23 In - 24 est : ARIST., *Physic.*, V, 2, 226 b 1-2.
29 actus - 30 motus : ARIST., *Physic.*, III, 1, 201 a 10-11.

aut habent aliquam ab invicem distinctionem formaliter, et hoc quidem in eodem indivisibili imaginari aut fingi etiam impossibile est, aut non habent distinctionem ab invicem in intellectu, et si sic,
40 tunc aliter inesse non possunt, si insunt, quam virtualiter, siquidem cognitio per ipsas est habenda. Dicentes enim intellectum simul plures recipere species, sicut aer plures simul recipit intentiones colorum, cognitiones necessario confundunt et necessitatem auferunt distinctionis; secundum hanc namque rationem omnes aequaliter
45 facerent ad actum cognitionis. Species igitur, per quam distincta quidem habenda est cognitio, necessario distinctionem exigit in cognoscente, et de hoc quidem dictum est supra. Inferius tamen manifestius erit forsan huius complementum.

Amplius, virtute sensitiva sufficienter disposita et praesente sen-
50 sibili omnique excluso prorsus impedimento, forma materialis necessario facit actu sensum. Igitur, si species in intellectu remanent firmius et stabilius quam formae materiales in materia, multo fortius facient semper intellectum in actu et non in habitu.

Item, sicut *idem est actus sensibilis et sensitivi,* sic et intelligi-
55 bilis et intellectivi. Speciem igitur intelligibilem actu esse in intellectu, et non impeditam, et actu intelligere idem est actus; nullum autem impedimentum cadit in intellectu possibili nec etiam in specie firmiter et stabiliter in ipso remanente. Sic ergo se habens, semper intelligeret actu, secundum quod etiam arguit AVICENNA, bene
60 perpendens huiusmodi remanentiam specierum in intellectu possibilem non esse, tamquam principiis philosophiae contrariam.

38 in] ab *A*   imaginatur *B*   39 si *om. D*   40 inesse] medie *B*   41 enim *om. B* simul *om. A*   42 plures *om. B*   43 cognitionem *B*   45 igitur] ergo *B* distincta] discreta *B*   46 distinctionem] cognitionem *D*   49 Amplius...] 5ª ratio *i.m. D*   50 omninoque *C*   51 Igitur...] nota *i.m. D*   remanent *om. B*   54 Item...] 6ª ratio *i.m. D*   est *om. x*   55 igitur] ergo *B*   56 actu *om. B*   57 impedimentorum *B*   58 ergo] igitur *D*   59 bene] unde *B*   61 contrariam *post* tamquam *x*

41 intellectum - 43 colorum : S. THOMAS, *In De Sensu,* lect. 19, n. 291; AEGIDIUS ROMANUS, *De Intellectus Possibilis Pluralitate.* Ed. Venet. 1500, f. 91�v; cod. Oxford, Merton, 275, f. 102ʳ; (ed. Barracco, p. 21-23, 305-387).
47 supra : c. 31, p. 128, 77 sqq.
54 idem - sensitivi : ARIST., *De Anima,* III, 2, 425 b 26.
54-55 intelligibilis et intellectivi : ARIST., *De Anima,* III, 4, 430 a 3-4.
58 Sic - 61 contrariam : AVICENNA, *De Anima,* pars V, c. 6. Ed. Venet. 1508, f. 26ʳᵇ⁻ᵛᵃ : Dicemus ergo...

Denique, speciebus intelligibilium non modo firmiter in intellectu remanentibus sed etiam immobiliter et incorruptibiliter, cum non habeant corrumpentia, non posset aliquis receptae speciei intelligibilis oblivisci, cuius contrarium experimur.   65

CAPITULUM 33

RESPONSIO DICTORUM OPINANTIUM ET EIUSDEM REPROBATIO

Ad haec igitur respondent dicentes quod, cum modus operandi modo proportionari debeat essendi, intellectus autem humanus in sensitivo sit, rationabile est in phantasmatibus intelligibilia speculari, 70 et sine phantasmate nihil intelligere, ut dicit PHILOSOPHUS, non in acquisitione tantum scientiae, sed etiam post acquisitionem. In acquisitione enim indiget phantasmate tamquam movente, post acquisitionem vero *quasi instrumento et speciei fundamento. Unde* intellectus, inquiunt, hoc modo *se habet ad phantasiam sicut causa* 75 *efficiens ; secundum enim imperium intellectus formatur in imaginatione phantasma conveniens tali speciei intelligibili, in quo resplendet species intelligibilis sicut exemplar in exemplato seu in imagine.*

Inspicienti quidem autem dictum hoc patet quod se ipsum interimit tamquam contrarium sibi ipsi. Primo quidem et principaliter 80 quia esse intellectus in phantasia non existit, cum sit immaterialis ; quare nec eius operatio de necessitate.

Deinde, supponendo etiam quod intellectus actu intelligere non

62 Denique...] 7ª ratio *i.m.* D   63 sed] sic *AE*   mobiliter *x, sed supplevit* im- *E²*
64 habent *B*   64-65 intelligibilis *om.* B   66 33] 34ᵐ *B*   68 igitur] ergo *B*
modus] modis *CDA*   75 inquit *x*   77 resplendent *A*   79 dictum] est *add.* B

62 speciebus - 64 corrumpentia : Vide supra, p. 129 ad lin. 99-8.
68 cum - 70 speculari : S. THOMAS, *In De Memoria*, lect. 2, n. 317.
71 sine - intelligere : ARIST., *De Memoria*, 1, 449 b 31. Vide etiam *De Anima*, III, 7, 431 a 16-17.
71 non - 72 acquisitionem : S. THOMAS, *In De Memoria*, lect. 2, n. 314 et 316. Vide etiam *In De Anima*, lib. III, lect. 13, n. 791-92.
72 In - 78 imagine : S. THOMAS, *C.G.*, lib. II, c. 73. Ed. Leon., XIII, p. 462 b 3-12.
83 intellectus - 84 speculetur : ARIST., *De Anima*, III, 8, 432 a 8-9.

possit nisi et phantasma simul speculetur, non magis necessaria est
85 remanentia specierum in intellectu ad actum intelligendi post
acquisitionem scientiae, quam ante acquisitionem eius praeexistentia
earundem. Idonea namque manente phantasmatum dispositione, ita
quidem ut in eis intelligibilia possimus actu considerare cum voluerimus, proportionaliter in nobis est intellectus in habitu, similiter
90 et intelligibilia in habitu, ut visum est prius; et e contrario, deleta
quidem seu non idonea existente propria phantasmatum dispositione, actu intelligere non possumus etiam si vellemus. Secundum
enim quod in nobis ut plurimum experimur, deleto penitus aliquo
phantasmate et oblito, fit oblivio suae speciei intelligibilis et ipsius
95 etiam universalis per accidens, ut ait Philosophus, libro D e
M e m o r i a. Cum igitur species intelligibilis quasi fundamento et
instrumento quodam indigeat phantasmate, sine quo non habet esse,
ut aiunt, non firmius neque stabilius remanebit species intelligibilis
in intellectu post receptionem, quam in phantasia phantasma quod
00 est species materialis. Sed corrupto phantasmate corrumpitur necessario simul et species quae in intellectu est, sive sit habitu sive actu,
alioquin nobis inesse posset intelligibilis species sine phantasmate,
quod non est solum contra Philosophum, sed etiam est contra
dictum illorum. Ablatis ergo phantasmatibus post acquisitionem
5 scientiae, non magis remanet in intellectu virtus effectiva nec imperium super phantasmata reformanda, quam ante acquisitionem
scientiae super ipsam quidem a principio formanda. Manentibus vero
phantasmatibus habitualiter, ut visum est, intellectuque proportionaliter se habente, absque speciali tamen alia specierum rema-
10 nentia in intellectu formaliter receptarum, intelligere possumus cum
volumus non minus efficaciter quam etiam cum illa specierum
remanentia in intellectu. Quapropter non magis necessarium est

---

85 ad actum *iter. C*   86 ante] autem *CDA*   88 possumus *A*   89 proportionabiliter *B*   est *ante* in nobis *B*   90 intelligibilia] intelligentia *C*   delata *A*
96 igitur] ergo *B*   intelligibiles *x*   98 ut aiunt *om. B*   remanebit] neque
manebit *B*   99 in¹ *om. A*   quam *om. AE, sed rest. post* phantasia *E²*   1 sive²]
sit *add. A*   2 intelligibilem *B*   3 est solum *inv. B*   4 ergo] igitur *D*   9-10
remanentibus *B*

90 prius : c. 31, p. 128, 77 sqq.
93 deleto - 95 accidens : Cfr Arist., *De Memoria*, 1, 450 a 13-14.
96 quasi - 97 phantasmate : Vide supra, lin. 72-74.
 3 contra Philosophum : Vide supra, lin. 71 et 83-84.
 8 visum est : c. 31, p. 128, 77 sqq.

ponere talem specierum remanentiam in intellectu post acquisitionem
scientiae, quam praeexistentiam earundem in intellectu ante scientiae acquisitionem.   15

Per experientiam autem haec apparent. Experimur enim quod,
impedimento seu oblivione circa phantasmata contingente, fit etiam
oblivio scibilium seu impedimentum proportionaliter in intellectu
nostro, cum tamen in intellectu per se, propter immaterialitatem
eius, impedimentum cadere non possit. Refert itaque AVICENNA 20
post GALENUM *quod pestilentia* quaedam *accidit in parte Aethiopiae,*
propter cadavera multa post grande praelium relicta, et pervenit pes-
tilentia illa usque ad terram Graecorum; transacta vero pestilentia,
inquit GALENUS, et curatis accidentibus infirmitatum, pluribus
hominibus tanta fuit oblivio quod *parentes et amicos traderent* 25
oblivioni ac etiam *se ipsos.* Et addit AVICENNA quod *causa illius*
pestilentiae *tantum oblivionis accidit donec illis perveniret dispositio*
secundum quam homo nominis sui obliviseretur et filii sui. Postquam
igitur phantasmata maxime memorabilium in his hominibus de-
structa fuerunt, constat quod non remanserunt aliqua quidem alia 30
quae debilioris utique sunt impressionis; quod si nulla per accidens,
neque intelligibilia aliqua, cum phantasmata non assint in quibus
intelligibilia possint inspici.

Demum, si propter specierum remanentiam in intellectu ad imperium ipsius phantasmata formarentur in imaginatione tamquam 35
ab efficiente, sicut ab exemplari resplendet imago, scientiam habens
non obliviseretur eam propter phantasmatum corruptionem; phantasiae namque non impeditae nec intellectum velanti rationabile est

---

13 intellectu] quam *add. A*   17 contingente] conveniente (*comp. DA*) *x*   fit] sit *C*
20 itaque] autem *B*   23 transacta] translata *B*   24 Galenus] 3ª particula de
morbo et accidente *i.m. D*   25 et] ac *B*   26 ac... ipsos *om. A*   27 tantae *p. corr.*
E²   proveniret *B*   28 obliviscetur *C*   29 igitur] ergo *B*   phantasma *A*
30 quidem] quidam *B*   31 utique] quidem *A*   nulla] multa *C*   accidens]
consequens *B*   32-33 aliqua... intelligibilia *om. C*   33 intelligibilia] non *add. B*
possunt *x*   37 obliviscetur *C*

21 quod - 23 Graecorum : AVICENNA, *Canon*, lib. III, fen 1, tr. 1, c. 6. Ed. Venet.
   1507, f. 167ᵛᵃ.
23 transacta - 26 ipsos : GALENUS, *De Symptomatum Causis*, lib. II, c. 7. Ed. Kühn,
   VII, p. 200-201.
26 causa - 28 sui² : Vide supra, ad lin. 21-23.
34 si - 36 imago : Vide supra, p. 132, 74-78.

intellectum imperare semper eo modo quo ut efficiens se habet. Nunc
40 autem experimur saepissime quod multarum obliviscimur conclu-
sionum universalium, absque hoc etiam quod organum phantasiae
aliqua laedatur passione. Irrationabiliter ergo dictum est species
intelligibiles firmius et stabilius in intellectu remanere formaliter
post receptionem novam quam formae materiales in materia possint
45 remanere, cum hoc ipsum ex eorum dictis destruendum convincatur.

CAPITULUM 34

DETERMINATIO DUBITATIONIS PROPOSITAE SECUNDUM
SENTENTIAM PHILOSOPHI

Redeundum est igitur necessario ad id quod dictum est, scilicet
50 quod, sicut propter respectum intellectus ad phantasmata receptio
nova, specierum quidem novarum, quodammodo fit in intellectu
nostro fitque intellectus in actu, sic et propter eundem respectum,
sub proportione tamen alterius rationis quoquo modo, habitualis
videlicet, nihil prohibet ipsum esse in habitu cum intelligibilibus
55 sic existentibus in ipso, non quidem formaliter sed virtute quodammodo, secundum quod ratio quidem habitus hoc requirit. Intellectus
itaque sic se habens, sine defectu quidem phantasmatum, *per se
potest operari*; penes se namque habens phantasmata, per se speculari
potest in illis nunc hoc intelligibile, nunc illud, secundum quod
60 voluerit, adhuc *et se ipsum*, ut ait Philosophus.
    Unde, 2º D e A n i m a dicente Philosopho quod *homo potest*

---

42 dictum est] prius *add. B*   45 cum] tamen *B*   earum *A*   46 34] 35ᵐ *B*   49
igitur] ergo *B*   50 phantasma *B*   52 propter] per *AE*   53 quoque *A*   habi-
tuali *x*   56 ratio] non *B*   hoc] hic *B*   57 itaque] utique *B*   61 homo *Arist.*] hoc
x : haec *B*

42 dictum est : c. 32, p. 129, 1-2.
57 per - 58 operari : Arist., *De Anima*, III, 4, 429 b 7.
60 adhuc - ipsum : Arist., *De Anima*, III, 4, 429 b 9.
61 homo - 63 anima : Arist., *De Anima*, II, 5, 417 b 23-25. Lemma in Aver. com.,
     Aver. lat., VI. 1, p. 219, 2-4.

intelligere cum voluerit, non autem sentire, quia *universalia quasi sunt in anima,* inquit COMMENTATOR quod, sicut sensibile extrinsecus existens movet sensum, ita *intentiones imaginabiles* intellectum, *potentia* quidem *universales* existentes, *licet non actu*; *et ideo 'quasi* 65 *sunt in anima' et non* simpliciter *dixit 'sunt',* quia intentio universalis alia est ab intentione imaginabili. Et quia moventia,* inquit, *virtutem universalem sunt intra animam et habita a nobis semper actu, ideo potest homo considerare in eis cum voluerit, et hoc dicitur formare, et non potest sentire cum voluerit, quia indiget sensibilibus necessario,* 70 *quae sunt extra.*

Verum, in hoc differt phantasia rationalis ab irrationali, quod in rationali interdum potest motus phantasmatum quoquo modo cohiberi per quandam ordinationem deliberativam, nunc hoc nunc illud speculando, nunc ordinem permutando, pro libito voluntatis. 75 In irrationali vero non sic, sed ordine non observato secundum motum phantasmatum movetur et phantasia, semper actu considerans id quod in movendo praevalet, sive sit memorabile sive generis alterius cuiuscumque, quemadmodum oculo non moto quodcumque vidibile in directo axis visualis seu pupillae afferatur, ab illo fit in actu visio, 80 dummodo non sit impedimentum alias; oculo vero libere moto, nunc sursum aspiciendo, nunc deorsum, nunc sic, nunc aliter pro libito voluntatis, actu considerare possumus visibile quod volumus, si sit praesens. Hoc itaque modo se habere videtur intellectus, qui in habitu, ad phantasmata conservata. Nam et de reminiscentia 85 concludit PHILOSOPHUS quod, licet *corporea quaedam sit passio,* quia tamen cum deliberatione fit et *est ut syllogismus quidam* ordinans hoc post hoc, necesse est perfectionem eius esse ab intellectu, qui pro libito voluntatis ordinat hoc post illud.

65 existentem *B*   67 quia *om. B*   69 potest] habet *AE*   70 potest *om. AE*
72 Verumtamen *B*   73 interdum potest *inv. B*   quoque *A*   75 nunc... permutando *om. B*   80 in directo] indirecte *B*   viso *AE, sed corr.* visio *E²*   81 libero *A*
85 Nam] nunc *A*   87 quidam] quidem *B*

63 sicut - 71 extra : AVER., *De Anima,* II, 60. Aver. lat., VI. 1, p. 220 (lin. 18-29).
86 corporea - passio : ARIST., *De Memoria,* 2, 453 a 14-15.
87 est - quidam : ARIST., *De Memoria,* 2, 453 a 10.

90 # CAPITULUM 35

QUOD INTELLECTUS VOLUNTARIE SE IPSUM IMPEDIT
ET PROHIBET AB ACTU INTELLIGENDI

Quoniam itaque intellectus in habitu, formam habens cuiuslibet intelligibilis, *per se ipsum operari potest* et intelligere quodlibet actu
95 ac etiam *se ipsum*, cum voluerit, dummodo ab inordinato motu phantasmatum, per quem multotiens impeditur, non sit prohibitus operari se, habens autem formam, necessario secundum ipsam operatur nisi fuerit impediens aliquod, necesse est impedimenti huius causam intellectui provenire aliqualiter a se ipso, secundum quod
00 existens in tenebris aut clausos tenens oculos sibi ipsi causa impedimenti est non videndi lumen praesens, cum oculos aperire aut ad lumen convertere visum noluerit, cum possit si velit. Habens igitur scientiam et potens considerare quandocumque voluerit, non considerans autem actu, impedimentum habet voluntarium. Attamen,
5 et si vellet multa simul actu considerare scibilia, non posset propter proportionem quam habet intellectus ad phantasmata, quorum multa simul actu perfecto esse non possunt in phantasia distincte, ut dictum est prius. Quapropter singula tantum intelligibilia secundum vicissitudinem fieri potest intellectus.
10 Dubitatur autem circa hoc quid sit movens intellectum in habitu ad intelligendum hoc post illud. Actu enim intelligens aliquid habet quidem phantasma distinctum actu in quo speculatur intelligibile; reliqua vero phantasmata potentia sunt vel habitu, nec possunt per se movere intellectum. Non enim sunt actu motiva
15 priusquam in ipsis intelligibilia speculatur. Igitur oportet ipsum movens esse ex parte intellectus. Intellectus autem potentia est propter impedimentum quidem voluntarium, quod ab intra est et

---

90 35] 36ᵐ *B*   98 impedimentum *A*   2 noluerit *p. corr. E*] voluerit *BCDA*   3 igitur] ergo *B*   5 propter *om. B*   7 perfecta *D*   15 oportet] apparet *B*

94 per - 95 ipsum : Arist., *De Anima*, III, 4, 429 b 7 et 9.
  8 prius : c. 31, p. 128, 77 sqq.

non ab extra. Dubitatur ergo quid sit ducens hanc potentiam ad
actum. Non enim ipsa volendi potentia, secundum quod huiusmodi,
simpliciter in actum exit per se, nec etiam ab alio quam ab intrinsecus 20
agente principio, quod et impedimenti quidem huiusmodi remo-
tivum est naturaliter, et prohibentis consimiliter solutivum. Sed de
his posterius convenientior erit locus.

CAPITULUM 36

DE CAUSA IMPEDIMENTI EX PARTE IPSIUS INTELLECTUS,   25
ET SOLUTIO CUIUSDAM OBIECTI CIRCA PRAEDICTA

Nunc autem videndum est qualiter intellectus *singula factus ut
sciens*, aut etiam actu considerans scibile, in potentia est ad se
ipsum intelligendum, cum idem sit actus intelligibilis et intellectivi,
atque in non habentibus materiam idem sit intelligens et intellectum. 30
Quare videtur quod intelligens aliud a se quodcumque scibile se
ipsum actu intelligat simul, et non potentia.

Verum, licet subiecto idem sit actus intelligibilis et intellectivi,
ac universaliter actus mobilis et motivi, nihil tamen prohibet actum
huiusmodi diversitatem in se continere ratione, talem etiam ac tantam 35
quod interdum duo inde causantur praedicamenta seu assignantur, ac
tio scilicet et passio. Unde, licet eadem sit via subiecto ab Athenis ad
Thebas et e converso, non tamen ire ab Athenis ad Thebas est idem
actus essendi cum illo qui est e contrario. Quinimmo, actus hi impedimento sibi invicem sunt; cum enim termini sint diversi, tendens 40

18 ergo] igitur *C*   21 principio] principiatur *B*   et *del. E*ˣ   huius *B*   24
36] 37ᵐ *B*   25 ipsius *om. AE*   26 et *om. D*   30 sit] scit *A*   intellectum] -tui
A   32 intelligat] et *add. B*   36 exinde *B*   39 essendi] eundi *p. corr. DE*   40
sint] sunt *B*

23 posterius : Pars XV.
27 singula - 29 intelligendum : Arist., *De Anima*, III, 4, 429 b 6 et 9.
30 in non - intellectum : Arist., *De Anima*, III, 4, 430 a 3-4.
34 universaliter - 37 passio : Arist., *Physic.*, III, 3. Vide etiam *De Anima*, III, 2,
    426 a 2-6.
37 eadem - 39 contrario : Arist., *Physic.*, III, 3, 202 b 11-14 et a 17-20.

quidem ad alterum et accedens recedit ab altero de necessitate ac elongatur. Quoniam igitur cognoscibilia sunt quasi termini, in quos tendit cognitio seu potentia cognoscendi tamquam a quibus perfectionem acquirit et actum suae potentiae, ut dictum est prius,
45 obiectum autem per se intellectus, quod est extra in re, et obiectum eius intra, quod est ipse intellectus qui est eius obiectum per accidens, duo sunt termini cognitionis et non unus et idem, licet ipse actus intelligendi sit idem subiecto. Necesse est itaque cognitionem relatam actu ad alterum terminorum, et tamquam actu existentem in illo,
50 potentia quodammodo fore sub reliquo et numquam actu simul in utroque, quia diversi sunt actus et distincti. Adhuc et per consequens prohibet alter alterum et impedit sub hac ratione.

Palam itaque ex his est quod, quamquam *in his quae sine materia sunt, idem* subiecto *sit intelligens et quod intelligitur*, propter identi-
55 tatem, inquam, intelligibilis in actu et intellectivi — secundum enim quod *res* sine materia est sive secundum quod *separabilis a materia, sic et* actu intellecta est sive intelligibilis — nihil tamen prohibet ipsum intelligens non esse per se intellectum seu intelligibile per se, sed sufficit esse per accidens intelligibile. Virtus etenim conclusionis
60 PHILOSOPHI non ultra hoc se extendit. Non plus namque valet illa conclusio quam quod *in his quae sunt sine materia, idem est intelligens et quod intelligitur*, idem quidem actu eodem, ut dictum est, et se ipsum intelligens etiam qualitercumque, scilicet per accidens. Alia namque a se, scilicet quidditates rerum, per se obiecta sunt intel-
65 lectus nostri; se ipsum ergo per accidens intelligit. Quod si se ipsum per se intelligeret, semper esset actu intelligens, quod non experimur; alia vero a se per accidens intelligeret, cuius contrarium supponitur tamquam per se notum, ut patet supra. Unde COMMENTATOR :

---

42 igitur] ergo *B*   45-46 et... est[1] *om. B*   49 illo] ipso *B*   50 et *om. x*   51 quia *om. B*   52 prohibet *om. A E*   et *del. E*[x]   57 actum *B*   est sive] seu *B* 58 seu] sive *A E*   59 per *om. E, sed rest. E*[x]   etenim] enim *A*   65 ergo] igitur *D* 67 vero] alia *add. B*

---

44 prius : c. 29, p. 119, 17 sqq.
53 in his - 54 intelligitur : ARIST., *De Anima*, III, 4, 4, 430 a 3-4.
55 secundum - 57 intelligibilis : ARIST., *De Anima*, III, 4, 429 b 21-22.
61 in his - 62 intelligitur : Vide ad lin. 53-54.
62 dictum est : lin. 54-55.

Intellectus, ait, noster *intelligit se secundum quod ipse non est aliud nisi formae rerum, in quantum extrahit eas a materia. Quasi igitur* 70 *se intelligit ipse modo*, inquit, *accidentali, ut dicit Alexander, scilicet secundum quod accidit intellectis rerum quod fuerint ipse, id est essentia eius, et hoc e contrario*, inquit, *dispositioni in formis abstractis*, ut etiam dictum est prius.

Porro, ex his concluditur de necessitate quod intellectus in actu 75 non solum est omnes species intelligibiles simul acceptae, sed est etiam singula earum per vicissitudines, non quidem formaliter ne essentia eius transmutetur, sed virtualiter. secundum quod iam dictum est frequenter. Unde, quod intellectus dicitur esse singula species intelligibilis, non est hoc ita praecise intelligendum quasi 80 non sit alia ab illa, immo sic est singula quod, non tamen exclusione aliarum sed inclusive, cum hoc et est alia quaelibet, ac etiam est simul omnes quoquo modo.

CAPITULUM 37

QUALITER INTELLECTUS SE IPSUM INTELLIGENS REALITER   85
SUB HAC RATIONE SE IPSUM NON INTELLIGIT; ET QUA-
LITER MATERIALIS QUODAMMODO FIT, QUASI TRANSSUB-
STANTIATUS ET PASSUS EXTASIM IN SENSUM

Quoniam igitur nihil aliud est intellectus quam species intelligibiles, sic quidem realiter singula, sic vero simul omnes, prout 90
visum est, et hoc quidem tam potentia quam actu aut habitu,

69 Intellectus...] Nota. Species intelligibiles essentia sunt intellectus *i.m. inferiori* D^1
70 igitur] ergo B 71 dixit x 72 intellectus B id est essentia] septem entia A
77 etiam *om.* A 81 est] et x non tamen] sine x exclusione] conclusione C
82 et] etiam x 83 quoque A 84 37] 38^m B 87-88 transbeatus *comp.* C :
transverberatus A : transs'tatus E 90 realiter *om.* B 91 est *om.* B

69 Intellectus - 73 abstractis : AVER., *De Anima*, III, 8. Aver. lat., VI. 1, p. 420
    (lin. 19-25).
74 prius : c. 3, p. 20, 87-92.
79 intellectus - 80 intelligibilis : ARIST., *De Anima*, III, 4, 429 b 6.
91 visum est : c. 36, lin. 79-83.

secundum quod species sic intelligibiles sunt vel sic, ad nostram autem voluntatem reductae sunt actiones tam abstrahendi intellecta quam intelligendi ea, ut etiam confitetur AVERROES, — ex-
95 perimur enim, inquit, *nos agere per has virtutes intellectus cum volueri-mus, et nihil agit nisi per suam formam* — pertractandum est iterum qualiter intellectus impedimenti causa est sibi ipsi voluntarie, ita quod se ipsum intelligens, se ipsum non intelligit, sed obiectum extra quod est in materia, et per consequens quasi materialem ac pas-
00 sibilem se facit ac reputat, impassibilis existens ac immaterialis, absque hoc tamen quod nullam in se novam recipit mutationem.

In praecedentibus quidem enim visum est qualiter intellectus noster, suum primo et per se obiectum cognoscens, instar extensae lineae quasi extra se tendit vel tenditur, tamquam extasim passus
5 quodammodo, ac in rei materialis quidditatem, sine materia quidem non existentem, transformatus, non quidem subiecto seu essentialiter sed secundum esse quoddam et rationem. Et quamvis intellectus essentialiter materialis non sit, ut demonstrat PHILOSOPHUS, sic tamen se habens adhaeret materiae quodammodo, et non est sine
10 materia penitus nec ab ea separatus omniquaque, sed materialis quoquo modo.

Quapropter nec idem est penitus intellectus in nobis et intellectum hoc modo consideratum. Nam, secundum quod etiam dicit COM-MENTATOR,12⁰ P h i l o s o p h i a e   P r i m a e, *si in homine intel-*
15 *lectus et intellectum essent unum omnibus modis* et idem, *non contin-geret ei quod* intellecta *eius essent plura.* Unde *causa divisionis,* inquit *in intellectu humano est quia intellectum aliquo modo est aliud ab intellectu.* Illud ergo quod per se et primo noster intelligit intellectus

---

92 sic[1]] sit *A*   96 est] igitur *add. E*   00 ac[2]] seu *B* : atque *C*   1 se novam recipit] re ceperit novam *B*   6 transformatur *B*   8 essentialis *B*   11 quoquo modo] quodammodo *C*   12 intellectus] intelligens *B*   14 Philosophiae Primae *inv. B*   15 idem] et *add. AE, sed del.* et *E*ˣ   16 intellecta] -tiva *B*   17 intellectu *B, et in ras. E*²] intellecto *CDA*   quia] quod *CAE*   18 ergo] quidem *add. B*

94-95 experimur - 96 formam : AVER., *De Anima*, III, 18. Aver. lat., VI. 1, p. 439-40 (lin. 83-84).
2 In praecedentibus : c. 12, p. 56, 00 sqq.
2 intellectus - 4 lineae : ARIST., *De Anima*, III, 4, 429 b 17.
7 intellectus - 8 sit : ARIST., *De Anima*, III, 4, 429 a 10 - b 5.
14 si - 18 intellectu : AVER., *Metaph.*, XII, 51. Ed. Venet. 1562, f. **336** G-H.

aliud est ab ipso intellectu, quia res materialis est seu materiam habens. Nihilominus tamen e contrario, materiam habens potentia 20 intelligibile est tantum et non actu. Quinimmo, *sicut separabiles sunt res a materia, sic et quae circa intellectum sunt,* unde actu intellectum realiter idem est cum intelligente. Actu igitur intellectum, quod intellectus intelligit, realiter est ipse intellectus; quod tamen primo et per se intelligit est aliud a se, scilicet obiectum extra, ut 25 dictum est. Quare se ipsum intelligens realiter, licet non per se et primo, non intelligit se ipsum sub ratione propria sed aliud a se, quodcumque videlicet ens materiale in quod fertur quidem seu tendit, quasi passus extasim vel transformatus. Secundum hunc igitur modum semper talem quodammodo patitur intellectus extasim 30 quale est illud obiectum aliud a se, in quod tendit, cuiuscumque passibilitatis existat aut materialitatis, sive etiam instar rectae lineae simpliciter extendatur in quamcumque quidditatem rei materiam habentis, sive in ipsum habens materiam ad modum fractae vel reflexae lineae circumflectatur multipliciter seu incurvetur. Sic 35 enim passus extasim in ipsa materialia materiae ad haeret quodammodo, quasi materiam habens et non omnino separatus ab ea; propter quod intellectum, hoc modo consideratum, non idem est cum intelligente, ut dictum est.

Ex his itaque sequitur quod hanc carnem vel illam, seu hoc calidum 40 vel illud frigidum, et universaliter particularia quaelibet cognoscens intellectus tamquam fractus seu incurvatus in sensitivo aut circumflexus, ut dictum est prius, extasim maxime patitur, tamquam materialis effectus totus et quasi sensus quidam. Unde PHILOSOPHUS, 6º E t h i c o r u m, de intellectu loquens extrema sive singularia 45 cognoscente : sensus *quidem est,* inquit, *hic intellectus.* Ecce qualiter ex conclusionibus PHILOSOPHI conversio fit ad quoddam principium

19 ab *B, et in ras. E²*] *om. CD* : in *A*   est² *om. A*   19-20 seu... habens] sive habens materiam *B*   23 igitur] ergo *B*   30 igitur] ergo *B*   32 existit *D*   etiam *om. A*   adinstar *B*   34 sive] seu *x*   35 vel] seu *B*   41 quaedam *A*   45 sive] seu *A*   46 est] erit *B*

21 sicut - 22 sunt² : ARIST., *De Anima,* III, 4, 429 b 21-22.
26 dictum est : lin. 18-19. Vide etiam c. 7, p. 39, 79-80 et c. 36, p. 139, 45-47.
32 instar - 35 incurvetur : ARIST., *De Anima,* III, 4, 429 b 16-17.
39 dictum est : lin. 12 sqq.
43 prius : lin. 34-35. Vide etiam c. 4, p. 21, 18-19 et c. 12, p. 56, 2-3.
46 sensus - intellectus : ARIST., *Ethic. Nic.,* VI, 12, 1143 b 5.

ab antiquis acceptum, ut prius dictum est. Intellectu etenim interdum
existente tamquam sensu, secundum quod confessi sunt antiqui,
50 PHILOSOPHUS naturam intellectus possibilis ex hoc investigat. Nam,
cum *antequam* actu *intelligat, nihil* sit *actu* intelligibilium, particularia
autem cognoscens actu, ut hanc carnem vel illud calidum, secundum
quod talis nihil est actu intelligibilium, sed est idem in actu cum
sensitivo quodammodo, potentia solum intelligens propter dis-
55 tinctionem actuum, necesse itaque est ex intellectus incurvatione
in sensum seu quasi transformatione quadam in illum rationem
intellectus possibilis provenire, quatenus ex hac ratione materialis
quodammodo censeatur.

Adhuc, et compassibilis est virtutibus corporis, prout iam dictum
60 est prius a GRAMMATICO, ac etiam in potentia quidem existens ad
se ipsum, scilicet noscibiliter. *Dianoia* enim, inquit, *id est mens sive
meditatio,* sic se habens, *intellectus est a corpore* seu a virtutibus
eius *impeditus* seu velatus. Immersus namque virtutibus corporis,
et quasi per circumflexionem et fractionem quandam a simplici
65 rectitudine apprehensiva tamquam transformatus in virtutes sensitivas, factus materialis, actu intelligere non potest sic se habens,
sed potentia tantum intelligens est, a principio quidem ob hoc
possibilis vocatus intellectus; etenim particularia considerans ac
sensitivo compassibilis factus, ipsorum materialium seu materiam
70 habentium cognoscitivus est, prout sub conditionibus materialibus
accipiuntur. Ex his autem velamentum causatur intellectui ac
impedimentum ne actu sit intelligens; nihil enim actu intelligens
est aut intellectum, nisi abstracto materialium conditionum ve-
lamento.

50 naturam] materiam *C*   50-51 Nam... intelligat *om. B*   51-53 particularia...
intelligibilium *om. A*   54 solum *om. B*   56 ratione *B*   61 Dyania *codd.*
sive] seu *CDE*   72 nihil... intelligens[2] *om. D*

48 prius : c. 1, initium; c. 18 initium et c. 25.
48 Intellectu - 49 antiqui : ARIST., *De Anima*, III, 3, 427 a 17-29.
50 naturam - investigat : ARIST., *De Anima*, III, 4, initium.
51 antequam - actu[2] : ARIST., *De Anima*, III, 4, 429 b 31.
60 prius : c. 26, p. 106, 75-99 et c. 27, p. 111, 10-29.
61 Dianoia - 63 impeditus : Io. PHILOPONUS, *In III De Anima* (ARIST., 4, 429 b 8-9).
   CAG lat., III, p. 19, 66 et p. 20, 71-73.
68 possibilis - intellectus : ARIST., *De Anima*, III, 4, 429 a 22. Vide supra, c. 2, p. 19,
   70-71.

Cum igitur ad nostram voluntatem reducatur tam abstrahendi 75
quam intelligendi actio, palam est actu intellectum in nobis impeditum esse, quando materialium conditionum abstrahere volumus
velamenta. Consimiliter quoque se ipsum intelligere non potest
intellectus sub ratione propria, quamdiu materialis est vel esse vult
aliqualiter, scilicet extendendo se in obiectum aliud extra se, quasi 80
passus extasim in quidditatem videlicet rei materialis. Et sic patet
quod intellectus per naturam immaterialis existens, per voluntatem
fit materialis quoquo modo. Et hinc AVICENNA, 10° suae M e t a-
p h y s i c a e, dicit quod *substantiam animae corpus occupat et reddit*
stultam, et facit eam oblivisci sui desiderii proprii et inquirendi 85
perfectionem, quae sibi competit, et percipiendi delectationem perfec-
tionis si eam habuerit, vel percipiendi aliquid de perfectione, si non
habuerit eam. Non quod anima sit impressa corpori, inquit, *vel sub-*
mersa in eo, sed quia ligatio est inter illa duo, quae est desiderium
naturale gubernandi illud et agitandi affectiones eius, et quidquid 90
supervenit ei ex accidentibus corporis et habitibus qui imprimuntur
in ea, quorum principium est corpus.

Ex his ergo colligi potest qualiter intellectus possibilis, seu quamdiu potentia est intellectus simpliciter, nec se ipsum nec aliud a se
intelligit; habitu etiam existens consimiliter nec aliud a se actu 95
intelligit nec se ipsum. Potentia tamen propinquiori aliud a se
intelligit sic se habens, et se ipsum remotius. Actu vero intelligens
aliud a se, scilicet obiectum extra, tamquam extensus quoquo modo
in quiddam materiale, sub tali ratione aliud a se intelligens, simul et
se ipsum actu non intelligit sed potentia, quae, per voluntatem 00
impedimento quidem absoluto, in actum exit quo se ipsum intelligit,
super se rediens et conversus, quasi extensam lineam super se
recurvans circulariter regirando. Qualiter autem voluntas intellectum ex tali potentia vel tali in actum ducat talem aut talem, et

---

75 igitur] ergo *B*   reducantur *B*   76 actu *om. B*   in nobis *iter. A*
76-77 impedimentum *AE*   79 est *om. B*   82 quod *om. A*   88 anima]
omnino *comp. B*   90 quitquid *A*   91 supervenit *om. AE*   93 seu]
sive *B*   95 intelligit... a se *om. AE*   96 nec se ipsum *del. E*ˣ   99 quoddam *E*   1 actu *x*

---

84 substantiam - 92 corpus: AVICENNA, *Metaph.*, tract. IX, c. 7. Ed. Venet., 1508,
   f. 107ᵛᵃ.

5 universaliter quomodo se habeat ad intellectum, posterius est inquirendum.

CAPITULUM 38

PROPTER QUID ET QUOMODO PER INTELLECTUM NOS-
TRUM, QUI NON FORMALI DISTINCTIONE SED POTES-
10   TATE SIMUL OMNES EST SPECIES INTELLIGIBILES, NON
SIMUL OMNES INTELLIGIMUS FORMAS ENTIUM, SED PER
SE DETERMINATAM UNAMQUAMQUE SINGILLATIM

Porro quaedam est dubitatio circa hoc, sicut tactum est et prius,
scilicet quod intellectus noster per accidens se ipsum fit intelligens,
15 ex eo quod aliud a se intelligit primo et per se, nihil quidem aliud
existens ipse quam intelligibiles species, ut iam dictum est saepius;
aliquod enim intelligibile determinatum, puta leonem, intelligens
noster intellectus alia fit ipse species intelligibilis, qua etiam se
ipsum intelligit, quam sit illa qua lapidem intelligit, et per eandem
20 se ipsum etiam, secundum quod visum est prius. Quare et intellectus formaliter alius erit et alius simili modo, ut videtur; per
eandem namque speciem lapis et leo singillatim non cognoscitur,
alioquin leonem intelligens semper cointelligeret lapidem, et e converso, et esset simile de omnibus intelligibilibus.
25   Ex his autem quae dicta sunt prius, huiusmodi dubitationis
solutio satio satis patet. Nam, tum propter privationem transmu-
tabilitatis in ipso intellectu secundum se, tum propter rationem
cognitionis intellectivae, ac etiam propter virtutem intellectus
agentis, intellectus ipse virtualiter et putative continet in se species
30 intelligibiles omnes; per respectum vero et proportionalitatem

7 38] 39ᵐ B   12 singillatim *scripsi*] sigillatim *x* : singulatim B   16 intelligibilis
comp. B   18 ipsa *AE*   etiam] et B   19 quam sit] qua sic B   qua *om.* B
22 singillatim *scripsi*] sigillatim *E* : singulatim *comp.* B : singulatim (*comp.* D) alias
sigillatim *CDA*   23 intelligeret *E*   25 prius *om.* B   dubitationis] disputa-
tionis B   26-27 tum... tum] tamen... tamen C

5 posterius : Pars XV.

quandam, quam habet ad phantasmata secundum modum quo
unitur eis, determinatur in homine species intelligibilis phantasmatibus, singulis singillatim correspondens, quae quanto deterius
aut obscurius disposita fuerint, tanto minus eis respondet intellectus,
et quanto purius et sincerius phantasmata disponuntur, tanto per- 35
fectius in eis et melius ac promptius actio viget intellectus.

Quamobrem accidit quod in phantasmatibus propriorum et per
se accidentium, quidditati quidem substantiae propinquiorum,
facilius et immediatius subiecti quidditatem intelligit aut investigat
intellectus. Hoc enim modo magnam partem accidentia conferunt 40
ad cognoscendum quod quid est, tamquam manuductio quaedam,
et sic universaliter contingit quod secundum merita phantasmatum
et idoneitates magis convenientes aut minus, actio intellectus
mediatius aut immediatius seu clarius aut obscurius nobis continuatur. Hinc etenim SENECA : *Nihil aliud est*, inquit, *ratio quam in* 45
corpus humanum pars divini spiritus mersa. Sacer igitur, ait, *intra nos*
spiritus sedet, malorum bonorumque nostrorum observator et custos;
hic prout a nobis tractatus est, ita nos ipse tractat. Non enim fas est
non puro purum seu *mundum copulari*, ut in P h a e d o n e divus
ait PLATO. *Neque omni participat omne*, inquit PROCLUS, quia 50
dissimilium omnino non est coniunctio, neque contingens contingente
participat, sed cognatum, inquit, *unicuique copulatur.*

Sed redeuntes ad propositum dicamus, sicut et dictum est prius,
quod species actu intellecta non est formalis impressio, sed virtus
intellectus secundum proportionem et respectum determinatum ad 55

33 singillatim *scripsi*] singulatim *BCDA* : sigillatim *p. corr. E*   35 purius] plurius *D*
38 se *om. A*   propinquorum *CA*   39 aut *om. A*   46 Sacer *p. corr. ex* Sicut
(?) *D*] Satis *B* : Sicut *CAE* : alias Sacer *i.m. D*[1]   47 nostrorum] nostro *B*   48
nos] et *C*   49 non puro] nec puro *B* : puro non *E* : non mundo *Plato*   seu] sed
AE   copulari] contingere *Plato*   fedrone *BE*   50 ait Plato *inv. B*   omne]
esse *B*

45 Nihil - 46 mersa : SENECA, *Epist. ad Lucilium*, lib. VIII, epist. 4 (66). Ed. Hense,
     p. 213, 9-11.
46 Sacer - 48 tractat : SENECA, *Epist. ad Lucilium*, lib. IV, epist. 12 (41). Ed. Hense,
     p. 124, 14-17.
48 Non - 49 copulari : PLATO, *Phaedo*, 67 B. Plato lat., II, p. 17, 26-27.
50 Neque - 52 copulatur : PROCLUS, *Elementatio Theologica*, prop. 123. Ed. Dodds,
     p. 110, 7-9; ed. Vansteenkiste, p. 499-500.
53 prius : c. 34 et alibi.

hoc vel hoc phantasma se habens. Diversitas autem respectuum ad phantasmata determinata nullam in intellectu diversitatem concludit, unde punctus idem diversarum linearum finis aut principium esse potest, et idem color in collo columbae apud aspicientes diversos di-
60 versus apparet. Est ergo diversitas specierum in intellectu, non quidem secundum se, sed in comparatione quidem ad phantasmatum diversitatem, secundum quod etiam a GRAMMATICO dictum est prius. Nam, licet cognitionis ratio *secundum similitudinem quandam existat et proprietatem*, ut ait PHILOSOPHUS, 6º E t h i c o r u m, non est
65 tamen opinandum hoc esse formaliter de necessitate. Sufficit enim quod virtualiter seu potestate, secundum quod et 7º P h i l o s o p h i a e P r i m a e PHILOSOPHUS, declarans qualiter *omnia* quae fiunt, *modo quodam fiunt* a simili et *univoco : Non enim omnia*, inquit, *sic oportet quaerere ut ex homine homo ; etenim femina ex viro et mulus non ex*
70 *mulo*, sed *quemadmodum in syllogismis principium est substantia*, conclusio tamen alterius rationis, sic et in aliis. Unde *sperma facit sicut illa quae ab arte ; habet enim*, inquit, *potestate speciem* non solum quidem totius animalis sed et particulae cuiuslibet. Sic itaque et in intellectu nihil prohibet esse species intelligibilium singulorum,
75 ut quemadmodum virtus quae in spermate nunc facit cor, nunc cerebum, nunc epar, et consequenter alia membra determinate singula, secundum materiae idoneitatem, sic et intellectus, idem exis-

---

56 respectus *x*   59-60 diversus] diversis *comp. B*   62 quod etiam] quam et *B*   66 et] etiam *B*   73 particulae *scripsi*] parti^re *B* : partibula *C* : partibile *DAE*

58 punctus - 59 potest : ARIST., *Physic.*, VIII, 8, 263 a 24-25. Vide etiam *De Anima*, III, 2, 427 a 10 et 7, 431 a 21-22.

59 idem - 60 apparet : Ps.-ARIST., *De Coloribus*, 3, 793 a 14-16 et AVICENNA, *De Anima*, pars II, c. 2, ed. Venet. 1508, f. 7rb. Vide etiam ALHAZEN, *Optica*, lib. I, c. 3, ed. Risner, p. 3. — Scholastici hunc locum saepe allegant, v.g. ROGERUS BACON, *Opus Maius*, P. V (*Perspectiva*), pars III, dist. I, c. 5 et P. VI (*Scientia experimentalis*), c. 11, ed. Bridges, II, p. 141-142 et 195 ; S. THOMAS, *In De Sensu*, lect. 6, n. 91 ; Io. PECHAM, *Perspectiva Communis*, P. I, c. 1, concl. 12, ed. Gauricus, f. iii^v, etc.

63 cognitionis - 64 proprietatem : ARIST., *Ethic. Nic.*, VI, 2, 1139 a 10-11.

67 omnia - 68 univoco : ARIST., *Metaph.*, VII (Z), 9, 1034 a 22.

68 Non - 70 mulo : ARIST., *Metaph.*, VII (Z), 9, 1034 b 1-3.

70 quemadmodum - substantia : ARIST., *Metaph.*, VII (Z), 9, 1034 a 30-31.

71 sperma - 72 speciem : ARIST., *Metaph.*, VII (Z), 9, 1034 a 33 - b 1.

72 non - 73 cuiuslibet : ARIST., *De Gen. Animal.*, I, 19, 726 b 15-19.

tens secundum se, respectu phantasmatum singulorum determinata fit et singula intellecta. Unde et ars naturam imitari dicitur et opus naturae opus dicitur intellectus. 　　80

Quapropter PHILOSOPHUS, in libro D e C a u s a M o t u s A n i- m a l i u m : *Phantasia*, inquit, *et intelligentia habent rerum virtutem ; aliquo enim modo species intellecta calidi aut frigidi aut delectabilis aut tristabilis talis existit, qualis quidem et rerum unaquaeque.* Praecipue autem concluditur hoc ex ratione intellectus agentis, qui, 85 *factivus* existens intelligibilium, ad intellectum possibilem *ut lumen* ad colores et *sicut ars ad materiam* se habet quodammodo ; nam cum sit agens cognoscitivum, necesse est ipsum saltem virtualiter esse tale actu, quale possibilis est in potentia. *Unde enim* qui *potentia intellectus omnia intelliget, si* ille *non omnia intelligit qui producit* 90 *ipsum in actum ?*, ut ait THEMISTIUS. Quare, si realiter idem est in substantia possibilis intellectus cum agente, necesse est in intellectu simpliciter loquendo species omnium intelligibilium virtualiter contineri. Unde et ALBERTUS ait quod *in quolibet* intelligibilium, nihil *intelligitur* aliud *nisi lumen intellectus agentis.* 　　95

Manifestum igitur ex his est quod nihil prohibet intellectum per vicissitudines in nobis esse unamquamque speciem intelligibilem, nec tamen aliquam patietur alietatem in se ipso ; adhuc et singillatim quaelibet per se intelligibilia actu intelligens intellectus, et sic per accidens se ipsum imperfecte quidem, quia non solum est quodlibet 00

---

79 intellecta. Unde] intellectarium *A*　　79-80 et³... intellectus *om. B*　　80 opus² *om. C*　　84 tristibilis *CDA*　　unaquaque *A*　　86 ut] et *AE, sed corr.* ut *E*² 　　90 intelliget] -git *C*　　91 actu *x*　　est *iter. C*　　98 alieitatem *D*　　singillatim *E, sed corr.* sigillatim *E*²] singulatim *BCDA, et sic lin. 1*　　00 quidem imperfecte se ipsum *B*

79 ars - 80 intellectus : Cfr S. THOMAS, *In Physic.*, lib. II, lect. 5, n. 6 (ed. Leon., II, p. 65 b) vel n. 346 (Pirotta).

79 ars - dicitur : ARIST., *Physic.*, II, 2, 194 a 21-22 ; 8, 199 a 15-16 ; *Meteor.*, IV, 3, 381 b 6 ; Ps.-ARIST., *De Mundo*, 5, 396 b 12.

80 opus¹ - intellectus : Non ad litteram apud Arist., sed multos locos allegat A. MANSION, *Introduction à la Physique Aristotélicienne*, p. 271-73.

82 Phantasia - 84 unaquaeque : ARIST., *De Motu Animal.*, 7, 701 b 18-22 (transl. Moerb., ed. Torraca, p. 59, 26-29).

86 factivus - 87 materiam : ARIST., *De Anima*, III, 5, 430 a 12-15.

89 Unde - 91 actum : THEMIST., *In De Anima*, lib. VI (ARIST., III, 5, 430 a 23-25). CAG V. 3, p. 103, 30-32 ; CAG lat., I, p. 235, 6-7.

94 in - 95 agentis : ALBERTUS MAGNUS, *De Intellectu et Intelligibili*, lib. II, c. 5. Ed. Borgnet, IX, p. 511 a.

intelligibile singillatim sed omnia, palam est ipsum, sic intelligentem actu, in potentia esse ad se ipsum perfectius cognoscendum.

Secundum hanc ergo viam possibile est nos aliqualiter ad cognitionem intellectus nostri attingere, secundum quod ex actibus in
5 cognitionem potentiae ac etiam substantiae devenimus, ducatum praestante nobis doctrina PHILOSOPHI. Si qua vero est alia via deveniendi in cognitionem intellectus, de illa quidem restat posterius inquirendum.

CAPITULUM 39

10　　SENTENTIA RABBI MOYSI CIRCA PRAEMISSA

Denique, RABBI MOYSES, in libro D u c i s　N e u t r o r u m, capitulo 68 primae partis : *Scias*, inquit, *quod homo antequam rem intelligat est intelligens in potentia; cum autem intellexerit aliquid, sicut formam ligni spoliatam a materia quam ipse spoliavit, quia hoc*
15 *est opus intellectus, tunc est intelligens actu, et intellectus qui apprehendit in actu est forma ligni quam spoliavit a materia, et est ⟨in⟩ anima simplex et spoliata, quia non est aliud intellectus nisi forma intellecta. Sic ergo patet*, inquit, *quod res intellecta est forma ligni simplex, et hoc est intellectus apprehendens actu; neque duo sunt :*
20 *intellectus et forma ligni intellecta, quia intellectus in actu non est aliud nisi quod intellexit. Res autem, per quam homo intellexit formam ligni et spoliavit, quae est intelligens, est intellectus apprehendens in actu sine dubio. Omnis enim intellectus sua operatio est sua substantia; nec est intellectus in actu aliud, et aliud actus eius, quia veritas in-*

3 ergo] vero *B*　7 veniendi *B*　7-8 posterius inquirendum *inv. B*　9 39] 40^m *B*
11 Neutrorum] deut^orum *B*　12 partis] perse *B*　13 intelligens] intellectus *B*
14 ligniti *B*　15-16 comprehendit *B*　16 in^2 *supplevi ex Maimon.*　17 nisi]
quam *A*　19 hoc] hic *x*　actu] intellectu *A*　21 intellexit^2] intellexerit *B*
23 sua^1 *del. E^x*　24 veritas] est *add. x*

4 secundum - 5 devenimus : ARIST., *De Anima*, II, 4, 415 a 14-22.
12 Scias - 72 accidens : MAIMONIDES, *Dux Neutrorum*, lib. I, c. 68 (= 67 ed. Paris. 1520, f. 27^r).

tellectus et eius substantia est apprehensio. Et non putes quod intellectus 25
in actu est res separata ab apprehensione, et quod appreheniso est
aliud, sed debes credere quod substantia intellectsu et veritas eius est
apprehensio. Et cum intellexerit quod est intellectus in actu, hoc est
apprehensio eius quod intellexit. Hoc autem notum est, inquit, *ei qui*
in talibus laboravit.   30

Ergo iam patet quod actus intellectus, quod est eius apprehensio, est
eius veritas et substantia. Quod cum ita sit, dicemus quod illud cum
quo spoliasti formam ligni et apprehendisti eam, ipsum est intellectus
et intellector ipsius, quia ipse intellectus est qui spoliavit et apprehendit
formam, et hoc est actus eius, propter quem dicitur intelligens, et eius 35
operatio est ipsius substantia. Et iste intellectus, in quo invenisti
quod est intellectus in actu, non habet nisi formam ligni. Sicut pro-
batur quod cum fuerit intellectus in actu, quod ipse intellectus est res
intellecta, et probatur quod cuiuslibet intellectus actus vel operatio,
quae est eius intelligentia, ipsa est eius substantia. Quod cum ita sit, 40
igitur intellectus et intelligens et intellectum sunt idem in substantia
semper in omni eo quod intelligit actu. Si vero intellexeris de potentia,
erunt duo necessario : intellectus in potentia et intellectum in potentia,
† ut iste intellectus Petri est intellectus in potentia, sicut diceres : est
illud lignum † intellectum in potentia; ecce duo sunt sine dubio. Cum 45
autem exierit in actum, et forma ligni fuerit intellecta in actu, tunc
erit ipsa forma intellecta intellectus. Sic etiam intellectus qui est intel-
lectus in actu, ipse est spoliatus et intellectus, quoniam omne quod
habet actum est in actu. Omnis autem intellectus in potentia et intel-
lectum in potentia sunt duo. Omne autem quod est in potentia necessario 50
eget subiecto, in quo sit illa potentia, sicut homine ratione exempli, et
ita tria sunt hic : homo in quo est potentia et idem est intelligens in
potentia, et ipsa potentia, et res apta ut intelligatur et ipsa est intellectum
in potentia, sicut homo, et intellectus principalis, et forma ligni, et
sunt tria diversa. Cum autem inventus fuerit intellectus in actu, tria 55

28 quod *del. E^x*   31 quod²] qui (?) *B : del. E^x*   est²] et *AE*   33 ipsum] ipsius
A   35 forma *A*   36 invenisti] convenisti *Maimon.*   37-38 non... actu *om. A*
37 Sicut] ergo *Maimon.*   40 intelligentia] intelligentis *B*   44-45 ut... lignum]
sicut si diceres : iste intellectus Isaac est in potentia, et illud lignum est *Maimon.*
44 intellectus² *post* potentia *B*   diceres *del. E^x*   49-50 intellectum] -tus *C*   51-
52 sicut... potentia *om. E*   51 homine] et *add. B*   53 intellectum] -tu *B*   54
principaliter *ed. 1520* : « hylique » *transl. Munk*   55 tria] tunc *B*

efficiuntur unum, nec invenies intellectum et rem intellectam diversa, nisi cum fuerit in potentia.

Cum autem verificatum fuerit probatione quod causa prima seu creator est intellectus in actu, et nihil est in eo in potentia ullo modo, 60 *non erit quandoque intelligens et quandoque non intelligens, sed semper est intellectus in actu, et sequitur ut sit ipse et res apprehensa unum, et illud est sua substantia, et actus apprehensionis per se, propter quam dicitur intelligens, ipsa est substantia intelligentis et quidditas eius, et sic est intellectus et intelligens et intellectum semper. Similiter etiam* 65 *probatur,* inquit, *quod non solum in creatore verum est intellectum et intelligentem et rem intellectam esse unum numero, sed etiam in omni intelligente, et in nobis ista tria sunt unum, cum fuerimus intelligentes in actu. Verumtamen nos eximus de potentia ad actum interpolate. Intellectus vero abstractus et intelligentia agens cum impeditur ab* 70 *aliquo ne perficiat opus suum, licet non sit impedimentum ex ipso sed ab extrinseco, contingit aliquis motus ipsi intellectui, sed secundum accidens.* Et haec quidem RABBI MOYSES.

Verum, inter haec ipsa continentur quaedam exquisite magis perscrutanda seu discutienda posterius.

SEQUITUR TERTIA PARS

---

57 cum *om. B*   58 autem] igitur *x*   60-61 semper est *inv. B*   61 intellectus] intelligens *Maimon.*   62 quam] etiam *add. B*   63 est] esse *B*   66 et rem intellectam *om. B*   unum] in *add. B*   69 et] scilicet *Maimon.*   70 sit] *om. C* : fit *D*   72 haec] hoc *x, sed corr.* haec *E²*   73 inter] inquit *x*   continent *E* exquisite] acquisite *B*   75 Sequitur...] *om. CD* : Explicit secunda pars *A*

PARS III

INCIPIT TÉRTIA PARS

CAPITULUM 1

DISPUTATIO QUAEDAM CIRCA NECESSITATEM INTELLEC- TUS AGENTIS

5 Pertractatis igitur his circa intellectum dubitabilibus, secundum quod possibilis est, et similiter prout in habitu est ac etiam in actu, consequenter ad reliqua transeamus.

Est itaque dictum prius qualiter intellectus possibilis, quia non est actus primus seu habitus quidam ut sensus, sed quasi privatio
10 quaedam sive sub privatione ens, de necessitate requirit intellectum agentem seu factivum omnium ad quae possibilis est in potentia, non ut privationem sed ut habitum quidem se habentem ut lumen, secundum quod ait PHILOSOPHUS : *cum enim in omni natura* in qua *est aliquid, hoc quidem materia unicuique generi, hoc autem est*
15 *potentia omnia illa, alterum* quoque necessarium est, inquit, quod sit *causa et factivum, quod* est *in faciendo omnia,* secundum quod et *ars ad materiam* se habet, *necesse* est *et in anima* similiter *has esse differentias Etenim intellectus hic quidem,* id est possibilis, *talis est,* scilicet *in omnia fieri, ille vero,* id est agens, hic *omnia facere,* inquit,
20 *sicut habitus quidam, ut lumen.*

COMMENTATOR autem dicit quod hic intellectus *facit hominem intelligere omne ex se quando voluerit. Hoc enim,* inquit, *est definitio*

---

1 Incipit... pars *om. BA* : Tertia pars *E*   2 Capitulum 1] Tertiae partis primum capitulum *x*   5 igitur] ergo *B*   his] quae *add. x*   8 Est] Et *x, sed corr.* Est *E*²
10 ens] eius *AE, sed corr.* existens *E*²   14 hoc ¹⁻²] haec *x, sed corr.* hoc *E*²   15 omnia illa *inv. B*   necesse *B*   17 et] ut *AE*   19 hic] haec *x*   20 quidam] quidem *BC*   22 Hoc] Haec *CAE*

8 prius : Pars II, c. 9.
13 cum - 20 lumen : ARIST., *De Anima,* III, 5, 430 a 10-15.
21 facit - 28 forma : AVER., *De Anima,* III, 18. Aver. lat., VI. 1, p. 438 (lin. 25
   34).

habitus, scilicet ut habens habitum intelligat per ipsum illud quod est
sibi proprium ex se et quando voluerit, absque eo quod indigeatur in
hoc aliquo extrinseco. Et dicit quod *per hunc* intellectum *intendit* 25
Philosophus *intelligentiam agentem* et *quod facit omnem rem intel-*
lectam in potentia intellectam in actu postquam erat in potentia, quasi
habitus et forma; secundum expositionem vero THEMISTII tamquam
actus perfectus.

Advertendum est igitur quod aliter habitus dicitur intellectus hic, 30
quam sensus secundum actum primum habitus dicatur. Licet enim
ad intellectum possibilem phantasmata quodammodo se habeant
sicut ad sensum sensibilia, impossibile tamen est phantasmata, neque
in virtute propria neque in virtute obiectorum quorum impressiones
existunt, sic per se movere possibilem intellectum sive de potentia 35
extrahere in actum sicut sensibilia sensum; nam, cum nullum agens
ultra naturam suam et genus possit agere, sequeretur *intellectum*
esse de genere virtutis phantasticae, et per consequens *nullam esse*
differentiam inter universale et individuum, ut etiam arguit COM-
MENTATOR. Unde, si phantasma ageret in virtute obiecti, ultra speciem 40
materialem nihil agere posset sive ultra speciem proprietatibus
individuantibus particulatam.

Praeterea, cum nihil agat aut operetur nisi secundum quod ens
actu, per formam autem obiecti non est phantasma ens actu
sed per animam sensitivam, quare nec etiam in virtute for- 45
mae substantialis, obiecti potest agere adhuc et ultra virtutem
animae sensitivae. Quemadmodum itaque natura virtutis sensitivae
talis est quod obiectum eius per se sufficienter potest agere in
organum ipsius virtutis sensitivae, ita quod hoc modo sensus quidem
ex habitu, qui est secundum primam perfectionem seu in actu primo, 50
fiat sensus in actu secundo, ideoque non requirebatur sensus agens,

24 indigeat *post corr. E²*   25 intendit *post* intelligentiam *CAE*   26 omne *AE*
27 intellectam] -tum *x*   30 igitur] ergo *B*   31 habitus *iter. B*   32 habent *C*
37 naturam] materiam *x*   41 sive *del. E²*   43 Propterea *B*   quod *om. C*
46-47 et... sensitivae¹ *om. B*   48 est *om. B*   eius *om. A*   se *om. B*   50 seu]
sive *B*   51 fiat sensus *iter. B*

28 secundum - 29 perfectus : THEMIST., *In De Anima*, lib. VI (ARIST., III, 5, 430 a
    10-14). CAG V. 3, p. 98, 21 et 29-30; CAG lat., I, p. 224, 87-88 et 97-98.
31 Licet - 39 individuum : AVER., *De Anima*, III, 18. Aver. lat., VI. 1, p. 438-39
    (lin. 46-56).
32 ad - 33 sensibilia : ARIST., *De Anima*, III, 7, 431 a 14-15.

sicut dictum est supra, simili quoque modo, si formae substantiales et quidditates, quae propria sunt intellectus obiecta, separatae essent a materia, sicut dicunt Platonici, per se movere possent intellectum
55 possibilem, ut ait AVERROES, et extrahere de potentia ad actum sine agente alio. Cum igitur neque ex parte eius quod quid est esse rerum materialium, eo quod non est a materia separatum, neque ex parte phantasmatum sit per se possibilitas extrahendi intellectum possibilem de potentia ad actum, necesse fuit intellectum agentem
60 in huiusmodi actione principalem esse, phantasmata vero quasi instrumentaliter deservire. Quapropter necesse est quidditates rerum materialium in hoc intellectu virtute seu potestate principaliter, ut dictum est, contineri, acciditque ex hoc per intellecum agentem in actione intelligendi illud idem fieri secundum PHILOSOPHUM quod
65 per ideas Platonicorum, ac si intellectus esset ipse quidem ideae separatae. Hinc etenim PHILOSOPHUS agentem intellectum seu factivum ad possibilem ita se habere dicit, *sicut ars ad materiam sustinuit.*

Adhuc, quemadmodum ars — inquam — differentibus instru-
70 mentis propriis determinatas ac distinctas facit operationes, ita intellectus propriis entium specifica natura differentium phanstas-matibus, proportionaliter determinando, quidditativas agit species intelligibiles ab invicem distinctas. Quo circa perscrutandum si quidem id quod potentiam cognitivam ad actum educit, obiectum
75 est per se proprium huiusmodi potentiae seu virtutis, utrum — inquam — intellectus agens, aut quaelibet in ipso contenta species idealis, principale quidem obiectum intellectus possibilis, aut ipsius obiecti quod principalius est, dici possit. Nam, si ipsum quod quid est entium intellectus nostri possibilis per se proprium obiectum est,
80 tunc in eandem realiter sententiam PHILOSOPHUS PLATONI concordare videtur, scilicet quod separatae sunt a materia quidditates materia-

52 forma substantialis *B*   53 proprie *AE*   54 a] in *C*   intellectum *iter. B*
63 accidit *B*   64 fieri] si *B*   64-65 quod per *inv. C*   66 agens *C*   75 huius *B*
76 in *om. AE, sed rest. E²*   77 principalem *x*   78 possunt *x*   quod² *om. B*
80 tunc *om. A*   concordari *CDE, sed corr.* -re *E²*

52 supra : Pars II, c. 29, p. 118, 96-97.
52 si - 56 alio : AVER., *De Anima*, III, 18. Aver. lat., VI. 1, p. 440 (lin. 96-98).
63 dictum est : Pars II, c. 7, p. 41, 58 sqq. et alibi.
66 agentem - 68 sustinuit : ARIST., *De Anima*, III, 5, 430 a 12-13.

lium entium sensibilium, seu id quod in eorum quidditatibus principalius et maxime est ipsius quod quid est eorum utique separatum
est, idealis — inquam — existens species in ipso intellectu
agente seu ipsemet intellectus agens, qui possibilem intellectum 85
principaliter educit in actum, quia nec ipsum quod quid est rei
sensibilis in materia extra, nec etiam ipsum phantasma qualitercumque se habeat : sive in virtute rei sensibilis cuius est phantasma,
sive etiam in virtute quidditatis eiusdem rei extra, movere potest
intellectum possibilem nec in actum educere, nisi tamquam deter- 90
minans quiddam universalitatem quidem actus intelligendi, seu eius
indeterminationem ad certam seu determinatam speciem intelligibilem contrahendo quodammodo.

Sane, quia, secundum quod experimur in nobis, profecto per phantasma determinatur actio intellectus agentis et contrahitur ad 95
cognitionem dumtaxat entis extra, scilicet obiecti materialis, quapropter et noster intellectus principaliter etiam tendit ad cognoscendum quid est eius a quo phantasma causatum est, idcirco secundum hoc censemus actionem ipsius intellectus in nobis ita fieri ac
si principaliter ab obiecto proveniret, seu in eius virtute fieret cuius 00
est ipsum phantasma. Consimiliter etenim PHILOSOPHUS in generatione fetus humani solem, id est virtutem caelestem, simul cum
semine patris idem operari dicit ac si ipsemet operetur ; quinimmo
tam in generatione vegetabilium, in quibus quasi pater esse dicitur
sol, quam in formatione fetus animalium semen seu virtutem in 5
ipso contentam PHILOSOPHUS activum dicit esse principium, licet
in ipsa quidem actione, secundum quod ex doctrina PHILOSOPHI posterius declarabitur, semen ipsum et virtus eius intrumentaliter solum
agat sicut agens particulare, virtutem — inquam — seu actionem
quodammodo contrahens ac determinans principalis agentis uni- 10
versaliter caelestis virtutis, de qua PHILOSOPHUS, 1º D e G e n e -

87 etiam] est B   88 habens B   89 sive] etiam add. B   90 tamquam] quantum
AE   91 quiddam] quandam B   quidem] quidam A   92 determinatum C
95 determinatur] declaratur x   97 noster intellectus inv. B   98 est² om. B
99 censemus post idcirco B   00 ab om. B   3 dicit] quasi add. B   si] pater
add. B   4 tam om. B   11 caelestis virtutis] et virtutis caelestis B

1 in - 3 operetur : ARIST., Physic., II, 2, 194 b 13 ; Metaph., XII (Λ), 5, 1071 a 11-15.
4 in² - 5 sol : Ps.-ARIST., De Plantis, I, 2, 817 a 28.
5 semen - 6 principium : ARIST., De Part. Animal., I, 1, 641 b 29.
7-8 posterius : c. 7.

r a t i o n e A n i m a l i u m : *Caelum autem*, inquit, *et solem aut aliquid aliorum talium ut generantes et patres appellant*. Phantasma quidem igitur non est per se motor intellectus possibilis, sed fit
15 motor ex praeparatione adveniente sibi ab intellectu agente, in cuius virtute solum agere potest id quod agit. Hanc autem praeparationem opinatus est AVENPETHE subiectum esse recipiens seu ipsum intellectum possibilem, quia secundum eam est intellectus quandoque in actu quandoque in potentia, quasi non sit alia *praeparatio* neces-
20 saria *ad fiendam rem intellectam*, nisi illa tantum quae in phantasmatibus, et non illa quae in intellectu possibili. Sed non est ita; necessarium enim est intellectum, propter respectum et proportionem quam ad corpus habet humanum, quandam habere possibilitatis rationem ac naturam receptionis quoquo modo, ut dictum est. Unde
25 COMMENTATOR dicit quod *hae duae praeparationes differunt sicut caelum et terra; una enim est in moto ut sit motum, alia vero in motore ut sit motor*. Fit autem phantasma movens intellectum in actu per agentis actionem, quae abstrahere vocatur, quod est speciem intelligibilem a conditionibus individuantibus in phantasmate de-
30 nudare. PHILOSOPHUS itaque, supradictam similitudinem, quae est inter sentire et intelligere, ad sensum visus contrahens, quia necesse est *alium esse motorem* a phantasmatibus *qui faciat ipsa in actu intellecta, abstrahendo* scilicet *ea a materia, et quoniam haec intentio cogens ad ponendum* aliquem *intellectum agentem* esse *alium a pos-*
35 *sibili et a formis rerum, quas intellectus possibilis comprehendit, est similis intentioni propter quam visus indiget luce, cume hoc quod agens et recipiens alia sunt a luce*, contentus fuit hoc notificare per exemplum, ait COMMENTATOR. *Quemadmodum enim visus non movetur*

---

12 autem] namque *A*   et] aut *B*   14 igitur] ergo *B*   17 auepice *B*   18 est *om. B*   22 enim est *inv. A*   propter] per *B*   24 est] ibi *add. B*   27 Fit] sicut *B*   29 individualibus *C*   32 alium] animalium *CDA*   ipsa in *inv. B*

12 Caelum - 13 appellant : ARIST., *De Gen. Animal.*, I, 2, 716 a 16-17.
16 Hanc - 19 potentia : AVER., *De Anima*, III, 5. Aver. lat., VI. 1, p. 400 (lin. 395-99).
19 quasi - 20 phantasmatibus : AVER., *De Anima*, III, 5. Aver. lat., VI. 1, p. 406 (lin. 549-52).
25 hae - 27 motor : AVER., *De Anima*, III, 5. Aver. lat., VI. 1, p. 406 (lin. 552-55).
27 Fit - 43 actu : AVER., *De Anima*, III, 18. Aver. lat., VI. 1, p. 438-39 (lin. 51-63 et 66-71).
30 supradictam : p. 156, 31-33.

a coloribus nisi quando fuerint in actu, quod non completur nisi luce
praesente, cum ipsa sit extrahens eos de potentia in actum, ita etiam 40
phantasmata non movent intellectum possibilem nisi quando fuerint
intellecta in actu, quod non perficitur in eis nisi aliquo praesente quod
sit intellectus in actu.

Hinc ergo concluditur quod species intelligibilium quodam ideali
modo in intellectu agente continentur, quemadmodum in arte species 45
artificiatorum, ut ait PHILOSOPHUS, non tamen sub ratione multitudinis specierum formaliter distinctarum, sed potestate activa seu
virtute, propter quod etiam cum hoc PHILOSOPHUS intellectum
agentem lumini comparavit, de quo prius visum est qualiter hypo-
stasis est colorum omnium; nullum tamen habet colorem deter- 50
minatum, nec est etiam visibile lumen ipsum secundum quod in
perspicuo est interminato, sed tunc pervium est nobis visibile cum
est in diaphano terminato, cuius quidem extremitas color esse definitur. *Respectus* itaque *intellectus agentis ad possibilem* quodammodo
est sicut respectus luminis ad diaphanum, ut ait COMMENTATOR, *et* 55
respectus formarum materialium est quoquo modo *sicut respectus*
coloris ad diaphanum. Unde, sicut artifex sine instrumento nihil
facere potest artificii, sed cum securi secat et cum terebro perforat,
et consimiliter in ceteris operationibus determinatis ac propriis in-
strumentis utitur, sic intellectus agens per determinata phantasmata 60
determinatas agit actiones intelligendi. *Principalitas* igitur *actionum*
huiusmodi non phantasmatibus, sed agenti intellectui est attribuenda.

---

39 fuerit *B*   43 sit] sic *B*   48 quod] quam *B*   etiam *iter. B*   hoc] quod
add. s. lin. E²   50 colorum] color *x, sed corr.* colorum *E²*   habens *B*   51 est
etiam *inv. B*   52 in terminato *B* : determinato *x*   pervium] primum *x*   57
colorum *x*   58 facere potest *inv. E*   terebre *B*   59 ac *del. E²*

---

45 in arte... : Cfr ARIST., *De Part. Animal.*, I, 1, 641 b 13; *Metaph.*, VII (Z), 9, 1034 a
24.
48 intellectum - 49 comparavit : ARIST., *De Anima*, III, 5, 430 a 15-17.
49 prius : Pars I, c. 8. Ed. Van de Vyver, I, p. 97, 4 sqq.
53 cuius - definitur : ARIST., *De Sensu*, 3, 439 b 11-12.
54 Respectus - 57 diaphanum : AVER., *De Anima*, III, 5. Aver. lat., VI. 1, p. 410-11
(lin. 689-91).
61 Principalitas - 62 attribuenda : S. THOMAS, *C.G.*, lib. II, c. 77. Ed. Leon., XIII,
p. 489 a 7-10.

CAPITULUM 2

DE UNITATE INTELLECTUS AGENTIS ET POSSIBILIS

65 Qualiter autem unus esse potest intellectus agens et possibilis, nunc est inquirendum. Unum quidem ens numero esse non videtur intellectus ens potentia simul et ens actu intellectus. Adhuc, intellectus quandoque quidem intelligens et quandoque non intelligens idem esse non videtur cum illo qui non quandoque intelligit et 70 quandoque non, sed semper intelligit et incessanter, secundum quod de agente intellectu exponit hoc THEMISTIUS, necnon et ALBERTUS in libro *De Intellectu*.

Sane, visum est plerisque non in duas distingui necessario sed *in unam convenire substantiam intellectum possibilem et agentem*, prae-75 sertim propter sermonem PHILOSOPHI dicentis quod *necesse est in anima has* duas *esse differentias*. Possibilitatis autem huius et verisimilitudinis accipiunt exemplum ab aliquo forsan animali oculos habente luminosos, ita quod per lumen oculorum in tenebris videat colorem; secundum hunc enim modum nihil prohibere videtur lumen 80 intellectus agentis in eodem esse subiecto, intellectu scilicet possibili, tamquam in quodam diaphano potentia quidem recipiente species phantasmatum sicut oculus colorum species, licet actu sit ens per lumen agentis, sicut oculus luminosus.

Iterum, aiunt quod *sicut comprehendere* per visum *non sit* actu,

---

65 esse potest] possit esse *AE*   66 quidem] enim *add. CDE*   69 non[1] *om. x, sed rest. ante* idem *E*[2]   75 sermones *C*   76 possibilitas *B*   huius] huiusmodi *B* 84 aiunt] autem *B*   sit] fit *CDE*

---

70 semper - incessanter : THEMIST., *In De Anima*, lib. VI (ARIST., 5, 430 a 19-23), CAG V. 3, p. 99, 38; CAG lat., I, p. 227, 49-50; ALBERTUS MAGNUS, *De Intellectu et Intelligibili*, lib. II, c. 3, ed. Borgnet, IX, p. 507 b.

73 in unam - 74 agentem : S. THOMAS, *C.G.*, lib. II, c. 77, titulus.

75 propter - 76 differentias : S. THOMAS, *In De Anima*, lib. III, lect. 10, n. 736.

75 necesse - 76 differentias : ARIST., *De Anima*, III, 5, 430 a 13-14.

76 Possibilitatis - 83 luminosus : S. THOMAS, *C.G.*, lib. II, c. 77. Ed. Leon., XIII, p. 489 a 13-26.

84 sicut - 86 possibilis : AVER., *De Anima*, III, 20. Aver. lat., VI. 1, p. 451 (lin. 237-40).

licet lumen sit et visus, nisi sit coloratum obiectum aliquod, sic *intel-* 85
lectus noster nihil *intelligit, licet agens sit et possibilis,* nisi aliquod
assit phantasma. Ex his ergo dicunt quod, licet *substantia animae*
humanae sit immaterialis et ex hoc habeat naturam intellectualem, cum
omnis immaterialis substantia sit huiusmodi, nondum tamen ex hoc
habet quod assimiletur huic vel illi rei determinatae, quod requiritur 90
ad hoc quod anima nostra hanc rem vel illam determinate cognoscat;
omnis enim cognitio secundum similitudinem fit. Remanet igitur anima
nostra *intellectiva in potentia ad determinatas similitudines rerum,*
quae per phantasmata nobis praesentantur. Haec autem, quia *pro-*
prietates continent *individuales,* potentia *intelligibilia sunt* et *non* 95
actu; prius igitur oportet per agentem abstrahere conditiones
individuales et denudare phantasmata ab huiusmodi, quam in
possibili species intelligibiles recipiantur. *Habent itaque phantasmata*
intelligibilitatem in potentia, determinationem autem similitudinis
rerum in actu. E contrario autem erat in anima intellectiva.   00

Et ex his responsum esse putant ad quaestionem propositam, et
rationes dubitare facientes sufficienter esse dissolutas opinantur.
Anima enim, inquiunt, intellectiva est actu substantia immaterialis
ratione qua agens est, in potentia vero est ratione qua possibilis,
qui *in potentia est ad intelligibilia sicut indeterminatum ad deter-* 5
minata, ut tabula ad determinatas picturas. Si autem quantum ad
hoc intellectus agens haberet in se determinationem omnium intelli-
gibilium, non indigeret intellectus possibilis phantasmatibus, ut etiam
arguit COMMENTATOR, *sed per solum intellectum agentem reduceretur*
in actum omnium intelligibilium, et sic non compararetur ad intel- 10
ligibilia ut faciens ad factum, sicut dicit Philosophus, sed ut existens
ipsa intellibigilia. Comparatur igitur ut actus respectu intelligibilium,
in quantum est quaedam virtus immaterialis activa, quae potest alia

88 et... intellectualem *om. D*   89 substantia *om. B*   nundum *D*   92 igitur]
ergo *B*   96 igitur] ergo *D* : autem *B*   00 autem erat *del. E²*   anima *om. B*
1 Et *om. C*   4 ratione² *om. x*   possibilis] quia *add. B*   5 qui] quae *C*   8
etiam] et *B*   12 igitur] ergo *B*

87 substantia - 00 intellectiva : S. THOMAS, *C.G.,* lib. II, c. 77. Ed. Leon., XIII,
    p. 488 a 21 - b 17.
5 in potentia - 20 separata : S. THOMAS, *In De Anima,* lib. III, lect. 10, n. 738-39.
9 arguit Commentator : AVER., *De Anima,* III, 18. Aver. lat., VI. 1, p. 438 (lin.
    41-46).

sibi similia facere, id est immaterialia, et per hunc modum ea quae
15 *sunt intelligibilia ⟨potentia, facit intelligibilia⟩ actu; sic enim et lumen*
facit colores in actu, non quod ipsum in se determinationem habet
colorum. Huiusmodi autem virtus activa, inquit Thomas, *est quaedam*
participatio habitus intellectualis a substantiis separatis, et ideo Phi-
losophus dicit quod est 'sicut habitus ut lumen', quod non competeret
20 *de eo dici si esset substantia separata.*

Atvero non videtur adhuc scrupulus hic latens funditus explanatus,
nisi plus dicatur. Etsi tamen ex praedeterminatis enervatum videatur
totius dicti huius et probationum eius fundamentum, concedentes
enim aliquid ex hoc esse actu intelligibile quia immateriale est seu
25 materiam non habens, actu autem intellectum idem est cum intelligente, necesse habent concludere animam intellectivam in nobis
semper actu intelligere seipsam, secundum quod est lumen quoddam,
propter agentem intellectum qui semper est actu intellectus; unde
non quandoque quidem intelligit quandoque vero non, sed semper
30 et incessanter, ut dictum est.

Ad hoc autem respondent illi dicentes quod non est exponendum
hoc de intellectu agente sed de intellectu in actu; de hoc enim intellectu, inquiunt, dici non potest quod consistit in potentia intelligere
sive quod sit quandoque potentia intelligens, nam intellectui pos-
35 sibili hoc proprium est et intellectui in habitu, quorum *uterque quan-*
doque intelligit et quandoque non intelligit,

Item, licet actus immaterialis sit anima intellectiva, non tamen est
semper actu intelligens, ut aiunt, sed est habitus quidam intellectualis,
ut dicit Thomas, qui aliquando quidem actu intelligit aliquando non,
40 sicut sensus habitus quidam est actu quandoque sentiens et quandoque non.

Ast inspicienti exquisite rationes Philosophi non videtur adhuc
satisfactum. Nam, si actus primus virtutis sensitivae conditiones

15 potentia facit intelligibilia *supplevi ex Thoma*   17 Huiusmodi] huius *B*   21 Ac
vero *B*   22 enervatum] enarratum *B*   23 probationem *B*   contendentes *B*
24 enim] hic *vel* hoc *add. B*   immateriale] materiale *B*   25 actum *CD*   autem]
aut *B*   29 non[1]] vero *C*   31 Adhuc *x*   33 consistunt *AE, sed corr.* -tit *E*[2]
39 actu] nctu *B*

19 sicut - lumen : Arist., *De Anima*, III, 5, 430 a 15.
25 actu - intelligente : Arist., *De Anima*, III, 4, 430 a 3-4.
30 dictum est : p. 161, 70.
31 non - 36 intelligit[2] : S. Thomas, *In De Anima*, lib. III, lect. 10, n. 741.

speciei haberet sensibilis sine materia sua seu abstractae a materia
prout sensum in actu constituit, secundum quod declaratum est 45
supra, idem actu esset in sensu actus primus cum secundo, et non
esset habitus proprie, qui est actus primus, sed esset in actu secundo
semper, et non esset quandoque sentiens et quandoque non, immo
se ipsum sentiret semper et per se. Consimili quoque ratione fit actu
intelligibile quidquid a proprietatibus seu conditionibus individualibus 50
est abstractum; ex hoc namque concludit PHILOSOPHUS motores
orbium intellectus esse et intelligentes actu, secundum omnes
expositores concorditer, quia immateriales sunt et a proprietatibus
individualibus abstracti, propter quod in omnibus quae huiusmodi
sunt, necesse est *eandem esse scientiam* ipsi *rei*, et hoc est quod 55
PRIMUS PHILOSOPHUS accipit a scientia quae de anima. Intellectus
igitur agens, cum illas habeat conditiones propter quas fit res actu
intellecta, necessario est semper actu intelligens; idem enim actus
est intelligentis et actus intellecti. Quapropter inconveniens videtur
et extorta contra mentem PHILOSOPHI expositio illa de intellectu 60
qui non quandoque quidem intelligit et quandoque non, ac si PHILO-
SOPHUS hoc non dixerit de intellectu agente sed de intellectu in
actu; nam etsi de intellectu agente hoc non dixisset, sua tamen
ratio convincit hoc potius quam de intellectu in actu.

Adhuc, neque pertinet ad illum locum de intellectu in actu, sed 65
prius de ipso determinavit, ut patet intuenti.

Insuper, et ridiculosa videtur expositio de intellectu generabili et
corruptibili, quem in nobis experimur quandoque actu intelligere et
quandoque non intelligere, PHILOSOPHUM glosare velle se ipsum per
contrarium, sophisma quidem faciendo, sicuti Socratem incorrupti- 70
bilem probare volens et immortalem, si assumat ipsum non quandoque hominem esse vel animal et quandoque non, sed semper quam-

44 speciei haberet *inv. B*   seu] sive *B*   46 idem] Item *A*   48 immo] primo
(?) *A*   49 per se et semper *B*   54 quae] qui *AE*   57 igitur] ergo *B*   propter]
per *x*   fit] sit *B*   58 est semper *inv. B*   59 actus] actu *x*   61-62 qui...
intellectu[1] *om. AE, sed rest.* non *post* illa (*lin. 60*) *et add.* dici *post* agente (*lin. 62*) *E*[2]
61 non[1] *om. B (AE)*   64 hoc] hic *x*   65 Adhuc... actu *om. A*   pertinet] neque
add. B   69 glosare velle *inv. A*   70 Socratem *scripsi*] sortem *codd.*   71 immotale *A*

51 motores - 52 actu : ARIST., *Metaph.*, XII (Λ), 9, 1074 b 38 - 1075 a 5.
55 eandem - rei : ARIST., *De Anima*, III, 5, 430 a 19-20; 7, 431 a 1.
55 hoc - 56 anima : ARIST., *Metaph.*, XII (Λ), 9, 1074 b 38 - 1075 a 5.
58 idem - 59 intellecti : ARIST., *De Anima*, III, 4, 430 a 3-4.

diu Socrates. Non est igitur aliquatenus opinandum quod talis expositio intentioni PHILOSOPHI concors esse possit.

⁷⁵

CAPITULUM 3

EXPOSITIO AVERROIS SUPER PRAEMISSA

AVERROES itaque, aliter exponens PHILOSOPHUM, dicit quod
intellectus agens *'est in sua substantia actio'*, *id est quod non est* [in]
potentia ad aliquid in eo, sicut in intellectu recipiente est potentia ad
⁸⁰ *recipiendum formas*; *intelligentia enim agens nihil* per se *intelligit
ex eis quae sunt hic. Et fuit necesse*, inquit, *ut intelligentia agens sit
abstracta et non mixta neque passibilis, secundum quod est agens* [in]
*omnes formas, sicut fuit necesse ut intellectus materialis, secundum quod
est recipiens omnes formas, sit abstractus et non mixtus, quoniam si*
⁸⁵ *non esset abstractus, haberet hanc*, inquit, *formam singularem, et tunc
necesse esset alterum duorum, scilicet aut ut reciperet se, et tunc motor
in eo esset motum, aut ut non reciperet omnes species formarum. Et
similiter, si intelligentia agens esset mixta cum materia, tunc esset
necesse aut ut intelligeret et crearet se, aut ut non crearet omnes formas.*
⁹⁰ *Et possumus*, ait, *scire quod intellectus materialis debet esse non
mixtus ex iudicio et eius comprehensione : quia enim iudicamus per
ipsum res infinitas in numero in proportione universali, et est manifestum*, inquit, *quod virtutes animae iudicantes, scilicet individuales
mixtae, non iudicant nisi intentiones finitas, ⟨contingit secundum*

---

73 Socrates *scripsi*] sor *B* : sortes *x*   igitur] ergo *B*   79 potentia[1]] inquit *add. x*
aliquid] et *add. B*   in[2] *om. A*   est] in *AE*   83 formas sicut] formas
intellectas. Si igitur esset mixta, non esset agens omnes formas sicut *Aver.*   86
esset] est *AE*   ut *om. CDA*   89 se... crearet *iter. E*   90 non *ante* debet *B*
91 apprehensione *CAE*   92 universaliter *B*   94-95 contingit... finitas
supplevi ex Aver.

78 intellectus - 89 formas : AVER., *De Anima*, III, 19. Aver. lat., VI. 1, p. 440-41
(lin. 13-28).
78 est[1] - actio : ARIST., *De Anima*, III, 5, 430 a 18.
90 Et - 8 dispositione : AVER., *De Anima*, III, 19. Aver. lat., VI. 1, p. 441-42 (lin.
35-58).

conversionem oppositi quod illud quod non iudicat intentiones finitas⟩, 95
necesse est ut non sit virtus animae mixta, et cum huic coniunxerimus
quod intellectus materialis iudicat res infinitas et non acquisitas a
sensu, et quod ⟨*non*⟩ *iudicat intentiones finitas, continget ut sit virtus*
non mixta.

Avenpethe autem, inquit, *videtur concedere hanc propositionem esse* 00
veram, scilicet quod virtus per quam iudicamus iudicio universali, est in-
finita, sed aestimavit hanc virtutem esse intellectum agentem; *et non est*
ita. Iudicium enim, ait COMMENTATOR, *et distinctio non attribuitur in*
nobis nisi intellectui materiali. Et cum notificavit, inquit, *quod intellectus*
agens differt a materiali in eo quod agens semper est pura actio, materia- 5
lis autem est utrumque propter res quae sunt hic, dedit Philosophus *causam*
finalem in hoc et dixit: '*agens est semper nobilius patiente*', *id est*: *et iste*
semper est in sua substantia actio, et ille invenitur in utraque dispositione.

Proprium autem, inquit, *aliquod in quo differt* agens a possibili,
est *quod in intellectu agente scientia in actu eadem est scito, et non* 10
est sic cum intellectu materiali seu *possibili, cum suum intellectum*
est res quae non est intellectus. In agente itaque *sua substantia*,
inquit, *est sua actio. Et ideo opinandum est secundum Aristotelem*
quod ultimus intellectuum abstractorum in ordine est intellectus pos-
sibilis, ait COMMENTATOR. *Actio enim eius est diminuta ab actione* 15
illorum, cum actio eius magis videatur esse passio quam actio, quia
non est aliud per quod differat iste intellectus ab intellectu agente nisi
per hanc intentionem tantum. Quoniam, quemadmodum non scimus
multitudinem intellectuum abstractorum nisi per diversitatem actionum
eorum, ita etiam nescimus diversitatem intellectus possibilis ab agente 20
nisi per diversitatem actionum suarum. Et quemadmodum intellectui
agenti accidit ut quandoque iudicet res existentes hic et quandoque

98 non *supplevi ex Aver.* : sensus *supplevit E*ˣ   finitas *om. B*   contingeret *x*,
sed corr. -get *E*²   00 Avempice *B* : Avenpeche *CE*   propositionem] speciem *B*
1 scilicet] secundum *A*   3 enim *om. B*   4 intellectui] intellectu *C*   5 semper
est *inv. A*   7 id est *om. A*   11 seu] sive *B*   12 itaque *om. B*   13 inquit
post agente *B*   16 magis *om. A*   20-21 ita... suarum *om. B*   22 iudicet]
aget in *Aver.*

7 agens - patiente : ARIST., *De Anima*, III, 5, 430 a 18-19.
9 Proprium - 13 actio : AVER., *De Anima*, III, 19. Aver. lat., VI. 1, p. 443 (lin.
    86-91).
13 Et - 26 agentis : AVER., *De Anima*, III, 19. Aver. lat., VI. 1, p. 442-43 (lin. 62-
    78).

non, ita possibili *accidit ut quandoque iudicet res existentes hic et quandoque non; sed differunt tantum in hoc quod iudicium est aliquid*
25 *perfectionis iudicis, actio autem non est secundum illum modum in capitulo perfectionis agentis.*

Causam autem quare *substantia* intellectus agentis, inquit Com-MENTATOR, *est sua actio dedit* Philosophus cum dixit : *quae vero secundum potentiam* scientia *tempore prior in uno est, universaliter*
30 autem seu *omnino neque tempore.* Et vult dicere, ait AVERROES, quod *intellectus qui est in potentia prius continuatur nobis quam intellectus agens. Et cum dixit* Philosophus : 'universaliter autem non est neque in tempore', loquitur de intellectu qui est in potentia, ait COMMENTATOR, quoniam, cum fuerit acceptus simpliciter non respectu*
35 *individui, tunc non erit prior intellectu agente aliquo modo prioritatis, sed posterior eo omnibus modis.* Et cum ait PHILOSOPHUS : *Sed non aliquando quidem intelligit, aliquando vero non intelligit,* COMMEN-TATOR exponens uno modo dicit hoc esse referendum ad intellectum possibilem, *cum fuerit acceptus simpliciter, non in respectu individui.*
40 *Non* enim *accidit ei,* inquit, *ut quandoque intelligat ⟨et⟩ quandoque non, nisi in respectu formarum imaginationis existentium in unoquoque individuo, non respectu speciei, verbi gratia quod non accidit ei ut quandoque intelligat intellectum universale et quandoque non, nisi in respectu Socratis et Platonis; simpliciter autem et respectu speciei*
45 *semper intelligit hoc universale, nisi species humana deficiat omnino, quod est impossibile. Intendit* igitur Philosophus, inquit COMMENTATOR *quod qui est in potentia* quidem *intellectus, simpliciter acceptus et*

23-24 ita... non *om. C*   23 quandoque *ante* accidit *B*   et *om. B (C)*   24 tantum] tamen *B*   aliquid] in capitulo *add. Aver.*   26 tapitulo *B*   27 autem quare *inv. B*   32 cum] tamen *B*   35 aliquo] a quo *CDA*   37 quidem intelligit *inv. B* 40 et *supplevi ex Aver.*   41 in[1] *om. B*   43 in *om. B*   44 Socratis *scripsi*] sortis *codd.*

27 Causam - 28 dixit : AVER., *De Anima,* III, 19. Aver. lat., VI. 1, p. 443 (lin. 90-91).
28 quae - 30 tempore : ARIST., *De Anima,* III, 5, 430 a 20-21. Sed inseruit Bate *universaliter* ex lemmate in com. Aver., Aver. lat., VI. 1, p. 443 (lin. 2).
31 intellectus - 36 modis : AVER., *De Anima,* III, 20. Aver. lat., VI. 1, p. 447 (lin. 110-11 et 114-118).
32 universaliter - 33 tempore : ARIST., *De Anima,* III, 5, 430 a 21.
36 Sed - 37 intelligit[2] : ARIST., *De Anima,* III, 5, 430 a 22.
38 hoc - 56 mortalis : AVER., *De Anima,* III, 20. Aver. lat., VI. 1, p. 448-49 (lin. 132-155 et 157-158).

non in respectu individui huius vel illius, *non invenitur quandoque*
intelligens et quandoque non, sed semper intelligens invenitur, quem-
admodum intellectus agens, cum non fuerit acceptus in respectu 50
alicuius individui, tunc non invenitur quandoque intelligens, quandoque
non intelligens, sed semper invenitur intelligere, cum acceptus fuerit
simpliciter; *idem enim*, inquit, *est modus in actione duorum intel-*
lectuum. Addit autem ulterius COMMENTATOR quod, *cum abstractus*
fuerit intellectus *secundum hunc modum, ex hoc modo tantum est non* 55
mortalis.

Porro, qualiter unum sint intellectus agens et possibilis inferius
subiungit idem COMMENTATOR, dicens sic : *Et universaliter, quando*
quis intuebitur intellectum materialem cum intellectu agente, apparebunt
esse duo uno modo et unum alio modo. Sunt enim duo per diversitatem 60
actionis eorum; *actio enim intellectus agentis est generare, illius*
vero informari. Sunt autem unum quia intellectus materialis per-
ficitur per agentem et intelligit per *ipsum. Et ex hoc modo dicimus*
quod intellectus continuatus nobiscum apparent in eo duae virtutes,
quarum una est activa, et alia est de genere virtutum passivarum. 65
Et quam bene assimilat illum Alexander igni, inquit COMMENTATOR.
Ignis enim innatus est alterare corpus omne per virtutem existentem
in eo, sed tamen cum hoc patitur quoquo modo ab eo quod alterat, et
assimilatur cum eo aliquo modo similitudinis, id est : acquirit ab eo
formam igneam minorem forma ignea alterante. Haec enim dispositio 70
valde est similis dispositioni intellectus agentis cum possibili et cum
intellectu quem generat; *est enim agens ea uno modo et recipiens ea*
alio modo.

49-51 et... intelligens *iter. A*   53 enim *om. B*   55-56 non mortalis] immortalis *AE*   57 sint] sunt *B* : fuit *A*   intellectus agens] intelligens *B*   58
quandoque *C*   60 enim *om. B*   70 enim] quaedam *A* : quidem *E*   72
intellectu quem] intellectis quae *Aver.*

---

58 Et - 73 modo : AVER., *De Anima*, III, 20. Aver. lat., VI. 1, p. 450-51 (lin. 213-
230).

CAPITULUM 4

75 REPREHENSIO CUIUSDAM SERMONIS AVERROIS, ETIAM
EX QUADAM EXPOSITIONE GRAMMATICI

Sane, pertranseundum non est absque discussione saltem qualicumque dictum illud commentatoris AVERROIS, quo et hic et prius dixit *intellectum simpliciter acceptum et non in respectu individui* 80 *huius vel illius semper actu intelligere, et non innovari actum intelligendi nisi in respectu individui alicuius determinate, nunc in hac quarta habitabilis nunc in illa.* Enimvero, quidam *** conantes expositionem hanc tamquam necessario retorquendam ad hoc, ut hinc opinandum sit unum tantum in hominibus intellectum esse, 85 semetipsos illaqueant et in horribilem incidunt labyrinthum, prout infra manifestabitur evidenter. In hac namque materia sermones PHILOSOPHI tantam ambiguitatem continent, atque tali quidem usus est cautela in modo loquendi quod unusquisque, etiam contrarie opinantium, intentionem suam verbis PHILOSOPHI consonam 90 arbitretur.

Advertendum est igitur quod GRAMMATICUS, sermonem PHILOSOPHI manifestius exponens in hac parte, erroris illorum surripit fulcimentum. Ait enim *quod eundem intellectum* Philosophus *dicit esse potentia et actu, et ab eo qui potentia in eum qui actu transmutatum,* 95 *et ductum in actum ab alio intellectu et ipso* quidem *existente in anima humana, scilicet in ea quae doctoris et ipso videlicet ex potentia aliquando in actum ducto. Scire autem oportet,* inquit, *quod huic*

75 Reprehensio] Responsio *AE*   77 perscrutandum *B*   non *om. A*   77-78 qualitercumque *B*   82 *ante* conantes *aliquod verbum deficere suspicor, v.g.* proponere 83 ad hoc] adhuc *x*   84 hinc] hic *x*   85 incidunt *om. C*   laborintum *B* : laberintum *x*   87 tantam] tamquam *D*   ambuiguitatem *C* : ambinguitatem *D*   88-89 contrarium *B*   91 igitur] ergo *B*   92 errores *B*   93 fulcimentis *B*   94 eum] eo *x*   actu²] actum *CDA*   95 actum] altum *A*   96 ipso *om. B*

79 intellectum - 82 illa : AVER., *De Anima*, III, 20, Aver. lat., VI. 1, p. 448 (lin. 135-144) et III, 5, ed. cit., p. 407-408 (lin. 584-619).
93 quod - 5 aliis : Io. PHILOPONUS, *In III De Anima* (ARIST., 5, 430 a 10-14). CAG lat., III, p. 48, 28-41. Sed praetermisit Bate lin. **36-38** : *Si... esse.*

expositioni *consonant* ea *quae a Philosopho dicuntur* : '*Sicut enim,* secundum quod *in unaquaque rerum naturalium est hoc quidem aliquid materiae rationem obtinens et fiens omnia, aliud autem factivum,* 00 *ita et in anima'. Si igitur in naturalibus factiva causa et ipsa prius ens potentia posterius actu facta est* ; *quod enim potentia homo ab actu homine ducitur in actum* ; *fuit autem et ipse prius potentia, et ab alio actu ente ductus fuit in actum. Simile autem* est *in* equo *et aliis,* secundum quod et omne quod fit quidem fieri dicit PHILOSO- 5 PHUS a simile nomine et specie. *Quare et qui actu intellectus,* seu agens et factivus, *qui perficit eum qui in nobis potentia intellectum, ducens ipsum in actum, et ipse potentia erat prius intellectus, et ab alio ente actu ductus fuit in actum. Igitur, qui actu intellectus, si quidem prius potentia erat, animae erat et ipse unius speciei cum* 10 *potentia. Quando et potentia intellectum* Philosophus *eundem dicit esse ei qui actu, et tempore solum differentem* — *tempore enim qui sciens prior est insciente, non substantia* — *et in praecedentibus,* inquit, *cum dixisset* Philosophus *quia* 'quando intellectus singula fit', *hoc est quando suscipit species intelligibilium, ut se habet in sciente,* tunc 15 'qui secundum actum' fit, *significavit,* inquit GRAMMATICUS, *quod qui dicitur actu intellectus idem etiam erat prius potentia,* perfecto quidem et imperfecto differens ; per hoc quidem enim est agens seu factivum quod est ens actu, et sicut est actu sic est agens. *In anima itaque non eadem secundum numerum, sed eadem secundum speciem,* simul 20 est intellectus qui potentia et qui actu seu agens.

---

99 hoc] hic *AE*   00 optinens *A*   aliud] aliquid *E*   1 materialibus *B*   **3** dicitur *C*   5 omne quod fit *scripsi*] fit omne *B* : quod (quid *A*) fit omne *x*   5-6 Philosophus *om. x*   7 perficit] in *add. B*   8-9 et ipse... actum *om. AE*   8 ipse] ipsa *B* (*om. AE*)   10 erat² *om. B*   unius] huius (?) *A*   12 ei *om. A*   14 Philosophus *om. B*   16 inquit] inquam *B*   17 perfecto] -tio *D*   18 enim *om. D* 21 est] et *x*   seu] sive *B*

98 Sicut - 1 anima : ARIST., *De Anima*, III, 5, 430 a 10-14.
 5 omne - 6 specie : ARIST., *Metaph.*, IX (Θ), 8, 1049 b 28-29; VII (Z), 9, 1034 a
   39 - b 1.
 6 Quare - 17 potentia : Io. PHILOPONUS, *In III De Anima* (ARIST., 5, 430 a 10-14).
   CAG lat., III, p. 49, 44-54.
14 quando - fit : ARIST., *De Anima*, III, 4, 429 b 5-6.
16 qui - actum : ARIST., *De Anima*, III, 4, 429 b 6.
19 In - 20 speciem : Io. PHILOPONUS, *In III De Anima* (ARIST., 5, 430 a 10-14).
   CAG lat., III, p. 55, 6-7.

Si autem dicat aliquis quod non semper *necesse est eum qui in nobis potentia intellectum perfici ab eo qui in doctore actu intellectu — saepe enim et a nobis ipsis multa invenimus — dicendum,* inquit, *quia,*
25 *etsi a nobis ipsis inveniamus, tamen principia et habitum a doctore accipimus. Cum autem acceperit principium qui in nobis potentia intellectus, nullum inconveniens est et se ipsum ad aliqua perficere; habens enim universales rationes eas quae a doctore, ex illis et alias ex se ipso producere potest. Etenim eorum quae in terra nascuntur,*
30 *haec quidem indigent et continua cura hominum et circulatione universi, haec autem ab universali providentia fiunt, ut herbae quae sponte nascuntur.* Eos quidem igitur *qui dicunt duos esse intellectus in unoquoque nostrum, hunc quidem actu, hunc autem potentia, irrationabilia dicere manifestum est,* inquit GRAMMATICUS. *Si enim est in nobis*
35 *qui semper actu* intelligens *intellectus, ⟨semper nos oportebat secundum intellectum operari; qui enim actu intellectus⟩, per operari dicitur intellectus. Nunc autem neque omnes homines intellectualiter operantur, neque pueri entes, neque in somnis, neque in alienationibus.*

Si quis autem dicat, inquit, *quod intelligimus quidem semper, non*
40 *perpendimus autem hoc ipsum, primo quidem impossibile hoc dicere; non contingit enim intelligere non perpendentem quia intelligit. Aliter quia neque qui ad summum pervenerunt virtutis et secundum intellectum operantes, hunc semper adipiscuntur. Et quidem, si aetas impedimentum fiat ei quod est perpendere, aut passiones, oportebat a*
45 *passionibus separatos perpendere semper motum passionum intelligentiae. Nunc autem non perpendunt; non ergo contingit talem intellectum partem nostri esse.*

Dicens itaque Philosophus *intellectum* agentem *substantiam esse* actu entem, *nihil aliud vult dicere,* inquit GRAMMATICUS, *quam quod*

---

23 potentia *om.* A   intellectu] -to A   24 quia] quod *x*   26 acceperit] accepit B   31 harbae A   32 igitur] ergo B   esse intellectus *inv.* B 32-33 unoquoque nostrum] nobis *Philop.*   35 intelligens intellectus *inv.* B   35-36 semper² ... intellectus *supplevi ex Philop.*   38 alienationibus] aliena communibus B 42 quia *om. x*   perveniunt B   43 adipiscitur *x*   44 oportibit B   45-46 intelligentis B   46 perpenduntur B

---

22 Si - 32 nascuntur : Io. PHILOPONUS, *Ibidem.* CAG lat., III, p. 56, 31-40.
32 qui - 38 alienationibus : Io. PHILOPONUS, *Ibidem,* CAG lat., III, p. 47, 17 - 48, 23.
39 Si - 47 esse : Io. PHILOPONUS, *Ibidem.* CAG lat., III, p. 47, 96-4.
48 Dicens - 50 characterizatur : Io. PHILOPONUS, *Ibidem,* CAG lat., III, p. 53, 45-46.

characterizatur ex eo quod secundum actum, et non ex eo quod 50
secundum potentiam. *Unumquodque enim characterizatur,* id est
determinatur et distinguitur, seu *habet esse* determinatum et distinctum, *non ex eo quod* habet *potentia aliquid esse, sed ex eo quod
secundum actum*; '*honorabilior enim est actus quam potentia'. Unumquodque autem characterizatur in esse secundum honorabilius eorum* 55
*quae in ipso; habet igitur homo in se ipso et rationalem et irrationalem
potentiam, sed characterizatur homo non secundum deterius,* scilicet
secundum irrationalem, sed secundum dignius, scilicet *rationale.*

Quod autem intentio Philosophi de intellectu sit haec, scilicet
quod *characterizationem maxime habet suae substantiae, sicut et alia* 60
*omnia, non potentiam sed actum, hoc ipsum plane, et ipsa Philosophi
verba insinuant; et iste enim ait*: '*Intellectus separatus est et impassibilis et non mixtus, essentia ens actus,* seu substantia actu ens;
*semper enim honorabilius est faciens patiente, et principium quam
materia'. Propter hoc* igitur *ait, dixi intellectum actum esse et non* 65
potentiam, quia omnia ex honorabiliori quod in ipsis characterizantur,
seu distinguuntur in esse. *Si autem factivum passivo honorabilius
est — est autem passivum quidem potentia quae proportionatur materiae, factivum autem actus, id est species — propter hoc ergo substantiam intellectus secundum actum, non secundum potentiam,* 70
*characterizavimus. Quare non hoc dicit quod autoenergia, id est ipse
actus, sit substantia intellectus tamquam semper operante ipso* et
semper actu intelligente, inquit GRAMMATICUS, *sed quia secundum*

50 caracterazatur *B* : caracterizatur *CD* : caracterizetur *AE*   53 aliquod *x*   55
autem] enim *x*   caractizatur *B* : caracterizatur (-sa- *A*) *x*   56 igitur] ergo *B*   in
se ipso *post* irrationalem *x*   57 caractizatur *B* : caracterizatur (-ze- *A*) *x*   58 ratio-
nale] -lem *E*   59 Philosophi *om. B*   60 caractizationem *B* : caracterizationem
(-sa- *A*) *x*   habet *om. B*   62 est *om. A*   63 actus] actu *C*   seu] sive *B*   65
igitur] ergo *B*   actum esse *inv. AE*   66 ex] de *B*   caractizantur *B* : carac-
terizantur (-sa- *A*) *x*   69 hoc] haec *B*   71 caracterizavimus (-sa-*A*) *DA* : caracti-
zamus *B* : caracterizamus *CE, sed corr.* -zavimus *E*² hoc] hic *B*   antoergia *B*
73 actu *om. AE*

51 Unumquodque - characterizatur : Io. PHILOPONUS, *In III De Anima* (ARIST., 5,
    430 a 10-14). CAG lat., III, p. 52, 37.
52 habet - 54 actum : Io. PHILOPONUS, *Ibidem.* CAG lat., III, p. 52, 31-32.
54 honorabilior - 58 rationale : Io. PHILOPONUS, *Ibidem.* CAG lat., III, p. 52, 36 - 53, 42
54 honorabilior - potentia : ARIST., *De Anima,* III, 5, 430 a 18-19.
60 characterizationem - 75 instituit : Io. PHILOPONUS, *Ibidem.* CAG lat., III, p. 53,
    49-63.
62 Intellectus - 65 materia : ARIST., *De Anima,* III, 5, 430 a 17-19.

actum substantia ipsius characterizatur. Sic enim et Plato de humana
75 *anima considerare instituit.*

    Intellectus itaque nostri substantia, non secundum quod potentia,
inquit, *sed secundum id quod actu characterizabitur. Principium autem
ait aut formale aut factivum. Possibile enim utrumque : formale quidem
ut ad id quod perficitur et fit actu : assumit enim tunc propriam speciem*
80 *quando operatur vel actuatur; factivum autem ut ad docentem : qui
enim in doctore secundum actum intellectus factivus est eius ex eo qui
secundum potentiam ad actum transmutato.* Et hoc est quod antea
promiserat GRAMMATICUS dicens sic : *Quod autem intellectum* actu
quem, separatum et non mixtum, non alium dicit quam *eum, qui in*
85 *nobis potentia intellectum,* perfectum fieri actu intellectum, *palam*
quidem *et ex* ipsis verbis ARISTOTELIS, palam autem et ex ipsa
consequentia sensus. Irrationabile enim est dicere quod qui potentia
est intellectus in nobis, non sit ille qui per perfectionem ducitur in
actum; non enim utique est aliquid semper in potentia, numquam
90 ductum in actum. Si autem ducitur in actum, hunc autem ait separatum esse.

CAPITULUM 5

QUALITER SECUNDUM GRAMMATICUM INTELLECTUS SEM-
PER ACTU INTELLIGENS DICI POTEST

95 PHILOSOPHUS igitur dicens factivum *intellectum substantia actum*

---

74 caracterizatur *x* : caractizatur *B*   76 secundum] solum *C*   77 actu *om. A*
caracterizabitur *x* : caractizabitur *B*   79 ut] aut *B*   81 in *om. B*   factivus] factius *C*
eius] qui in discipulo *add. Philop.*   qui] quod *x*   82 ad actum] ex actu *AE*
antea] annea (?) *B*   83 Qui *x*   86 Aristotelis] aristotelicis *DAE*   90 in actum ductum *A*   hunc] hinc *AE*   ait *om. A*   94 potest] etcetera *add. D*   95 igitur] ergo *B*

76 Intellectus - 82 transmutato : Io. PHILOPONUS, *In III De Anima* (ARIST., 5,
    430 a 18-19). CAG lat., p. 58, 94-1.
83 Quod - 86 Aristotelis : Io. PHILOPONUS, *In III De Anima* (ARIST., 5, 430 a 10-14).
    CAG lat., III, p. 49, 55-56; 50, 82 et 49, 44-45.
90 hunc - 91 esse : ARIST., *De Anima*, III, 5, 430 a 22.
95 factivum - 96 esse : ARIST., *De Anima*, III, 5, 430 a 18.

esse, non hoc intendit, inquit GRAMMATICUS, *quod aliqui putabant*
quod numquam esset in potentia, propter quod et ad alium intellectum
diverterunt, sed quia substantiam sui ipsius habet characterizatam non
secundum id quod potentia, sed secundum id quod actu, sicut et alia.
Et hoc forte modo posset dici ad id quod COMMENTATOR ait *intel-* oo
lectum hunc *actionem esse puram,* sive quod eius *substantia sit actio,*
id est actus, secundum quod alibi multis locis habetur 'actio' in
translatione de Arabico, ubi illa quae de Graeco habet 'actus'. Unde,
sic intendit forte COMMENTATOR hunc intellectum substantiari per
actum essendi, et non per potentiam sicut intellectus possibilis 5
substantiatur, ut dictum est. Haec enim videntur sonare verba eius.

   Similiter, et inquiente PHILOSOPHO quod *scientia secundum actum*
idem est rei, dicit GRAMMATICUS quod, cum *scientia secundum actum*
est acceptio specierum intelligibilium, non aliud aliquid est scientia
secundum actum quam actuatum theorema. Bene ergo dixit secundum 10
actum scientiam eandem esse rei, sicut et sensum secundum
actum dicebat esse eundem sensibili; non enim aliud aliquid erat
secundum actum sensus quam acceptio sensibilis speciei. 'Quae autem
secundum potentiam' ait scientia, hoc est qui potentia intellectus,
'*tempore est prior*' ea quae secundum actum, sed non simpliciter 15
tempore prior, sed 'in uno' et eodem homine. Ubi enim ambo sunt,
scilicet potentia et actus, in hoc potentia prior est tempore, simpliciter
autem non prior tempore. Non enim licitum est ab imperfecto inchoari
res; naturaliter namque perfecta praecedunt imperfecta, et prius est

96 quod] multi *add. B*   98 caracterizatam *codd.*   00 modo] non *B*   4 sic]
sibi (?) *D*   5 possibilis *iter. A*   6 dictum est] prius *add. B*   10 theoreuma
B   12 aliquid] aliquod *B*   13 sensus *post* erat (*lin 12*) *B*   17-18 simpliciter...
tempore *om. B*   18 prior] est *add. D*   19 namque *om. B*

96 quod - 99 alia : Io. PHILOPONUS, *In III De Anima* (ARIST., 5, 430 a 18). CAG lat.,
   III, p. 58, 82-86.
00 intellectum - 1 actio : AVER., *De Anima,* III, 19. Aver. lat., VI. 1, p. 442 (lin. 54-55
   et 57-58).
 2 actio : Lemma in Aver. com. Aver. lat., VI. 1, p. 440 (lin. 3).
 7 scientia - 8 rei : ARIST., *De Anima,* III, 5, 430 a 19-20.
 8 scientia - 19 res : Io. PHILOPONUS, *In III De Anima* (ARIST., 5, 430 a 19-21).
   CAG lat., III, p. 59, 6-17.
13 Quae..., 15 tempore..., 16 in uno : ARIST., *De Anima,* III, 5, 430 a 20-21.
19 naturaliter - 30 intellectus : Io. PHILOPONUS, *In III De Anima* (ARIST., 5, 430 a
   10-14). CAG lat., III, p. 51, 15 - 52, 27.

20 *natura producens eo quod producitur, et eo quod perficitur perfectum.*
'Totaliter autem, ait, neque tempore' prior, hoc est : in uno quidem
praecedit imperfectum perfectum. Si autem ad omne quis aspexerit et ad
totum mundum, neque tempore praecedit quod potentia id quod actu ; sunt
enim in universo mundo semper et actu intellectus et potentia. Sicut
25 *enim non aliquando quidem solum erant potentia homines, posterius*
autem facti sunt actu, sic et intellectus semper sunt et potentia et actu,
inquit GRAMMATICUS. *Quoniam igitur in universo neque tempore*
praecedit quod potentia id quod actu, propter hoc neque aliquando
quidem intelligit, aliquando non intelligit sicut in uno, inquit GRAM-
30 MATICUS, *sed semper ; sunt enim in universo semper actu intellectus,*
et *semper sunt in omni et qui potentia scientes, et qui hoc perficientes,*
non autem ita quod unusquisque semper intelligat.

Diversas tamen, inquit GRAMMATICUS, *recipiunt in hac* Philosophi
littera scripturas ; dicentes quidem enim Aristotelem de conditore intel-
35 *lectu loqui, duas negationes suscipiunt. Aiunt enim quia conditor*
intellectus non aliquando quidem intelligit, aliquando autem non intel-
ligit, sed semper intelligit, quod quidem non congruit de intellectu
hominis ; non enim semper intelligit noster intellectus. Quicumque
autem nostrum intellectum aiunt dicere Aristotelem, eiciunt unam
40 *negationem, scilicet quod 'non', et scribunt ita : Sed quandoque quidem*
intelligit, quandoque autem non intelligit ; potentia quidem enim ens
non intelligit, actu autem intelligit.

Possibile tamen est, inquit GRAMMATICUS, *et priori existente scrip-*
tura de humano rursum intellectu accipere sermonem. Si enim aspi-
45 *ciamus ad totam latitudinem animarum et non ad unum singularem,*
non utique dicemus quandoque quidem intelligere, quandoque autem
non intelligere humanum intellectum, sed semper intelligere, secundum

20 producens] procedens B   producitur] proceditur B   21 est] enim B   22
praecedit om. B   omne] esse B   26 et² om. C   27 igitur] ergo B   28 hoc]
haec x, sed corr. hoc E²   29 aliquando non intelligit om. D   31 qui¹] in add. B
hoc] haec DAE   32 intelligit B   33 tamen om. B   36 quidem om. B
37 sed semper intelligit om. A   44 de om. B   de humano iter. A   rursus B
intellectui B   45 unam x   singulare B

21 Totaliter - tempore : ARIST., De Anima, III, 5, 430 a 21.
31 semper - perficientes : Io. PHILOPONUS, In III De Anima (ARIST., 5, 430 a 19-21).
   CAG lat., III, p. 59, 23-24.
33 Diversas - 49 actu : Io. PHILOPONUS, In III De Anima (ARIST., 5, 430 a 22).
   CAG lat., III, p. 59, 27 - 60, 41.

quod etiam dixit : *Neque tempore prior est esse eum qui potentia eo
qui actu.*

Ecce qualiter ex his vigor expositionis, quam Commentator 50
proposuit, enervatur. Hinc enim palam est quod ex virtute dicti
illius non magis concludi potest intellectum hominis tantum unum
esse et immortalem quam sensum unum in omnibus animalibus,
aut equum unum tantum et immortalem; semper namque est
aliquod animal actu sentiens in hac parte habitabilis aut in alia, 55
et similiter actu equus, et per consequens secundum Commentatorem non magis dici potest immortalis intellectus quam sensus
vel equus.

CAPITULUM 6

ALIA QUAEDAM EXPOSITIO AVERROIS SUPER PRAEMISSIS   60
ET EIUSDEM REPROBATIO

Insufficientiam quidem igitur expositionis illius perpendens fortassis Averroes, secundam subiunxit dicens : *Et potest exponi alio
modo, et est quod, cum dixit* Philosophus : '*et non est quandoque intelligens et quandoque non intelligens*', *intendit : cum non fuerit acceptus* 65
*secundum quod intelligit, et informatur a formis materialibus gene-
rabilibus et corruptibilibus, sed si fuerit acceptus simpliciter et secundum quod intelligit formas abstractas liberatas a materia, tunc non
invenietur quandoque intelligens et quandoque non intelligens, sed
invenietur in eadem forma; verbi gratia in modo per quem intelligit* 70
*intellectum agentem, cuius proportio est apud ipsum, ut diximus, sicut
lucis ad diaphanum. Opinandum enim est*, inquit Averroes, *quod*

48 prior est] priorem *E*   49 qui] in *add. B*   53 et *om. B*   54 namque] enim *B*
61 eius *x*   62 Insufficientia *A*   65 et... intelligens *om. D*   intendit] intelligit *B*
65-66 cum... intelligit *om. A*   68 liberatus *A*   69 invenitur *C*   70 invenitur *C*
per] in *AE*   72 enim est *inv. B*

48 Neque - 49 actu : Arist., *De Anima*, III, 5, 430 a 19-20.
63 Et - 77 post : Aver., *De Anima*, III, 20. Aver. lat., VI. 1, p. 450 (lin. 188-205).
64 et[2] - 65 intelligens : Arist., *De Anima*, III, 5, 430 a 22.

iste intellectus qui est in potentia, cum declaratum est quod est aeternus,
innatus est perfici per formas non materiales, quae sunt intellectae
75 *in se. Sed non in primo copulatur nobiscum ex hoc modo, sed in postremo,*
quando perficitur generatio intellectus qui est in habitu, ut declarabimus
post.

Sed etiam hanc ipsam expositionem iam prius videtur GRAMMATI-
CUS reprobasse sufficienter. *Necesse enim, inquit, talem intellectum*
80 *aut partem nostri esse, aut non esse partem, sed extrinsecus separatum*
a nostra substantia. Si quidem igitur pars nostri est, quando hunc
essentia dicit esse actum, palam quia habemus quandam talem partem
quae nata est semper intelligere. Et si hoc, propter quid non semper
intelligimus? Neque enim omnes homines secundum intellectum ope-
85 *rantur, neque semper sed aliquando, neque enim pueri entes, neque in*
alienationibus et somnis, ut visum est supra completius.

Quod si dicat aliquis intellectum nostrum semper actu intelligere
substantias immateriales, sed non percipimus hoc, quia aliis operationibus intenti sumus, non videtur quidem hoc rationabile.
90 Cum volumus enim, intelligimus, praesertim omne illud cuius
speciem intelligibilem in nobis habemus; non experimur autem
in nobis quod vel substantias a materia liberatas, vel ipsum etiam
intellectum agentem intelligamus seu cognoscamus quandocumque
voluerimus.

95 Adhuc, etsi intellectus agens ad nos se habeat hoc modo, non
tamen actu semper agens seu intelligens est, sed potius per modum
habitus, aliquando quidem agentis et aliquando non. Intellectus
igitur semper actu intelligens pars nostri non est, neque differentia
animae, hominis quidem uniuscuiusque.

00 Quidam autem, ad haec respondere conantes, dicunt quod nihil
prohibet intellectum agentem semper actu intelligere secundum se,
nos tamen hoc in nobis non experiri, quia nobis secundum hanc
rationem non copulatur, sed tantum secundum rationem qua agit,

---

75 in¹] per *B*   78 etiam] et *x*   81 igitur] ergo *B*   est *om. A*   quando *codd.*]
quoniam *Philop.*   85 pueri] puri *x, sed corr.* pueri *E*²   88 immateriales] immortales *AE*   92 vel¹⁻²] sine *B*   93 seu] sine *B*   96 modum] motum *B*   98
igitur] ergo *B*   00 ad haec] adhuc *B* : ad hoc *D*   3 rationem²] in add. *B*

79 Necesse - 88 hoc : Io. PHILOPONUS, *In III De Anima* (ARIST., 5, 430 a 10-14).
CAG lat., III, p. 46, 88 - 47, 97.
86 supra : c. 4, p. 171, lin. 32 sqq.

ex phantasmatibus intelligibilia abstrahendo. Dicunt ergo fallaciam
accidentis committi cum arguitur quod nos semper actu intelligere 5
debemus, si intellectus agens est pars nostri.

Atvero diligenter inspicienti palam est ex dictis prius hanc
responsionem insufficientem esse. Visum enim est supra qualiter
intellectus agentis, eo ipso quo agens est, scientia est eadem rei
scitae, quia immaterialis substantia est actu, et similiter erit actu 10
intelligens semper secundum eandem rationem. Caventes igitur a
medii variatione atque a fallacia accidentis, syllogizemus sic : omne
actu ens immateriale semper est actu intelligens, ut ipsi dicunt;
sed intellectus agens, qui ad nostram voluntatem reducitur, est
huiusmodi; ergo etc. *Voluntarium* enim *est cuius principium* est 15
in ipso sciente, ut scribitur 3º E t h i c o r u m. Agens igitur intellectus aliquid nostri est non corporis; ergo aliquid animae, non
motor tantum, ut infra apparebit, quia scilicet motor, secundum
quod motor tantum, non est aliquid eius quod movet, aut si aliquid
eius est, cum non sit accidens illius, quia praeter ipsum esse potest 20
seu habet esse, neque materia similiter, ut demonstratum est supra,
necessario erit principium formale; principium enim operationis
intrinsecum formale principium vocamus. Unde COMMENTATOR,
3º D e   A n i m a, sic arguit : *Quia illud per quod agit aliquid suam*
propriam actionem est forma, nos autem agimus per intellectum 25
agentem nostram actionem propriam, necesse est ergo, inquit, *ut intel-*
lectus agens sit forma in nobis.

Rursus, *necesse est*, ait, *attribuere has duas actiones in nobis animae,*

4 extrahendo *C*   ergo] igitur *D*   7 Ac vero *B*   diligenti *A*   palam *iter. B*
9 agentis] agens *B*   est²] esse *C*   11 intelligens] ut ipsi dicunt *add. D*   13 intel-
ligens] -gere *B*   14 inducitur *A*   15 ergo etc. *om. B*   Voluntarium] voluntatem
B   cuius... est *om. AE*   16 Agens...] Nota tam agentem intellectum quam possibilem nobis esse formam *i.m. D¹*   igitur] ergo *B*   18 quia...] Nota quid recipere
et quid agere per intellectum *i.m. D¹*   scilicet *om. x*   24 Quia] quod *AE*
aliquid] aliquod *B*

8 supra : c. 5.
9 scientia - 10 scitae : ARIST., *De Anima*, III, 5, 430 a 19-20.
15 Voluntarium - 16 sciente : ARIST., *Eth. Nic.*, III, 3, 1111 a 22-23.
18 infra : c. 16.
24 Quia - 27 nobis : AVER., *De Anima*, III, 36. Aver. lat., VI. 1, p. 499-500 (lin.
    587-90).
28 necesse - 52 agentem : AVER., *De Anima*, III, 18. Aver. lat., VI. 1, p. 439-40
    (lin. 72-98).

scilicet recipere intellectum et facere eum, quamvis agens et recipiens
30 *sint substantiae aeternae, propter hoc quod hae duae actiones reductae*
sunt ad nostram voluntatem, scilicet abstrahere intellecta et intelligere
ea. Abstrahere enim nihil aliud est quam facere intentiones imagi-
natas in actu intellectas postquam erant in potentia; intelligere autem
nihil aliud est quam recipere has intentiones. Cum enim invenimus
35 *idem transferri in suo esse de ordine in ordinem, scilicet intentiones*
imaginatas, dicimus quod necesse est ut hoc sit a causa agente et
recipiente. Recipiens igitur est materiale et agens est efficiens. Et cum
invenimus nos agere per has duas virtutes intellectus cum voluerimus,
et nihil agit nisi per suam formam, ideo fuit necesse, inquit, *nobis*
40 *attribuere has duas virtutes intellectus,* videlicet qui est recipere
intellectum, *et intellectus qui est abstrahere intellectum et* in alio
causare *eum. Et necesse est ut praecedat in nobis intellectus qui est*
recipere eum.

    Alexander vero *dixit quod rectius est describere intellectum, qui est*
45 *in nobis, per suam virtutem agentem, et non per patientem, cum passio*
et receptio communes sint intellectui et sensibus et virtutibus distinctivis.
Actio enim est propria ei, et est melius ut res describatur per suam
actionem. Sed *hoc non est necesse omni modo, nisi si hoc nomen passio*
diceretur in eis modo univoco; non enim dicitur nisi modo aequivoco.
50 *Et omnia dicta ab Aristotele in hoc,* inquit, *sunt ita quod universalia*
nullum habent esse extra animam, quod intendit Plato. Quoniam, si
ita esset, non indigeret ponere intellectum agentem. Intellectus igitur,
si pars nostri est qua agens, ad voluntatem — inquam — nostram
reductum, secundum ipsam eandem rationem pars nostri erit inquan-
55 tum se ipsum intelligit et alia separata, quod quidem non experimur.

33 in¹ *om. B*   37 igitur] ergo *B*   40 qui] quae *B*   41 intellectum²
om. B   42 causare] creare *Aver.*   intellectus] -tum *Aver.*   43 eum]
alium *in ras. E²*   45 per²] par *add. C*   50 ita *iter. B*   51 Plato...] Nota
commentator ait quod secundum opinionem platonis formae separatae supplent
actionem intellectus agentis *i.m. D¹*   52 igitur] ergo *B*   53 nostram] est
add. E²   54 erat *A*   54-55 inquantum] inquam *B*

CAPITULUM 7

ALIA QUAEDAM EXPOSITIO SIVE SENTENTIA CIRCA PRAE-
MISSA, PLATONI SIMUL ET AUGUSTINO CONSONA

Quoniam itaque partem animae PHILOSOPHUS affirmat id esse *quo cognoscit anima et sapit* seu *prudentiat*, adhuc autem et *in* ipsa 60 hac *anima necessario* probat *esse duas differentias has*, scilicet intellectum in potentia sive intellectum in quo fiunt omnia, et illum quo est omnia facere, non quidem ipsius facere tantum, sed illum quo est omnia facere, manifestum est PHILOSOPHUM intendere factivum intellectum seu agentem esse partem nostri; de humana namque 65 anima intendit utique et tractat PHILOSOPHUS in illa parte, et in hoc omnes conveniunt expositores. Unde, AVERROES et omnes alii tam agere ipsius intellectus agentis quam recipere seu cognsocere aut intelligere ad nostram dicunt reduci voluntatem. Illo autem eodem fulcimento, cui et ipse PHILOSOPHUS inter omnes alios magis 70 innititur — principia quippe scientiarum omnium super ipsum fundari docuit — experientiae, inquam, certitudine experimur quandoque velle nos intelligere, quandoque vero non, et nequaquam semper actu intelligere. Igitur, si *remotiores a contradictione* sermones ARISTOTELIS visi sunt inter aliorum dicta philosophorum, ut ait 75 ALEXANDER, opinandum est intentionem PHILOSOPHI non esse quod intellectus noster secundum partem vocatam agentem semper actu intelligat et incessanter, nisi eo forte modo quo GRAMMATICUS hoc exponit.

59 confirmat *B* 60 quo] quod *A* et in] et *x, sed rasit* et *restituens* in *E²*
61 has *om. B* 63 *ex* ipsius *corr.* istius *E²* 65 seu] sed *A* 68 intellectus
agentis *inv. B* 70 et *om. B* 75 visi] usi *x, sed del.* usi *E²* 78 actu
om. B nisi *om. B*

59 partem - 60 prudentiat : ARIST., *De Anima*, III, 4, 429 a 10-11. Sed sumpsit Bate
   prudentiat ex lemmate in com. Philoponi, CAG lat., III, p. 1, 1.
60 in - 63 facere[1] : ARIST., *De Anima*, III, 5, 430 a 13-15.
68 tam - 69 voluntatem : AVER., *De Anima*, III, 18. Aver. lat., VI. 1, p. 439 (lin.
   71-78).
74 remotiores - 76 Alexander : AVER., *De Caelo*, II, 1. Ed. Venet. 1562, f. 96 B.

80 Adhuc, et modus loquendi, quo usus est PHILOSOPHUS, huic consonare videtur; in R h e t o r i c i s enim *determinat locutionis esse virtutem quod sit clara*, praesertim ubi se offert materia. Clarius autem et facilius esset dicere de intellectu agente quod semper intelligit, quam quod *non aliquando quidem intelligit, aliquando vero*
85 *non*, nisi aliud aliquid denotare vellet per haec verba quam quod semper intelligat. Quamquam enim secundum regulas aequipollentiarum hoc quod est non aliquando non, aequipolleat ei quod semper, non tamen servat PHILOSOPHUS illum loquendi modum quo tantum importetur hoc, quinimmo et huius contrarium; ait enim : *Sed non*
90 *aliquando quidem intelligit, aliquando vero non.* Unde, sicut ex hoc sermone dici potest quod per primam negationem negatur aliquando non intelligere, quod aequipollet ei quod est semper intelligere, sic dici potest quod similiter negatur aliquando intelligere, quod aequipollet ei quod quidem est numquam intelligere. De virtute quidem
95 igitur locutionis, ut patet intuenti, non magis sequitur quod intellectus agens, secundum quod huiusmodi, semper actu intelligat, quam quod numquam intelligat actu. Possumus ergo dicere quod signanter locutus est PHILOSOPHUS hoc modo ad insinuandum forte quod intellectus agens, secundum rationem qua agens vocatur,
00 neque aliquando quidem intelligit, aliquando vero non, proprie scilicet loquendo — spectat enim hoc ad possibilem secundum quod talis, ut etiam dictum est prius — neque semper neque numquam intelligit, sed est habitus quidam intellectualis seu virtus quaedam intellectus activa, sicut virtus generandi in semine, quae
5 neque aliquando quidem animal est, neque aliquando non, proprie loquendo, sed est animal virtute activa tantum. Consonum enim videtur hoc dicto PLATONIS in T i m a e o , ubi deus pater summusque opifex deos deorum alloquens : *universi generis*, inquit, *sementem faciam vobisque tradam; vos cetera exequi*

84 intelligit[1]] -gat *C*   89 huius] eius *C*   91 potest *om. B*   94 quidem[1] *om. B*   95 igitur] ergo *B*   97 intelligat actu *inv. B*   99 intellectum *B*   3 intelligat *A*   quidam *om. B*   7 hoc dicto] haec dictio *D* thimeo *codd.*

81 determinat - 82 clara : ARIST., *Rhet.*, III, 2, 1404 b 1-2 (transl. Moerbeke, ed. Spengel, I, p. 302, 11-12).
84 non - 85 non : ARIST., *De Anima*, III, 5, 430 a 22.
89 Sed - 90 non : ARIST., *De Anima*, III, 5, 430 a 22.
8 universi - 11 ambiatis : PLATO, *Tim.*, 41 C-D. Plato lat., IV, p. 36, 9-11.

par est, ita ut immortalem, ait, caelestemque naturam, sementem scilicet 10
hanc, *mortali textu extrinsecus ambiatis,* et *ita instituite,* inquit, *atque
extricate mortalia ut, quibus consortium divinitatis et appellationis
parilitas competit, divina praeditum firmitate fingatis.* Et hoc etiam
sementis intelligibilium universorum ab AUGUSTINO mens vocari
videtur, in qua omnia quidem intelligibilia non solum passive sed 15
etiam active quodammodo continentur, sicut in semine virtus
generativa.

Arguit etiam AUGUSTINUS, 10° D e T r i n i t a t e, sic : *Mens,*
inquit, *cum se quaerit ut noverit, quaerentem se iam novit; se ergo
iam novit* aliqualiter. *Quapropter non potest omnino nescire se, quae* 20
dum se nescientem scit, se utique scit quodammodo. *Si autem se nescientem nesciat, non se quaeret ut sciat. Quapropter eo ipso quo se quaerit,
magis se sibi notam quam ignotam esse convincitur. Utquid ergo ei
praeceptum est,* inquit, *ut se ipsam cognoscat?* Et respondens ait :
Credo ut se cogitet, id est actu consideret, *et secundum naturam* 25
suam vivat, id est ut secundum suam naturam ordinari appetat, *sub eo
scilicet cui subdenda est, et supra ea quibus praeponenda est. Cum
ergo aliud sit non se nosse, aliud non se cogitare — multarum enim
doctrinarum peritum* alteram illarum *ignorare non dicimus, cum eam
non cogitat* quando de alia *cogitat — tanta vis est amoris, ut ea quae* 30
*cum amore diu cogitaverit, eisque curae glutino inhaeserit, attrahat
secum etiam cum ad se cogitandam quodammodo redit. Et quia illa,*
inquit, *corpora sunt quae foris per sensus corporis adamavit, nec secum
potest introrsus tamquam in regionem incorporeae naturae ipsa corpora*

10 caelestem *C*   12 quibus] quilibet *A*   13 pilitas convenit *B*   16 active
quodammodo *inv. B*   virtutis *B*   18 etiam] enim *B*   sic *post* Augustinus *B*
19 quaerentem] -te *AE*   20 quae] se *add. B*   21 nesciente *AE*   scit²] sit *D*
22 quaeret] quaerat *B*   24 ipsam *p. corr. E*] ipsa *BCDA*   cognoscatur *x, sed
corr.* -cat *E²*   26 vivat] uniat *A*   suam naturam *inv. A*   27 quibus] quaelibet (?) *A*   est² *om. C*   28 aliud¹] illud *C*   sit] sic *B*   non¹] per *add. AE,
sed del.* per *Eˣ*   nosse] nosce *CD* : noscere *AE*   29 eam] causa *A*   30 cogitat¹]
cogitet *AE*   31 cogitavit *p. corr. E*   eis *D*   glutivo *B*   33 nec] ut *A*   34
regione *B*

11 ita - 13 fingatis : PLATO, *Tim.*, 41 C. Plato lat., IV, p. 36, 6-8.
18 Mens - 23 convincitur : AUGUSTINUS, *De Trinitate*, lib. X, c. 3. PL 42, 976.
23 Utquid - 27 est² : AUGUSTINUS, *De Trinitate*, lib. X, c. 5 init. PL 42, 977.
27 Cum - 49 putat² : AUGUSTINUS, *De Trinitate*, lib. X, c. 5 med. - c. 7 init. PL 42,
977-78.

35 *inferre, imagines eorum convolvit, et rapit factas in semetipsa de se-*
metipsa. Dat enim eis formandis quiddam substantiae suae; servat
autem, inquit, *aliquid quo libere de specie talium imaginum iudicet,*
et hoc est magis mens, id est rationalis intelligentia quae servatur ut
iudicet, nam illas animae partes, quae per corporum similitudines
40 *informantur, etiam cum bestiis nos communes habere sentimus. Errat*
autem, inquit, *mens cum se istis imaginibus tanto amore coniungit,*
ut etiam se esse aliquid huiusmodi existimet. Ita enim conformatur
eis quodammodo, non id existendo sed putando, non quo se imaginem
putet, sed omnino illud ipsum cuius imaginem secum habet. Viget
45 *quippe in ea iudicium discernendi corpus, quod foris relinquit, ab*
imagine quam de illo secum gerit; nisi cum ita exprimuntur eaedem
imagines tamquam foris sentiantur, non intus cogitentur, sicut dor-
mientibus, aut furentibus, aut in aliqua extasi accidere solet. Cum
itaque se tale aliquid putat, corpus esse se putat. Porro ab eo, inquit,
50 *quod in memoria est, animi aciem velle avertere, nihil est aliud quam*
non inde cogitare.

Denique, in 14° libro sic : *Hinc tantum certos,* inquit, *nos esse*
suffecerit quod, cum homo de animi sui natura cogitari potuerit atque
invenire quod verum est, alibi non inveniet quam penes se ipsum;
55 *inveniet autem,* inquit, *non quod nesciebat, sed unde non cogitabat.*
Quid enim scimus, ait, *si quod est in nostra mente nescimus, cum*
omnia quae scimus, non nisi mente sciere possimus? Tanta est tamen,
inquit, *cogitationis vis ut nec ipsa mens quodammodo se in conspectu*
suo ponat, nisi quando se cogitat, ac per hoc ita nihil in conspectu
60 *mentis est nisi unde cogitatur, ut nec ipsa mens, qua cogitatur quidquid*
cogitatur, aliter possit esse in conspectu suo, nisi se ipsam cogitando.
Quomodo autem, quando se non cogitat, in conspectu suo non sit, cum

---

35 imagines...] Nota secundum augustinum quod anima species intelligibiles de
seipsa facit in seipsa, et vide quomodo *i.m.* D^1 36 servant *AE*   37 autem
inquit *inv. A*   38 hoc] haec *x*   40 Errat] erat *B*   42 huius *B*   44 putat
C AE   49 tale aliquid *inv. E*   inquit] et *add. B*   50 est aliud *inv. B*   52
Denique] Deinde *AE*   in *om. B*   Hinc] huic *B*   56 Quid] Quod *B*   quod]
quid *B*   57 possemus *B* : possumus *AE*   58 se] habet *add. AE, post* habet
add. nec E^2 59 ponit *in ras.* E^2 61 posset *A*   62 non¹ *om. AE*

---

49 Porro - 51 cogitare : Augustinus, *De Trinitate*, lib. XI, c. 8 fin. PL 42, 996.
52 Hinc - 70 cogitando : Augustinus, *De Trinitate*, lib. XIV, c. 5 fin. - c. 6, PL 42,
    1041.

sine se ipsa numquam esse possit, quasi aliud sit ipsa, aliud conspectus
eius, invenire, inquit, *non possum. Hoc quippe de oculo corporis non*
absurde dicitur; ipse namque oculus loco suo est fixus in corpore, 65
aspectus autem eius in ea quae extra sunt tenditur et usque in sidera
extenditur; nec est oculus in conspectu suo, quando quidem non con-
spicit se ipsum, nisi speculo obiecto, quod non fit utique quando se
mens in suo conspectu sui cogitatione constituit; numquid ergo alia
sua parte aliam suam partem videt, cum se conspicit cogitando? Et 70
post quaedam interposita respondens ait : *Proinde restat ut aliquid*
pertinens ad eius naturam sit conspectus eius, etiam quando se cogitat,
non quasi per loci spatium sed incorporea conversione revocetur; cum
vero non se cogitat, non sit quidem in conspectu suo nec de illa suus
formetur obtutus. Sed tamen noverit se, inquit, *tamquam ipsa sibi* 75
sit memoria sui, sicut multarum disciplinarum peritus ea quae noverit,
eius memoria retinentur, nec est inde aliquid in conspectu mentis eius
nisi unde cogitat; cetera vero *in arcana quadam notitia sunt recondita,*
quae memoria nuncupatur. Quoniam igitur *aliud est,* inquit, *rem*
quamque non nosse, aliud vero non cogitare, fierique potest ut noverit 80
homo aliquid quod non cogitat, quando aliunde non inde cogitat, hinc
admonemur, ait, *esse nobis in abdito mentis quarundam rerum*
quasdam notitias, ut et prius etiam dictum est secundum ipsum, *et tunc quodammodo procedere in medium atque in conspectu*
velut apertius constitui, quando cogitantur; tunc enim se ipsam mens 85
et meminisse, et intelligere, et amare invenit, etiam unde non cogitabat,
quando aliud cogitabat.

63 se *om. C*   posset *A*   66 tenditur] tendit *B* : *iter. A*   69 numquam *B*   70
vidit *B*   73 incorporea] in corpore a *B* : in corporea *AE*   75 optutus *BC*
tamen] cum *x*   78 cetera...] Nota mentem esse quasi memoriam, et addiscere
memorari *i.m. D*[1]   archana *codd.*   80 nosce *BCD*   81 quod] aliquod (?) *C*
quando... cogitat[2] *om. B*   83 noticias *A*   etiam *post* dictum est *B*   84 aspectu
B   86 etiam] et *B*   87 quando aliud cogitabat *om. C*

71 Proinde - 79 nuncupatur : Augustinus, *De Trinitate,* lib. XIV, c. 6. PL 42, 1042.
79 aliud - 81 cogitat[2] : Augustinus, *De Trinitate,* lib. XIV, c. 7 init. PL 42, 1042-43.
81 hinc - 87 cogitabat : Augustinus, *De Trinitate,* lib. XIV, c. 7. PL 42, 1043.
83 prius : Pars II, c. 18.

CAPITULUM 8

QUALIS EST INTELLECTUS NOSTRI CONDITIO SECUNDUM
90   CONCORDIAM PHILOSOPHORUM DIVERSORUM

Non irrationabiliter igitur visum est conditionem intellectus nostri, praesertim secundum quod humano corpori unitus est, quasi quoddam habitum esse, quo secundum habitus utique rationem operamur cum volumus, non semper quidem actu intelligentes, prout etiam
95 intellectum agentem AVERROES habitum esse dicit eo modo quo describit ipsum, secundum quod supra meminimus; experimur enim in nobis quod tam agere ipsius quam cognoscere ad nostram reducitur voluntatem, quae non semper vult intelligibiliter agere seu actu considerare. Et hoc quidem innuere videtur PHILOSOPHUS,
00 3º D e A n i m a, ubi recapitulando de anima dicit *omnia ea quae sunt, quodammodo esse animam.* Et subiungens : *Entia enim,* inquit, *aut sensibilia sunt, aut intelligibilia; est autem scientia quidem scibilia quodammodo, sensus vero sensibilia. Qualiter autem hoc sit, oportet inquirere. Secatur igitur,* ait, *scientia et sensus in res : quae quidem*
5 *potentia est, in ea quae sunt potentia; quae vero actu, in ea quae sunt actu. Animae autem,* inquit, *sensitivum et quod scire potest,* id est intellectivum, *potentia haec sunt : hoc quidem scibile, illud vero sensibile,* non — inquam — *ipsa, sed eorum species; non enim lapis in anima est, sed species. Quare anima,* inquit, *sicut manus est.*
10 *Manus enim* est *organum organorum, et intellectus species specierum* intelligibilium, *et sensus species sensibilium.* Intellectum itaque sensui sic proportionando, praesertim in eo quod potentia sunt ambo : hoc quidem sensibile, illud vero intelligibile, naturam habitus

91 igitur] ergo *B*   94 non *om. B*   quidem] in *add. B*   etiam *om. B*   2 sunt *om. B*   3 sit] scit *A*   4 Sciatur *B*   igitur] ergo *B*   5 sunt potentia quae *om. B*   6 inquit *om. A*   9 Quare] in *add. B*   est² *om. B*   11 et... sensibilium *om. B*

96 supra : c. 1.
00 recapitulando - 11 sensibilium : ARIST., *De Anima,* III, 8, 431 b 20 - 432 a 3.

eidem attribuit et rationem, quae quidem est *dispositio perfecti*
cuiusdam *ad optimum,* ut est actus primus, seu, ut scribitur 5⁰ 15
M e t a p h y s i c a e, *dispositio secundum quam bene vel male dis-*
ponitur dispositum, et hoc *aut secundum se aut ad aliud,* id est ad
actum, tamquam scilicet media quaedam potentia inter potentiam
remotam et actum simpliciter perfectum seu omnino. Unde, 2⁰
D e A n i m a : *Sensitivi,* inquit, *prima quidem mutatio fit a generante* ; 20
cum autem generatum est, habet iam sicut scientiam et sentire, quod
vero secundum actum similiter dicitur ipsi considerare. Sed in hoc
est differentia, inquit, quod *huiusmodi activa operationis* quae secundum sensum, *extra sunt, visibile* scilicet *et audibile, et reliqua*
sensibilium. Et huius *causa est quia singularium* est *qui secundum* 25
actum sensus, scientia autem universalium. Haec enim, inquit, *in*
ipsa quodammodo sunt anima. Unde intelligere, inquit, *in ipsa est*
cum velit ; *sentire autem non est in ipsa.*

Insuper, neque dissonus videtur his sermo PHILOSOPHI, quo etiam
de intellectu agente dicit, 3⁰ D e A n i m a, quod *ille* qui *est in* 30
omnia facere, sicut habitus quidam est *ut lumen.*

Rursus, et rationi ordinis eiusque conditioni convenientissimum
hoc esse videtur; infimus enim est in ordine intellectuum et magis
immersus materiae, differenter quoque intellectuum conditioni
reliquorum, iuxta ultimam et penultimam propositionem libri D e 35
C a u s i s, cui concordat PROCLUS, 106ᵃ propositione, quia, cum
processus omnis sit per similia, necesse est inter substantiam simpliciter incorruptibilem et substantiam temporalem simpliciter sive
corruptibilem medium esse, substantiam quidem habens incorruptibilem, operationem vero temporalem. Expressius autem hoc con- 40

---

17 hoc aut] hanc *B*   18 tamquam] tam *B*   quadam *B*   20 Sensitivum *B*
prima] prius *B*   25 est² *om. A*   26 Haec] hic *C*   27 ipsa ¹]
ipso *A*   29 videtur his *inv. B*   30 in *om. B*   31 lumen] etc. *add. B*
32 eiusque] eius atque *x*   conditionis *B*   36 cum *om. AE*   37 sit]
fit *AE*

14 dispositio - 15 optimum : ARIST., *Physic.,* VII, 3, 246 b 23.
16 dispositio - 17 aliud : ARIST., *Metaph.,* V (*Δ*), 20, 1022 b 10-12.
20 Sensitivi - 28 ipsa : ARIST., *De Anima,* II, 5, 417 b 16-25.
30 ille - 31 lumen : ARIST., *De Anima,* III, 5, 430 a 15.
36 cum - 40 temporalem : *Liber De Causis,* prop. 30-31 (31-32), ed. Pattin, p. 110-
    115; PROCLUS, *Elementatio Theologica,* prop. 106, ed. Dodds, p. 94, 21-31, ed.
    Vansteenkiste, p. 493.

firmat, 190ᵃ propositione, dicens quod *omnis anima* humana *media est impartibilium et eorum quae circa corpora partibilium.* Idem tamen, 187ᵃ propositione, *impartibilem* ipsam dicit *esse et incorruptibilem.* Adhuc, et 186ᵃ dicit eam *incorpoream esse substantiam et separabilem* 45 *a corpore,* et hoc est etiam id quod continetur 18ᵃ propositione D e C a u s i s necnon 111ᵃ Procli, dicentis quod quaedam *sunt intellectuales animae ad intellectus suspensae proprios,* sicut quidam *sunt intellectus posthabitationes deorum suscipientes.*

Insuper, et Plato verisimiliter eandem sententiam innuens, *ne* 50 *aliqua,* inquit, *penes auctorem deinceps ex reticentia noxae resideret auctoritas, sementem fecit eiusmodi deus, ut partim in terra, partim in luna generis humani iacerentur exordia, partim in ceteris quae instrumenta sunt temporis,* quatenus humanus intellectus, quem sub nomine sementis, ut dictum est, comprehendit, quasi mediae 55 conditionis existens inter caelestes motores intellectus, quorum infimus in lunari sphaera est, et inter generabilia et corruptibilia quae super terram, similis existat quodammodo tam his quam illis, prout hoc se compati possibile est.

Dissonum itaque rationi non est quod intellectus ille, qui forma 60 seu motor est corporis simplicis sphaerici, subiecto locum non

---

42 eorum *Proclus*] earum *codd. Vide infra, lin. 94*   43 187ᵃ *scripsi*] 67ᵃᵐ *B* : 87 *x* propositionem *B*   44 186ᵃ *scripsi*] 86 *codd.*   substantiam] esse *add. B*   46 111ᵃ *scripsi*] 3 *B* : iij *x*   dicentes *BAE, sed corr.* -tis *E²*   47 quidam sunt] quidem *B*   48 posthabitus *B* : post habitationes *x*   49 visibiliter *B*   50 aliqua] qua *Plato*   58 hoc] hic *B*   pati *x*   59 Dissonum... est *om. AE*   60 sive *B* 60-63 simplicis... corporis *om. A*   60 sphaerici] specifici *E (om. A)*

---

41 omnis - 42 partibilium : Proclus, *Elementatio Theologica,* prop. 190. Ed. Dodds, p. 166, 1-2; ed. Vansteenkiste, p. 523.

43 impartibilem - incorruptibilem : Proclus, *Elementatio Theologica,* prop. 187. Ed. Dodds, p. 162, 24; ed. Vansteenkiste, p. 522.

44 incorpoream - 45 corpore : Proclus, *Elementatio Theologica,* prop. 186. Ed. Dodds, p. 162, 13-14; ed. Vansteenkiste, p. 522.

45 : *Liber De Causis,* prop. 18 (19). Ed. Pattin, p. 86-88. Vide S. Thomas, *In De Causis,* prop. 19, ed. Saffrey, p. 105, 15-16 : « Haec autem propositio invenitur in libro Procli cxiᵃ ».

46 sunt - 48 suscipientes : Proclus, *Elementatio Theologica,* prop. 111. Ed. Dodds, p. 98, 18-20; ed. Vansteenkiste, p. 495.

49 ne - 53 temporis : Plato, *Tim.,* 42 D. Plato lat., IV, p. 37, 21 - 38, 2. — Lin. 50 : *auctorem* est glosa interlin. in cod. Leidensi.

mutantis, immaterialis, ingenerabilis et incorruptibilis, alterius quidem conditionis existat quam ille, qui forma seu motor est corporis compositi materialis organici, subiecto locum mutantis, generabilis et corruptibilis, non solum in esse sed etiam in modo agendi. Manifestum quidem enim est quod non quilibet motor 65 seu forma cuiuslibet est materiae seu mobilis, neque contingens contingentis, sed proportionalis et proprii subiecti seu materiae propria et proportionalis est forma seu motor. Corporis autem caelestis, cuius materia numquam est in potentia essendi sed actu semper, proportionalis est forma seu motor, semper quidem 70 agens et actu intelligens. Rationabile igitur est humani corporis intellectum, qui forma seu motor est materiae transmutabilis de forma in formam, ad quam est in potentia, proprio quidem subiecto proportionalem habere actum; et sicut actio, sic et eius essentia se habeat, secundum quod vult Commentator, 9⁰ M e t a- 75 p h y s i c a e, quatenus non inconvenienter quidem, ut dictum est, habitus dici possit. Unde, cum in corpore caelesti non sit phantastica virtus aut sensitiva cui immergi possit intellectus, quasi fractus seu reflexus quodammodo, ac passus extasim et velatus, ut dictum est prius, aut instar extensae lineae rectae se habens, quidditatem obiecti 80 abstrahat a phantasmate, nihil mirum si semper actu intelligat talis intellectus, immaterialiter quidem se habens semper. E contrario igitur conditionatus intellectus nihil mirum etiam si materiae conditiones aliqualiter sapiat, et non semper actu intelligat, interdum passus extasim, ut dictum est, ac sensui immersus, quasi materialis 85 existens quoquo modo.

Hoc enim, ut partim iam dictum est, intendere videtur et innuere Proclus, qui, sensitivam animam et vegetativam non animas quidem, sed *animarum idola* seu umbras appellans, rationalem autem seu intellectivam simpliciter animam solum : *Omnis*, in- 90

---

62 existit *B (om. A)*   67 et] est *x, sed corr.* est *E*²   68 propria] etiam *add. B*
sive motoris *B*   70 sive *B*   80 aut] ad *B*   81 semper actu *inv. A*   83 ergo *B*
85 sensu *BE*   86 quodammodo *B*

74 sicut - 75 habeat : Aver., *Metaph.*, IX, 7. Ed. Venet. 1562, f. 231 H.
89 animarum idola : Proclus, *Elementatio Theologica*, prop. 64. Ed. Dodds, p. 62, 12 ; ed. Vansteenkiste, p. 289.
90 Omnis - 92 conversiva : Proclus, *Elementatio Theologica*, prop. 186. Ed. Dodds, p. 162, 13-16, ed. Vansteenkiste, p. 522.

quit, *anima est incorporea substantia et separabilis a corpore*, ac sui ipsius etiam cognitiva, et ad se ipsam conversiva, *incorruptibilis* quoque ac secundum substantiam *impartibilis*, ita quod *media* simpliciter *impartibilium et eorum quae circa corpus partibilium*, et praesertim
95 illa quae participabilis est secundum ipsius principia, ut posterius declarabitur. Haec itaque, inquit, *anima substantiam quidem aeternalem habet, operationem vero secundum tempus. Ambo* namque si *aeternaliter haberet, esset*, inquit, *substantia* simpliciter *impartibilis, nihil* utique *differens ab intellectuali hypostasi*. Si vero *secundum tempus*
00 haberet ambo, tunc *esset generabile solum*, non *semper ens*, nec *enter ens secundum existentiam*, nec ad se ipsam conversiva, neque sui ipsius cognitiva aliquatenus, *neque authypostatos* sed corruptibile. *Aut ergo secundum substantiam aeternalis est* anima, inquit, *secundum operationem autem tempore participans, aut e*
5 *converso. Sed hoc impossibile*; deterior enim operatione substantia non est, nec potest aeternalis operatio esse substantiae non aeternali. Unde, *quod secundum operationem ad se ipsum conversivum* et sui ipsius cognitivum *est, ad se ipsum etiam secundum substantiam* seu omniquaque *conversivum est*, inquit, et authypostaton. *Omnis ergo*
10 *anima*, inquit, *substantiam aeternalem habet, operationem autem secundum tempus.*

Quamobrem etiam AVICENNA dicit quod anima intellectiva *duas habet actiones* : unam comparatione corporis, quae vocatur *practica*,

92 incorruptibilem *B* 94 et[1]... partibilium *om. AE* 96-97 aeternalem] actualem *AE* 98 inquam *AE* 99 temporis *E* 1 enter *Proclus*] aeternum *B* : entis *x* 2 autipostatos *A* : antipostatos *BCDE* sed *om. B* 3 Aut] autem *B* 6 substantiae *scripsi*] -tia *codd.* 9 autipostaton *A* : antipostacon *B* : antipostaton *CDE* igitur *x* 10 autem] aut *B* 12 etiam *post* dicit *B* 13 comparationem *CDA*

92 incorruptibilis - 93 impartibilis : PROCLUS, *Elementatio Theologica*, prop. 187. Ed. Dodds, p. 162, 24; ed. Vansteenkiste, p. 522.
93 media - 94 partibilium : PROCLUS, *Elementatio Theologica*, prop. 190. Ed. Dodds, p. 166, 1-2; ed. Vansteenkiste, p. 523.
96 anima - 00 solum : PROCLUS, *Elementatio Theologica*, prop. 191. Ed. Dodds, p. 166, 26 - 168, 1; ed. Vansteenkiste, p. 524.
00 semper - 1 existentiam : PROCLUS, *Elementatio Theologica*, prop. 192. Ed. Dodds, p. 168, 13-14; ed. Vansteenkiste, p. 524.
2 neque[2] - 11 tempus : PROCLUS, *Elementatio Theologica*, prop. 191. Ed. Dodds, p. 168, 1-10; ed. Vansteenkiste, p. 524.
12 anima - 24 aliam : AVICENNA, *De Anima*, pars V, c. 2. Ed. Venet. 1508, f. 23[vb].

et aliam actionem comparatione sui et principiorum suorum, quae est
apprehensio per intellectum, et utraeque sunt dissidentes, inquit, *et* 15
impedientes se. Unde, cum occupata fuerit circa unam, retinebitur
ab alia; difficile enim est convenire utrasque simul. Occupationes
autem eius circa corpus sunt sentire et imaginari, et concupiscere,
etc. *Tu autem scis quod, cum cogitaveris de intellecto, postpones haec*
omnia. Quod si haec praevalentia fuerint super animam et subegerint 20
eam, convertent eam ad partem suam. Anima autem, cum intenta fuerit
sensibilibus, retrahetur ab intellectu, quamvis ipsi intellectui non
accidat infirmitas ullo modo. Tu vero scis quod causa huius est quia
anima retrahitur ab una actione propter aliam. Causa autem, inquit,
huius totius una est, scilicet quia anima tota se convertit ad unum 25
quodlibet. Unde, et 10º suae M e t a p h y s i c a e : *Substantiam,*
inquit, *animae corpus occupat, et reddit stultam, et facit eam oblivisci*
sui desiderii proprii et inquirendi perfectionem, quae sibi competit.

Hinc quoque scriptum habetur in P h a e d o n e : *Quotiens cum*
corpore argumentatur anima *quod considerare liceret, quoniam tunc* 30
seducitur ab ipso. Ratiocinatur nempe tunc potissimum quando neque
visus, neque auditus, neque dolor, neque certe aliqua voluptas, aut
aliud consimile aliquid, *ipsam contristaverit; immo quotiens maxime*
ipsa secundum se ipsam fit permittens valere corpus, et ad quantum
potest non communicans ipsi neque contingens affectat rei veritatem. Ille 35
igitur hoc efficiet sincerissime, quisquis quam maxime ipso mentis
intellectu erit in unumquodque, numquam visum apponens intelligen-
do, neque auditum, *neque sensum alium attrahens quempiam cum*
ratiocinatione, sed ipsa per se ipsam pura intelligentia fruens ip-
sum per se ipsum purum unumquodque conatur aucupari existen- 40
tium, sequestratus quam maxime ab oculisque et auribus et, ut dic-
tum [est] *dicatur, ab universo corpore, tamquam perturbante et non*

14 et¹ *om. C* actionem] operationem *B* comparationem *A* 15 utraque *A*
18 autem] enim *B* eius *om. BA* et¹ *om. B* 23 vero *om. B* 24 Causam *B*
25 quia scilicet *B* : quia *CD* 26 quidlibet *B* 29 federone *B* 30 augmen-
tatur *C* 31 quando] quoniam *A* 34 fit] non *add. E²* 35 comitans *B* 36
hoc] hic *DAE*

24 Causa - 26 quodlibet : Avicenna, *De Anima,* pars V, c. 2. Ed. Venet. 1508, f. 24ʳᵃ.
26 Substantiam - 28 competit : Avicenna, *Metaph.,* tract. IX, c. 7. Ed. Venet. 1508,
f. 107ᵛᵃ.
29 Quotiens - 35 veritatem : Plato, *Phaedo,* 65 B-C. Plato lat., II, p. 15, 14-15 et 20-24.
35 Ille - 44 communicet : Plato, *Phaedo,* 65 E - 66 A. Plato lat., II, p. 16, 14-21.

permittente animam possidere veritatemque et prudentiam cum ei
communicet. Quamdiu enim, inquit, *corpus habuerimus et conglutinata*
45 *fuerit anima nostra cum huiusmodi malo, numquam adipiscemur*
sufficienter quod exoptamus; *dicimus autem*, inquit, *hoc esse verum.*
Decies millena quippe vacationum impedimenta nobis exhibet corpus
propter necessarium alimentum. Amplius etiam, si quid morbi acciderit
etc. *Demonstratum est* itaque, inquit, *procul dubio quoniam, si debemus*
50 *umquam pure quid scire, recedendum est a* corpore *et ipsa anima*
considerandum ipsas res; *et tandem, ceu videtur, nobis erit quod con-*
cupiscimus equidem, et dicimus amatores esse prudentiae quando
defuncti erimus, velut sermo significat, superstitibus vero minime.
Si ergo, inquit, *non possibile cum corpore quidquam elimate co-*
55 *gnoscere, duum alterum accidet* : *vel numquam est adipisci scientiam,*
vel qui exspirarunt. Et in quo utique vitales auras carpserimus, ita,
ut videtur, proxime erimus scientiae. Si quam maxime nihil confe-
deremur corpori neque communicemus, quantum non est *omnis ne-*
cessitas, neque refarciamur ipsius natura, sed emundemus nos *ab eo*
60 *quousque deus ipse absolverit* nos. *Et sic utique sinceri sequestrati*
a corporis soliditate, cum talibus nempe erimus atque cognoscemus per
nos ipsos universitatem sinceram; *non mundo enim mundum contingere*
fas non est. Haec quidem SOCRATES.

Quod si ad hanc intentionem exposuisset AVERROES illum ser-
65 monem PHILOSOPHI, tollerabilior esset forsan illa secunda expositio;
posset enim in hoc retorqueri ut, cum intellectus *simpliciter acceptus*
fuerit, liberatus — inquam — a corpore, ut dicit SOCRATES sive
PLATO, *et secundum quod intelligit formas abstractas liberatas a materia,*

43 ei] enim *x*   44 comitet *B*   45 huius *B*   51 videbitur *B*   52 dicimur *B*
53 significat] figatur *B*   superstibus *A*   54 ergo] vero *A*   quidquam] quem-
quam *B*   55 est *om. B*   56 auras] aures *AE, sed corr.* auras *E²* : *om. B*   57
proximi *B*   57-58 consideremur *D* : confiteremur *AE*   58 neque] nec *A*   non
est *om. B*   58-59 necessitas] est *add. x*   59 referciamur *codd.*   60 utique *om. B*
61 soliditate *B et Leidensis*] soliditate alias stoliditate *CA* : stoliditate *DE*   atque] et
D   63 Haec] hoc *B*   65 secunda] prima *B*

44 Quamdiu - 48 acciderit : PLATO, *Phaedo,* 66 B. Plato lat., II, p. 16, 27 - 17, 1.
49 Demonstratum - 63 est : PLATO, *Phaedo,* 66 D - 67 B. Plato lat., II, p. 17, 12-27. —
   Lin. 55 : *accidet* est glosa interlin. et lin. 63 : *non* est glosa margin. in cod. Leidensi.
66 simpliciter - 70 forma : AVER., *De Anima,* III, 20. Aver. lat., VI. 1, p. 450 (lin. 193-
   96).

*tunc non invenietur quandoque intelligens et quandoque non intelligens,
sed invenietur in eadem forma,* ut dicit COMMENTATOR. Huic etenim 70
consonum est id quod ab eodem etiam dictum est prius, scilicet
quod *intellectum esse actionem imperfectam,* seu transmutationem,
accidit ei propter materiam corporalem, *non secundum quod est actio,*
ipsius scilicet intellectus. *Et cum hoc accidit actioni* intellectus, *necesse
est aliquam actionem* eius *esse liberatam ab hoc accidente; quod enim* 75
accidit alicui per accidens, necesse est ut non sit ei secundum quod
ipsum *est, et si non est ei secundum quod est, necessarium est ut
separetur ab eo.* Sic ergo, secundum quod separatus, semper intelligit.
Unde et ALBERTUS in libro D e I n t e l l e c t u : *Ex hoc enim,*
inquit, *quod intellectus possibilis ad corpus accedit, efficitur distans* 80
*a lumine intelligentiae, sicut perspicuum in aere distat a natura
luminosi in se ipso.*

   Insuper, et huic expositioni consonare videtur sermo PHILOSOPHI,
quem subiungit consequenter; dicens namque : *Sed non aliquando
quidem intelligit, aliquando vero non intelligit,* immediate subdit : 85
Separatus autem [inquit] *est solum hoc quod vere est, et immortale et
perpetuum est,* ac si dicere vellet : Quamdiu materiae coniunctus
est, et quasi materialis eo modo quo dictum est, et non separatus ab
ipsa, non est vere hoc quod est, neque immortale et per consequens
neque semper actu intelligens, sive *non aliquando quidem intelligens,* 90
aliquando vero non intelligens, sed tunc primum talis est proprie
loquendo, cum liberatus est a materia simpliciter et separatus.

---

69 invenitur *B*   et... intelligens[2] *om. B*   70 invenitur *B*   etenim] enim *CDA*
71 etiam *om. x*   73 secundum *om. AE*   77 est[2]] sunt *B*   ei... est[3] *om. AE*
79 in *om. B*   85 immediate] in mente (?) *B*   subdit] scribit *AE*   87 vellet]
quam *add. C* : quod *add. DAE*   90 sive... intelligens[2] *om. x*   92 cum] tamen *B*
et] non *add. AE*

71 prius : Pars II, c. 19 fin.
72 intellectum - 78 eo : AVER., *De Anima,* III, 28. Aver.lat., VI. 1, p. 466 (lin. 32-37).
79 Ex - 82 ipso : ALBERTUS MAGNUS, *De Intellectu et Intelligibili,* lib. II, c. 4. Ed.
    Borgnet, IX, p. 509 b.
84 Sed - 87 est : ARIST., *De Anima,* III, 5, 430 a 22-23.
90 non - 91 intelligens : ARIST., *De Anima,* III, 5, 430 a 22.

CAPITULUM 9

DISSOLUTIO RATIONIS PRIUS FACTAE CONTRA PRAEMISSAM
95 SENTENTIAM

His itaque visis, facile est dissolvere rationem in contrarium
factam. Non enim quocumque modo *in his quae sunt sine materia,*
idem est intelligens et quod intelligitur, sed et *omnino sicut separabiles*
sunt res a materia, sic et quae circa intellectum sunt, ut ait idem
00 PHILOSOPHUS. Noster autem intellectus quasi mediae conditionis
est inter materialia et immaterialia, ut dictum est, substantiam
quidem habens incorruptibilem, operationem vero temporalem,
tamquam medium tenens inter partibilia et impartibilia. Quod autem
operatio intellectus nostri alia sit ab eius substantia, ut dictum
5 est, et actus eius primus sit alius a secundo, satis declaratur ex
actione quam habet in phantasmata, in quae se extra se extendit
extatice, quasi materialis interdum existens affective, tamquam
transiens in affectum seu affectatum. Secundum ergo quod dictum
est et prius, quamdiu non simpliciter separabilis est a materia,
10 nihil prohibet simpliciter in eo idem non esse intelligens et intellectum, non solum quamdiu carnem cognoscit instar reflexae lineae,
sed etiam cum ad instar extensae quidditatem carnis cognoscit,
cuiusmodi quidem est eius operatio per se, quam in nobis ut plurimum experimur. In hac tamen operatione se quasi extra se tendit,
15 ut dictum est; unde non simpliciter per se actio intellectus est haec

---

96 contrariam *CA*   6 phantasmate *B*   7 quasi *om. B*   affective] affectione *B*
8 affectum] affectivum (?) *C*   9 simpliciter separabilis *inv. x*   14 hoc *B*   operatio *B*

97 in - 98 intelligitur : ARIST., *De Anima*, III, 4, 430 a 3-4.
98 omnino - 99 sunt[2] : ARIST., *De Anima*, III, 4, 429 b 21-22.
  1 dictum est : c. 8.
  1 substantiam - 2 temporalem : PROCLUS, *Elementatio Theologica*, prop. 191. Ed.
    Dodds, p. 166, 26 sqq.
  3 medium - impartibilia : PROCLUS, *Elementatio Theologica*, prop. 190. Ed. Dodds,
    p. 166, 1-2.
  9 prius : c. 8.
  11 carnem - 12 cognoscit : ARIST., *De Anima*, III, 4, 429 b 16-17.

eius operatio, ut iam dixit AVERROES, nisi secundum quod est
corpori coniugatus. A talibus quidem igitur operationibus et quasi
materialibus conditionibus separatus, se ipsum intelligere potest
simpliciter et idem esse intelligens et intellectum, tamquam simpliciter materiam non habens, ac simpliciter separatus existens; actio 20
enim intellectus per se et secundum quod ipsum, haec est secundum
quidem quod simpliciter est separatus.

Dicendum ergo quod in his quae simpliciter separata sunt a
materia, verum est idem esse intelligens et intellectum, atque primum
actum eundem esse cum secundo; quamdiu autem nostrum intel- 25
ligere sine phantasmate non est, neque sine continuo et temporis
ratione, intellectus noster simpliciter separatus a materia non est,
sed affectus quidem utique conditionibus materialibus et materialis
quodammodo, tam in ratione substantiae eius quam operationis,
ut visum est hic et prius. Hoc enim sibi convenit ratione naturalis 30
ordinis, qua *in horizonte* materialium est et immaterialium, ut dictum
est. Quare necesse non est in ipso semper et omnibus modis idem
esse intelligens et id quod intelligitur, et per consequens necesse
non est intellectum huiusmodi esse semper actu intelligentem, neque
primum actum eius eundem cum secundo. Secundum modum igitur 35
quo intellectus a materia separabilis est, sic se habet ad actum
intelligere, prout etiam et in omnibus rebus dicit habere PHILO-
SOPHUS ea *quae circa intellectum.* Unde COMMENTATOR, 12º M e t a -
p h y s i c a e : *Et si actio intellectus, secundum quod copulatur cum*
intellectu materiali, esset non generabilis, tunc actio eius esset sub- 40
stantia eius, et non haberet necessitatem in hac actione ut copularetur
cum intellectu materiali. Sed cum fuerit copulatus, inquit, *cum intel-*
lectu materiali, erit actio eius, secundum quod copulatur cum eo,
actio alia a substantia eius, et fuit illud quod agit substantia, et est
alii, inquit, *non sibi* ac per hoc patiens — inquam — extasim 45
dicto modo.

17 igitur] ergo *B*   20 materiam] motivam *B*   21 ipsum haec] hoc ipsum *B* : *an adden-*
dum intellectum *post* ipsum ?   23 his *om. B*   25 autem] ante *B*   34 non *om. B*
35 igitur] ergo *B*   36 sic] se *AE*   39 secundum quod copulatur *om. B*   45 inquam
om. B

31 in horizonte : *Liber De Causis,* prop. 2. Ed. Pattin, p. 50, 81.
31-32 dictum est : Pars II, c. 17.
38 quae - intellectum : ARIST., *De Anima,* III, 4, 429 b 22.
39 Et - 45 sibi : AVER., *Metaph.,* XII, 17. Ed. Venet. 1562, f. 303 B-C.

CAPITULUM 10

QUIDAM EPILOGUS PRAEMISSORUM

Principia quidem igitur philosophiae observantibus secundum
50 quae ex actibus et operationibus, tamquam ex his quae nobis notiora
sunt, natura substantiae et ratio nobis innotescit, palam est quod,
quamquam humanus intellectus immaterialis esse concludatur,
necesse tamen est hanc eius immaterialitatem sibi propriam talis
esse conditionis, tam pro differentia intellectus possibilis quam
55 agentis si pars aliqua nostri est, quod non semper actu intelligit,
neque semper idem in ipso est intelligens et intellectum omnibus
modis; hoc enim conveniens est his quae in nobis experimur.
Itaque, cum actus intelligendi ac etiam agere ipsius intellectus
agentis ad nostram habeat reduci voluntatem — non intelligimus
60 enim nisi velimus — impossibile est aliquem intelligere non volentem
actu id facere. Intellectu autem ad sensibilia circumflexo, aut somno
aut alia passione adveniente, non vult homo actu intelligere, quare
nil mirum si neque tunc actu intelligit neque semper; proprium
enim et connaturale nostro est intellectui ad corpus humanum et
65 specialiter ad phantasmata proportionalitatem habere quodammodo,
aut etiam in sensum quandoque pati extasim, ut visum est. Pro
tanto itaque in nobis communicat intellectui virtus corporalis, pro
quanto, formalem quandam ab ipso recipiens illustrationem, idonee
se habet et obedienter ad operationem intellectualem sibi copulandam,
70 secundum quod humano corpori communicatur et unitur intellectus
ut intrinsecum operandi principium et movendi, proportionaliter
quoquo modo se habens intelligentiae quae sphaeram *movet ut amatum*,

---

49 igitur] ergo *B*   50 quae²] in *add. C*   55 aliqua *om. B*   57 inconveniens *B*
59 habeant *C*   60 etenim *B*   64 enim] est *add. C*   est] *post* enim *B* : *post*
connaturale *AE*   intellectu *C*   66 sensu *BAE*   67 intellectum *B*   71
intrinsecus *A* : extrinsecum *E*   proportionatur *comp. B*

---

71 ut - principium : SIGERUS DE BRABANTIA, *De Anima Intellectiva*, c. 3. Ed. Mandonnet, p. 154-155 : « intellectus in intelligendo est operans intrinsecus ».
72 movet ut amatum : ARIST., *Metaph.*, XII (Λ), 7, 1072 b 3.

amanti quidem intrinsecum. Non autem ita communicat intellectui
virtus corporalis quod intellectiva potentia sit virtus corporis organica seu materialis. Hoc enim impossibile est, et hoc est quod intendit 75
PHILOSOPHUS, 2° De Generatione Animalium dicens
quod *operationi intellectus nihil communicat operatio corporalis.*

Ex his igitur satis apparet qualiter intellectus agens licet immaterialis sit et ens actu, propter vicinitatem tamen ipsius et
connaturalitatem quandam ad rationem formae materialis potest 80
esse ut habitus quidam, non semper actu intelligens. Adhuc et patet
qualiter intellectus agens et possibilis in subiecto sunt unum, duas
quidem constituentes differentias in uno intellectu, ratione quidem
distinctas.

CAPITULUM 11   85

SENTENTIA THEMISTII CIRCA PRAEMISSA

THEMISTIUS vero : '*Necesse* est, inquit, *in anima existere has differentias*', *et esse hunc quidem aliquem potentia intellectum, hunc autem
aliquem actu intellectum perfectum et non adhuc potentia et eo quod
est esse aptum natum, sed intellectum existentem actu, qui illi qui* 90
*potentia complexus et producens ipsum in actum eum qui secundum
habitum intellectum efficit, in quo universalia sunt noemata, id est
intellecta, et scientiae. Sicut enim domum eam quae potentia et statuam
eam quae potentia, hoc est lapides et aes, non est possibile suscipere
domus aut statuae formam, nisi ars materiebus idonee ad hoc se haben-* 95
tibus propriam imponens potentiam et artificialem speciem imprimens,

73 intellectum *B*   77 operationi] operatio *B*   operatio] operationis *B*   79 sit
om. B   propter] semper *B*   et²] ad *C*   81 patet] post *B*   86 circa] praedicta
add. B   89 intellectum] intelligentem *A*   et²] ex *p. corr. E²*   quod] modo
quo *D*   90 existere *B*   actu] actum *A*   92 noemata] normata *CA*   93 eam]
ea *B*   93-94 et²... potentia *om. B*   94 eam *om. A(B)*

77 operationi - corporalis : ARIST., *De Gen. Animal.*, II, 3, 736 b 28-29.
87 Necesse - 00 instituat : THEMIST., *In De Anima*, lib. VI (ARIST., III, 5, 430 a 10-14).
    CAG V. 3, p. 98, 19-32; CAG lat., I, p. 224, 86-00.
87 Necesse - differentias : ARIST., *De Anima*, III, 5, 430 a 13-14.

domum compositam efficiat et statuam, ita et potentia intellectum necesse
ab aliquo alio perfici iam perfecto existente et actu, non potentia, qui
proportionaliter se habens ad artem, moveat potentia intellectum, et
00 *aptitudinem animae ad intelligere perficiat et habitum instituat.*
   'Et est iste intellectus separatus et impassibilis et immixtus'; ille
autem quem potentia dicimus intellectum, etsi maxima sibi eadem
intitulaverimus, tamen magis est, inquit, *animae connaturalis; dico*
autem, inquit, *non omni animae sed solum humanae. Et sicut lumen*
5 *potentia visui et potentia coloribus adveniens actu quidem visum fecit*
et actu colores, ita et intellectus iste, qui actu producens potentia intel-
lectum, non solum ipsum [potentia] *actu intellectum fecit, sed et*
potentia intelligibilia ipsi instituit. Materiales itaque species et quae
ex singularibus sensibilibus colliguntur communia noemata, quae
10 *interim quidem non est potens discernere, neque ex aliis ad alia trans-*
mittere, neque componere et dividere, sed sicut thesaurus noematum
aut magis sicut materia eas quae a sensu et phantasia formas reponit
per memoriam. Superveniente autem ipsi factivo intellectu et materiam
hanc noematum deprehendente, factus unus cum illo, transire potens
15 *fit et componere et dividere et circumspicere alia ex aliis. Quam igitur*
rationem habet ars ad materiam, hanc et intellectus factivus ad eum
qui potentia, et sic hic quidem omnia fit, hic autem omnia facit; propter
quod, inquit, *et in nobis est intelligere quando volumus. Non enim*
est ars materiae exterioris, sicut aeraria est aeris et aedificativa lig-
20 *norum, sed investitur toti potentia intellectui qui factivus, ac si utique*
aedificator lignis et aerarius aeri non ab extrinseco assisteret, per
totum autem ipsum penetrare potens esset. Sic enim et qui secundum
actum intellectus intellectui potentia superveniens unus fit cum ipso;
unum enim est quod ex materia fit et forma. Et rursum habet duas
25 *rationes, scilicet eam quae materiae et eam quae factoris, sic quidem*

98 perfecto] -tio *A*   99 proportionabiliter *B*   5 facit *p. corr. E*[2]   7 et *om. B*
8 constituit *AE*   9 sensibilibus *om. AE*   noemata] normata *CA*   11 et] *iter C* :
ac *AE*   normatum *A*   15 fit] sit *B*   igitur] ergo *B*   17 sic] fit *A*   19
aedificantia *x, sed corr.* -cativa *E*[2]   20 investitur] in nescitur *B*   *post* investitur
add. seu (et *A*) innectitur (-vec- *D*) *codd.*   21 aedificato *A*   lignis *in ras. E*[2]
et *om. B*   assisteret] existeret *A*   25 quae[1]] est *add. B*   factoris *codd.*] fac-
tionis *Themist.*

1 Et - 31 assimilatur : Themist., *In De Anima*, lib. VI (Arist., III, 5, 430 a 14-19).
   CAG V. 3, p. 98, 32 - 99, 24; CAG lat., I, p. 224, 1 - 226, 32.
1 Et - immixtus : Arist., *De Anima*, III, 5, 430 a 17-18.

enim *omnia factus, sic autem omnia faciens*; *fit enim*, inquit, *res
ipse actuans secundum intelligentiam, et videtur ipsius hoc quidem
aliquid* esse *ut materia, ubi scilicet multitudo noematum, hoc autem
ut artifex. In ipso enim est quando vult noema comprehendere et
formare, et factivus erat ipse et productor noematum*; *propter quod et* 30
deo, inquit, *maxime assimilatur.*

Et infra subiungens : *Essentia autem*, inquit, *factivi intellectus
idem est actui, et non ex potentia procedit, sed ipsius natura homogenea
actui,* 'et iste *intellectus separatus est et impassibilis et immixtus*' vere,
'*non quandoque quidem intelligens, quandoque autem non intelligens*'. 35
Hoc quidem enim sustinet quando submittit eum qui potentia; *quando
autem ipse per se fuerit,* '*hoc est solum quod vere est.*' *Est autem actus,*
ait, *incessabilis et sine labore et immortalis et aeternus, intellectus
et intelligibilis idem certitudinaliter, non adhuc secundum aliud et
aliud, neque propter aliud, sicut reliqua intelligibilia quaecumque utique* 40
*intellectus qui secundum habitum, facit separans a materia, sed propter
se ipsum intelligibilis et natura quae a se ipso et intelligi et intelligere
habens. In intellectu quidem igitur qui potentia divisa sunt noemata,
id est intellecta, in quo sunt artes et scientiae, in eo autem qui secundum
actum magis in ipso*, inquit, *actu*; *sunt quidem idem in ipso essentia* 45
cum actu, alio modo erit utique gravius discibili et discimus, *non
transmittente ex hoc in hoc, neque componente, neque dividente, neque
transitu utente ad intelligentias, sed omnes species habente insimul
et omnes simul praemittente. Sic enim solummodo erit utique et quod
ait Aristoteles idem substantia ipsius et actus*; *si enim transitionem* 50
facit quemadmodum scientes, necesse est *permanere quidem substantiam,
alterari autem actum. Hoc autem est*, inquit, *in ipso differre essentiam*

26-27 sic... actuans *om. B*   32 factivi] activi *B*   33 actui] activi *AE*   ex
om. B   34 actui] sed *add. B*   iste *codd.*] ita *Themist.*   36 Hoc] hic *B*
40 propter] per *C*   41 habitu *B*   42 intelligi et *om. A*   43 igitur] ergo *B*
45 actum] et *add. x*   essentia] essentialiter *B* : existentia *p. corr. E²*   46
ante cum *add.* non *B*   gravatius discibilis *p. corr. E²*   discimus *codd.*] divi-
nius *Themist.*   47 transmittende *C*   48 species] simul *add. B*   49 praemit-
tentem *B*   50 transitione *B*   52 inquit *om. B*

32 Essentia - 54 passiones : THEMIST., *In De Anima*, lib. VI (ARIST., III, 5, 430 a
    19-23). CAG V. 3, p. 99, 32 - 100, 15; CAG lat., I, p. 227, 43 - 228, 67.
34 et - immixtus : ARIST., *De Anima*, III, 5, 430 a 17-18.
35 non[1] - intelligens[2] : ARIST., *De Anima*, III, 5, 430 a 22.
37 hoc - est[2] : ARIST., *De Anima*, III, 5, 430 a 22-23.

ab actu, quod evidenter Aristoteles non concedit. Sic igitur et in primis
ait : 'Meditari autem et amare et odire non sunt illius passiones'.

55   Et infra : Intellectus autem potentia impassibilis est et immixtus
corpori et separatus, velut praevius actui, sicut claritas luminis aut sicut
flos praevius est fructui, neque enim in aliis natura finem sine praevio
mox tradit, sed demissiora quidem, congenea autem perfectioribus
praecurrunt. Separatus quidem igitur et ipse et immixtus et impassibilis,
60 non tamen separatus similiter activo. Rursum vide, inquit THE-
MISTIUS, quid dicit Philosophus de activo, comparans ipsum ei qui
potentia : 'Et est talis quidem intellectus in omnia fieri, hic autem in
omnia facere, ut habitus quidam, velut lumen. Modo enim quodam et
lumen facit potentia colores actu, et est iste intellectus separatus et
65 immixtus essentia et impassibilis ens actu; semper enim honoratius
est agens patiente et principium materia', ac si utique solem dicamus
magis separatum claritate. Quare manifestius est existimans quidem
ambos separatos, magis autem separatum activum, et magis impassibilem, et magis immixtum, et tempore quidem prius nobis infieri
70 eum qui potentia, natura autem et perfectione esse priorem eum qui
actu, immo neque tempore prioritatem habere eum qui potentia, sed
mihi quidem aut tibi prius advenire, simpliciter autem non prius esse,
sicut neque praecursorem rege, neque auroram lumine, neque florem
fructu.

75   # CAPITULUM 12

AVICENNAE CONSENSUS CUM THEMISTIO

     Ex his igitur dictis THEMISTII, licet pro maiori parte concordari
possent expositioni praecedenti, nihilominus insinuari videtur quod

53 igitur] ergo B   56 activi DAE   sicut[2]] sit B   58 densiora B   59 ergo B
60 vide] Unde B   70 perfectior AE   73 florem] in add. B

54 Meditari - passiones : ARIST., De Anima, I, 4, 408 b 25-26.
55 Intellectus - 74 fructu : THEMIST., In De Anima, lib. VI (ARIST., III, 5, 430 a
     23-25). CAG V. 3, p. 105, 29 - 106, 14; CAG lat., I, p. 238, 81 - 239, 00.
62 Et - 66 materia : ARIST., De Anima, III, 5, 430 a 14-19.

actus intellectus agentis *incessabilis et sine labore sit et aeternus,*
semper actu intelligens, et talis in quo *certitudinaliter idem* est *intel-* 80
ligens et intellectum, et *non secundum aliud et aliud.* Item, quod
duo sunt separati intellectus, scilicet possibilis et agens, qui tamen
alteri *superveniens,* tamquam *per totum penetrare potens* ut *ars*
materiae intranea, *toti investitur potentia intellectui* et *fit unus cum*
ipso, duas habens rationes.   85

Huic quoque intentioni consentire videtur AVICENNA sic arguens :
Quoniam quidem *anima humana prius est intelligens in potentia,*
demum fit actu intelligens. Omne autem quod exit de potentia ad
actum, non exit nisi per causam quae habet illud in actu, et extrahit
ad illum actum; *ergo est hic causa per quam animae nostrae exeunt* 90
in rebus intelligibilibus de potentia ad actum. Sed causa dandi formam
intelligibilem non est nisi intelligentia in actu, penes quam sunt prin-
cipia formarum intelligibilium abstractarum. Cuius quidem *comparatio*
ad nostras animas est sicut comparatio solis ad visus nostros, quia
sicut sol videtur per se in actu, et per lucem ipsius in actu videtur illud 95
quod non videbatur in actu, sic est dispositio huius intelligentiae quan-
tum ad nostras animas. Virtus enim rationalis quando considerat singula
id est phantasmata, *quae sunt in imaginatione, et illuminatur luce*
intelligentiae agentis in nos, quam praediximus, ipsa *fiunt nuda a*
materia et ab eius appenditiis, et imprimuntur in anima rationali, 00
non quia mutentur, inquit, *de imaginatione ad intellectum nostrum,*
nec quia intentio pendens ex multis, cum ipsa in se quidem *nuda sit*
considerata, per se faciat intentionem in intellectu *sibi similem, sed*
quia ex consideratione illorum aptatur anima ut ab intelligentia agente
in eam emanet abstractio. Cogitationes enim, inquit, *et considerationes* 5
motus quidam *sunt aptantes animam ad recipiendum emanationem*
illam, sicut termini medii praeparant ad recipiendum conclusionem
necessario, quamvis illud fiat uno modo et hoc alio. Cum autem accidit

---

80 semper] sempus *A*   82 sint *B*   84 investitur] et innectitur *add. x*   intellectum *B*   86 argurens *C*   98 id est] seu *x*   99 fiunt] fuerit *B*   00 appen-
dentiis *C*   2 ex] est *x*   sit] sic *C et p. corr. E²*   3 intentionem] mentionem *A*

79 actus - 81 aliud² : THEMIST., *In De Anima,* lib. VI (ARIST., III, 5, 430 a 19-23).
   CAG V. 3, p. 99, 38 - 100, 1; CAG lat., I, p. 227, 49-51.
82 duo - 85 rationes : THEMIST., *In De Anima,* lib. VI (ARIST., III, 5, 430 a 14-19).
   CAG V. 3, p. 99, 13-19; CAG lat., I, p. 225, 19 - 226, 25.
87 anima - 20 permixtione : AVICENNA, *De Anima,* pars V, c. 5. Ed. Venet. 1508,
   f. 25rb-va.

animae rationali ad hanc formam nudam comparari mediante luce
10 *intelligentiae agentis, contingit in anima ex forma quiddam quod*
secundum aliquid est sui generis, et secundum aliquid non est sui
generis, sicut cum lux cadit super colorata, et fit ex illa in visu operatio,
quae non est ei similis ex omni parte. Imaginabilia vero sunt intelligi-
bilia in potentia, et fiunt intelligibilia in actu, non ipsa eadem, sed quae
15 *excipiuntur ex illis. Immo, sicut operatio quae apparet ex formis*
sensibilibus, mediante luce non est ipsae formae, sed aliud quod habet
comparationem ad illas, quod fit mediante luce in receptibili recte
opposito, sic anima rationalis, cum coniungitur formis aliquo modo
coniunctionis, aptatur ut contingant vel subsistant *in ea ex luce*
20 *intelligentiae agentis ipsae formae nudae ab omni permixtione.* Et
tunc ipsa *anima est,* inquit, *quasi locus* illarum formarum *mediante*
intellectu materiali, et tunc *anima intelligit eo quod apprehendit in*
se formam intellectorum nudorum a materia.

Manifestum igitur hinc est quod, licet modus intelligendi, ab
25 AVICENNA traditus, satis concordari possit his quae dicta sunt prius
de eadem materia, intentio tamen videtur AVICENNAE quod intellectus agens alius sit numero ab anima rationali, seu ab intellectu
possibili. Unde, 9º M e t a p h y s i c a e suae, in numero substantiarum separatarum *intelligentiam mundi terreni* enumerat, quam
30 *fluere* dicit *super animas nostras ; et eam vocamus,* inquit, *intelligentiam*
agentem. Et addiscere quidem, ait, *nihil aliud est quam inquirere*
perfectam habitudinem coniungendi se intelligentiae agenti, quousque
fiat ex ea intellectus qui est simplex, a quo emanent formae ordinatae
in anima mediante cogitatione. Et *habitus,* inquit, *honesti accidunt*
35 *a substantia perficiente animas hominum, quae est intelligentia agens*

12 illa] luce *add. Avic.*   visum *x*   13 quae] quo *A*   est *om. B*   14 in...
intelligibilia *om. C*   sed] secundum *A*   17 comparationes *B*   24 ergo *B*   28
Unde] in *add. B*   30 intelligentiam *om. AE*   31 acquirere *Avic.*   32 habitu-
dinem] aptitudinem *Avic.*   33 ea] illa *AE*   34 mediante anima in *Avic.*

21 anima - 22 materiali : AVICENNA, *De Anima,* pars V, c. 6. Ed. Venet. 1508, f. 25vb.
22 anima - 23 materia : AVICENNA, *De Anima,* pars V, c. 6 init. Ed. Venet. 1508,
f. 25vb.
28 in - 31 agentem : AVICENNA, *Metaph.,* tract. IX, c. 3 fin. Ed. Venet. 1508, f.
104rb.
31 Et - 34 cogitatione : AVICENNA, *De Anima,* pars V, c. 6. Ed. Venet. 1508, f. 26va.
34 habitus - 36 consimilis : AVICENNA, *Metaph.,* tract. IX, c. 2. Ed. Venet. 1508,
f. 103ra.

vel alia ei consimilis; et hanc *naturam gubernationem* dicit esse
corporum generabilium et *quasi perfectionem. Cum autem anima,*
inquit, *liberatur a corpore et ab accidentibus corporis, tunc poterit
coniungi intelligentiae agenti, et tunc inveniet in ea pulchritudinem
intelligibilem et delectationem perennem.*   40

CAPITULUM 13

IN QUO SECUNDUM GRAMMATICUM RECITANTUR OPINIO-
NES QUAEDAM CIRCA PRAEMISSA

Dicit itaque GRAMMATICUS quod, cum PHILOSOPHUS intellectum,
qui in nobis est, dicit esse separatum, suspicatus est ALEXANDER 45
et quidam alii *actu intellectum* ab Aristotele *universalem dici,
conditorem et divinum, non autem esse humanum intellectum essentia
actum — est enim aliquando potentia — neque omnia facere* potest
*— non enim est factivus omnium noster intellectus — neque semper
intelligere, si quidem aliquando potentia est. Sed perficiuntur, aiunt,* 50
qui in nobis potentia, ab universali et extrinseco intellectu ente actu.
Alii vero *dicunt,* inquit GRAMMATICUS, *quod non universalem
conditorem hic dicit* Aristoteles; *non enim utique animalem esse et
conditorem et divinum intellectum, sed esse alium quendam intellectum,
demissiorem quidem illo,* meliorem autem eo qui in nobis, puta 55
angelicum quendam, *proxime quidem suppositum nostro et irradiantem
animabus nostris et perficientem ipsas, propter quod et animalem ipsum
dicunt proxime superstantem animabus, conditor autem universalior
est. Propter hoc enim, aiunt, ipsum luminis proportionalem dicit*

36 ei] eis *x, sed corr.* ei *E*²   40 perhennem *codd.*   50 perficiuntur] perficitur
*Philop. et p. corr. E*²   53 et *del. E*²   55 demissorem *B*   quidem... eo *om. B*
eo] illo *C* (*om. B*)   56 superpositum *CD*   58 autem] aut *x, sed corr.* autem
*E*²   universaliorum *B*

36 et - 37 perfectionem : AVICENNA, *Metaph.*, tract. IX, c. 5. Ed. Venet., 1508, f.
    105[va].
37 Cum - 40 perennem : AVICENNA, *De Anima*, pars V, c. 6. Ed. Venet. 1508, f. 26[va].
46 actu - 80 vivificat : Io. PHILOPONUS, *In III De Anima* (ARIST., 5, 430 a 10-14).
    CAG lat., III, p. 44, 19 - 45, 52.

60 Philosophus; *sicut enim lumen medium habet ordinem inter causam luminis et ea quae illuminantur — procedens quidem a sole, illuminans autem alia — ita conditorem quidem et omnino perfectum intellectum proportionari soli, illuminatum autem nostrum intellectum. Esse autem tertium, super nos quidem proxime ordinatum et ad instar luminis,* 65 *inde procedentem ad illuminationem nostram.*

Alii autem *dicunt,* inquit, *quod horum quidem neutrum dicit* Philosophus; *neque enim ereptum esse actu intellectum ab anima, si quidem ipse in anima dicit et eum qui potentia et eum qui actu esse, sed duos aiunt habere intellectus nostram animam, unum quidem actu,* 70 *alterum autem potentia, et eum quidem qui potentia semper in anima entem, quandoque perfici ab actu intellectu, eum autem qui actu de foris ingredi. Huic autem opinioni quosdam* dicit GRAMMATICUS *praefuisse qui videbantur esse Platonici, Platone nusquam viso hoc opinari; sed isti deducti sunt ad talem suspicionem quia Plato ait* 75 *animam semper motam. Aiunt ergo isti quia, si est semper mota, palam quia semper oportet habere ipsam actu intellectum, ut sic sit semper mota; putaverunt enim motus nomen ad cognitionem referre Platonem. Non secundum cognitionem autem motum exprimit quia dicit ipsam semper motam, sed zoogonam potentiam ipsius, quod* 80 *semper motum significat; semper enim vivificat.*

CAPITULUM 14

RATIOCINATIO GRAMMATICI NON SUFFICIENS AD QUANDAM ALIAM OPINIONEM A PRAEDICTIS, VERAQUE CIRCA HOC AUGUSTINI SENTENTIA

85   Has quidem autem opiniones refellens, GRAMMATICUS quartam posuit tamquam veriorem aestimans, ut visum est prius, reliquarum

---

63 illuminantem E^2 Esse] esset *x*   autem] aut *B*   66-67 dicit Philosophus] inquit Philosophus dicit *B*   69 aiunt habere *inv. A*   71 actu intellectu *inv. AE* autem *om. B*   actu²] actum *CDA*   75 est] esset *x*   76 ipsam *om. B*   78 autem] aut *C*

86 prius : c. 4.

tamen insufficientiam non sufficienter declarando. Sic enim dumtaxat arguit : *Primo quidem* quod *hoc ipsum quaerere si separatus
est intellectus vel non, irrationabile* est *de conditore intellectu, tamquam
utique dubium sit ne forte iste in subiecto corpore esse habeat. Sed* 90
*neque de eo qui proxime super animam intellectu et in ipsam illustrante,
rationabiliter hoc* ipsum *quaeritur*; *neque enim de ipso intellectu
separato ente rationabile* est *quaerere si separabitur neque de illus-
stratione ipsius*; *illustratio enim non separata* est. Deinde : *Qualiter
utique de conditore intellectu congruet*, inquit, *ipsum dicere de foris* 95
*ingredi, et quod arti proportionatur et lumini? Qualiter etiam animalis
dicitur? Adhuc autem ex definitione*, inquit, *assignata de ‹anima›
omni simpliciter* est *perspicere quod neque de conditore neque de alio
altiori quam secundum nostrum dicit* Philosophus; *non enim erit qui
talis 'corporis organici endelechia'.* 00

Verum, advertenti palam quod haec et his consimilia cetera
modicum aut nihil concludunt aut insufficienter, nam, sicut posterius
apparebit, illa communis animae definitio non penitus univoca est ipsi
animae et intellectui. Quinimmo, dicit ipsemet PHILOSOPHUS quod
intellectus et perspectiva potentia aliud videtur animae genus esse. 5

Item, quid prohibet intellectum, etiam divinum existentem, dici
animalem postquam corpus animat, dando quidem ipsi vitam et
moveri ex se? PHILOSOPHUS enim, 2º D e C a e l o, dicit *animatum
fore caelum*, licet motum non habeat, neque appetitum, neque vitam
nisi ab intellectu, ut patet in libro D e S u b s t a n t i a O r b i s 10
et alibi, et posterius etiam declarabitur.

Rursus, nec est etiam inconveniens quarere quidem an separatus
a materia sit intellectus quicumque, tam conditor quam alius,
praesertim antequam hoc sciatur. Quidquid enim a principio per se

90 sit] sic *CDA*   habeat] hanc *CA*   93 separabitur] -biliter *C*   95 conditore]
condicione *A*   96 proportionatur] -naliter *C*   97 definitione] dispositione *AE*
anima *supplevi ex Philop.*   98 perspicere] perficere *D* : alias perspicere *i.m. D*[1] :
prospicere *A*   conditori *B*   1 similia *BE, sed rest.* con- *E*[x]   4 ipsemet] ipsum *B*
8 enim] in *AE*   9 neque[1]] nec *x*   neque[2]] nec *A*   13 sit] fit *A*

88 Primo - 00 endelechia : Io. PHILOPONUS, *In III De Anima* (ARIST., 5, 430 a 10-14).
   CAG lat., III, p. 45, 60 - 46, 71.

00 corporis - endelechia : ARIST., *De Anima*, II, 1, 412 a 27-28.

5 intellectus - esse : ARIST., *De Anima*, II, 2, 413 b 24-26.

8 animatum - 9 caelum : ARIST., *De Caelo*, II, 2, 285 a 29.

9 motum - 10 intellectu : AVER., *De Subst. Orbis*, c. 1, ed. Venet. 1562, f. 140 B-C;
   Metaph., XII, 36, ed. cit., f. 318 G-H, ubi alii loci allegantur.

15 notum non est, nullum est inconveniens si quaeratur quandoque, cum et *his* etiam *quae* quidem *scimus, aequales numero sint quaestiones*, ut scribitur in A n a l y t i c i s P o s t e r i o r i b u s. Substantiam autem quamcumque seu intellectum separatum et immaterialem esse per se notum non est nobis, a principio saltem, sed, ut patet 8º
20 P h y s i c o r u m et 3º D e A n i m a, conclusio est syllogismi.

Demum, quia non requiritur in exemplis ad ea, pro quibus accipiuntur, omnimoda similitudo sed proportionalis aliqua, videlicet ut manuductionem quandam habendo facilius intelligat qui addiscit, idcirco nihil prohibet intellectum activum, quantumcumque
25 praeeminentem aliis, etiam conditorem exemplariter arti proportionari et lumini; principium enim totius cognitionis, et universaliter omnium entium effectivum ac species exemplaris existens, non inconvenienter a PLATONE vocatur *opifex et fabricator* universi. Et similiter a PHILOSOPHO proportionatur arti, quae species arti-
30 ficiatorum est, ut scribitur 7º P h i l o s o p h i a e P r i m a e.

Adhuc, et potentia visibile quidem actu visibile constituenti, potentiaque cognoscens ipsum actu cognoscens facienti lumini non inconvenienter proportionari potest omnium cognoscibilium et cognitivorum ac totius cognitionis causa prima.

35 Porro GRAMMATICUS, verba PHILOSOPHI de intellectu activo restringens ad proprium et singularem huius hominis aut illius motorem determinatum, dicit Philosophum *sic* intendere *actu intellectum omnia facere, sicut ait potentia intellectum omnia fieri. Sicut igitur potentia intellectum dicens omnia fieri, non hoc dicit quod et caelum fiat,*
40 *et angeli, et deus et reliqua, sed quod omnium species suscipit, et*

---

15 non *om.* B   16 sunt A   18 seu] in *add.* D   et immaterialem] etiam materialem B   24 activum] actum (?) A inquantum B   25 praeeminentem *CAE*
26 et²] est B   27 effectum B   31 visibile¹] verisimile *AE, sed corr.* visibile *E²*
quidem actu visibile *om.* B   constiᵗⁱ A   35-36 restringens] eligens (?) B   37
Philosophus B   intellectum] -tu B   37-38 omnia... intellectum *om.* AE   38 ergo
B   39 et] ad A : illud *in ras.* E²

16 his - quaestiones : ARIST., *An. Post.*, II, 1, 89 b 23.
20 conclusio : ARIST., *Physic.*, VIII, 10, 267 a 21 sqq.; *De Anima*, III, 4, 429 a 10 - b 5.
28 opifex - universi : PLATO, *Tim.*, 29 A. Plato lat., IV, p. 26, 16.
29 proportionatur arti : ARIST., *De Anima*, III, 5, 430 a 12.
29 quae - 30 est : ARIST., *Metaph.*, VII (Z), 9, 1034 a 24.
37 sic - 56 causam : Io. PHILOPONUS, *In III De Anima* (ARIST., 5, 430 a 10-14). CAG lat., III, p. 50, 91 - 51, 10.

*intelligit omnia quaecumque natus est intelligere talis intellectus;
ita et actu intellectum dicens omnia facere, non hoc dicit quod pro-
ducat omnium substantiam, sed quod potentia intellectum facit omnium susceptivum fieri. Impossibile vero et sic dicere ipsum omnia
facere, ut ab Alexandro videtur,* inquit GRAMMATICUS, *non de* 45
*omnibus intelligibilibus intelligentibus nobis; sunt enim quaedam
et per se et propria natura intelligibilia, quae quidem sunt etiam
intellectus. Sed omnia facit; facit autem videlicet intelligibilia
quaecumque propria natura non entia intelligibilia, materiales dico
species. Omnia ergo potentia intelligibilia separat intelligentia a* 50
materia, et actu facit intelligibilia. Haec autem dicimus, inquit GRAM-
MATICUS, *non quod Aristoteles nesciret universalem et conditorem
intellectum; novit enim quomodo est et ipse eminentem habens essentiam,
et perficit ipse nostrum intellectum. Sed ita perficit iste nostrum ut
sol dicitur generare hominem secundum eminentem et incoordinatam* 55
causam.

Quamquam igitur inter has opiniones omnes dissonantia videatur,
et una verisimilior appareat et magis conveniens his quae in nobis
experimur, illa scilicet quam primo posuimus, in eandem tamen
forte redit veritatem id ad quod tendunt omnes, prout hoc mani- 60
festius apparere poterit consequenter.

AUGUSTINUS quippe : *Credendum,* ait, *mentis intellectualis ita
conditam esse naturam, ut rebus intelligibilibus naturali ordine
subiuncta sic ista videat in quadam luce sui generis incorporea, quemadmodum oculus carnis videt quae in hac corporea luce circum-* 65
adiacent, cuius lucis capax eique congruens est creatus.

Item : *Sublimioris,* inquit, *rationis est iudicare de istis corporalibus
secundum rationes incorporales et aeternas, quae nisi supra mentem
humanam essent, incommutabiles profecto non essent atque his nisi*

---

42 actum *A*   45 ut] aut *B*   ab *om. x*   *ante* non *ponit* le ,omnia' *Philop.*   50
Omnia] Si non *Philop.*   potentia *om. B*   54 nostrum²] intellectum *add. B*   55
dicitur *iter. A*   coordinatam *p. corr.* E²   57 ergo *B*   60 hoc] hic *B*   62
quippe] 12° de trinitate *add. B*   63 ordini *B*   64 sic] sit *A*

---

62 Credendum - 66 creatus : AUGUSTINUS, *De Trinitate*, lib. XII, c. 15, n. 24. PL 42,
   1011.
67 Sublimioris - 71 iudicare : AUGUSTINUS, *De Trinitate*, lib. XII, c. 2. PL 42, 999.

70 *subiungeretur aliquid nostrum, non secundum eas possemus de corporalibus iudicare.*

Verum, anima rationes has incommutabiles, inquit, *negatur intueri posse nisi rationalis, ea* quidem *sui parte qua excellit, id est mente atque ratione, quasi quadam facie vel oculo suo interiore atque intel-*
75 *ligibiliter. Et ea* quidem etiam *ipsa rationalis anima, non omnis et quaelibet, sed quae sancta et pura fuerit, haec asseritur illi visioni esse idonea, id est : quae illum ipsum oculum quo videntur ista, sanum, et sincerum, et similem his rebus quas videre intendit, habuerit. Anima* nempe *rationalis inter eas res, quae a deo sunt conditae, omnia superat,*
80 inquit, seu excedit, *et* ideo *proxima est* ei *quando pura est, eique quantum* amore seu *caritate cohaeserit, in tantum ab eo lumine illo intelligibili perfusa quodammodo et illustrata cernit, non per corporeos oculos, sed per ipsius sui principale quo excellit, id est per intelligentiam suam, istas rationes quarum visione fit beatissima. Quas* quidem
85 *rationes,* inquit, *sive ideas, sive formas, sive species, sive rationes licet vocare. Et multis conceditur appellare quod libet, sed paucissimis videre quod verum est.*

Denique, obliviscendum non est quod, etsi intellectum agentem, secundum quod ipsum in nobis aliquid nostri experimur, habitum
90 quendam intellectualem esse, prout etiam Thomae visum est, concedamus, nihilominus necesse est intellectum aliquem agentem actu intelligentem esse, si essentialis et accidentalis potentia, tam intellectus possibilis quam habitus intellectivi, in actum duci debet, ut etiam vult Themistius. Nulla namque potentia per se ad actum
95 pervenit; non potest enim ipsius immaterialis habitus optimum, ad quod dispositus est et ordinatus, a materiali perfici agente, nec inferioris actus et perfectionis esse potest agens intellectus seu factivus quam sit actus ille quo potentiam perficit habitus intellectivi.

---

70 subiungetur *B*   eas *om. A*   74-75 intelligibili *Aug.*   77 ydoneea *A*   80
ideo proxima est ei] deo proxima est *Aug.*   81 illo] non *x*   82 ceruit *p. corr. E²*
83 quo excellit *om. B*   93 actum] habitum *B*

72 Verum - 87 est : Augustinus, *De Diversis Quaestionibus*, q. 46, n. 2. PL 40, 30-31.
91 necesse - 93 debet : Themist., *In De Anima*, lib. VI (Arist., III, 5, 430 a 10-14).
   CAG V. 3, p. 98, 18-32; CAG lat., I, p. 224, 84-00.
94 Nulla - 95 pervenit : Arist., *Metaph.*, IX (Θ), 8, 1049 b 24-25.

CAPITULUM 15

INQUISITIO DISPUTATIVA CIRCA MODUM QUO INTELLECTUS 00
PERFICIT HOMINEM, SEU QUALITER EST EIUS PERFECTIO

Ad evidentiorem igitur horum investigationem consequenter inquirendum est qualiter hominem perficiat intellectus, ut etiam sciamus quomodo aliquid nostri est.

Visum autem est quibusdam quod intellectus est actus corporis 5 propter illam communem animae definitionem, sub qua et intellectum dicunt comprehendi a PHILOSOPHO, expositionem dictorum eius ad hanc intentionem retorquentes. Et hoc idem GRAMMATICUS sentire videtur, *endelechiam organici corporis nostrum* dicens intellectum. 10

Amplius, per formam est omne compositum ens et unum. Ergo *in homine potentia sentiendi et vegetandi ab eadem est forma a qua et potentia intelligendi*; sed vegetativa et sensitiva in homine sunt a forma, quae est actus corporis; ergo et forma cuius sunt potentiae, est actus corporis. Et haec *ratio est Alberti*. 15

Adhuc, cum homo compositum quoddam sit ex materia et forma, per consequens et definibile est, ut patet 8º M e t a p h y s i c a e. *Definitio* autem *omnis est ratio* quaedam *partes habens*, et *ut* haec tota *se habet ad rem* totam, sic *et pars rationis ad rei partem*, ut scribitur 7º. Definitio quoque non est una, nisi quia definitum est 20

---

00 disputatam *comp. B*   3-4 etiam sciamus *inv. B*   8 idem] quidem *x*   9 endechiam *B*   13 sed] seu *x, sed corr.* sed E^2 15 est[1]] et *D*   16 quiddam *x, sed corr.* quod- E^2 18 haec] hoc *B*   20 est[2] *iter. C*

---

9 endelechiam - intellectum : Io. PHILOPONUS, *In III De Anima* (ARIST., 5, 430 a 10-14). CAG lat., III, p. 46, 70-71.

11 per - unum : Cfr AVER., *Metaph.*, VIII, 16. Ed. Venet. 1562, f. 224 M : « per formas enim fiunt composita ex forma et materia unum et aliquid ens ».

12 in - 15 Alberti : SIGERUS DE BRABANTIA, *De Anima Intellectiva*, c. 3. Ed. Mandonnet, p. 152 : Ratio autem Alberti...

16 homo - 17 est : ARIST., *Metaph.*, VIII (H), 2, 1043 a 18-26.

18 Definitio - 19 partem : ARIST., *Metaph.*, VII (Z), 10, 1034 b 20-22.

20 Definitio - 21 unum : ARIST., *Metaph.*, VII (Z), 6.

unum, cuius quidem unitas in 8º declaratur ex hoc quod de potentia materiae fit actus, quamobrem *forma* unitur *materiae et
differentia generi*, ut sic definitio sit una; ergo, si anima intellectiva
definitionem hominis ingreditur, cum corpus sit eius materia, actus
25 corporis videtur esse anima intellectiva.

Item, cum *differentia non sit extra intentionem generis*, ut scribit
Avicenna, *genus* autem *est ut materia, differentia vero ut forma*,
videtur quod forma hominis infra potentiam materiae ipsius con-
tineatur; talis autem forma est actus materiae de potentia ipsius
30 eductus; actus ergo corporis est anima rationalis.

Contrarium tamen huius apparere potest ex his, nam cum actus
et potentia ad idem genus pertineant, necesse est tam actum corporis
quam potentiam eius divisibilem esse, per accidens saltem, ac
materialem; sed intellectus immaterialis est et indivisibilis; quare
35 actus corporis esse non potest.

Item, extensum extensione corporis est divisibile secundum
divisibilitatem corporis; actus autem corporis sic se habet; ergo est
divisibilis.

Rursum, cum accidentia non sint vere entia sed entis, necesse
40 est actum corporeitatis in homine, et figurae, et albedinis ac ceter-
orum accidentium divisibilium, divisibilitatem saltem per accidens
non evadere omniquaque.

Adhuc, quamdiu forma est actus corporis, nequaquam actu
intelligibilis esse potest; *sicut* enim *separabiles* sunt *res a materia,
45 sic et quae circa intellectum*; actus ergo corporis non est intellectus.

Amplius, quidquid infra latitudinem materiae seu ambitum

---

21 quidem] est *add. B*   23 ut] et *AE*   sic] sit *B*   sit] fit *AE*   ergo] Igitur *x*
24 sit] sic *B*   eius] ex *D*   27 ut¹ *om. B*   28 materiae] mare *A*   32 actus *B*
35 esse non *inv. D*   37 est] et *B*   39 Rursus *B*

21 cuius - 22 actus : Arist., *Metaph.*, VIII (H), 6.
22 forma - 23 generi : Avicenna, *Logica*, pars II. Ed. Venet. 1508, f. 10ᵛᵃ, Sexta
proprietas.
26 differentia - generis : Avicenna, *Metaph.*, tract. V, c. 3. Ed. Venet. 1508, f. 88ʳᵇ.
27 genus - forma : Avicenna, *Logica*, pars II. Ed. Venet. 1508, f. 10ᵛᵃ, Sexta proprietas.
39 accidentia - entis : Arist., *Metaph.*, VII (Z), 1, 1028 a 18-20; XII (Λ), 1, 1069 a
21-22.
44 sicut - 45 intellectum : Arist., *De Anima*, III, 4, 429 b 21-22.

potentiae ipsius includitur et continetur, habet esse per materiam; talis enim potentia nihil entitatis habere potest sine materia, sed totum esse materiae in actu seu omnis actus eius infra latitudinem potentiae ipsius continetur. Impossibile enim esset materiam actu 50 esse, nisi prius in potentia eius esset exire in actum, nec potest aliquod agens de impossibili materiae facere possibile; actus ergo materiae cuiuscumque sine materia esse non potest. Intellectus autem immaterialis est, et per materiam esse non habet, quare neque actus corporis esse potest. Huius autem declaratio sic patet : 55 cum enim homo non generetur ex nihilo sed ex propria materia, quae quidem est ens in potentia antequam fit ens actu, nisi quidem haec potentia fieret actus utique non generaretur homo; per idem namque fit materia hominis ens actu et homo in actu, et quamdiu etiam potentia non fit actus, tamdiu remanet materia ens in potentia 60 et non ens actu. Actus ergo materiae hominis de potentia materiae factus est, quare materialis, corporeus et divisibilis, corruptibilis quidem per accidens quemadmodum et forma generabilis.

Iterum, id quod generatur, materia non est neque forma per se, sed compositum est omne quod generatur, et hoc quidem sic esse 65 oportet quod ex materia fieri necesse est id quod generatur, ut patet 7° M e t a p h y s i c a e. Sed intellectus neque per se neque per accidens ex materia generatur; pari namque ratione corruptibilis esset aut per se aut per accidens, quod est impossibile; ergo nec esse potest altera pars compositi ex materia generati. Etenim, nisi ex 70 potentia materiae fieret actus eius et forma materialis ipsius compositi, nequaquam ex materia fieret synodus illa seu congregatio divisibilis in hoc et hoc, scilicet forma in materia, aut synolon, sive simul totum compositum nullatenus generaretur, cuius *hoc quidem est hoc, et hoc hoc*, ut demonstrat Philosophus. Actus ergo corporis 75 intellectus esse non potest.

---

47 materiam] naturam *C*   52 possibile] possibiles *B*   54 materiam] naturam *AE*
55 neque] nec *B*   57 fit] sit *E*   ens²] in *add. B*   59 ens... et² *om. B*   61 igitur *x*
69 igitur *D*   esse] essendi (?) *B*   70 nisi ex] aut *B*   73 in²] et *in ras. E²*   74
hoc] haec *B*   75 hoc³] haec *C*   ut] aut *B*   igitur *x*

64 id - 65 generatur : Arist., *Metaph.*, VII (Z), 8, 1033 a 24 - b 19.
66 ex - generatur : Arist., *Metaph.*, VII (Z), 7, 1032 a 17.
72 synodus - 73 materia : Arist., *Metaph.*, VII (Z), 8, 1033 b 17 et 12-13.
74 hoc - 75 hoc³ : Arist., *Metaph.*, VII (Z), 8, 1033 b 12-13 et 19.

Praeterea, diversa est *ratio essendi formae materialis* et immaterialis formae *seu per se subsistentis. Ratio enim essendi formae*
materialis *est secundum quam est aliquid aliud,* scilicet *ratio com-*
80 *positionis secundum quam habet esse compositum*; *unde ratio essendi*
formae est quod sit unita materiae. *Non enim est accidentale formae*
esse in materia, sed per se convenit ei, alioquin ex materia et forma
fieret unum per accidens; *nihil autem potest esse sine eo quod inest*
ei per se; *ergo forma corporis non potest esse sine corpore. Si ergo*
85 *corpus sit corruptibile, sequitur formam corporis corruptibilem esse.*
Immaterialis autem *formae ratio est quod sit ens per se et separata a*
materia, non unum ens cum alio. Ex hoc ergo quidam vir famosus
sic arguebat : *Cum cessat ratio essendi alicuius,* tunc *corrumpitur*
illud et fit non ens, sed cum separatur forma materialis a materia,
90 *cessat eius essendi ratio, ut ex praedictis apparet. Nulla igitur forma*
cuius separatio a materia non est sua corruptio, est materialis; *sed*
separatio animae intellectivae a corpore et materia non est eius corruptio;
ergo non habet esse unitum materiae. Videtur ergo quod *ratio essendi*
qua aliquid habet esse unitum materiae, et ratio essendi *qua separatum*
95 est aliquid et *per se subsistens, adeo sunt oppositae quod eidem inesse*
non possunt. Unde anima intellectiva non potest habere rationem per
se subsistentis, et cum hoc unum facere cum materia et corpore in
essendo, secundum quod visum est quibusdam.

Amplius, ex duobus entibus in actu non fit unum; *actus enim*
00 *separat* et dividit. Sed anima intellectiva et corpus humanum sunt
duo entia actu. Ergo nec unum facere possunt sicut forma cum
materia.

---

81 est² *om. C*   83 sine] in *add. B*   85 sit] fit *D*   86 sit] fit *D*   87 Ex] Et
AE   hoc] ergo *add. B*   quidem *A*   90 praedictus *A*   ergo *B*
94 aliquid... qua² *om. B*   96 rationem *om. B*   99 in *om. B*   1 sicut
om. B

77 ratio - 81 materiae : Sigerus de Brabantia, *De Anima Intellectiva*, c. 3. Ed.
    Mandonnet, p. 151, 13-17.
81 Non - 85 esse : S. Thomas, *De Unitate Intellectus*, c. 1. Ed. Keeler, § 32, 14-19
    (p. 22).
86 Immaterialis - 98 essendo : Sigerus de Brabantia, *De Anima Intellectiva*, c. 3.
    Ed. Mandonnet, p. 151, 17-24 et 31-35.
99 ex - 2 materia : S. Thomas, *C.G.*, lib. II, c. 56, obi .1. Ed. Leon. XIII, p. 404 a 25-31.
99-00 actus enim separat : Arist., *Metaph.*, VII (Z), 13, 1039 a 7.

Adhuc, *forma et materia in eodem genere continentur, nam omne genus per actum et potentiam dividitur*; *substantia autem intellectualis et corpus diversa sunt genere*, sicut corruptibile et incorruptibile, ut 5 patet 10°; *impossibile ergo videtur* quod intellectus forma sit corporis.

Rursus, *si intellectus esset forma corporis*, tunc esset in corpore seu materia, quare et forma materialis; cuius oppositum demonstrat PHILOSOPHUS.

Item, *impossibile est id cuius esse est in* materia seu *corpore, esse* 10 *separatum a corpore*; sed *intellectus est separatus*, ut probat PHILOSOPHUS; ergo neque in corpore est, neque forma corporis.

Adhuc, *formae separatae a materia et formae quae sunt in materia, non sunt eaedem specie, ut patet* 7° *Metaphysicae. Una igitur et eadem forma nunc in corpore, nunc sine corpore esse non potest*; 15 quare, *si intellectus est forma corporis, sequi videtur quod corruptibilis sit de necessitate*.

Demum, *cuius esse est commune corpori, oportet et operationem eidem communem esse*; *unumquodque enim agit secundum quod est ens, neque potest virtus operativa sublimior esse quam eius essentia*, 20 *cum virtus principia essentiae consequatur. Igitur, si substantia intellectualis forma est corporis, oportet quod esse eius sibi et corpori sit commune*; *ex forma enim et materia fit aliquid simpliciter unum, quod est secundum esse unum. Simpliciter erit ergo operatio substantiae intellectualis corpori communis, et virtus eius virtus in corpore, quod* 25 *est impossibile*.

Hinc ergo opinati sunt quidam quod intellectus nequaquam unitur humano corpori ut forma, sed ut motor tantum, quemad-

12 neque[1]] nec *CA*   19 enim *om. B*   21 Igitur] ergo *B*   23 aliquod *B*

3 forma - 6 corporis : S. THOMAS, *C.G.*, lib. II, c. 56, obi. 2. Ed. Leon. XIII, p. 404 b 1-5.
4 genus - dividitur : ARIST., *Metaph.*, IX (*Θ*), 1, 1045 b 32-34.
5 sicut - incorruptibile : ARIST., *Metaph.*, X (I), 10.
7 si - 8 materialis : S. THOMAS, *C.G.*, lib. II, c. 56, obi. 3. Ed. Leon. XIII, p. 404 b 6-12.
10 impossibile - 12 corporis : S. THOMAS, *C.G.*, lib. II, c. 56, obi, 4. Ed. Leon. XIII, p. 404 b 13-18.
13 formae - 17 necessitate : S. THOMAS, *De Unitate Intellectus*, c. 1. Ed. Keeler, § 32, p. 22, 20-26.
18 cuius - 26 impossibile : S. THOMAS, *C.G.*, lib. II, c. 56, obi. 5. Ed. Leon. XIII, p. 404 b 19-31.
27 Hinc - 30 Platonis : S. THOMAS, *C.G.*, lib. II, c. 57 init.
28-29 quemadmodum nauta navi : ARIST., *De Anima*, II, 1, 413 a 9.

modum nauta navi, occasionem etiam accipientes ex sermonibus
30 PLATONIS.

CAPITULUM 16

REPROBATIO CUIUSDAM OPINIONIS PRAEMISSAE, IAM VERAE-
QUE SENTENTIAE CIRCA EAM SEU VERITATIS APPROBATIO
DEMONSTRATIVA

35 Ast huius quidem opinionis absurditas faciliter comprobatur.
Nam, ut scribitur 9º M e t a p h y s i c a e, *quorumcumque* actuum
aliquid alterum est quod fit praeter usum ipsius actus, *horum actus
in facto est, ut aedificatio in aedificato et contexio in contexto. Similiter
autem et in aliis. Et totaliter motus in eo quod movetur. Quorum vero*
40 *non est aliquod aliud opus praeter actionem, in ipsis existit actio, ut
visio in vidente et speculatio in speculante.* Si ergo intellectus homini
uniretur ut movens tantum, cum actus eius in facto non sit, neque
praeter actionem sit aliquod aliud opus eius, nullatenus esset actus
intelligendi in homine, sicut nec in lapide cognitio est, quamquam
45 interdum homo sit movens ipsum.
Item, *quorum actus in alterum* seu in motum *transeunt,* horum
rationes *opposito modo moventibus et motis attribuuntur,* ut *aedificator
aedificare dicitur, et domus aedificari.* Si ergo *intelligere esset actio
transiens in aliud sicut movere, non posset* vere dici *quod* Henricus
50 *intelligeret* aut Guido *ex hoc quod intellectus uniretur ei ut motor, sed
magis* dici posset *quod intellectus intelligeret, et* Henricus *intelligeretur*;

35 Est *B (rubricator)*   37 horum] hominum *B*   38 contexio] contextio *C*   40
aliquod *Arist.] om. B* : aliquid *x*   43 aliquod *scripsi*] aliquid *codd.*   45 monens *B*
47 rationes] actiones *Thomas*   et *om. B*   48 esset] est *B*   50 quod *om. B*
51 intelligeret *in ras. E²*

36 quorumcumque - 41 speculante : ARIST., *Metaph.*, IX (Θ), 8, 1050 a 30-36. Hunc
   locum allegat etiam S. THOMAS, *De Unitate Intellectus*, c. 3. Ed. Keeler, § 71, p. 45,
   1-7.
46 quorum - 53 moveretur : S. THOMAS, *De Unitate Intellectus*, c. 3. Ed. Keeler, § 73,
   p. 46, 23-31.

aut *forsan* dici posset verius *quod intellectus intelligendo moveret* Henricum *et* Henricus *moveretur.* Haec enim est universalis ratio in omnibus moventibus et motis, in quibus movens non est forma moti.

At vero dixerit forsan *aliquis quod motum ab intellectu, qui intel-* 55 *ligendo movet, ex hoc ipso quod movetur, intelligit*; interdum enim *moventis actio traducitur in rem motam,* ut *cum ipsum mo- tum moveat ex eo quod movetur, sicut* a calido aliquid *cale- factum calefacit,* et quando movent mota. Sed tunc procedendum est secundum doctrinam ARISTOTELIS in 2º D e A n i m a, ut dicamus 60 quod, qualitercumque actus intelligendi in nobis traducatur, aut a quocumque intellectu movente moveatur, dum tamen intelligamus, necesse est altero duorum modorum intellectum nobis inesse, scilicet ut formam vel ut substantiam, quemadmodum et scientiam aut sanitatem; *et,* sicut ait THEMISTIUS, *licet ab aliis aliquando* 65 *scientia et sanitas* insit, *puta a docente et medico, tamen,* ut delarat PHILOSOPHUS, '*in patiente et disposito activorum inexistit actus*'. Et COMMENTATOR super eodem : *Actio,* inquit, *agentis est illud quod existit in recipiente, et est forma.* Igitur, si *motum movet et actionem moventis habet* in se, *necesse est quod insit ei actus aliquis a movente,* 70 *qui huiusmodi habeat actionem*; *et hoc quidem est* illud *quo primum agit* ipsum quod movetur, *et est actus* ipsius moti *et forma eius, ut* verbi gratia *si* ab igne calefiat *aliquid,* illud sic *calefactum calefacit per calorem, qui est* quidem actus eius et forma. Ergo, si *intellectus animam* hominis *moveat,* ita quod per hoc ipse homo intelligat, 75

---

52 dici posset *inv. B*   53 Haec] hic *B*   54 in²] et *AE*   55 dixit *AE*   forsitan *B*   56 enim *om. B*   59 quandoque *B*   65 sicut] sic *AE*   66 infit *B*   67 in] a *B*   et] ac *AE*   69 ergo *B*   73 sic] sit *A*   74 quidem] quidam *x*   Igitur *x* 75 quod *om. x, sed rest. E²*

55 At - 59 calefacit : S. THOMAS, *De Unitate Intellectus,* c. 3. Ed. Keeler, § 74, p. 46, 34-36 et 32-34.
59 Sed - 67 actus : S. THOMAS, *De Unitate Intellectus,* c. 3. Ed. Keeler, § 74, p. 46, 36 - 47, 43.
62 dum - 65 sanitatem : ARIST., *De Anima,* II, 2, 414 a 4-14.
65 et - 67 actus : THEMIST., *In De Anima,* lib. III (ARIST., II, 2, 414 a 12-21). CAG V. 3, p. 46, 23-25; CAG lat., I, p. 109, 69-70.
67 in - actus : ARIST., *De Anima,* II, 2, 414 a 11-12.
68 Actio - 69 forma : AVER., *De Anima,* II, 24. Aver. lat., VI. 1, p. 164 (lin. 46-47).
69 si - 80 formam : S. THOMAS, *De Unitate Intellectus,* c. 3. Ed. Keeler, § 74-75, p. 47, 45-60.

illud quod ex impressione intellectus in homine *relinquitur, est* id
quo primum intelligit homo; *id autem quo* quilibet homo *intelligit,*
immateriale et *separatum* esse probat PHILOSOPHUS. *Quomodocumque*
igitur *intellectus aliquis sit* motor hominis, *tamen oportet* utique
80 intellectum aliquem hominis esse formam.

Demonstratione quidem igitur universali ex doctrina PHILOSOPHI
hoc declaratur. Nam, cum *ex actibus principia actuum cognoscamus,*
ex ipso actu qui est intelligere, quem et in nobis experimur, de necessitate concludimus intellectum esse formam in nobis. '*Primum enim*
85 *quo vivimus et intelligimus'*, animam vocamus et *numquam de intel-*
lectu quaereremus, nisi nos intelligeremus; nec cum de hoc *intellectu*
quaerimus, de alio principio quaerimus, quam de eo quo nos intel-
ligimus. Unde et Philosophus : '*Dico autem, inquit, intellectum quo*
intelligit anima'. Quoniam igitur *id quo aliquid primo operatur est*
90 *forma* et ratio sive species — *unumquodque* enim *agit in quantum*
est actu; per formam autem unumquodque est actu; quamobrem *id*
quo primum agit aliquid oportet esse formam — tunc *concludit Phi-*
losophus, cum omnibus suis commentatoribus et expositoribus
unanimiter, *quod si aliquid est primum principium, quo vivimus et*
95 *sentimus et movemur et intelligimus, id oportet esse formam* in nobis.

Item, cum intelligere sit vivere, et *actus intellectus* sit *vita,* ut
scribitur 12º, arguere possumus, sicut COMMENTATOR dicta PHILO-

---

76 ex impressione] in expressione *B*   hominem *x*   77 quo² *iter. A*   78 esse
probat *inv. AE*   quocumque *A*   79 sit] fit *C*   tamen] non *x, sed del.* non *Eˣ*
81 igitur universali *inv. B*   83 et *om. x*   90 sive] seu *B*   91 per... actu² *om. B*
92 forma *C*   94 et *iter. C*

---

77 id - 78 esse : ARIST., *De Anima,* III, 4, 429 a 13 - b 5.
81 Demonstratione - 85 vocamus : S. THOMAS, *De Unitate Intellectus,* c. 3. Ed. Keeler,
§ 60-61, p. 38, 6 - 39, 12.
84 Primum - 85 intelligimus : ARIST., *De Anima,* II, 2, 414 a 12-13.
85 numquam - 89 anima : S. THOMAS, *De Unitate Intellectus,* c. 3. Ed. Keeler, § 62,
p. 39, 22-26.
88 Dico - 89 anima : ARIST., *De Anima,* III, 4, 429 a 23.
89 id - 95 formam : S. THOMAS, *De Unitate Intellectus,* c. 3, Ed. Keeler, § 62, p. 39-40,
28-32 et p. 39, 26-28. Sed lin. 90 : *ratio sive species* et lin. 94-95 : *vivimus - movemur*
inseruit Bate ex ARIST., *De Anima,* II, 2, 414 a 9 et 12-14.
96 cum - vivere : ARIST., *De Anima,* II, 2, 413 a 22-23; *Eth. Nic.,* IX, 9, 1170 a 19.
96 actus - vita : ARIST., *Metaph.,* XII (Λ), 7, 1072 b 27.

SOPHI prosequitur in 2º D e A n i m a, dicens : *Quod* quidem *anima* intellectiva *sit forma corporis*, huius *signum est quod ens vivum non habet esse secundum quod est vivum, nisi per illud per quod vivit, id* oo *est quod est causa istius actionis, scilicet vitae. Et manifestum est,* inquit, *quod causa istius actionis est anima*; *ergo hoc esse vivi, secundum quod est vivum, est per animam. Illud* autem *per quod ens est hoc, est sua forma*; *ergo anima* intellectiva *est forma* hominis, cum *vivere viventibus sit esse.* Hinc enim PHILOSOPHUS in 1º E t h i c o- 5 r u m : Non sicut omnino separatum ens aliud ab alio, sicut motor solum existens, sed ut aliud in alio, puta sicut visus, inquit, in corpore sive toto quidem, ut potentia seu pars eius praeeminentior, sive in parte, quae est oculus, tamquam eius forma, ut scribitur 2º D e A n i m a, sic et intellectus in anima tamquam formale 10 principium, eo quod eminentior eius pars alia non potest esse. Proinde GRAMMATICUS in 3º D e A n i m a : *Intellectus*, inquit, *animae organum non est, sed e contrario ipsius intellectus* organum est *anima.*

CAPITULUM 17

QUALITER VERITATIS PRAEMISSAE CONTRARIUM OPINANTES 15 INVOLVUNT SE IPSOS ET SIBI IPSIS CONTRADICUNT

Importunam itaque et inevitabilem harum demonstrationum invasionem aliqualiter evadere conantes, hi qui nobis intellectum asserunt uniri ut motorem tantum, propriam vocem ignorantes,

00 per[2] *om. B*   1-2 scilicet... actionis *om. A*   2 esse] est *B*   6 Non *om. B* separatum] est *add. B*   aliud *om. B*   7 aliud] alius *B*   8 sive] sine *B*   eius *om. B*   praeminentior *x*   9 quae] qui *B*   10 2º] 3º *B*   11 eius] est *B*   18 evasionem *B*   19 ut] et *D*

98 Quod - 4 forma[2] : AVER., *De Anima*, II, 37. Aver.lat., VI. 1, p. 186 (lin. 24-30).
  5 vivere - esse : ARIST., *De Anima*, II, 4, 415 b 13.
  5 1º Ethicorum : Locum non inveni.
  7 sicut - 9 forma : ARIST., *De Anima*, II, 1, 412 b 17-25.
12 Intellectus - 13 anima : Io. PHILOPONUS, *In III De Anima* (ARIST., 4, 429 a 22-25). CAG lat., III, p. 13, 12-13 et 16-17.

20 dicunt quod *intellectus in intelligendo est operans intrinsecum ad corpus per suam naturam*; *operationes autem intrinsecorum*, inquiunt, *operantium, sive sint motus, sive sint operationes sine motu, attribuuntur compositis ex intrinseco operante, et ex eo ad quod sit intrinsece operantur, immo etiam apud philosophos*, inquiunt, *intrinseci motores,* 25 *seu intrinsecus ad aliqua operantes, formae et perfectiones eorum appellantur.*

Insuper, et ad erroris sui confessionem exemplum quoddam ad hoc adducunt, intentioni suae prorsus inconveniens, dicentes in quadam suppositione quod totum a parte denominatur, nam homo 30 sanatur cum sanatur oculus. Et si oculus non esset unitus homini, non sanaretur homo cum sanatur oculus, sed quia homo est ens oculus secundum quandam sui partem, ideo sanatur homo quando sanatur oculus eius. Et licet sanetur homo cum sanatur oculus, eius sanatio tamen hominis, inquiunt, in alia parte non est quam in 35 oculo.

Ex his autem utique sibi ipsis concludunt hi quod intellectus, motor existens hominis, ipsi homini non unitur nisi quatenus pars eius est, a qua denominari possit. Motor autem, sub ratione qua motor solum est, pars moti seu mobilis non est. Neque lapis etiam, 40 aut baculus, aut scribae calamus ab homine motus, intelligere dicitur seu videre, qualitercumque dicatur homo proprius motor calami scriptitantis.

Tandem itaque, ad metam ducti et a veritate coacti seu conclusi, confitentur et concedunt *quod anima intellectiva perfectio corporis est,* 45 *secundum quod intrinsecum operans ad corpus perfectio et forma*

---

20 in *om. BAE*   22 sint[2] *om. B*   23 ex intrinseco] extrinseco *C*   27 ad[1] *om. x*
sui confessionem *inv. B*   28 adducunt] eorum *add. B*   30-31 Et... oculus *iter. A*
33-34 Et... eius *om. E*   33 sanetur] sanatur *B* (*om. E*)   cum] quando *CDA* (*om. E*)
37 hominis *om. B*   40 scribae] scribere *B*   motus *om. B*   41 dicator *A*   42
scripticantis *B*   45 intrinsecus *B*

---

20 intellectus - 26 appellantur : SIGERUS DE BRABANTIA, *De Anima Intellectiva*, c. 3.
    Ed. Mandonnet, p. 154-155.
29 totum - denominatur : Cfr SIGERUS DE BRABANTIA, *De Anima Intellectiva*, c 3.
    ad 2, ed. Mandonnet, p. 156. — Fortasse allegat Bate, lin. 29-42, opus Sigeri
    perditum (*De Intellectu* ?) vel hactenus ineditum.
44 quod - 47 forma : SIGERUS DE BRABANTIA, *De Anima Intellectiva*, c. 3, ad ultimum.
    Ed. Mandonnet, p. 156.

corporis habet dici. Principium autem operationis intrinsecum, quid
est hoc aliud quam forma?

Adhuc, et formale principium qualiter innotescit nobis, nisi per
operationem seu actionem eius? Et quidem communi animi con-
ceptione per se notum est et hoc ipsum in nobis experimur quod nos 50
intelligibilia comprehendimus et universalia quaelibet, abstracta
quidem a materia singulari, per aliquid nostrum existens, non per
alienum aliquid seu aliud a nostra substantia. Per potentiam autem
quamcumque materialem seu particularem organicam impossibile
est obiectum sibi proprium aliter comprehendi quam secundum 55
organicae naturae suae facultatem, sub ratione videlicet particularis individui cuiusdam sensibilis, ad universale quidem
abstractum a materia singulari seu ad intelligibile quodcumque
comprehendendum se nequaquam extendendo. Illud ergo quo nos
intelligibilia per se comprehendimus et universalia quaelibet, 60
quamvis immateriale seu a materia separatum sit, ut visum est,
nequaquam tamen alienum aliquid a nobis est ut movens extrinsecum, sed intrinsecum agens et operans nostrum esse necesse est,
ac per hoc nostrum formale principium, non motorem nostri solum.

Praeterea, omnis motor immaterialis et immobilis suum mobile 65
movet ut amatum seu *ut intelligibile et appetibile*, ut patet 12º M e t a-
p h y s i c a e, quare et intellectus agens consimili modo corpus
movebit humanum. Unde et COMMENTATOR, 12º M e t a p h y s i c a e:
Intelligentia agens, inquit, *in quantum est abstracta et principium
nobis, necesse est ut moveat nos secundum quod amatum amans.* 70
In non habentibus autem materiam idem est actus intelligibilis et
intellectivi, necnon et appetibilis immaterialis et appetitivi seu
amantis et amati per eandem rationem; non enim appetit nisi id
quod intelligit et cognoscit. Idem igitur est actus intellectus moventis hominem et actus hominis appetentis intellectum seu amantis. 75

49 seu] per *add. B*   53 aliquid] quidem *B*   54 particularem *om. x*   56 suae]
seu *C, sed inseruit* sue *C²*   58 singulari] sensibili *B*   62 tamen] et non *B*   63
necesse est *om. x*   64 hoc *om. B*   68 et *om. B*   71 et] seu *A*   73 amati]
amantis *A*   74 ergo *B*

66 movet - appetibile : ARIST., *Metaph.*, XII (*Λ*), 7, 1072 b 3 et a 26.

69 Intelligentia - 70 amans : AVER., *Metaph.*, XII, 38. Ed. Venet. 1562, f. 321 G.

71 In - 72 intellectivi : ARIST., *De Anima*, III, 4, 430 a 3-4; *Metaph.*, XII (*Λ*), 9,
    1075 a 3-4.

73 non - 74 cognoscit : Cfr ARIST., *Metaph.*, XII (*Λ*), 7, 1072 a 30.

Quapropter oportet formale principium hominis intellectum esse;
causas enim intrinsecas et principia necesse est tantum duas esse,
formalem scilicet et materialem, ut patet per PHILOSOPHUM et suum
COMMENTATOREM 5º M e t a p h y s i c a e, primo capitulo. Materiae
80 autem non est agere, sed alterius potentiae et formae, nec potest
esse movens ab extra, sed necessario ab intra movet motor ille qui
est movens immateriale; nihil enim habet per quod distet ab
intraneitate mobilis istius quod movet, praesertim cum appetibile
nullum moveat mobile, nisi in quo principium est aliquod intrinse-
85 cum, talis quidem appetibilis appetitivum. Unde in substantiis
intellectualibus triplex genus causae coincidit, ut 12º M e t a p h y-
s i c a e declarat COMMENTATOR, ex demonstrationibus PHILOSOPHI
eandem probans esse formam ad quam et per quam sive qua est
motus. Loquens enim de his principiis moventibus: *Ista*, inquit,
90 *intellecta secundum quod sunt formae corporum caelestium, sunt*
moventia secundum agens; secundum autem quod sunt fines eorum,
moventur ab illis secundum desiderationem, ut patet ibidem ac etiam
in libro D e S u b s t a n t i a O r b i s. Immo quod amplius est,
super 4ᵐ D e C a e l o dicit quod *res aeternae non habent agens nisi*
95 *secundum similitudinem, neque habent ex quattuor causis nisi for-*
malem et finalem; et si habuerint aliquid quasi agens, non erit nisi
in quantum est forma illi, et conservans ipsum.

78 et¹ *iter. B*   81 ab²] ad *A*   82 distat *A*   83 istius] illius *x*   cum]
om. B : tum *A*   85 appetitivum] appetitum *B*   88 sive] sine *A*   89
his] suis *C*   90 quod] quid *B*   91 fines] corporum *add. B*   92 etiam
om. B   95 neque] nec *A*   96 habuerit *x*

77 causas - 78 materialem : Cfr ARIST., *Metaph.*, V (Δ), 1, 1013 a 19 sqq; AVER.,
    Metaph., V, 1, ed. Venet. 1562, f. 101 F-G.
89 Ista - 92 desiderationem : AVER., *Metaph.*, XII, 36, ed. Venet. 1562, f. 318 K;
    De Subst. Orbis, c. 2, ed. cit., f. 6 F-G.
94 res - 97 ipsum : AVER., *De Caelo*, IV, 1. Ed. Venet. 1562, f. 234 A.

CAPITULUM 18

DIGRESSIO QUAEDAM OCCASIONE PRAEMISSORUM CIRCA
DISTINCTAS PROPRIETATES CAUSARUM, ET COINCIDENTIAM   00
EARUM, AC FORMALIS CAUSAE DUPLICITATEM

Videntur autem aliud praetendere sermones AVICENNAE de causa
formali et efficiente seu agente, sed realiter in idem his quae dicta
sunt, redire necesse est. Ait enim, 6º suae M e t a p h y s i c a e, quod
agens causa est quae acquirit rei esse discretum a se ipso, scilicet ut 5
essentia agentis secundum primam intentionem non sit subiectum illius
esse quod acquiritur ab eo, nec informetur per illud, sed ita ut in se
ipso sit potentia illius esse non accidentaliter. Et cum hoc *etiam opor-*
tet ut illud esse non sit ab ipso in quantum est ipse agens. Sed
si fuerit, sit secundum alium respectum, scilicet quoniam divini 10
philosophi non intelligunt per agentem principium motionis tantum,
sicut intelligunt naturales, sed principium essendi et datorem eius,
sicut creatorem mundi. Causa vero agens naturalis non acquirit esse
rei nisi motionem aliquam ex modis motionum. Igitur acquirens,
inquit, *esse in naturalibus est principium motus.* 15

Rememorandum est igitur quod PHILOSOPHUS non aliter notificat
agens in scientia naturali, videlicet 2º P h y s i c o r u m, quam in
sua scientia theologica seu divina, 5º scilicet M e t a p h y s i c a e
et alibi, ut dictum est saepius. Ait enim utrobique quod efficiens
principium seu agens est *unde motus principium* seu transmutationis, 20
formalis vero causa est *ratio ipsius quod quid erat esse* seu essendi
causa. Sane, licet in eandem rem numero quandoque coincidunt

---

99 Disgressio *BAE*   00 coincidentia *A*   2 causa] omni *A*   3 seu agente
om. E   6 essentiae *Avic.*   8 cum] tamen *A*   8-9 oportet] apparet *B*   10
sit *Avic.*] sic *codd.*   12 naturales] tantum *add. A*   eius *om. B*   13 creatorem]
creator *Avic.*   15 naturalibus] materialibus *C*   16 ergo *B*   17 quem *B*   19
enim] 12 *AE, sed exp.* 12 *et rest.* enim *E*[1]   22 coincidant *CD*

5 agens - 15 motus : AVICENNA, *Metaph.*, tract. VI, c. 1. Ed. Venet. 1508, f. 91[rb].
19 efficiens - 22 causa : ARIST., *Physic.*, II, 3, 194 b 26-32; *Metaph.*, V (*Δ*), 2, 1013 a
  26-32.
22 in - 23 duae : ARIST., *Physic.*, II, 7, 198 a 24-27.

causae tres aut duae, ratione tamen distinguibiles ab invicem
existunt. In qualibet quoque scientia semper supponendum est quid
25 per nomen dicitur. Unde, cum secundum id quod per nomen dicitur,
de ratione sit causae formalis quod essendi causa dicitur, ⟨et⟩
secundum quamcumque scientiam dicatur efficiens seu agens essendi
causa, oportet hoc esse propter coincidentem illi formalis causae
realitatem. In 2° namque P h y s i c o r u m duplicem distinguit
30 PHILOSOPHUS moventem causam, seu unde motus principium
duplex fore dicit, unum videlicet movens motum, quod ad physicam
spectat considerationem, aliud vero movens immobile, quod ad
considerationem et scientiam pertinet philosophiae primae. Quamvis
autem in naturalibus movens principium seu agens, eo quod mate-
35 riale, cum formali principio non semper coincidat in idem numero,
sed quandoque in idem specie, ut in agentibus univocis, quandoque
vero neque in idem numero neque specie, ut in agentibus aequivocis,
agens tamen immateriale seu movens immobile cum causa formali
semper coincidit in idem numero, ut iam tactum est et posterius
40 declarabitur magis. Quapropter agens huiusmodi seu efficiens
non solum secundum agentis rationem seu efficientis est unde motus
principium, sed etiam essendi causa secundum rationem causae
formalis.

Et hinc etiam AVICENNA, 1° suae collectionis 2ᵃᵉ, quae S u f-
45 f i c i e n t i a dicitur, duplex distinguendo movens, praeparans
videlicet et perficiens : *Praeparans*, inquit, *est id quod praeparat*
materiam, sicut motor seu *motus spermatis in permutatione* spermatis.
Perficiens autem est id quod tribuit formam constituentem species
naturales, et est extra naturalia. Et non pertinet ad naturalem scire
50 *hoc verissime, sed* tamquam ut potest : quod hic *est praeparans et*
attribuens formam, et non dubitet quin praeparator sit principium

24 quid *om. A*   26-28 dicitur... causa *om. A*   26 et *supplevi*   32 immobile]
mobile *B*   35 cum formali *om. B*   36 ut *om. B*   36-37 quandoque² (quando
D)... aequivocis *om. A*   47 permutatione spermatis] permutationibus praeparanti-
bus *Avic.*   50 tamquam... hic] tantum ut ponat quod hoc *Avic.*   ut] hoc *A*
quod] et *x*   praeparans] efficiens *B*   51 tribuens *B*

29 duplicem - 33 primae : ARIST., *Physic.*, II, 7, 198 a 27-30 et 35 - b 1.
34 in - 37 aequivocis : ARIST., *Physic.*, II, 7, 198 a 24-27. S. THOMAS, *In Physic.*,
    lib. II, lect. 11, n. 2 (ed. Leon., II, p. 88 a) vel n. 473-74 (Pirotta).
45 duplex - 61 efficiens : AVICENNA, *Sufficientia*, lib. I, c. 10. Ed. Venet. 1508, f.
    19ʳᵃ B.

*motus, et quod perficiens est etiam principium motus, quia ipsum est
vere quod trahit de potentia ad effectum. Iam autem aliquando enu-*
meratur, inquit, *consiliator et adiutor inter principia motus.* Et hic
quidem, scilicet adiutor et consiliator ac praeparans, etiam *est* 55
principium efficiens respectu rerum naturalium. Sed cum accipitur,
inquit, *principium efficiens non in respectu rerum naturalium tantum,
sed respectu ipsius esse, erit communioris intentionis quam sit hoc,
et erit hoc quidquid est causa essendi, sed remotum a sua essentia.
Unde autem est remotum,* inquit, *et unde non est illud esse propter* 60
ipsum est causa efficiens. Secundum hanc itaque sententiam et
intentionem nihil prohibet esse quoddam agens seu efficiens quod
est essendi causa, dans videlicet esse causato suo, secundum illam —
inquam — utique rationem qua efficienti coincidit formalis causa.
Nequaquam autem aliter, si quidem id quod proprie per nomen 65
dicitur et significatur in qualibet scientia, supponendum est, alioquin
indistincte seu confuse pro altero sumetur alterum, aut cum illo
simul et hoc, eo videlicet quod proprie per nomen dicitur alterius
ab altero non distincto.

Hinc etiam ALBERTUS in suo libro D e C a u s i s: *Cum causa,* 70
inquit, *dicatur secundum quattuor genera causarum, constat quod illa
causa prae omnibus principii rationem habet, quae nullo modo causam
habet, neque secundum esse, neque secundum id quod est. Talis autem
causa forma non est; licet enim forma secundum id quod est, formam
non habeat, tamen secundum esse in effectu,* inquit, *causam habet* 75
efficientem, et secundum quod fundatur in esse, causam habet materiam.
Rursus, *talis etiam causa,* inquit, *non est materia vel hyle; quamvis
enim materia secundum id quod est, nullam habeat causam, tamen
secundum esse in effectu causam habet forma. Et ut efficiatur in effectu, causam habet efficientem, et ut moveatur ad effectum, causam habet* 80
*finalem. Primum autem principium nullo modo habet dependentiam ad
aliud; non ergo dicitur principium,* inquit, *prout forma dicitur*

52 etiam *om. A*   53 effectum] actum *B*   54 hic] hinc *CAE* : huic *D*   55 et *om.
D*   60 non *del. Eˣ*   63 secundum illam *om. B*   64 utique *om. x*   65 autem
om. A   67 sumeretur *A*   72 principii rationem] poni principium *Alb.*   73 esse
neque secundum *om. B*   74 formam] causam *Alb.*   76 materiam] materialem
Alb.   77 yle *BE* : hile *CDA*   79 ut *om. x, sed rest. E²*

70 Cum - 87 omnia : ALBERTUS MAGNUS, *De Causis et Processu Universitatis*, lib. I,
tract. 1, c. 11. Ed. Borgnet, X, p. 384 b.

principium vel materia. Finis autem non est finis alius, et si ipsum
simpliciter est finis, sequitur quod propter ipsum sunt omnia alia,
85 *et quod ad ipsum et propter ipsum movetur omne quod movetur, et est*
omne quod est, et agit omne quod agit propter *dependentiam* quam
ad ipsum habent omnia. Manifestum autem intuenti quod ALBERTUS
hic non loquitur de forma, nec arguit nisi de causata seu in esse
producta sive materiali. Quapropter subiungit posterius dicens :
90 *Si quis* autem *obiciat,* inquit, *quod primum efficiens est efficiens per*
formam, et ultimus finis non est desideratus nisi per hoc quod est
forma, et ideo si primum principium est principium ut efficiens, et
finis erit etiam principium ut forma. Dicimus, inquit, *quod non*
negamus primum esse formam, prout forma cadit in intentione effi-
95 *cientis et finis, sed impossibile est primum esse principium formale,*
prout est forma producta ab efficiente et quiescens in materia; sic enim
dependeret ad aliud, quod omnino non conventit primo principio,
neque secundum id quod est, neque secundum esse. Verum, quod prima
forma non dependens ad aliud, neque habens esse per materiam, nec
00 in esse producta ab efficiente, sed per se subsistentiam habens tamquam separata, coincidat efficienti primo, nullum est prorsus
inconveniens. Ex hoc utique relinquitur quod efficiens omne, quod
simul est et prima talis forma seu principium formale separatum,
cuicumque dat esse effective, necessario formaliter eidem etiam est
5 causa essendi.

Ceterum, de causa formali sententiam PHILOSOPHI partim sequitur
AVICENNA, partim autem eidem non concordat, nec sibi ipsi usque-
quaque. In 1° namque S u f f i c i e n t i a e scribit quod *forma*
dicitur essentia quae, quando fuerit habita in materia, constituet
10 *speciem.* Item, *aliquando dicitur forma intellectus abstractus a materia.*
Et forma, inquit, *quae accipitur pro uno ex principiis, est secundum*

83 autem *post* non est *B*   si] secundum *A*   84 omnia alia *inv. E*   85
omne quod movetur *om. x*   88 loquitur] sequitur *B*   88-89 causato...
producto *p. corr. E²*   90 est efficiens *om. B*   94 intentionem *B*   2 hoc]
his *B*   omne] esse *C*   5 causa essendi *inv. x*   8 namque] nam *B*   9
essentia] scientia *AE*   11 uno *om. B*

90 Si - 98 esse : ALBERTUS MAGNUS, *De Causis et Processu Universitatis,* lib. I, tract.,
    1, c. 11. Ed. Borgnet, X, p. 385.
    8 forma - 10 speciem : AVICENNA, *Sufficientia,* lib. I, c. 10. Ed. Venet. 1508, f. 19ᵛᵃ F.
    10 aliquando - 13 illud : AVICENNA, *Sufficientia,* lib. I, c. 10. Ed. Venet. 1508,
    f. 19ᵛᵃ G.

comparationem eius quod est compositum ex ipsa et materia, quia
est pars eius quod ipsa constituit in actu, qualecumque sit illud, ac si
dicere velit AVICENNA quod alia non sit forma proprie loquendo,
quam illa quae materialis dicitur. Unde in 6° suae M e t a p h y s i c a e 15
dicit quod *nos non intelligimus esse causam formalem, nisi causam*
quae est pars essentiae rei, in qua est id per quod res est in effectu.
Rursus, in eodem loco dicit etiam *quod causa rei necessario vel est*
intra essentiam rei et pars eius esse, vel non. Si autem fuerit intra
essentiam rei et pars esse eius, vel erit pars cuius esse solum non facit 20
rem debere esse in effectu, sed ut sit tantum in potentia et hoc vocatur
hyle, id est materia, *vel erit pars cuius esse est facere eam esse in*
effectu, et hoc est forma. Si autem non fuerit pars esse rei, tunc vel
erit causa propter quam res est, et illa est finis. *Si vero non fuerit*
causa propter quam, sed causa cuius esse non est in re causata *nisi* 25
per accidens, tunc est agens eius. Et iterum, in eodem 6° M e t a-
p h y s i c a e : *Forma,* inquit, *aliquando dicitur omnis intentio quae*
in effectu est adaptata ut agat, ita ut substantiae separatae etiam sint
formae. Et secundum hanc intentionem dicitur forma omnis dis-
positio et actio quae est in recipiente unito vel composito, ita quod 30
motus et accidentia sunt formae. Dicitur etiam, inquit, *forma id per*
quod constituitur materia in effectu, et tunc substantiae intelligibiles
et accidentia non erunt formae.

Ex his igitur et consimilibus aliis videtur quod AVICENNAE sententia sit et opinio nullam intelligentiam nec immaterialem substan- 35
tiam, cum separatae sint essentiae, posse formam existere seu dici
proprie loquendo, sed motorem tantum, licet quodammodo seu
improprie forma dici possit. Unde 2° suae M e t a p h y s i c a e :
Dicimus, inquit, *primum quod omnis substantia vel est corpus, vel*

---

12 quia] vel quae *B* : quae alias quia *CDA* : quae vel quia *E, sed del.* quae vel *E*[2]
13 constituat *p. corr. E*[2]   14 vellet *B*   sit] est *x*   15 in] et *B*   17 effectu]
sive per quam est res id quod est in effectu *add. CD*   18 etiam *om. B*   20 eius]
illius *x*   facit] ad *add. B*   22 yle *B* : hile *DA*   esse[2]] rei *Avic.*   23-25 tunc...
causa[1] *om. B*   28 etiam] et *B*   30 unico *x*   quod] et *A*   31 inquit forma
inv. A   32 intellectuales *B*   34 ergo *B*   38 suo *A*

16 nos - 26 eius : AVICENNA, *Metaph.*, tract. VI, c. 1. Ed. Venet. 1508, f. 91[rb] A.
27 Forma - 33 formae : AVICENNA, *Metaph.*, tract. VI, c. 4. Ed. Venet. 1508, f.
93[va-b].
39 Dicimus - 45 intelligentia : AVICENNA, *Metaph.*, tract. II, c. 1 fin. Ed. Venet. 1508,
f. 175[ra].

40 est *non corpus. Si autem fuerit non corpus, vel erit pars corporis, vel non erit pars corporis. Si autem fuerit pars corporis, tunc vel erit formalis vel materialis. Si autem fuerit separatum quod non sit pars corporis, vel habebit ligationem aliquo modo cum corporibus propter motum quo movet illa, et vocatur anima, vel erit separatum a materiis* 45 *omnimodo, et vocatur intelligentia.*

Verum, his dictis necnon et sibimetipsi repugnare videntur eiusdem sermones in 9º praefatae suae M e t a p h y s i c a e. Ait enim *quod anima cuiusque caeli est eius perfectio et eius forma, nec est substantia separata, alioquin esset intelligentia, non anima, nec* 50 *moveret ullo modo nisi ad modum desiderii, nec contingeret in ea variatio ex motu corporis, nec ex consortio corporis contingeret imaginatio et aestimatio*; proximus namque caeli motor seu *propinquum sui motus principium* existens, anima *corporalis* est, inquit, *convertibilis et variabilis, nec est spoliata a materia, et huius* animae *comparatio* 55 *ad caelum est sicut comparatio nostrae animae animalis ad nos, cui est ut intelligat aliquo modo, videlicet intelligibilitate commixta materiae.* Deinde dicit quod *formae corporum et eorum perfectiones sunt duobus modis.* Aliae *enim sunt formae quarum existentiae sunt propter materias corporum, et ideo existentia earum est in materiis corporum illorum,* 60 *et ob hoc calor ignis non calefacit quidlibet, sed quod fuerit obvians suo corpori vel secundum comparationem sui corporis. Similiter sol,* inquit, *non illuminat quidlibet, sed quod fuerit oppositum suo corpori.* Aliae vero *sunt formae quarum existentiae sunt per se ipsas, non propter materias corporum sicut animae, quia unaquaeque anima non* 65 *appropriatur corpori, nisi quia eius actio est propter illud corpus et in illo. Si autem anima,* inquit, *esset separatae essentiae et actionis utriusque,* scilicet *ab illo corpore, tunc esset anima omnis rei, non anima illius tantum corporis.*

40 est *om. A* 41 vel[1]... corporis[1] *om. B* 48 cuiuslibet *BE* 53 existens anima corporalis *iter. A* 57 et] in *B* 60 quidlibet *Avic.*] quodlibet *codd.* fuit *A* 62 quodlibet *x* 63 existentiae] essentiae *B* 64 unaquaque *A* 65 est *om. B* 66 inquit esset *inv. A*

48 quod - 52 aestimatio : Avicenna, *Metaph.*, tract. IX, c. 4. Ed. Venet. 1508, f. 105[ra].

52 proximus - 56 materiae : Avicenna, *Metaph.*, tract. IX, c. 2. Ed. Venet. 1508, f. 102[vb] C.

57 formae - 68 corporis : Avicenna, *Metaph.*, tract. IX, c. 4. Ed. Venet. 1508, f. 105[ra].

Atvero, principia quidem ac dogmata PHILOSOPHI observando, quibus etiam ut plurimum inniti conatur ipsemet AVICENNA, sepa- 70 ratum a materia seu essentiae separatae dicitur hoc esse quod a materia non dependet, sive cuius esse per materiam non existit.

Adhuc, eadem ratione qua probare seu arguere conatur *animam, si esset actionis et essentiae separatae, non esse animam corporis illius tantum*, sed *animam omnis rei*, profecto de qualibet intelligentia 75 posset idem arguere, videlicet quod non esset huius orbis aut illius propria, sed communiter omnis; propter quod invalidum utique est illud argumentum, ut inferius declarabitur.

Amplius, in praedicto 9º M et a p h y s i c a e ex intentione probat AVICENNA primum seu creatorem essentia tantum esse priorem 80 creatura, non tempore praecedere motum sive mundum, illos insuper haereticos fore dicens qui contrarium huius asserunt, conantes in hoc aufferre deo suam liberalitatem, creatorem — inquam — opinantes non solum essentia sed etiam tempore praecessisse. Et ideo certum est, inquit, *motorem caelestis corporis moveri a virtute* 85 *infinita* propter infinitam utique motus eius durationem; *virtus autem suae animae corporeae finita est*, inquit, et per consequens non sempiterna sed corruptibilis, ac per hoc etiam necessario corrumpetur. Quod enim in sua substantia secundum se corruptibile est, nequaquam ab alio naturaliter perpetuari potest. Motorem ergo 90 mobilis motu sempiterno moti, per tempus videlicet infinitum, incorporeum et extra magnitudinem ac separatum oportet esse, non animam corpoream seu materialem formam, secundum quod ex intentione PHILOSOPHUS dogmatizat. Quinimmo, si materialem seu corpoream aliquam haberet formam, naturaliter corruptibile esset, 95 ut dictum est secundum sententiam PHILOSOPHI et sui COMMEN-TATORIS. Corpus igitur caeleste, actu aliquid ens, et operans seu agens, ac transmutans indesinenter animata simul et inanimata, quamobrem et essendi simul et agendi causam necessario formam

69 Ac vero *B*   72 sive] seu *A*   existet *A*   75 profecto] profectio *B*   76 videlicet] Unde licet *B*   77 utique et *inv. B*   83 libertatem *B*   84 praeces-sississe *A*   86 utique motus *inv. A*   90 igitur *D*   92 oportet *om. B*   93 non *om. A*

73 animam - 75 rei : Vide supra, lin. 66-68.
80 primum - 84 praecessisse : AVICENNA, *Metaph.*, tract. IX, c. 1. Ed. Venet. 1508, f. 102ra-b : Item, primus in quo...
85 certum - 87 est : AVICENNA, *Metaph.*, tract. IX, c. 2. Ed. Venet. 1508, f. 103ra.

oo habens aliquam, nullam habere potest aliam quam immaterialem
et separatam, quae et actus etiam est a materia separatus. Talem
autem actum et formam separatam, esse quidem in subiecto non
habentem nec eductam de potentia materiae, secundum hoc extrin-
secam dici formam nihil prohibet seu actum et motorem extrinsecus
5 inexistentem, quamvis realius et secundum aliam rationem suo
subiecto magis intrinsecus inexistat et intimius, quam illa quae
materialis est et communiter intrinseca dicitur, de potentia scilicet
educta materiae, ut posterius declarabitur.

Insuper, et caeleste corpus PHILOSOPHUS probans ex se moveri
10 seu movere ipsum se ipsum, separato nihilominus et extra magnitudinem existente motore, profecto motorem hunc intrinsecam
essendi causam, formalem videlicet, concludit et comprobat incunc
tanter. Palam itaque quod formarum et actuum duo sunt modi :
unus quidem formae quae materialis dicitur, et esse non habet nisi
15 in materia cuius est actus et ratio sive quod quid erat esse, principaliter quidem, inquam ; alius autem est immaterialis formae,
quam PHILOSOPHUS non solum quod quid erat esse describit, ac
rationem esse dicit, sed exemplum sive speciem et exemplar seu
causam exemplarem et paradigma propter immaterialitatis et
20 separabilitatis rationem et essentiam. Amborum autem generum
horum seu modorum formae sunt essendi causae, licet non penitus
eadem ratione univoca, nec et simpliciter aequivoca ratione diversa,
sed analogice dicta, secundum prius videlicet et posterius, ut infra
declarandum est.

1 etiam] et *B*   2 formam *iter. C*   3 eductum *x*   5 realis *x*   6
inexistimat *D*   intimus *CDA*   11 hunc] habent *B*   15-16 principaliter quidem inquam *om. B*   17 describit *om. x*   22 et] etiam *x*

8 posterius : c. 29.
17 non - 20 essentiam : ARIST., *Physic.*, II, 3, 194 b 26-29 ; *Metaph.*, V (Δ), 2, 1013 a
26-29.

CAPITULUM 19   25

DISSOLUTIO QUAESTIONIS PROPOSITAE

Circa praemissam igitur quaestionem attendendum est quod opiniones, contrariae quidem apparentes, necnon et rationes ad utramque partem veritatem quodammodo continent, nec fuit in his alia erroris causa quam ignorantia seu negligentia distinguendi 30 quandam aequivocationem, tam actus quam formae. Licet enim circa genera plerumque lateant aequivocationes, illud tamen nos latere non debet quod eadem ratio non est formae separabilis et inseparabilis, formae — inquam — materialis, cuius esse per materiam constituitur, generabilis existentis per accidens et corruptibilis, et 35 formae quae neque per se neque per accidens corruptibilis est, nec a materia dependet, sed praeter materiam per se subsistens est, immaterialis seu abstracta a materia et immortalis, ut patet 10º M e t a p h y s i c a e, et in libro D e S u b s t a n t i a O r b i s, et alibi plerisque locis, et specialiter 2º D e A n i m a ac 3º, in quo et 40 COMMENTATOR intellectum nobis formam esse probat hoc modo : *Illud per quod aliquid agit suam actionem propriam, est forma* illius. *Nos autem*, inquit, *agimus per intellectum agentem nostram actionem propriam*; *necesse est* ergo *ut intellectus agens sit forma in nobis*, licet eius esse per materiam non constituatur.   45

Unde PHILOSOPHUS, 12º M e t a p h y s i c a e : *In quibusdam*, inquit, forma seu ratio *non est praeter compositum*; et non dicit 'in omnibus,' quod et infra subiungendo declarat dicens : Substantia

---

27 ergo *B*   29 partem *om. B*   30 errorum *B*   40 et² *om. A*   42 agit suam *inv. CD*
44 necesse *om. E*   sit] sic *E*   45 eius esse *inv. B*

---

32 circa - aequivocationes : Cfr ARIST., *Physic.*, VII, 4, 249 a 21-25.
33 eadem - 38 immortalis : ARIST., *Metaph.*, X (I), 10; AVER., *De Subst. Orbis*, passim;
  ARIST., *De Anima*, II, 1, 413 a 4-9; 2, 413 b 24-27 et III, praesertim c. 5.
42 Illud - 44 nobis : AVER., *De Anima*, III, 36. Aver. lat., VI. 1, p. 499-500 (lin.
  587-590).
46 In - 47 compositum : ARIST., *Metaph.*, XII (Λ), 3, 1070 a 13-14.

quidem *quae* est *ut ratio* et forma, *simul* est cum illo cuius est forma.
50 *Quando enim sanatur homo, tunc et sanitas est, et figura aereae sphaerae*
simul est cum *aerea sphaera. Si autem et posterius aliquid manet,*
perscrutandum est. In quibusdam enim, inquit, *nihil prohibet ut si*
est anima tale, non omnis sed intellectus. Ex quo quidem manifestum
est sententiam esse Philosophi quod nihil prohibet aliquod esse
55 genus formae quae posterius manet corrupto subiecto, scilicet corpore
cuius erat forma, et per consequens nec in esse constitui per illud
subiectum. Aliud vero est genus formae quae per materiam in esse
constituitur, immo quae nihil aliud est quam esse materiae seu
actus eius, qui de potentia eductus est ipsius materiae. Quoniam
60 autem actum huiusmodi seu esse materiae corrumpi necesse est
corrupto composito, idcirco forma quae per materiam in esse non
constituitur, non est ipsum esse materiae secundum quod huiusmodi, neque actus eius proprie loquendo, nisi actus distinguatur
sicut ipsum distinguit Philosophus in 2º D e A n i m a, post primam
65 distinctionem eius in primum et secundum. Venata quidem enim
illa communiori definitione animae, qua dicitur *actus esse corporis*
organici physici, potentia vitam habentis : Quod quidem igitur, ait,
non sit separabilis anima a corpore, aut partes quaedam ipsius, si
partibilis apta nata est anima, non immanifestum est; quarundam
70 *enim partium actus est ipsarum. Atvero, secundum quasdam nihil*
prohibet, propter id quod nullius sunt corporis actus. Amplius autem
immanifestum est, inquit, *si sic sit corporis actus anima, sicut nauta*
navis.
  Super quo Themistius : *Quarundam enim,* inquit, *partium corporis*
75 *quaedam partes animae videntur endelechia et perfectio, sicut visus*
oculi. Attamen quasdam partium animae nihil prohibet posse a corpore
separari, quaecumque neque totius corporis neque partium quarundam
talis endelechia, ut figura et forma. Sic autem intellectus habere videtur.

49 ut *om. BA*   50 homo *om. B*   52 enim *om. B*   inquit *om. A*   53 tale]
tabe *x, sed corr.* talis *E*[2]   54 aliquid *B*   62-63 huiusmodi] philosophus *B*   65
quidem *om. B*   68 sit] sic *B*   70 Ac vero *B*   74 Super... corporis *iter. B*
78 talis] sunt *add. Themist.*   endechia *B*   ut] et *D*

49 quae - 53 intellectus : Arist., *Metaph.*, XII (*Λ*), 3, 1070 a 22-26.
66 actus - 67 habentis : Arist., *De Anima*, II, 1, 412 a 27-28 et b 5-6.
67 Quod - 73 navis : Arist., *De Anima*, II, 1, 413 a 4-9.
74 Quarundam - 81 separabilis. Themist., *In De Anima*, lib. III (Arist., II, 1,
    412 b 25 - 413 a 8). CAG V. 3, p. 43, 23-30; CAG lat., I, p. 102, 34-43.

Nondum enim palam, si iste sit corporis alicuius endelechia, utrum
forma talis ut ⟨in⟩separabilis sit, vel ut separetur sicut gubernator a 80
navi; *iste enim endelechia quidem, sed separabilis*, inquit THEMISTIUS.

AVERROES vero sic : *Quoniam autem*, inquit, *manifestum est ex*
hoc quod dictum est in definitione animae, quod impossibile est quod
anima sit abstracta a corpore, aut secundum omnes partes, aut secundum
aliquam partem eius, si innata est dividi, non latet. Apparet enim 85
quod quaedam virtutes eius sunt perfectiones partium corporis, secun-
dum quod formae naturales perficiunt materiam, sed tale impossibile
est ut sit abstractum ab eo quod perficit. Sed tamen hoc non est mani-
festum in omnibus partibus eius, cum sit possibile ut aliquis dicat
quod quaedam pars eius non est perfectio alicuius membri corporis, 90
aut dicat quod, licet perfectio sit, tamen quaedam perfectiones possunt
abstrahi, ut perfectio navis per gubernatorem.

Unde SIMPLICIUS, in commento super 1º D e C a e l o scribit quod
in libro De Anima duplicem endelechiam et speciem ponit Aristoteles,
hanc quidem separabilem, hanc autem inseparabilem. 95

Item, in 1º D e A n i m a, THEMISTIUS : *Nihil prohibet*, inquit,
endelechiarum duarum quemadmodum et *diaphani hanc quidem esse*
perfectiorem, puta solem, hanc autem imperfectiorem, puta lumen; *sic*
etiam animae hanc quidem esse perfectiorem, puta eam quae extrinsecus,
hanc autem eam quae uniuscuiusque animam, quam et *quidem ani-* 00
mationem nominant, ego autem inseparabilem et corruptibilem, cor-
ruptibilem autem non simpliciter, sed sicut quod in aqua lumen.

Hinc ergo patet quod, quemadmodum forma, sic et actus seu
endelechia secundum aequivocationem distinguibilis est in actum
inseparabilem et in eum qui separabilis est, actus quidem existens 5
corporis, sicuti quodammodo nauta navis.

79 Nondum] nudum *D*   80 inseparabilis *Themist.*] separabilis *codd.*   sit *om. B*   82
vero *om. AE*   86 perfectiores *C*   88 quod perficit] per quod perficitur *Aver.*   92 per
om. B   93 simplikhius *AE, sed corr.* -cius *E²*   1º] primum *B*   98-00 imperfectiorem... autem *iter. A*   00 autem] imperfectiorem puta *add. Themist., et rest.* imperfectiorem *E²*   00-1 et... nominant] ut... nominas *Themist.*   1 autem] animam *add.*
Themist.   5 quidem] Idem *A*   6 sicut *B*

82 Quoniam - 92 gubernatorem : AVER., *De Anima*, II, 11. Aver. lat., VI. 1, p. 147-48
   (lin. 14-27).
94 in - 95 inseparabilem : SIMPLICIUS, *In De Caelo* (ARIST., I, 9, 278 a 23 - b 9).
   CAG, VII, p. 279, 16-18.
96 Nihil - 2 lumen : THEMIST., *In De Anima*, lib. II (ARIST., I, 4, 408 a 27). CAG V.3,
   p. 26, 18-23; CAG lat., I, p. 65, 00-8.

CAPITULUM 20

QUALITER FORMA SEPARABILIS ESSENDI CAUSA POSSIT
ESSE, ET EST

10 Attendendum itaque quod quemadmodum esse nautae aut eius
motio non est ipsum esse navis secundum quod huiusmodi, scilicet
divisibile, nec e converso, sic nec actu esse materiae secundum
propriam rationem est ipsum esse formae, quae separabilis est
ab ipsa, nec e converso, cum alterum materiale sit divisibile et
15 corruptibile, alterum vero indivisibile, incorruptibile et immateriale.

Sane, esse huiusmodi materiae sive subiecti, habentis formam
separabilem, non est per se in actu, sed per formam a qua principalis
procedit operatio; res enim non agit nisi secundum quod est ens
20 actu, propter quod sicut se habet actio sic et essentia, ut dicit
COMMENTATOR 9° M e t a p h y s i c a e. Unde, super 1ᵐ D e C a e l o
dicit idem COMMENTATOR quod, licet *illa natura neutra*, quae est
materia in caelo, sit subiectum ens actu, ut etiam satis apparet
libro D e S u b s t a n t i a O r b i s, *non* tamen *existens per se in*
25 *actu, sed est materia corporis caelestis quae est actu*, et quemadmodum
hyle, *materia scilicet, nihil operatur* neque potest intelligi, nisi
inquantum est subiectum formae alicuius, sic *neque corpus caeleste*
operatur aliquid, neque potest etiam intelligi, *nisi in quantum est*
subiectum formae operationis intellectus moventis ipsum. Et hoc
30 quidem inferius manifestabitur magis.

Item, 1° P h y s i c o r u m dicit idem COMMENTATOR quod, *cum*

8 potest *A*   9 et est *om. B*   10-11 nautae... navis] navis... nautae*B*   17 huius
B   18 in *om. B*   23 apparet] in *add. AE*   24 non] est *add. x*   24-25 in
actu *om. B*   27 alicuius *exp. C¹*   27-29 sic... formae *om. C*   27 neque] nec *A*

20 sicut - essentia : AVER., *Metaph.*, IX, 7. Ed. Venet. 1562, f. 231 H : « cum entia
non habuerint actiones proprias, non habebunt essentias proprias; actiones enim
non diversantur nisi per essentias diversas ».
22 licet - 29 ipsum : AVER., *De Caelo*, I, 95. Ed. Venet. 1562, f. 63 M - 64 A.
22 licet - 23 actu : AVER., *De Subst. Orbis*, c. 2. Ed. Venet. 1562, f. 6 G-H.
31 cum - 36 illam : AVER., *Physic.*, I, 63. Ed. Venet. 1562, f. 38 F.

caeleste corpus careat potentia ad generationem, *ideo careat subiecto*
huiusmodi potentiae, *et quia caret hoc subiecto, ideo caret forma quae*
sustentatur per hoc subiectum; *et fuit necesse*, inquit, *ut forma eius*
liberata esset ab hoc subiecto, et ut haec *non haberet constitutionem* 35
per corpus caeleste, sed corpus caeleste constituitur per illam.

Rursus, in fine 1[i] eiusdem libri : *Formae*, inquit, *aliae sunt in*
materiis, aliae non in materiis, ut declaratum est in scientia naturali.
Et ideo consideratio de formis est duarum scientiarum, quarum una
est *naturalis*, quae *scilicet considerat de formis materialibus, secunda* 40
autem de formis simplicibus abstractis a materia, et est illa scientia
quae considerat de ente simpliciter. Sed notandum est, inquit, *quod*
illud genus entium, esse scilicet separatum a materia, non declaratur
nisi in scientia naturali. Et qui dicit quod prima philosophia nititur
probare entia separabilia esse, peccat; *haec enim entia sunt subiecta* 45
primae philosophiae. Et declaratum est in Posterioribus Analyticis
quod impossibile est aliquam scientiam declarare suum subiectum esse,
sed concedit ipsum esse vel supponit, *aut quia manifestum est per se,*
aut quia demonstratum est in alia scientia. Et infra : *Omne quidem,*
inquit, *de quo loquitur in libro physicorum principaliter est propter* 50
illud movens principium, quod est immaterialis forma, sive principium separatum, de quo determinat in fine totius libri, scilicet 8[1].
Et ille est, inquit, *primus locus in quo naturalis* Philosophus incipit
alium essendi modum ab illo de quo considerat, et apud illum cessat,
et dimisit considerationem de eo usque ad scientiam nobiliorem, quae 55
considerat de ente secundum quod ens.

Iterum, in 8° de hac forma loquens : *Istud*, inquit, *principium*
non constituitur per subiectum, quod movetur ab ipso, sed est e converso,
scilicet quod permanentia subiecti est secundum illud. Quod autem

---

32 careat[2]] caret *E*   33 huius *B*   35 et *om. B*   haec] hic *B*   38 aliae non in
materiis *om. B*   declaratum] determinatum *B*   43 scilicet *om. B*   45 subiecta]
substantia *AE, sed corr.* subiecta *E[2]*   47 suum subiectum *inv. B*   50 libro *om. B*
53 incipit] inspicit *Aver.*   55 scientiam] sententiam *AE, sed corr.* scientiam *E[2]*

37 Formae - 49 scientia : Aver., *Physic.*, I, 83. Ed. Venet. 1562, f. 47 F-G.
49 Omne - 56 ens : Aver., *Physic.*, I, 83. Ed. Venet. 1562, f. 47 I-K.
57 Istud - 59 illud : Aver., *Physic.*, VIII, 52. Ed. Venet. 1562, f. 392 L.
59 Quod - 61 esse : Arist., *Metaph.*, V (Δ), 8, 1017 b 14-16; VII (Z), 17; VIII (H), 2,
    1043 a 2-3 et 3, 1043 b 13-14.

60 intrinseca est causa essendi rem, hoc substantiam rei et formam esse dicit PHILOSOPHUS 5º M e t a p h y s i c a e, 7º et 8º.

Unde, 2º D e A n i m a, PHILOSOPHUS demonstrans animam esse corporis substantiam seu formam substantialem : *Causa*, inquit, essendi seu *ipsius esse omnibus substantia est*, sive substantialis forma. 65 *Vivere autem viventibus est esse, cuius causa quidem et principium est anima*, ac per hoc substantialis forma.

Insuper, et 2º P o s t e r i o r u m : *Scire quid est*, inquit, *est scire causam ipsius si est*, seu ipsius esse.

Proinde, COMMENTATOR, 8º P r i m a e P h i l o s o p h i a e, 70 *quaestionem* recitans *quomodo est homo unus, et est compositus ex anima et corpore, quae sunt existentia in actu* : *Omnis*, inquit, *qui ponit quod anima et corpus sunt duo diversa, convenit ei dicere quid sit causa ligamenti animae cum corpore. Qui autem dicit quod anima est perfectio corporis, et quod corpus non existit sine anima, non sunt* 75 *apud ipsum duo diversa, nec accidit ei quaestio haec.*

Quapropter immaterialis etiam forma et subiectum eius, licet ens actu sit, non tamen sunt duo entia actu, sed unum numero, cum subiectum non sit ens per se sed per illam, qua quidem circumscripta sive remota per intellectum, sive quantum ad esse, non 80 intelligibile est amplius illud subiectum secundum quod huiusmodi, aut non est actu, sed est aut non ens penitus, aut potentia ens, aut mediante corruptione et generatione aliqua sub alia ens forma, seu in aliam speciem entis transmutatum. Circumscripta quidem enim seu amota per intellectum forma caelestis corporis, ipsum corpus 85 caeleste, quod est eius materia sive subiectum, secundum se nihil esset omnino sive pura privatio, quia nullum haberet esse, neque actu neque potentia. Materia vero generabilium et corruptibilium secundum se, videlicet absque forma, ens aliquid est et aliquod habet esse, quia potentia ens est, quapropter totum esse corporis 90 caelestis et eius essentia magis a sua forma dependet, ac per eam

64 omnibus substantia *inv.* B   67 est[1] *exp.* E[x]   72 ei *om.* x   74 non[2]] ut *AE* 79 sive[1]] seu B   81 aut[1]] autem B   84 ammota A   86 esse] esset C   90 et] ac *AE*

63 Causa - 66 anima : ARIST., *De Anima*, II, 4, 415 b 12-14.
67 Scire - 68 est : ARIST., *An. Post.*, II, 8, 93 a 4.
70 quaestionem - 75 haec : AVER., *Metaph.*, VIII, 16. Ed. Venet. 1562, f. 225 A-B.

constituitur magis, quam esse corporis generabilis et corruptibilis
a sua.

Hinc etenim AVICENNA, 2° suae Metaphysicae: *Dico,*
inquit, *quod in forma, a qua non separatur sua materia, concedi
potest* quod *per solam formam habet esse materia. Sed in forma, quae* 95
*separatur a sua materia, et remanet materia habens esse cum alia
forma, hoc non conceditur. Si enim haec sola forma per se esset causa,
destrueretur materia ad remotionem alterius, et propter formam suc-
cedentem haberet esse alia materia quae inciperet esse, et illa forma
indigeret alia materia.* Et loquitur AVICENNA de separatione formae 00
a sua materia per viam corruptionis et generationis, non aliter.
Unde posterius ibidem subiungit quod *substantia formae est effectus,*
id est actus. *Natura vero eius quod est esse in potentia, est proprietas
materiae; igitur materia,* inquit, *est id de quo convenit dici quod in
se habet esse in potentia, sed in effectu est per formam.*   5

Ex his ergo palam est quod, licet esse formae separabilis et immaterialis secundum propriam rationem non sit ipsum esse subiecti secundum quod huiusmodi, seu actus materiae in qua est illa forma,
non tamen sunt duo esse secundum substantiam, seu actus
duo formaliter distincti seu numero quia non sunt nisi ab una forma 10
tantum, a qua per se quidem esse habet actus subiecti seu materiae,
cuius est illa forma principium essendi et perfectio, dans actum
substantialem et esse materiae tali, et constituens in esse *quoddam
compositum,* cuius *forma per materiam non constituitur* in esse, ut
dicit AVERROES in libro De Substantia Orbis. Subiectum 15
autem, inquit, talis compositi nihil prohibet ens actu esse. Alterius
vero generis aliud quidem ait esse *compositum ex materia, quae est
potentia, et ex forma, quae constituitur per materiam.* Et haec quidem

94 in] a *D*   materia] per transmutationem scilicet aliquam *add. x*   98 destruetur
B   3 est³] et *B*   4 id] illud *x*   5 sed] si *B*   8-9 materiae... actus
om. B   16 esse] Nota hic quod forma celi et quelibet separabilis non est actus
subiecti sui oppositum est in formis inseparabilibus ymo illa est actus materie per
quam constituitur ideo inseparabilis a materia *add. B*   18 haec] hoc *B*

93 Dico - 00 materia : AVICENNA, *Metaph.*, tract. II, c. 4. Ed. Venet. 1508, f. 77ᵛᵃ C.
2 substantia - 5 formam : AVICENNA, *Metaph.*, tract. II, c. 4. Ed. Venet. 1508, f.
77ᵛᵇ D.
13 quoddam - 14 constituitur : AVER., *De Subst. Orbis*, c. 3. Ed. Venet. 1562, f. 10 A-B.
15 Subiectum - 16 esse : AVER., *De Subst. Orbis*, c. 2. Ed. Venet. 1562, f. 6 G-H.
17 compositum - 18 materiam : AVER., *De Subst. Orbis*, c. 3. Ed. Venet. 1562, f. 10 B.

forma est ipsum esse seu actus materiae; illa vero non est ipsum
20 actu esse materiae, sed est perfectio et actus a quo seu per quem
materia habet esse, seu forma quae dat esse.

Similiter quoque distingui potest actus in eum qui est esse materiae,
et in illum qui essentialiter et per se dat esse materiae seu actum,
totius — inquam — compositi actus existens, per se quidem licet
25 non primo, quia ratione partis formalis cuius est actus ille principaliter et per se primo, subiecti vero seu partis materialis est idem
actus per posterius et secundario, seu ut posthabentis ipsum actum
et esse, cuius participatione quantum ad esse subsistentiae characterizatur et est ens, ac per hoc etiam unum idem, unione quidem
30 non incongrue dicta personali seu unitate personae quasi per se
unius, propter praestantem actus principalis dignitatem subiecto
non indigentis in omne proprio. Illud autem esse Platonici vocant
esse per communicationem seu participationem, quod quidem
diversimode se habet in diversis. Et huic utique Platonicorum
35 sententiae non contrariatur PHILOSOPHUS realiter in hoc sensu, ut
post apparebit, non obstante quidem quod, 8° M e t a p h y s i c a e,
de quibusdam formis, materialibus videlicet omnibus, hoc non
irrationabiliter detestatur. Sic ergo concordari potest praedictarum
contrarietas rationum, dicendo intellectum formam hominis esse
40 per quam homo est actu per se, et actum quidem per se illo —
inquam — modo quo actus dici potest illud, a quo materia vel
subiectum habet esse; nec est alius utique, prout posterius declarabitur, modus formae quo perfectius et magis proprie forma
dici potest, per quem insuper et inducta quidem dubitabilia dis-
45 solvuntur. Dicere vero animam intellectivam actum esse corporis,
modo quo ipsum esse materiale seu ipsum actu esse corporis se-
scundum propriam rationem dicitur actus, irrationabile est procul
dubio et absurdum, ut satis declaratum est prius.

20 seu] sive B   26 vero] non B   27 actus] est add. B   28 esse²] actum C
29 ens] eius B   idem] eidem B   30 seu unitate inv. B   36 non obstante]
Notitia astante B   37 non] modo C   42 habet esse] potest esse CD : esse potest
AE   alius utique] aliud B   43 et] ac B   44 quem] quam AE

37 de - 38 detestatur : ARIST., Metaph., VIII (H), 6.
48 prius : c. 15.

CAPITULUM 21

DISSOLUTIO RATIONIS CUIUSDAM, SUPER QUAM SUSTEN-   50
TATUS EST THOMAS EXPOSITOR

Quod autem ad hoc inducitur, nihil prohibere intellectum esse
actum corporis, habentem tamen aliquam potentiam quae, virtutem
materiae supergrediens, nullius corporis sit actus, seu quod organum
nullum habeat corporale, nihil concludit. *Ex multis* enim exem- 55
plariter comprobare possumus *aliquas formas actus esse corporum
ex elementis commixtorum, et tamen habere virtutes quae nullius
elementi sunt.* nec alicuius ex elementis congregati, quemadmodum
in magnete virtus est *attrahendi ferrum,* in scamonea virtus attrahendi choleram, in vegetabilibus vero potentia vegetandi et in 60
animalibus sentiendi, quae omnes virtutes elementorum supergrediuntur. Et ideo dictum illud nec ullam continet necessitatem
concludendi aliquid, nec virtutem oppositas rationes dissolvendi;
exempli enim facultas non est nisi persuasio, nihil de necessitate
concludens.   65
Adhuc, et faciliter dissolvitur haec ratio exemplaris, interempta
similitudine et dissimilitudine assignata, licet namque multarum
formarum operationes virtutem qualitatum materialium super-
grediantur, non est tamen necessarium hoc eodem modo contingere,
sed diversimode contingit hoc propter formarum diversitatem et 70
operationum. Virtus quidem enim magnetis et omnium formarum
materialium non nisi per qualitates materiales operatur, et hoc in
7º P h y s i c o r u m declarat AVERROES in magnete, qui si fricetur

---

52 ad *om. B*   56 probare *AE*   58 elementis] elemosinis *A*   59-60 ferrum...
attrahendi *om. B*   59 schamoneia *A*   60 coleram *codd.*   vero] non *B*

52 Quod - 55 corporale : S. THOMAS, *De Unitate Intellectus,* c. 1. Ed. Keeler, § 27-28,
p. 18-19.
55 Ex - 59 ferrum : S. THOMAS, *De Unitate Intellectus,* c. 1. Ed. Keeler, § 27, p. 18, 4-8.
59 scamonea - 60 choleram : Cfr Ps.-ARIST., *Problemata,* I, 41, 864 a 3-4 ; 43, 864 b
12 sqq. ; AVICENNA, *Canon,* lib. II, tract. 2, c. 636. Ed. Venet. 1507, f. 152va :
« De scamonea... Educit coleram fortiter ».
72 hoc - 74 eius : AVER., *Physic.,* VII, 10. Ed. Venet. 1562, f. 315 E.

alliis remittitur virtus eius. Anima etiam vegetativa et sensitiva
75 sine qualitatibus elementaribus et sine organo nihil operari possunt;
omnes enim operationes huiusmodi virtutes sunt corporis et potentiae materiales. De intellectu autem secus est multum; eius enim
operatio in tantum supergreditur materiae facultatem et organorum
ac qualitatum elementarium, quod rationem etiam actus corporis
80 supergreditur ac formae materialis. Unde et PHILOSOPHUS substantiam illam, cuius operatio est intelligere, immaterialem esse
concludit de necessitate et separatam, tamquam per materiam in
esse non constitutam. Actus autem corporis a corpore separatus
non est, sed divisibilis per divisionem corporis, quia extensus
85 secundum extensionem corporis, ut visum est supra. Ex operatione
ergo potentiae intellectivae de necessitate concluditur quod anima
intellectiva, a qua procedit haec operatio, actus corporis esse non
potest, nedum aliquod organum habere nequeat corporale; cum
enim res non operetur nisi secundum quod est ens actu, si intel-
90 lectus est actus corporis, erit et operatio consimiliter corporea seu
materialis; et e contrario impossibile est formam illam actum esse
corporis, cuius operatio corpori non communicat, ut est operatio
intellectus. Nihil mirum autem si multae sunt formae, actus corporis
existentes, quae naturam materiae seu elementorum supergrediuntur.
95 Hoc enim universaliter de omni forma demonstrat PHILOSOPHUS,
in fine 7¹ M e t a p h y s i c a e concludens quod nec *elementum* est,
neque *ex elementis* congregatum seu commixtum quoddam et nihil
aliud, *sed est principium* quod est *substantia uniuscuiusque secundum
naturam*, ut esse carnis seu *caro non est ignis et terra* seu *elementa*,
00 *nec syllaba ba est b et a*, sed diversum quid ab elementis. Unde
ALEXANDER, super 3ᵐ D e A n i m a : *Non est inopinabile*, inquit,

74 remictitur *C*   77 eius enim] enim eius *B* : eius tamen *AE*   81 immateriale *A*
84-85 quia... corporis *iter. A*   85 extensionem corporis *inv. B*   supra] prius *B* :
om. C   86 igitur *x*   87 intellectiva *om. B*   91 actum esse *inv. B*   94 materia
B   96 in *om. B*   97 aggregatum *B*   99 seu elementa] sive *B*   00 syllaba]
similia *A*   ba *om. BAE*   quid] quidem *B*

80-81 substantiam - 82 separatam : ARIST., *De Anima*, III, 4, 429 a 10 - b 5. Vide
  SIGERUS DE BRABANTIA, *De Anima Intellectiva*, c. 3. Ed. Mandonnet, p. 153, Quinto.
85 supra : c. 15.
95 Hoc - 00 elementis : ARIST., *Metaph.*, VII (Z), 17, 1041 b 11-31.
  1 Alexander - 8 elementorum : AVER., *De Anima*, III, 5. Aver. lat., VI. 1, p. 394
  (lin. 202-203 et 206-213).

*quod ex mixtione elementorum fiat ens mirabile. Et hoc apparet ex
compositione quae primo cecidit in elementis, scilicet compositio 4
qualitatum simplicium;* cum hoc enim *quod est parva, est* tamen *causa
maximae diversitatis, in tantum,* inquit, *quod unum est ignis et aliud* 5
aer. Et cum hoc ita sit, non est remotum, inquit, *ut per multitudinem
compositionis quae est in animalibus et in homine, fiant illic virtutes
diversae a substantiis elementorum.*

Quoniam igitur alterius rationis in genere est modus operationis
intellectus et modus operationum procedentium a formis materia- 10
libus, quae sunt actus corporis, naturam quidem materiae super-
gredientes, manifestum est quod nihil valet ex hoc assumpta dissolvendi aut probandi ratio, qua intellectus proprie loquendo actus
corporis esse declaretur.

CAPITULUM 22 15

QUAEDAM VERITATIS RECOGNITIO, ET PROPTER INSUF-
FICIENTIAM EIUSDEM REPROBATIO

Ad ultimum igitur a veritate coactus, famosus expositor Thomas
confitetur se non intendere quod *anima humana sit* actus seu *forma
corporis secundum intellectivam potentiam, quae secundum doctrinam* 20
Aristotelis nullius partis corporis actus est. Unde remanet, inquit,
*quod anima quantum ad intellectivam potentiam sit immaterialis, et
immaterialiter recipiens, et intelligens se ipsam. Unde et Aristoteles
signanter dicit de anima quod ʽanima est locus specierum, non tota,
sed intellectus.ʼ* Subiungit tamen idem expositor quod, *si essentia* 25
humanae animae sic esset forma materiae, quod esset ens per esse

2 commixtione *AE*   2-3 ex compositione] expositione *CDA*   18 ergo *B*   20-22
quae... potentiam *om. AE, sed supplevit* cum *E²*   21 Aristotelis] philosophi *B* :
(*om. AE*)   partis *om. B (AE)*   26 sic] sit *A*

19 se - 25 intellectus : S. Thomas, *De Unitate Intellectus,* c. 3. Ed. Keeler, § 83, p. 52,
  11-53, 17.
24 anima² - 25 intellectus : Arist., *De Anima,* III, 4, 429 a 27-28.
25 si - 29 immersae : S. Thomas, *De Unitate Intellectus,* c. 3. Ed. Keeler, § 84, p. 53,
  20-24.

compositi et *non per suum esse, sicut est de aliis formis, quae secundum*
se nec operationem habent nec esse praeter communicationem materiae,
propter quod et materiae dicuntur immersae, tunc anima intellectiva
30 *esset forma materialis, et non denudata ab omni natura rerum sen-*
sibilium, et per consequens quod in ipsa reciperetur, conditionibus
individualibus afficeretur necessario, et non esset abstractum a
materia, nec intelligens esse posset nec intellectum nisi sicut
alia materialia. Sed *quia anima humana,* inquit, *secundum esse*
35 *suum est, cui aliqualiter communicat materia non totaliter compre-*
hendens ipsam, eo quod maior est dignitas huius formae quam capa-
citas materiae, idcirco *nihil prohibet quin habeat aliquam operationem*
vel virtutem ad quam materia non attingit.

Contra hoc ergo rememoranda sunt ea quae dicta sunt prius.
40 Non enim in uno et eodem et secundum idem simul stare possunt
indivisibile esse per se et per accidens, et divisibile per accidens.

Adhuc, neque de foris advenire materiae, et ab intus educi de
potentia materiae.

Item, neque per se esse subsistens sine materia, et per materiam
45 in esse constitui. Sic autem se habent actus materiae proprie dictus
et substantia intellectualis, quae per operationem suam de necessitate concluditur immaterialis esse, et nullius corporis actus, sed
forma tantum quae dat actum corpori, seu quae per se principium
est actus corporis, ut visum est prius. Unde ULRICUS in libro suo
50 D e S u m m o B o n o : *Intellectus,* inquit, *actus corporis esse non*
potest, et venerabilis ALBERTUS etiam in aliquibus locis hoc concedit.

---

31 reciperetur] cum *add. E²*   32 efficeretur *AE*   33 potest *D*   41 et²... acci-
dens² *om. B*   44 neque] nec *A*   49 suo *om. B*   50 esse *om. B*   51 etiam *om. A*

29 anima - 34 materialia : S. THOMAS, *De Unitate Intellectus,* c. 3. Ed. Keeler, § 83,
    p. 52, 3-10.
34 quia - 38 attingit : S. THOMAS, *De Unitate Intellectus,* c. 3. Ed. Keeler, § 84, p. 53,
    24-29.
39 prius : c. 15.
49 prius : c. 20.
50 Intellectus - 51 potest : ULRICUS ARGENTINENSIS, *Liber de Summo Bono,* lib. IV,
    tract. 3, c. 1. Cod. Vat. lat. 1311, f. 107rb.
51 : ALBERTUS MAGNUS saepe dicit quod intellectus nullius corporis est actus, v.g.
    De Anima, lib. III, tract. 2, c. 4, ed. Borgnet, V, p. 337 a; *De Intellectu et Intelligi-*
    bili, lib. I, tract. 1, c. 5 et lib. II, c. 8, ed. Borgnet, IX, p. 485 b et 515 b; *De Natura*
    et Origine Animae, tract. 1, c. 5, ed. Colon. XII, p. 12, 77-79; *De XV Problematibus,*

Quod autem *anima humana secundum esse* proprium *sit* per se, *cui aliqualiter communicat materia*, hoc proculdubio non est ita quod intellectus sit actus materiae secundum quod huiusmodi, seu quod esse materiae in actu sit ipsum esse intellectus — hoc enim mani- 55 festum impossibile est — sed ita communicat materia ipsi esse animae intellectivae, quod esse corporis et operatio hominis est ab ipsa.

CAPITULUM 23

SOLUTIO PRIMAE RATIONIS PRIUS FACTAE 60

His itaque visis, dissolvendae sunt rationes perplexitatem indu-centes. Quod ergo primum arguitur ex illa communi definitione animae, solvendum est per hoc quod, cum anima intellectiva *sit alterum genus animae* a sensitiva et vegetativa, ut ait PHILOSOPHUS — haec enim materialis est et corruptibilis, illa vero immaterialis, 65 quam *separari contingit* a corpore *tamquam* incorruptibile seu *per-petuum a corruptibili* — nihil mirum si iuxta COMMENTATOREM dicatur quod aequivoce dicitur anima de intellectiva et de sensitiva et vegetativa. Nam, ut dicit PHILOSOPHUS, sine corpore non con-tingit esse animam illam, cuius essentia et definitio est actus corporis. 70 Unde THEMISTIUS, 2º D e A n i m a loquens de hac definitione: *Typo quidem*, inquit, *dictum est de anima et ut possibile est dicere*

---

52 humana] se *add. A*   54 sive *B*   60 primae *om. B*   62 ergo] autem *B* : igitur *D*   primo *B*   definitione] dispositione *A*   65 haec] hoc *B*   est *om. B*

probl. VII, ed. Mandonnet, p. 42. Vide etiam E. GILSON, *L'âme raisonable chez Albert le Grand*, p. 7, 30, 32 et 69-70.

52 anima - 53 materia : S. THOMAS, *De Unitate Intellectus*, c. 3. Ed. Keeler, § 84, p. 53, 24-26.

62 primum : c. 15.

63 anima - 67 corruptibili : ARIST., *De Anima*, II, 2, 413 b 25-27.

68 aequivoce - 69 vegetativa : AVER., *De Anima*, II, 21 et III, 5. Aver. lat., VI. 1, p. 160 (lin. 27), p. 397 (lin. 296-98) et p. 405 (lin. 528-31).

69 sine - 70 corporis : ARIST., *De Anima*, II, 2, 414 a 18-20.

72 Typo - 73 universale : THEMIST., *In De Anima*, lib. III (ARIST., II, 3, 414 b 32). CAG V. 3, p. 48, 34-36; CAG lat., I, p. 114, 68-70.

universaliter de eo quod non est universale. Univoce ergo actus corporis
esse non possunt sensitiva et intellectus; sensus etenim actus
75 corporis est tamquam eius esse, intellectus vero tamquam dans esse
et actum eius, seu quo est actus illius, ut satis est declaratum.
GRAMMATICUS quoque, si hoc modo *endelechiam corporis organici*
intendebat intellectum esse, bene quidem et argute; si autem eo
modo quo sensitiva est actus corporis et esse materiae, tunc erravit.
80   Secundum hanc etiam distinctionem dicit AVICENNA in 1ᵃ parte
S e x t i N a t u r a l i u m, sive libri sui D e A n i m a, quod *humana*
anima est perfectio prima corporis naturalis instrumentalis, secundum
hoc quod attribuitur ei agere actiones cum electione deliberationis, et
adinvenire meditando vel consultando, *secundum hoc quod appre-*
85 *hendit universalia.* In 2ᵃ vero parte eiusdem libri dicit quod *anima*
humana non habet se ad corpus ut forma, sicut postea ostendemus,
inquit, *nec eget ut praeparetur sibi membrum. Concedo autem,* inquit,
quod animatio eius differt ab aliis animationibus, similiter et membra
apta eius animationi. Postmodum autem in 5ᵃ particula eiusdem
90 libri, idem AVICENNA ex intentione probat quod *anima* humana
non est impressa in corpore aliquo modo, nec virtus in eo, nec forma
eius. Quae quidem contrarietas aliter quam secundum praedictam
distinctionem concordari non posset.

---

76 quo] quomodo *AE*   est¹] et *B*   actus] intellectus *AE*   est declaratum]
inv. B : *add.* est *A*   82 prima *om. B*   83 agere actiones *iter. B*   84 advenire
BE : advenie *A*   86 non] pendet ex corpore sed *add. Avic.*   ad] se *add. A*   87
praepararetur *A*

77 si - 78 esse : Io. PHILOPONUS, *In III De Anima* (ARIST., 5, 430 a 10-14). CAG lat.,
    III, p. 46, 68-71.
77 endelechiam - organici : ARIST., *De Anima*, II, 1, 412 a 27-28.
81 humana - 85 universalia : AVICENNA, *De Anima*, pars I, c. 5 init. Ed. Venet. 1508,
    f. 4ʳᵇ.
85 anima - 89 animationi : AVICENNA, *De Anima*, pars II, c. 1 fin. Ed. Venet. 1508,
    f. 6ᵛᵃ⁻ᵇ. Sed vide varias lectiones ad lin. 86.
90 anima - 92 eius : AVICENNA, *De Anima*, pars V, c. 2 per totum. Vide in fine capi-
    tuli, ed. Venet. 1508, f. 24ʳᵃ : « Patet ergo ex praedictis quod anima non est impressa
    in corpore... ».

CAPITULUM 24

DIGRESSIO DECLARANS IN DIVERSIS COMPOSITIS DIVER-
SIMODAS PARTIUM SUARUM UNIONES, ET QUALITER ENS
ET UNUM DICITUR DE DIVERSIS

Ut autem consequentium obiectionum evidentior appareat dissolutio, advertendum est quod, cum *per formas composita ex forma
et materia sint ens et unum aliquod*, ut scribit COMMENTATOR, 8° 00
M e t a p h y s i c a e, necesse est quod secundum diversas formarum
rationes compositorum entitas et unitas diversificetur. Sicut enim
in libro D e S u b s t a n t i a O r b i s testatur AVERROES, *quoddam
est compositum cuius forma non constituitur per materiam*; sed
materia est subiectum tantum, non materia cuius esse sit in potentia, 5
ut corpus caeleste. Et quoddam etiam *est compositum ex materia quae
est potentia, et ex forma quae constituitur per materiam, ut generabilia
et corruptibilia. Et ex hoc videtur*, inquit, *quod corpus dicitur de his
aequivoce* seu analogice, id est *secundum prius et posterius*. Unde,
illud quod congregatur hic ex anima et corpore, cum eo quod congregatur 10
illic ex corpore et anima, dicitur animal aequivoce, scilicet *secundum
prius et posterius; et ideo necesse est in talibus*, inquit, *naturis ut
prius sit causa posterioris*. Est praeterea et quoddam compositum
quod naturam horum sapit amborum, ut homo; subiectum enim
eius seu materia corpus est generabile et corruptibile, forma vero 15
incorruptibilis, quae per materiam non constituitur in esse. Qualiter
autem ex materia, quae est potentia, et ex materiali forma fiat

95 Disgressio *B*   95-96 diversimodas *om. A*   96-97 et... diversis *om. x*   00
sint] sicut *B*   aliquid *A*   5 est] et *x, sed corr.* est *E²*   9 seu] et *AE*   12
posterius] secundum aliam vero litteram : dicitur animal non aequivoce sed secundum
prius et posterius *add. x*   ideo] ide *C*   13 Est] Et *B*   et] *fere tres litteras
scr. E, quas del. E¹*   17 ex² *om. B*

99 per - 00 aliquod : AVER., *Metaph.*, VIII, 16. Ed. Venet. 1562, f. 224 M.
 3 quoddam - 9 aequivoce : AVER., *De Subst. Orbis*, c. 3. Ed. Venet. 1562, f. 10 A-B.
 9 secundum - posterius : AVER., *De Subst. Orbis*, c. 1, Ed. Venet. 1562, f. 3 E.
10 illud - 13 posterioris : AVER., *De Subst. Orbis*, c. 2. Ed. Venet. 1562, f. 7 G.
16 Qualiter - 18 unum : ARIST., *Metaph.*, VIII (H), 6.

unum, satis declarat PHILOSOPHUS in 8º M e t a p h y s i c a e.
Quemadmodum enim potentia materiae non est aliquid separatum
20 a materia, sed unum cum ipsa, sic et forma materialis, quae est
actus materiae proprie dictus, facit unum cum materia, et fit
compositum unum. Illud etenim est actu materia post generationem,
quod ante generationem completam erat potentia, si debeat in
materia, quae subiectum generationis est, a potentia ente in ens
25 actu fieri transmutatio, quae generatio vocatur. Aliter namque non
transmutatur essendi potentia quam in actum, ita quod de materiali
potentia fit actus materialis eductus ex illa; quinimmo in actum
non transmutata materiae potentia, nihil fit neque factum est
aliquid actu generatum, sed manet ens in potentia semper ipsum
30 generabile, donec de potentia materiali fiat actus materialis, quomodolibet quidem aliter eius receptiva potentia formam seu actum
recipiat, in quem essendi potentia non transmutetur. Nequaquam
enim per formam immaterialem, puta per animam intellectivam,
esset actu ens humanum corpus, quod prius erat potentia ens in
35 semine, nisi de materiali eius potentia factus esset actus materialis,
qui utique corporeus est seu corporalis, extensus quidem secundum
extensionem subiecti, ac divisibilis etiam secundum divisibilitatem
corporis actu organizati. Universaliter etenim omne carens actu tali,
scilicet corporeo, est non ens actu corpus, quamcumque dicatur aliter
40 formam recipere secundum potentiam receptivam.
Iterum, ut patet 7º M e t a p h y s i c a e, non generatur aliquid
per se neque fit nisi compositum, et hoc quidem non ex nihilo, sed
ex subiecto, necnon et ab aliquo generante, simili quidem ipsi
generato in specie, quod utique facit in materia formam, quarum
45 neutra quidem per se generatur sed per accidens tantum, composito
scilicet, cuius partes existunt, per se generato. Idem quoque iudicium
est et eadem ratio de corruptione compositi, ad quam necessario
sequitur formae corruptio, per accidens utique corruptae, quemadmodum et per accidens generata fuit; sicut enim neque generatur,

20 sic] sit *B*   22 etenim] autem *B*   24 est *om. B*   27 eductus *om. B*   29
ipsum] illud *B*   31 quidem aliter *inv. B*   32 in quem] in quam *DAE* : inquam *C*
36 extensus] existens *B*   38 enim *C*   39 quacumque *C*   43 et *om. x*   ab]
ex *C*   simili] simul *B* : simile *A*   44 in[1] *om. AE*   46 quoque] quo *B*   47
compositi *om. B*   49 generara *om. B*

41 non - 46 generato : ARIST., *Metaph.*, VII (Z), 8.

sic neque corrumpitur aliquid per se, nisi compositum. Immate- 50
rialis autem forma, seu actus quicumque de potentia materiae non
eductus, neque per accidens corruptibilis est, neque generabilis per
accidens, quia nulla pars esse potest illius totius, quod *ex totaliter
subiecto* per se generatur; *totaliter* quidem — inquam — *ex subiecto*,
scilicet quod non solum in ipso fieri generationis, verum etiam 55
in facto esse, tam ipsius generationis perfectae quam actu entis
generati totius compositi, permanens est principium et inexistens,
ut patet 1º P h y s i c o r u m. Et inde similiter in 7º P h i l o s o-
p h i a e   P r i m a e, PHILOSOPHUS : *Dico autem*, inquit, *ex totaliter
subiecto facere, quod ⟨est⟩ aes rotundum facere, est non rotundum* solum 60
quidem, seu rotunditatem *aut sphaeram* solam *facere, sed aliud
aliquid ut* sphaeram, et *hanc in alio*, sine quo scilicet nullam subsistentiam habet illa. Quatenus insuper propter inexistentem necessario naturam subiecti huius, ex quo totum ipsum compositum
generabile generatur, de necessitate similiter totum compositum 65
corruptibile sit ens omne generabile. Nullatenus autem ex subiecto
totum aliquod generatur, si pars eius aliqua, nedum illa quae prin-
cipalior est, non educitur ex subiecto, seu in eo subsistens non est ;
materiam quippe communem seu idem subiectum essentialiter
habent actus et potentia tamquam contraria quaedam, ac etiam 70
secundum habitum et privationem opposita quodammodo. Quapropter forma nulla per accidens generatur nisi illa, quae sic est
pars totius compositi per se generati, quod, eidem inexistens, una
cum ipso toto totaliter educitur ex subiecto. Immaterialis ergo
forma nullatenus dici potest per accidens generata, sed materialis 75
tantum, quae de potentia materiae fit actus materialis. In omni
quidem enim generatione necessario per se generatur ex subiecto
totum aliquod, ex partibus compositum quae sunt materia et forma,

50 neque] nec *A*   52 est *om. B*   54 inquam] numquam *B*   56 in] ipso *add. B*
quam] etiam *add. B*   57 principium *om. B*   60 est aes *scripsi*] esset *B* :
es *x*   rotundum solum *inv. A*   61-62 aliud aliquid *inv. x*   62 sphaeram
(speram)] speciem *Arist.*   65 compositum *ante* similiter *B*   68 seu *om. B*   69
materia *B*   69-70 essentialiter habent *inv. B*   78 aliquid *x*

53 ex - 54 subiecto[2] : ARIST., *Metaph.*, VII (Z), 8, 1033 a 31.
55 non - 57 inexistens : ARIST., *Physic.*, I, 7.
59 Dico - 62 alio : ARIST., *Metaph.*, VII (Z), 8, 1033 a 31-32.
76 In - 78 forma : ARIST., *Metaph.*, VII (Z), 8, 1033 b 8-13.

materialis quidem existens actus necessario, qui, ut visum est, per
80 accidens generatur.

Insuper, neque potest aliquod specie generato simile generans
formam in materia facere, nisi quae actus est eductus utique seu
factus de potentia materiae, secundum quod etiam supponit PHI-
LOSOPHUS in 7º supradicto. Cum igitur in omni generatione de
85 potentia materiae necessario fiat eius actus materialis, alioquin ad
terminum numquam perveniret generatio, necesse est formam, quae
est actus materiae, unum aliquid facere cum materia, et sine materia
nihil esse, sicut ante generationem completam potentia materiae
cum materia fuit unum. *Ultima* itaque *materia et forma idem sunt,*
90 ut ait PHILOSOPHUS, *et potentia, hoc actu,* id est : materia in ultima
dispositione ad formam, quae aliquando vocatur necessitas appro-
priata formae, et forma sunt unum et idem, quia de potentia fit
actus necessario, licet per accidens, cum ens in potentia per se fit
ens actu, subiecto quidem permanente quodammodo, potentia vero
95 non, sed in actu transmutata, factaque perfectum quoddam ens
de quodam imperfecto. Quod autem potentia ens sit actu, huius
nulla alia est *causa nisi* id quod est, *ut* faciens seu *movens,* transmutans
ex potentia ad actum. Unde COMMENTATOR : *Et causa istius unitatis*
est ut transmutetur illud *quod est in potentia, donec fiat in actu ab*
00 *agente, scilicet ab extrahente ipsum ex potentia in actum. Est igitur*
aliquid unum hoc quod primo in potentia est, et post transfertur de
potentia in actum ; translatio enim eius non largitur ei multitudinem,
sed perfectionem in esse et in toto, hoc est unum in actu. Non enim
est hic aliud causatum ab agente ab eo in quod agit, sed illud idem,
5 *scilicet quod est sphaera in potentia fit sphaera in actu, cum agens*

---

81 aliquid *B*   82 quae] qui *B*   85 necessario *om. E*   88 sicut] enim *add. A*
89 fuit] fit *A*   idem sunt *inv. A*   91 ad formam *om. B*   92 formae *om. A*
93 fit] sit *B*   95 actu] tum *vel* tamen *add. B*   96 sit] fit *x*   huiusmodi *B*
97 alia est *inv. B*   00 ab *om. x*   ergo *B*   3-4 enim est *inv. DE*   4 ab²]
in *A*   5 est *om. AE*

---

81 neque - 83 materiae : ARIST., *Metaph.,* VII (Z), 8, 1033 b 29-1034 a 8.

85 alioquin - 86 generatio : ARIST., *Metaph.,* VII (Z), 8, 1033 b 4.

89 Ultima - 90 actu : ARIST., *Metaph.,* VIII (H), 6, 1045 b 17-19.

91 vocatur necessitas : Cfr ALBERTUS MAGNUS, *Metaph.,* lib. VIII, tract. 2, c. 5. Ed.
Colon., XVI. 2, p. 407, 54-55 : « Materia ultima... dicitur a quibusdam necessitas ».

97 nulla - 98 actum : ARIST., *Metaph.,* VIII (H), 6, 1045 b 21-22. Vide etiam ibid. a
30-31.

98 Et - 6 actum : AVER., *Metaph.,* VIII, 15. Ed. Venet. 1562, f. 224 A-B.

extrahit ipsum de potentia in actum. Unde PHILOSOPHUS : *Quid igitur
est,* inquit, *causa eius, scilicet quod potentia ens actu sit, praeter
faciens in quibuscumque est generatio? Nulla namque est causa
altera eius quod potestate sphaeram actu esse sphaeram, sed hoc erat
quod quid est esse* utique. Et COMMENTATOR : *Ponentes,* inquit, *idem* 10
quando est in potentia, et quando est in actu esse diversum, decepti
sunt, nam *in rei veritate est unum. Illud* idem *enim quod fuit in
potentia, est in actu, et non sunt hic duo diversa. Et cum anima non
est nisi esse eius, quod est in potentia animatum, esse animatum in
actu, tunc exitus eius de potentia in actum non habet causam, nisi* 15
motorem extrahentem ipsum de potentia in actum et perfectionem.
'*Sed hoc fuit illud quod est per essentiam cuiuslibet, et est sicut circulus qui est figura plana*', id est : *et haec duo dant esse rei, quam
significat definitio in omnibus rebus habentibus materiam et formam,
ut dicimus in definitione circuli quod est figura plana*; *figura enim* 20
est quasi materia, et plana quasi forma. Et intendit Philosophus
declarare per hoc exemplum, ait COMMENTATOR, *quod cum definitio
fuerit talis in definitionibus rerum mathematicarum, quanto magis
ut sit in definitionibus rerum non mathematicarum, ne aliquis dicat
quod omnes definitiones non componuntur ex materia et forma*; *mathe-* 25
matica enim non sunt in materia, sed declaratum est, inquit, *prius
quod ipsa habent materiam non sensibilem.* Quinimmo PHILOSOPHUS
ibidem : *Est autem,* inquit, *materia alia quidem intellectualis, alia
vero sensibilis. Et semper rationis hoc quidem materia, illud autem*

6-7 igitur est] est ergo *B*   7 sit] fit *x*   8 quibusdam *C*   namque] autem *x*
9 esse sphaeram *inv. B*   10 utique] utrique *Arist.*   Ponens *C*   11 in[1] *om. B*
13 hic] haec *CDE* : hoc *A*   15 tunc] et *x*   17 est[1] *om. x*   20 figura[1]] secundum
add. A : scilicet *add. E*   22 definitio] dispositio *Aver.*   23 et 24 definitionibus]
dispositionibus *Aver.*   23 magis] oportet *add. x*   25-26 mathematica] Non
(*sic pro* Nota) mathematica non sunt in materia *i.m. D*[1]   27 sensibilem] separabilem *B*

---

6 Quid - 10 esse : ARIST., *Metaph.*, VIII (H), 6, 1045 a 30-33.
10 Ponentes - 13 diversa : AVER., *Metaph.*, VIII, 16. Ed. Venet. 1562, f. 225 E.
13 Et - 16 actum : AVER., *Metaph.*, VIII, 16. Ed. Venet. 1652, f. 225 F.
17 Sed - 18 plana : ARIST., *Metaph.*, VIII (H), 6, 1045 a 33 et 35. Lemma in com.
    Averrois, ed. Venet. 1562, f. 223 G.
18 id - 27 sensibilem : AVER., *Metaph.*, VIII, 15. Ed. Venet. 1562, f. 224 B-C.
28 Est - 30 superficialis : ARIST., *Metaph.*, VIII (H), 6, 1045 a 33-35.

30 *actus est, ut circulus figura superficialis.* Sic ergo forma, quae est
actus corporis, dicitur actus ille, qui per transmutationem factam
ab agente de potentia materiae educitur, et per materiam in esse
constituitur, sine materia nullum habens esse, sicut nec potentia
materiae sine materia. Et patet qualiter ex hac forma et sua materia
35 fit ens unum. In corpore vero caelesti non sic esse potest, cum in
ipso non sit potentia nisi ab ubi, ut dicit Philosophus 8⁰ M e t a-
p h y s i c a e similiter et 9⁰ ac 12⁰ . Unde, materia non univoce
dicitur de illa, quae est subiectum generabilium, et de ea quae in
caelesti corpore, ut scribitur libro D e S u b s t a n t i a O r b i s ;
40 immo, *corpus caeleste,* inquit Averroes, *est quasi materia formae*
abstractae, et est materia existens actu, et non assimilatur materiae
nisi ın hoc tantum quod est fixa ad recipiendum formam, et ıdeo
dignius dicıtur subıectum quam materia. Materıa enim generabilium
dicitur materia, quia est potentia forma in ea facta; *subiectum vero*
45 *dicitur,* inquit, *quia est* materia *fıxa formae,* et est pars compositi
ex ipsa et forma sua. Non potest autem in corpore caelesti esse
potentia simpliciter ad aliquod esse substantiale; ex hoc enim
necessario concluderetur esse generabile et corruptibile. Subiectum
itaque existens actu, cum sit corpus, necesse est actum habere in
50 magnitudine, quamvis autem actus huiusmodi alius quodammodo
sit ab actu formae suae, quam separabilem et extra magnitudinem
esse concludit Philosophus. Quia tamen non est per se in actu sed
per formam separatam, quae in ipso est principium essendi et
operandi, ut iam tactum est supra ac etiam infra clarius apparebit
55 hoc — aliam enim formam habere non potest, alioquin oporteret
ipsum esse corruptibile, cum forma inseparabilis seu coniuncta
finitae sit virtutis, atque corruptibilis existens nequaquam perpetuari posset ab alio — necesse est ex corpore caelesti et ex sua forma

---

30 est[1] *om.* A   33 sine] sive B   34 materiae] in esse B   35-36 sic... non
om. B   36 nisi *om.* B   ut] ubi B   37 et] ac x   38 est subiectum *inv.* x
ea] illa A   41 assimulatur A   44 ea facta] eo fixa *Aver.*   46 autem
om. BAE, sed rest. post Non E[1]   47 aliquid AE   51 formae suae *inv.* C   56
separabilis B   57 corruptibilis] corporalis B

35 In - 36 ubi : Arist., *Metaph.,* VIII (H), 1, 1042 b 5-6; 4, 1044 b 6-8; IX (Θ), 8,
  1050 b 20-22; XII (Λ), 2, 1069 b 24-26.
37 materia - 39 corpore : Aver., *De Subst. Orbis,* c. 3. Ed. Venet. 1562, f. 10 B.
40 corpus - 46 sua : Aver., *De Subst. Orbis,* c. 2. Ed. Venet. 1562, f. 6 G-H.
54 supra : c. 18.

separabili, quae motor eius est, unum quoddam esse compositum;
per unam enim formam est compositum unum. Unde PHILOSOPHUS 60
8⁰ P h y s i c o r u m caelum concludit ipsum movere se ipsum,
divisibile quidem existens in duo, quorum alterum est per se movens,
alterum vero per se motum. COMMENTATOR quoque ibidem : Et
motum ex se, inquit, *est motor secundum totum,* licet *non eodem modo
et omnino, sed* est *motor,* ait, *propter* unam partem *et motum propter* 65
aliam. Postquam igitur ex corpore caelesti et ex eius motore, qui
est sua forma, est compositum existens unum, nec potest unum
esse per unionem transmutabilis potentiae materiae ad actum
formalem, ut contingit in generabilibus, cum in corpore caelesti
talem esse potentiam sit impossibile, necesse est compositum hoc 70
unum esse sicut est ens aliquod secundum quod *ens et unum idem*
sunt *et natura una* realiter, *eo quod se ad invicem consequuntur sicut
principium et causa,* ut scribitur 4⁰ M e t a p h y s i c a e, licet
ratione non idem sunt seu modo aut dispositione, ut ait COMMEN-
TATOR; quandam enim rationem indivisibilitatis significat unum, 75
quam ens expresse non importat. Unde cum *uniuscuiusque substantia
sit unum* aliquid *non secundum accidens,* sicut *quod* quidem *ens
aliquid, et idem* est *unus homo et ens homo et homo, palam* est *quia
additio in his idem ostendit,* ut ait PHILOSOPHUS, *et nihil* est *aliud
unum nisi ens.*   80

59 quiddam *B*   65 est] et *A*   66 ergo *B*   67 sua *om. A*   69 contingit]
convenit *x*   70 hoc] est *C*   71 unum²] et *add. B*   74 non idem *inv. x*
78 et homo *om. B*

61 caelum - 63 motum : ARIST., *Physic.,* VIII, 5, 258 a 21-27.
64 motum - 66 aliam : AVER., *Physic.,* VIII, 43. Ed. Venet. 1562, f. 384 B.
71 ens² - 74 sunt : ARIST., *Metaph.,* IV (*Γ*), 2, 1003 b 23-24.
74 modo aut dispositione : AVER., *Metaph.,* IV, 3. Ed. Venet. 1562, f. 66 M.
76 uniuscuiusque - 78 aliquid : ARIST., *Metaph.,* IV (*Γ*), 2, 1003 b 32-33.
78 idem - homo³ : ARIST., *Metaph.,* IV (*Γ*), 2, 1003 b 26-27.
78 palam - 80 ens : ARIST., *Metaph.,* IV (*Γ*), 2, 1003 b 30-32.

CAPITULUM 25

QUALITER EX EO QUOD IDEM EST ENS ET UNUM, FOR-
MA QUAE EST ESSENDI SEU ENTITATIS CAUSA, SIMILI-
TER EST CAUSA ESSENDI UNUM SEU UNIONIS CAUSA

85 Verum, licet re idem sint ens et unum, nullam naturam addente altero super alterum, ipsum tamen *unum* quia *solum super ens addit* privationem quandam, *indivisibilitatis* videlicet *rationem,* idcirco non fit *nugatio cum dicitur ens unum.* Unde, COMMENTATOR 4º M e t a p h y s i c a e : *Nos dicimus,* inquit, *quod ens et unum* 90 *significant eandem essentiam, sed modis diversis, non dispositiones diversas additas essentiae. Et apud Avicennam,* inquit, *non est differentia secundum hoc inter significationes, quae significant eandem naturam diversis modis, absque eo quod significent intentiones additas illi, et inter significationes, quae significant in eadem essentia dis-* 95 *positiones additas, scilicet diversas ab ea in actu.* Et ideo *peccavit,* opinando *quod unum et ens significant dispositiones additas essentiae rei. Hunc* autem *hominem,* inquit, *errare fecerunt* haec : invenit enim *hoc nomen unum de genere nominum denominativorum, et ista nomina significant substantiam et accidens.* Item, *quia aestimavit quod hoc* 00 *nomen unum significat intentionem in re carente divisibilitate, et quod illa intentio* realiter *est alia ab intentione, quae est natura illius rei,* quod falsum est, ut ex dictis patet. Iterum, *aestimavit quod unum dictum de omnibus praedicamentis est illud unum, quod est*

---

83 entitatis] unitatis *B*   84 unum *om. B*   85 ens *om. B*   unum *om. B*   85-86 addente altero] addat alterum *B*   87 addit] ad *B*   95 diversa *B*   ea *Aver.*] eo *codd.*   97 invenit] innuit *Aver.*   enim] autem *AE*   98 nominum *om.* x nominativorum *B*   2 Item *B*

86 unum - 87 rationem : S. THOMAS, *In Metaph.,* lib. III, lect. 12, n. 501. Vide etiam ibid., lib. IV, lect. 2, n. 560 et lib. XI, lect. 3, n. 2199.
88 non - unum : ALBERTUS MAGNUS, *Metaph.,* lib. IV, tract. 1, c. 5. Ed. Colon., XVI. 1, p. 166, 74-77 : « Avicenna dicens... est nugatio... cum dicitur unum ens ».
89 Nos - 95 actu : AVER., *Metaph.,* IV, 3. Ed. Venet. 1562, f. 67 C-D.
95 Et - 97 rei : AVER., *Metaph.,* IV, 3. Ed. Venet. 1562, f. 67 B.
97 Hunc - 7 unum : AVER., *Metaph.,* IV, 3. Ed. Venet. 1562, f. 67 D-E.

principium numeri. Numerus autem est accidens. Unde opinatus fuit
quod hoc nomen unum significat accidens in entibus, et non intellexit 5
quod unum, quod est principium numeri, est ex entibus de quibus
dicitur seu praedicatur *hoc nomen unum,* quod est enti convertibile.

Rursus, communissima quaedam et analogice praedicabilia sunt
ens et unum, non proprie quidem dicta genera, sed univoce praedicabilia de speciebus in eo quod quid. Quapropter nihil prohibet 10
immo rationabile est illa dissimiliter generibus et supra modum
eorum quodammodo denominative dici, praesertim cum ipsum esse
verbum et ens participium seu nomen denominative dicta sint omnia
substantiva, secundum quod et eorum subiectum substantia est.
Nihilominus, non solum in quantum denominative dicta, sed potius 15
in quantum in neutro genere substantive se habentia de suis in-
ferioribus, diversorum — inquam — generum existentibus, analogice
praedicantur, non per accidens utique, sed potius essentialiter et
per se. Unde PHILOSOPHUS, 1º P h y s i c o r u m : *Albo quidem,*
inquit, seu alteri de generibus accidentium alicui *non est possibile* 20
ipsi accidere quod est ; secundum textum vero commenti sic : *nam*
impossibile est, ait, *ut ens accidat sibi,* scilicet albo seu accidenti
alteri ; *et in alia translatione* : *nam impossibile est ut accidat ei ut sit*
ens. Id est : *quoniam dicere aliquid esse non est praedicatio per accidens,*
sicut praedicatio albedinis, ait COMMENTATOR. Cum ergo dicit PHI- 25
LOSOPHUS quod *idem est unus homo et ens homo et homo, et non*
diversum aliquid ostendit secundum dictionem repetitam 'est homo et
homo et unus homo' ; *palam autem quia non separatur nec in generatione*
nec in corruptione ; *similiter autem in uno* ; *quare palam, quia additio*
in his idem ostendit, et nihil aliud est unum praeter ens, COMMENTATOR 30
ait quod *intendit* Philosophus *per additionem hoc, quod addimus unum*
et ens eidem, verbi gratia quando dicimus 'iste homo' et 'iste homo unus',
nec est differentia *in generatione, nec in corruptione. Et* etiam *istae*

6 unum quod *om. D*   7 praedicatur] probatur *C*   est *om. D*   9 sed] scilicet
CD : *om. AE*   12 earum *B*   ipsum *om. B*   18 potius essentialiter *inv. B*
19 albus *B*   20 alicui *om. B*   22 scilicet] ut *A*   26 non] est *add. x*   28 homo¹]
ens *add. E²*   32 ens] et *add. C*   33 est *om. B*

19 Albo - 21 est : ARIST., *Physic.,* I, 3, 186 b 7-8.
21 nam - 25 albedinis : AVER., *Physic.,* I, 27. Ed. Venet. 1562, f. 18 G.
26 idem - 30 ens : ARIST., *Metaph.,* IV (*Γ*), 2, 1003 b 26-32.
31 intendit - 40 dixit : AVER., *Metaph.,* IV, 3. Ed. Venet. 1562, f. 67 E-F.

duae significationes sunt idem, quia dicere 'iste homo' significat unum
35 *hominem per consignificationem et cum* dicitur 'homo unus' *propalatur*
hoc nomen unum, et non erit differentia inter duas significationes,
nisi quia in illo significatur unum per consignificationem, et in hoc
per propalationem. Deinde induxit Philosophus *aliam propositionem,*
inquit COMMENTATOR, *ad declarandum quod unum significat de re*
40 *disposita suam naturam, non rem additam illi, et dixit : Amplius*
autem, cuiusque substantia unum est, non secundum accidens, similiter
et quod quidem *ens aliquid.* Id est : *Et apparet etiam quod unum non*
dicitur de re addita naturae dispositae ex hoc, quia substantia cuiusque
rei est una essentialiter, et non per rem additam illi. Quoniam, si res
45 *esset una per aliam naturam additam suae naturae, sicut credit Avi-*
cenna, tunc nihil esset unum per se, et per suam substantiam, sed per
rem additam suae naturae vel *substantiae. Et illa res, quae est una,*
si dicatur quod est una per intentionem additam suae essentiae, quae-
retur de illa re per quam fit una, per quid fit una. Si igitur sit una per
50 *intentionem additam illi, revertetur quaestio et procedit in infinitum.*
Et ideo dicamus, inquit, *quod substantia uniuscuiusque, per quam*
est unum, est suum esse per quod est ens. Et haec quidem AVERROES.

Sane, quod obviando quidam aiunt in hoc processu COMMEN-
TATORIS habitudinem in medio variari, profecto frivolum est et
55 absurdum, ut patet, additum illud exponendo per id quod secundum
accidens ; hoc enim nisi perveniret ad aliquid per se ens et unum
existens, et non secundum accidens, esset utique procedere in
infinitum.

Denique, si additum aliquid solum accidentale substantiae sig-
60 nificaret ens et unum, sive si de substantia solum secundum accidens
diceretur, impossibile profecto esset aliquam fore substantiam
accidente carentem, sed et aliquam esse primam causam entium
omnium, seu deum, impossibile foret esse, qui est, et ens est, et unum.

Ad primum itaque revertendo, palam est quod necessario sunt

---

34 dicere] differentiae *comp. BC*　　35 propalatur] appellatur *C*　　37 significat *C*
in hoc] hic *Aver.*　　40 illa *B*　　42 et] etiam *A*　　48-49 quaereretur *A*　　49
fit[1-2]] sit *B*　　sit] fit *AE*　　50 praecedet *B* : procedet *E*　　56 proveniret *AE*
57 et... accidens *om. B*　　59 accidentale] essentiale *C*　　60 si *om. AE*

40 Amplius - 42 aliquid : ARIST., *Metaph.*, IV (*Γ*), 2, 1003 b 32-33 (Transl. Graeco-
lat.).
42 Id - 52 ens : AVER., *Metaph.*, IV, 3. Ed. Venit. 1562, f. 67 F-H.

idem realiter ens et unum. At vero, secundum quod ait Philosophus 65
3º M e t a p h y s i c a e, impossibile est ens aut unum esse genus
aliquod. *Necesse est enim differentias cuiuslibet generis et esse et unam
esse quamlibet*; *impossibile autem* est proprie quidem et per se
praedicari aut species generis de propriis differentiis, aut genus etiam
sine suis quidem *speciebus*, quia *differentia non participat genus*, 70
id est : quia non suscipit eius rationem, ut ait Philosophus 4º
T o p i c o r u m. Unde, *omne quod participat genus, vel species est,*
inquit, *vel individuum. Attamen*, quia *genus de illo praedicatur quod
habet differentiam, id est de specie, praedicatur* etiam sic *de differentiis
secundum quod sunt in speciebus*, et ita sine speciebus de differentiis 75
non praedicatur, *nisi forte per accidens*; formalitatis etenim seu
actualitatis est proprie quidem et per se praedicari de subiecto,
materialitatis autem et potentiae subici praedicato. *Quare si unum*
quidem est *genus* aliquod *aut ens, nulla differentia nec unum nec
ens erit*, cuius oppositum necessarium est. Haec itaque recolligentibus 80
manifestum est quod ens et unum de unoquoque praedicantur non
ut accidens aliquod, eo quod neutrum eorum dicit aliquid additum
essentiae illius, de quo praedicatur. Rursus, neque ut differentiae praedicantur, cum sint communissima. Insuper, neque ut genus aut species,
ut visum est, et universaliter neque sicut definitio seu aliquatenus ut 85
pars definitionis, et tamen essentialiter et per se de unoquoque dicitur
ens et unum. Secundum immediatissimam ergo rationem eius quod
secundum quod ipsum est et per se, de unoquoque dicitur ens et
unum, communitate quidem eius non obstante. Quare necesse est
hoc eo modo fore quo *non de subiecto dicitur alio quodam, ut ambulans*, 90
quoniam alterum aliquid ens ambulans est. Substantia autem et quae-

---

65 At] Ac *B*   67 aliquod *om. B*   est enim *inv. x*   unum *B*   76 enim *E*
78-79 unum... aliquod] genus quidem aliquod est unum *x*   79 nec unum nec *om. B*
83 praedicatur] -cantur *B*   84 species] essentiae... praedicatur *add. B (vide lin. 83)*.
85 et] aut *AE*   88 est *om. x*   de *om. D*   89 est *om. A*   90 fore *om. B*

66 impossibile - 70 speciebus : Arist., *Metaph.*, III (B), 3, 998 b 22-26.
70 differentia - genus : Arist., *Topic.*, IV, 2, 122 b 22-23.
71 quia - rationem : Cfr Arist., *Topic.*, IV, 1, 121 a 11-12 : participare est suscipere
  participati rationem.
72 omne - 73 individuum : Arist., *Topic.*, IV, 2, 122 b 20-21.
73 Attamen - 76 accidens : S. Thomas, *In Metaph.*, lib. III, lect. 8, n. 433.
78 Quare - 80 erit : Arist., *Metaph.*, III (B), 3, 998 b 26-27.
90 non - 93 sunt : Arist., *An. Post.*, I, 4, 73 b 5-8.

*cumque hoc aliquid significant, non alterum aliquid entia sunt quod
sunt,* ut ait PHILOSOPHUS 1º P o s t e r i o r u m A n a l y t i c o r u m.
Item et *alio modo* forsan, ut ibidem ait, quia *si propter ipsum est*
95 ens, hoc *per se est, puta si aliquid interfectum interiit et secundum
interfectionem.* Iterum, in 5º M e t a p h y s i c a e, ut id *cuius non
est aliqua alia causa; hominis enim multae ausae sunt,* utpote *animal,
bipes. Attamen secundum se homo homo est,* etc. Et ibidem Com-
MENTATOR ait quod *etiam dicitur aliquid existere per se, illud quod
00 non habet causam per quam existat nisi per se, si aliquid est tale;
homo enim et similia non existunt nisi per causas suas, quia multas
habent causas. Et quamvis homo existat per plures causas, tamen
causa eius, qua existit, est humanitas,* quae est formalis causa totius
compositi.

5 Sic igitur omne compositum est ens et unum immediate per formam suam, in substantiis quidem generabilibus efficiente seu
generante per transmutationem actui formae, ut iam visum est,
materiae potentiam uniente.

CAPITULUM 26

10   DE MODO UNIONIS IMMATERIALIS FORMAE CUM SUO
SUBIECTO

De unione autem immaterialis formae cum sua materia, quae
potentiam non habet ex qua formalis actus huiusmodi sit educibilis,
determinaturus PHILOSOPHUS in 8º sic ait : *Quaecumque vero non
15 habent materiam, nec intellectualem nec sensibilem, statim quod
quidem unum aliquid esse est unumquodque.* Et quidem in parte

92 sunt] scilicet *add. B*   96 in] et *B*   99 existere] persistere *AE*   2 habet *x*
homo] non *x*   5 ergo *B*   10-11 suo subiecto *inv. B*

94 Item - 96 interfectionem : ARIST., *An. Post.*, I, 4, 73 b 10 et 13-15.
96 cuius - 98 est : ARIST., *Metaph.*, V (Δ), 18, 1022 a 33-35.
99 etiam - 3 humanitas : AVER., *Metaph.*, V, 23. Ed. Venet. 1562, f. 132 L-M.
  7 visum est : c. 24.
14 Quaecumque - 16 unumquodque : ARIST., *Metaph.*, VIII (H), 6, 1045 a 36 - b 1.

praecedenti dixerat ibidem PHILOSOPHUS corpora caelestia non habere materiam; *non enim omnium*, inquit, *est materia, sed quorum generatio et transmutatio in invicem est; quae autem sine transmutari sunt aut non, non est horum materia.* Super quo COMMENTATOR ait 20 quod Philosophus *intendit corpora caelestia, et intendit per transmutationem, illam quae est in substantia, et* quae est per *qualitatem alterativam.* Quare non irrationabiliter utique visum est per 'quaecumque non habentia materiam' PHILOSOPHUM hic intellexisse corpora caelestia, quae nec sensibilem habent materiam proprie 25 dictam, ut visum est, scilicet qualis est materia generabilium vel universaliter sensibilium, sive sempiternorum sive corruptibilium, nec intellectualem etiam, mathematicam scilicet, quae in sensibilibus praeter sensibiles autem proprietates consideratur; aut intendit forte per 'quaecumque non habentia materiam' ipsas formas im- 30 materiales. Utra autem harum expositionum de mente sit PHILOSOPHI, COMMENTATOR nihilominus sic dicit: *Omnia vero quae carent materia sensibili et intelligibili, sicut materia rerum mathematicarum, unumquodque eorum est idem cum illo, quod dat suum esse, scilicet quod quidditas et essentia sunt in eis idem.* Et vult dicere 35 quod forma immaterialis, quae dat esse suae materiae, ut dictum est, ipsa est quidditas et essentia totius compositi huius, secundum quod forma et ratio dicitur quidditas subiecti, et non est omnibus modis separata, tamquam nihil existens compositi et praeter singularia omnino, *sed essentia* eius *est ipsum*, ut infra magis apparebit. 40

Quorumcumque itaque entium quidditates et formae materiam in esse suo non habent, *horum unumquodque statim est quod quidem unum aliquid esse, quemadmodum et* illud commune *quod*

20 sunt] possunt *A*   aut non *del. E*[2]   22 est[2] *om. x*   23 per] quod *in ras. E*[2]
24 materiam] etc. *add. x*   24-25 Philosophum... materiam *om. AE*   28 etiam]
scilicet *in ras. E*[2]   30 forte] forme *B*   31 Utra] Vera *A*   33 (1)materia (2)rerum
(3)mathematicarum] 3.1.2. *D, sed corr.* 2.3.1. *D*[1] : 1.3.2. *AE*   35-37 sunt... essentia
om. B   38 et ratio dicitur] dicitur et ratio et *B*   43 commune] recte *B*

18 non - 20 materia : ARIST., *Metaph.*, VIII (H), 5, 1044 b 27-29.
21 intendit - 23 alterativam : AVER., *Metaph.*, VIII, 14. Ed. Venet. 1562, f. 222 C.
26 visum est : lin. 17 sqq.
32 Omnia - 35 idem : AVER., *Metaph.*, VIII, 16. Ed. Venet. 1562, f. 224 K.
40 sed - ipsum : AVER., *Metaph.*, VIII, 16. Ed. Venet. 1562, f. 225 A.
42 horum - 46 quantum : ARIST., *Metaph.*, VIII (H), 6, 1045 a 36 - b 2.

dicitur *ens*, quod sine exspectatione additionis alicuius distinctum
45 est in *aliquid hoc* quod est substantia, et in hoc *quod* est *quale*, et
in hoc *quod* est *quantum*, ac etiam in caetera praedicamenta; *non
enim ad ens ex additione se habet* unumquodque praedicamentorum,
*sicut species se habent ex additione differentiarum ad genera, sed hoc
ipsum quod est, est ens, et statim* ex se *a principio est vel substantia,*
50 *vel quidditas, vel qualitas,* absque omni differentia mediante seu
ratione quidditatem constituente generum huiusmodi. Et hinc est
quod *in definitionibus non inest nec ens nec unum, ut genus* proprie
dictum. *Genera enim altissima simplicia sunt, cum non habeant
genera; definitiones vero sunt compositorum,* ut ait Commentator.
55 Et Philosophus etiam dicit quod in ratione definitiva oportet *hoc
quidem ut materiam esse, illud vero ut formam.* Unde, *illud* etiam
quod significat definitio, scilicet forma, non habet definitionem, universaliter quidem et per se, *quemadmodum aliud ens habet, scilicet
quod ens non est genus ei,* inquit Commentator. Sicuti ergo in ente
60 et uno non est potentia generis proprie dicti, qua *ut materia ad
differentias,* speciem constituentes, se habente *per earum* adventum
seu *additionem* ipsum ens *fiat substantia vel qualitas, sed statim,*
sine exspectatione alicuius advenientis differentiae, *est substantia
vel quantum vel quale,* quamobrem nec genera esse possunt ens et
65 unum, sic *et quod quid erat esse* seu forma, materiam non habens,
statim est unum aliquid cum caelesti seu alio corpore, cuius est
forma, *sicut est ens aliquid, quia non est* ibi *ponere aliquid quocumque
ordine prius quod exspectet unitatem a forma,* cum in ipso potentia
nulla sit ad formam, ex cuius transmutatione per movens aliquod

---

45-46 quod[2]... hoc *om. A*   46 est *om. B*   49 est[2] *om. B*   51 constituentem *C*
huius *B*   64 nec *om. B*   66 cum caelesti *om. B*   67 ens *om. A*   aliquid[1]]
aliquod *x*

44 sine - 50 qualitas : S. Thomas, *In Metaph.*, lib. VIII, lect. 5, n. 1763.
52 in - unum : Arist., *Metaph.*, VIII (H), 6, 1045 b 2-3.
52 ut genus : S. Thomas, *In Metaph.*, lib. VIII, lect. 5, n. 1763.
53 Genera - 54 compositorum : Aver., *Metaph.*, VIII, 16. Ed. Venet. 1562, f. 224 L.
55 in - 56 formam : Arist., *Metaph.*, VIII (H), 3, 1043 b 31-32.
56 illud[2] - 59 ei : Aver., *Metaph.*, VIII, 16. Ed. Venet. 1562, f. 224 L.
60 ut - 64 quale : S. Thomas, *In Metaph.*, lib. VIII, lect. 5, n. 1763.
65 et - 67 aliquid[1] : Arist., *Metaph.*, VIII (H), 6, 1045 b 3-4.
67 quia - 68 forma : S. Thomas, *In Metaph.*, lib. VIII, lect. 5, n. 1762.
68 cum - 70 uniendae : S. Thomas, *In Metaph.*, lib. VIII, lect. 5, n. 1764.

exspectetur adventus formae illi subiecto uniendae. *Quapropter non* 70
est quaerenda *alia a se aliqua causa essendi unum, neque essendi*
ens aliquid nulli horum; *statim enim* et *ex se*, ut ait Commentator,
unumquodque eorum est ens aliquid et unum aliquid. Per formam
namque immaterialem, quae motor eius est quo ex se movetur et
intelligit, est ens vivum, ipsumque *motum ex se motor* existens 75
secundum totum, intellectivum est et vivum; *intellectus enim actus*
vita est, et intelligere vivere. Similiter quoque movere se vivere est;
vivere autem viventibus est esse, ut scribitur 2º D e A n i m a; per
intellectum igitur existens aliquid ens tamquam per formam, necessario per eundem est et unum aliquid. Unde Commentator, 12º 80
M e t a p h y s i c a e et libro D e S u b s t a n t i a O r b i s, ait
quod *corpus caeleste intelligit*, quemadmodum et in 1º D e A n i m a
Philosophus ait *hominem intelligere anima.* Dicit itaque Philosophus quod talium entium *unumquodque statim est ens aliquid et*
unum aliquid, non quidem *ut in genere ente et uno.* In alia vero 85
translatione sic : *Unumquodque enim eorum est statim ens aliquod*
et aliquod unum, non quia sunt in ente, inquit, *et in uno sicut illa*
quae sunt in genere, scilicet *non quia sunt disposita per unitatem et*
essentiam, ita quod unitas et essentia sint genus eius, sed essentia est
ipsum, ait Commentator, et non omnimode seu non omnino se- 90
paratum et aliud a suo particulari sive subiecto, eo scilicet modo
quo quidam opinati sunt Platonicorum. Statim ergo et sine exspecta-

---

71 aliqua *om. AE*   73 aliquid[1]] aliquod *B*   74 materialem *A*   75 vivum]
unum *B*   se] cum *add.* E[2]   76 et vivum] unum *B*   79 ergo *B*   80 eandem *B*
84 est ens *inv. A*   87 non quia *inv. C*   89 essentiam] -tia *C*

---

70 Quapropter - 72 enim : Arist., *Metaph.*, VIII (H), 6, 1045 b 4-5.
72 ex - 73 aliquid[2] : Aver., *Metaph.*, VIII, 16. Ed. Venet. 1562, f. 224 M.
75 motum - 76 totum : Aver., *Physica*, VIII, 43. Ed. Venet. 1562, f. 384 B.
76 intellectus - 77 vita : Arist., *Metaph.*, XII (Λ), 7, 1072 b 27.
78 vivere - esse : Arist., *De Anima*, II, 4, 415 b 13.
82 corpus caeleste intelligit : Aver., *De Subst. Orbis*, c. 4, ed. Venet. 1562, f. 10 G;
    Metaph., XII, 36, ed. cit., f. 318 H.
83 hominem intelligere anima : Arist., *De Anima*, I, 4, 408 b 14-15.
84 unumquodque - 85 uno : Arist., *Metaph.*, VIII (H), 6, 1045 b 5-6.
86 Unumquodque - 88 genere : Ut lin. 84-85. Lemma in com. Averrois, ed. Venet.
    1562, f. 224 G-H.
88 non - 90 ipsum : Aver., *Metaph.*, VIII, 16. Ed. Venet. 1562, f. 225 A.
90 non[1] - 91 particulari : Arist., *Metaph.*, VIII (H), 6, 1045 b 7.

tione transmutationis successivae non habentia materiam sunt ens et unum, non ut in genere, quod sit videlicet ipsum ens et unum,

95 quamvis ut quoddam commune praedicetur de unoquoque illorum, quia ens et unum non sunt genera, prout iam dictum est et declaratum etiam 3° M e t a p h y s i c a e. Aut, ut ad unum dicatur, in eis quae materiam generabilem non habent, non requiritur motus neque causa movens ad unionem formae cum subiecto faciendam,

00 sed *eorum unumquodque statim est ens aliquid et unum aliquid.* Et hoc intendit COMMENTATOR, dicens quod *essentia* eius *est ipsum,* id est : unumquodque talium non est ens et unum ita, quod ipsum ens et unum de illo praedicabile sit ut genus, quemadmodum homo seu equus est animal.

5 Item, in 10° : *Essentiae,* inquit, *et quidditates praedicamentorum sunt diversae, et non est in eis aliquod commune, ita quod unum et ens sit tamquam genus. Quoniam, si ita esset, tunc hoc nomen unum non significaret illud quod significat in praedicamento substantiae, aut qualitatis, aut quantitatis prima significatione, et sine medio, sed*

10 *significaret quemadmodum hoc nomen genus significat species mediante aliquo communi. Deinde neque substantia* una, inquit, *unius ex eis quae sunt in quolibet praedicamento, est substantia, sicut non invenitur aliquid quod sit unum commune praedicamentorum substantiae et qualitatis et aliorum praedicamentorum, sed dicitur de eis*

15 *principaliter et secundario, sicut dicitur hoc nomen ens.* Et quidem ipse PHILOSOPHUS ibidem ait sic : *Quia vero idem significant aliqualiter unum et ens, palam per assequi aequaliter categorias, et quia non sunt in nulla una,* scilicet categoria, *ut neque in quid est neque quale, sed similiter se habet sicut ens; et per hoc quod unus homo*

---

94 sit *om.* B   96 iam *om.* C   97 etiam] in B : est A   ad *del.* E[2]   99 facienda C   2-3 ita... unum *om.* A   2 quod] per *add.* C : (*om.* A)   9 aut quantitatis *om.* B   13 sit *om.* B   13-14 substantiae... praedicamentorum *om.* B   14 de eis] eis dicitur B   15 secundaria C   dicitur *post* ens B   16 ibidem] idem A   ait sic *inv.* B   17 ens] omnes A   19 similiter] simpliciter C

96 dictum est : c. 25.
96-97 declaratum : ARIST., *Metaph.,* III (B), 3, 998 b 17-28.
00 eorum - aliquid[2] : ARIST., *Metaph.,* VIII (H), 6, 1045 b 5-6.
  1 essentia - ipsum : AVER., *Metaph.,* VIII, 16. Ed. Venet. 1562, f. 225 A. Vide supra, lin. 88-90.
  5 Essentiae - 15 ens : AVER., *Metaph.,* X, 8. Ed. Venet. 1562, f. 257 G-H.
 16 Quia - 22 esse : ARIST., *Metaph.,* X (I), 2, 1054 a 13-19.

non praedicat alterum aliquid ab homine, quemadmodum nec esse 20
praeter quid, aut quale, aut quantum; *et uni esse id quod unicui-*
que esse.

Rursus, neque praemissorum, scilicet materiam non habentium,
unumquodque est ens et unum aliquid separtum existens omnino,
cuius participatione sit ens et unum, secundum quod opinati sunt 25
Platonici quidam, sed eo ipso quo est id quod est illorum unumquodque, ens etiam est et unum, absque omni praedicabilis alicuius
intentionis seu rationis medio interveniente, et hoc quidem indif-
ferenter tam in habentibus materiam quam in non habentibus, eo
quod non magis respectu horum quam illorum ens et unum separata 30
sunt aut habentia rationem generis, differenter autem in hoc quod
in non habentibus materiam unumquodque statim a principio per
formam suam ens est et unum, absque alia causa movente media
seu motus exspectatione, quae in habentibus materiam, secundum
quod ait PHILOSOPHUS, requiruntur. Est igitur *illorum unumquodque* 35
ens aliquid et unum aliquid, non ut in genere ente et uno. Insuper,
nec ut separabilibus existentibus praeter singularia. In alia vero
translatione sic : *Neque sunt quasi separata et alia a particularibus.*

Super quo COMMENTATOR : Et *esse,* inquit, *istius formae simplicis,*
scilicet separatae, *non est ita quod in actu sit aliud a rebus particu-* 40
laribus, quarum est forma, ita quod res particularis et huiusmodi
forma eius sunt duo diversa. Et hoc intendebat Philosophus, inquit
COMMENTATOR, *cum dicit 'neque sunt quasi separata'* etc., per rem
quidem particularem nihil aliud intendens COMMENTATOR quam corpus illud sive subiectum, cuius est illa forma simplex et immate- 45
rialis. Particularizatur enim quodammodo et individuatur illa forma
per materiam corporis illius, cum non sit possibile aliam ibi formam
esse, alioquin non esset ens unum nec se ipsum movens. Quapropter
a corpore caelesti non ita separata est huiusmodi forma sua, quae

24 existens *iter. post* omnino *B*   27 etiam est et] et est *B*   35 ergo *B*   41 huius-
modi] huius *BC*   42 sint *B*   43 neque] nec *A*

23 neque - 34 exspectatione : Cfr S. THOMAS, *In Metaph.,* lib. VIII, lect. 5, n. 1762-65.
34 quae - 35 requiruntur : ARIST., *Metaph.,* VIII (H), 6, 1045 a 30-31; b 21-22.
35 illorum - 37 singularia : ARIST., *Metaph.,* VIII (H), 6, 1045 b 5-7.
38 Neque - particularibus : ARIST., *Metaph.,* VIII (H), 6, 1045 b 7. Lemma in com.
     Averrois, ed Venet. 1562, f. 224 H.
39 esse - 43 separata : AVER., *Metaph.,* VIII, 16. Ed. Venet. 1562, f. 225 A.

50 et motor eius est, quod eorum utrumque sit ens per se simpliciter,
ipsumque corpus et motor eius seu forma illa sint entia duo diversa,
et tamen corpus illud sit ens per participationem entitatis illius
substantiae motricis, tamquam seorsum quidem existentis, et ad
essentiam seu esse corporis caelestis nullatenus pertinentis, secundum
55 quod opinari videntur quidam Platonicorum. Huiusmodi namque
separabilitas entitatis est illa, quae satis reprobata est ex 8º P h y-
s i c o r u m ac alibi, sed specialiter 7º et 8º ac 13º P h i l o s o p h i a e
P r i m a e, ubi PHILOSOPHUS sic arguit : *Impossibile videtur utique,*
inquit, *seorsum esse substantiam et cuius est substantia,* neque enim
60 huiusmodi substantia est illa quae omnino separata nec ad esse
pertinet, non inexistens participanti. Talia ergo *dicere vaniloquium
est,* inquit, *et poeticas metaphoras propalare.*

Quocirca, licet forsan aliqui Platonicorum in hoc erraverunt,
PHILOSOPHUS tamen in eodem 13º libro, quasi excusando SOCRA-
65 TEM, dicit quod *dicentium ideas simul universaliter, profecto substantias faciunt ideas, et iterum tamquam separabiles et* de numero
singularium ; *haec autem quod non contingunt dubitatum,* inquit, *est
prius,* videlicet in 7º. *Causa autem* huius est *copulare haec in idem
dicentibus ideas universaliter, quia sensibilibus,* inquit, *non easdem*
70 *substantias faciebant. Quae quidem igitur in sensibilibus singularia
fluere putabant et manere nullum ipsorum, universale autem praeter
hoc esse, et alterum aliquid esse. Hoc autem movit Socratem,* inquit,
*propter definitiones. Non tamen separavit quidem a singularibus, et
hoc recte intellexit non separans.* Videtur itaque PHILOSOPHUS ex

51 entia] essentia *x*   55 quod *om. B*   57 sed] et *x*   ac²] et *x*   58 ubi *om. B*
Philosophus *om. A*   60 huiusmodi] huius *x*   omnino] omnia *A*   nec]
neque *B*   65-66 simul... et¹ *om. B*   67 haec] hoc *B*   70 ergo *B*   72 Socratem
iter. B   73 quidem] quidam *A*

56 reprobata est : ARIST., *Physic.*, VIII, 5 ; *Metaph.*, VII (Z), praesertim c. 6 et 13-14 ;
VIII (H). 6.
58 Impossibile - 59 substantia : ARIST., *Metaph.*, XIII (M), 5, 1079 b 35-36 (= I [A], 9,
991 b 1-2).
61 dicere - 62 propalare : ARIST., *Metaph.*, XIII (M), 5, 1079 b 25-26 (= I [A], 9, 991 a
20-21).
65 dicentium - 74 separans : ARIST., *Metaph.*, XIII (M), 9, 1086 a 31 - b 5.
74 Videtur - 76 calumniabilem : THEMIST., *In De Anima*, lib. II (ARIST., I, 3, 406 b
25-31), CAG V. 3, p. 19, 23 sqq., CAG lat., I, p. 49, 3 sqq. ; EUSTRATIUS, *In Eth.
Nic.* (ARIST., I, 3-4, 1096 a 10-13), CAG XX, p. 39, 34-36 ; AVER., *De Anima*,
III, 5, Aver. lat., VI. 1, p. 409 (lin. 644-48).

hoc innuere quod non mentem nec intentionem PLATONIS intendit 75
reprehendere, sed modum loquendi calumniabilem, secundum quod
etiam testatur THEMISTIUS 1º D e A n i m a, et super 1ᵐ E t h i-
c o r u m COMMENTATOR, necnon AVERROES similiter in quibusdam
locis. Unde nihil aliud forte extraneo sermone suo intendebat PLATO,
loquens de esse per participationem, quam illud idem quod PHI- 80
LOSOPHUS intendit de esse corporis per formam separatam. Nam et
in E t h i c i s irrationalem partem humanae animae persuasibilem
ratione et participantem esse dicit intellectu. Unde, circa talium
esse substantiarum necessario concludit ratio unam realiter et
eandem esse sententiam utriusque.   85

CAPITULUM 27

DE UNITATE ACTUS IN CORPORE CAELESTI, SECUNDUM
QUOD COMPOSITUM QUODDAM EST; ET QUALITER PLURA
ESSE POSSUNT IN UNUM ACTUALE ESSE COEXISTERE

Revertentes ergo dicamus quod ex his quae dicta sunt, palam 90
est advertenti quod, licet alius secundum rationem et propriam
essentiam utriusque secundum se per intellectum consideratus sit
actus materialis in caelesti corpore et actus suae formae immaterialis et separatae, ut visum est prius, idem tamen est actus
secundum substantiam ipsius compositi, cum proprium actum 95
substantialem tantum unum habeat quodlibet ens unum. Unde,
1º D e C a e l o PHILOSOPHUS : *Esse quidem*, inquit, *ipsi caelo et
huic caelo alterum est. Alterum igitur hoc caelum et caelum simpliciter,
et hoc quidem*, inquit, *ut species et forma, hoc autem ut materiae
mixtum*. COMMENTATOR autem super hoc, expositionem retorquens 00

---

82 irrationabilem *x*   83 participatione *C*   89 existere *B*   91 alius] alter *B*
95 proprium *om. B*   98 ergo *B*   00 commixtum *C*

82 irrationalem - 83 intellectu : ARIST., *Eth. Nic.*, I, 13, 1102 b 13-14 et 33-34.
97 Esse - 98 est : ARIST., *De Caelo*, I, 9, 278 b 5-6.
98 Alterum - 00 mixtum : ARIST., *De Caelo*, I, 9, 278 a 13-14.

ad caelum quintae essentiae, dicit quod, si corpus caeleste non
fuerit compositum, non habebit formam per quam posset intelligi,
aliam vero formam habens quam separatam necessario esset corruptibile. *Quaestionem enim habet*, inquit, *utrum res intellecta ex hoc*
5 *corpore est hoc sensatum, aut aliud*, quia *si est hoc sensatum, tunc*
erit res intellecta eadem cum sensato, et caelum ipsum videlicet cum
hoc caelo. *Si* vero *aliud, continget ut sit composita ex materia et*
forma; ergo habet potentiam ut corrumpatur. Dicamus ergo, inquit,
quod ista natura neutra non est existens per se in actu, sed est materia
10 *corporis caelestis, quae est in actu. Si ergo ista natura non fuerit*
composita, non habebit formam, ita ut sit intellecta, sed ut *est una*
numero et *individuata per se, et est intellecta in respectu ad aliud,*
sicut est de hyle *materia, scilicet quod non operatur per ⟨se⟩ corpus*
caeleste, nisi in quantum est subiectum formae operationis intellectus,
15 *sicut intelligitur materia, in quantum est subiectum formae. Tamen*
prima, inquit, *materia est in potentia, et ista in actu, et ideo in hac*
nulla est potentia qua denudari possit a sua forma, et non habet po-
tentiam nisi ad ubi. Super 12^m quoque M e t a p h y s i c a e scribit
COMMENTATOR quod *intellecta* corporum caelestium, *secundum quod*
20 *sunt eorum formae, sunt moventia secundum agens* et quod *illud,*
quod imaginatur seu intelligitur *ab illis formis* separatis, *est esse*
illorum corporum caelestium. In his autem idem est intelligens et
intellectum, quare formae huiusmodi corporum sunt ipsorum esse.

Ad huius autem declarationem attendendum quod, cum ens et
25 essentia similiter et esse potentia et actu dicantur, et hoc materialiter, materia generabilium et corruptibilium secundum se est
ens in potentia, et eius esse est in potentia esse, et eius essentia
similiter est potentia, ut postea manifestabitur, forma vero est ens
actu seu actus, et similiter eius esse principium essendi est seu actu
30 esse. Unde, quamvis in composito generabili quidem et corruptibili

2 possit D   3 esset] est C : esse DAE   4 hoc om. B   6 videlicet om. B   7
ut] res intellecta add. x   8 ergo²] igitur x   9 est² om. D   10 in om. x
igitur D   12 et¹] est B   13 hyle] communi Aver.   se supplevi ex Aver.   14-15
operationis... formae om. B   17 qua] quae AE   18 12^m] 12° D   20 quod
om. B   21 est esse inv. D   22 intelligens] intellectus C   25-26 materialiter]
videtur B   26-27 secundum... ens iter. A   27 esse² post est AE   29 actu²
om. B

1 si - 18 ubi : AVER., De Caelo, I, 95. Ed. Venet. 1562, f. 63 L - 64 A.
19 intellecta - 22 corporum : AVER., Metaph., XII, 36. Ed. Venet. 1562, f. 318 K.

materia et forma simul constituant unum ens actu et essentia,
nihilominus esse ipsius materiae secundum se et similiter eius essentia differt ab esse et essentia formae iam dicto modo, et ita
nihil prohibet in uno ente composito fore unum esse et unam essentiam, necnon et plures essentias et plura esse diversis modis. 35
In corpore autem caelesti, licet materia non sit ens in potentia
praedicto modo, scilicet actum abiciens quandoque, sed actu sit
ens, nihil tamen prohibet ipsam quodam alio modo potentia esse,
prout hoc posterius apparebit. Huiuscemodi enim actu esse talis
materiae, quamvis in se consideratum non sit ipsum esse formae 40
suae, sed aliud seu differens ab illo, quia tamen non a se neque
per se habet actu esse, immo nec aliqualiter esse non solum actu
sed neque potentia, quae quidem actum abicere seu praecedere
habeat, necesse est ipsam in se respectu suae formae quodammodo
in potentia esse, receptiva quidem suae perfectionis, qua est actu. 45
Quapropter nihil prohibet in huiusmodi composito fore solum unum
actu esse simpliciter, quod est ipsius formae, respectu cuius quidem
esse formalis esse materiae suae potentia est quodammodo, et non
simpliciter actu. Secundum hoc etenim AVERROES, in libro D e
S u b s t a n t i a   O r b i s, ait opinandum esse *quod ista materia* 50
habet esse medium inter materiam, quae est in potentia, et inter actum.
Et sic potentia habebit gradus, inquit, *et materia gradus.*

Ex his ergo palam qualiter et quare nihil prohibet in uno ente
composito contineri plura esse, uno quidem ipsorum simpliciter et
principaliter actu existente, reliquo autem seu reliquis potentia 55
quidem, aut simpliciter aut quoquo modo.

Notandum autem quod, cum essentia seu proprium esse materiae
generabilium et corruptibilium sit a se et per se, et non a forma,
quae est eius actu seu eius actus, in corporibus vero caelestibus
essentia seu esse materiae suae totaliter a forma seu per formam 60
suam est, et non a se neque per se, necesse est essentiam et esse huiusmodi materiae minus distare, seu in alietate ab esse formae suae minus
differre, quam in generabilibus et corruptibilibus essentia et esse

---

31 constituunt *B*   37 sit] fit *CD*   38 potentiam *AE*   45 est] in *add. B*   47
actum *B*   50 esse] est *B*   ista] ita *B*   51 est *om. B*   54 ipsorum
simpliciter *inv. AE*   58 et² *om. C*   59-60 quae... forma *om. B*   61 suam *om. A*
61-62 esse huius *B* : huiusmodi esse *D*

50 quod - 52 gradus² : AVER., *De Subst. Orbis*, c. 5. Ed. Venet. 1562, f. 10 M - 11 A.

materiae suae secundum se differt ab esse formae suae, licet in
65 his esse materiae secundum se potentia sit esse, in caelestibus vero
esse materiae suae sit actu esse. Et quamvis huiusmodi materia
quodammodo potentia sit, ut dictum est, tamen ad illius materiae
differentiam, cuius esse quidem secundum se in potentia est ad
formam qua caret, dicitur haec actu ens, eo quod in potentia non
70 est ad aliquam formam qua caret, nec recipere potest aliam ab illa
quam actu habet. Obliviscendum quoque non est quod actus huiusmodi materiae non talis est, quod materiam, cuius est, a forma
sua separabili seu ab actu suae formae separare possit ita, seu
dividere, quod in duo per se entia seu in substantias duas per se
75 entes, prout ·substantiarum exigit essentia et ratio, distinctae
sint, cum huiusmodi materia non sit per se ens actu, sed per suam
formam separatam. Quapropter huiusmodi actu esse materiae in
tali composito est quodammodo potentia esse, receptiva quidem
huius esse, ut dictum est, et ita quodammodo potentia est, et
80 quodammodo actu. Quemadmodum et in senario ternarius non
formaliter actu est, secundum quod senarius unum est, sed potentia,
licet non simpliciter potentia sed actu quodammodo, secundum
quod propter discretionis rationem pars discretae quantitatis divisionem quandam actualem importat numeri, cuius est pars maxime
85 totum suum numerans seu mensurans. Attamen, in ipso toto quidem
numero, secundum quod unus est seu unum, partes eius insunt
potentia; *substantia namque cuiuslibet semel est*, secundum quod
scribitur 5⁰ P h i l o s o p h i a e   P r i m a e, *ut ipsorum sex non qui
bis aut ter sunt, sed qui semel; sex enim semel sex.* Item, et in eiusdem
90 7⁰: *Duplum,* inquit, *ex duobus dimidiis est potestate, nam endelechia
separat. Et similiter in numero se habebit, si est numerus compositio*

64-65 suae¹... materiae *om. B*   64 formae suae *inv. D* (*om. B*)   65-66 in... esse²
om. B   68 se *om. B*   71 quod *om. B*   71-72 huius *B*   72 est¹ *om. A*   73
separabili] separabit *B*   77 huiusmodi actu *inv. A*   78 esse *om. AE*   quidem
om. B   89 aut] qui *add. B*   sex²] sunt *AE*

---

87 substantia - 89 sex² : ARIST., *Metaph.*, V (Δ), 14, 1020 b 7-8.
90 Duplum - 91 separat : ARIST., *Metaph.*, VII (Z), 13, 1039 a 6-7.
91 similiter - 93 actu : ARIST., *Metaph.*, VII (Z), 13, 1039 a 11-14.

unitatum, sicut dicitur a quibusdam. Aut enim non unum est dualitas,
aut non est unitas in ea actu. Nihilominus, quamvis non simpliciter
actu sit unitas in dualitate, secundum quod ipsa dualitas unum
est, tamen non simpliciter etiam est potentia, ut dictum est, sed 95
quodammodo in potentia, tamquam actum non abiciente sed com-
patiente, alioquin discreta quantitas non esset ipsa dualitas, nec etiam
numerus, nisi partes eius actualem quandam inter se discretionem
haberent. In hoc enim a quantitate continua differentiam habet
utique discreta quantitas, quod haec partes habet non continuas 00
ad invicem, neque copulatas ad unum communem terminum, sed
ab invicem divisas actu; illa vero non divisas actu ab invicem,
sed continuas ad communem — inquam — terminum copulatas.
Actus itaque modos gradus habet multifarios, consimiliterque potentia
necnon et materia, secundum quod scribitur in libro D e S u b- 5
s t a n t i a O r b i s. In singulis quoque gradibus est latitudo
quaedam, ut prius visum est. Unde PHILOSOPHUS, 9º M e t a p h y-
s i c a e: *Dicuntur autem actu,* inquit, *non omnia similiter.* Subiectum
ergo seu materiam, non solum illam cuius esse per se est esse potentia
respectu formae generabilis et corruptibilis, qua caret quandoque, 10
sed et eam quae est actu quodammodo, non per se quidem, nihil
prohibet esse potentia respectu suae formae, secundum alium —
inquam — gradum et modum potentiae, quam alterius naturae seu
gradus materia; universaliter enim ens omne aut per se actu ens
aliquid est, aut potentia. Subiectum autem seu materia, cuius es- 15
sentia seu esse per se non est esse potentia simpliciter neque per
se actu ens, nullum habet esse per se, nec essentiam, nec aliquid
essentiae, nisi receptum quod ei datum est et causatum a forma
separata. Quare, si per se quidem ens aliquid est, quod et supponendum est utique, cum necessario sit aliud aliquid a forma sua 20
differens, necesse est eius habitudinem secundum se essendi sive
per se respectu suae formae secundum aliquem esse potentiae
gradum seu modum, cuius mentio facta est, sed posterius apparebit
magis.

97 alioquin] quando *add. B*　　00 non continuas] incontinuas *AE*　　4 consimi-
literque] -ter quia *B*　　7 quaedam] quae *B*　　9 materia *B*　　10 qua] quae *A*
14 materiae *B*　　aut *om. B*　　actu ens *inv. A*　　16 esse² *om. B*　　18
nisi *om. x*　　20 sit] fit *C*　　21 eius *om. A*　　22 esse] suae *add. AE* 24 magis *om. x*

99 In-3 copulatas : ARIST., *Categ.*, 6, 4 b 22 - 5 a 14.
　4 Actus-5 materia : AVER., *De Subst. Orbis*, c. 5. Ed. Venet. 1562, f. 11 A.
　8 Dicuntur-similiter : ARIST., *Metaph.*, IX (Θ), 6, 1048 b 6.

25   Non lateat autem quod ipsum secundum quod sive per se multis
modis dicitur, ut 5° P h i l o s o p h i a e   P r i m a e scribitur, et
1° P o s t e r i o r u m. Unde nihil prohibet aliquid per se ens dici
uno modo, puta secundum quod accidentium unumquodque 9 generum
dicitur ens per se aliquid, et secundum se, aut quomodolibet aliter,
30 quod nihilominus alio modo non per se dicitur, utpote secundum
quod causatum est ab alio seu dependens, quod inseparabile quidem
ab illo est et re et intellectu, secundum quod praemissum est, et
posterius magis declarabitur.

   His igitur ita se habentibus ad propositum revertamur, conclu-
35 dentes quod, postquam in caelesti corpore neque esse, neque intelligi
potest actus aliquis materialis, qui praeter actum formae separatae
sit ens aliquid per se primo, seu essendi causa per se quidem et
primo — ab eadem quippe forma est ens et vivum et intelligens —
necesse est actum caelestis corporis cum actu suae formae separatae
40 unum ens constituere, seu in unum actum uniri principalem, et in
unam essentiam seu esse totius huiusmodi compositi, quantum
scilicet ad esse subsistentiae propriae et existentiae; aliter etenim
actu habens esse per alterum, qui simpliciter actu est, respectu
eiusdem quodammodo potentia est, subiecto quidem, cuius est,
45 materialiter habente se in huiusmodi composito, prout posterius
magis declarabitur. Nihilominus inter se differunt actus hi secundum
individuatum esse quodammodo et non individuatum, aut sicut
incorporeum et incorporatum corpori, cuius essentia tota seu esse
totum ab illo est. Corpus vero caeleste et formam eius abstractam
50 differre ab invicem, sicut duo individua aut particularia quaedam
comparticipantia, est impossibile, ut iam visum est.

   Denique, ut ad omne dicatur, ubi forma materiam non habet
aliam a subiecto cuius est forma, neque subiectum corpus aliam
habet formam ab illa quae per materiam, insuper in esse non con-
55 stituitur secundum individui profecto rationem et essentiam,

27 prohibet *om. B*   28 9 generum] generum *CD* : cum generum *AE, sed corr.* con-
generum *E²*   29 et] est *B* : aut *AE*   aut] et *E*   34 igitur ita] ergo sic *B*   37
quidem et *om. B*   41 huiusmodi] huius *BA*   42 aliter] alter *B*   44-45 potentia... prout *iter. B*   48 incorporatum] corporatum *B* : incorporeum *C*   essentia]
esse *A*   50 duo individua *inv. B*   52 ut *om. B*   53 neque] nec *A*   subiec-
tum] secundum *C*

25 ipsum - 26 dicitur : ARIST., *Metaph.*, V (*Δ*), 18; *An. Post.*, I, 4, 73 a 34 - b 24.

impossibile est ibi duo fingi particularia. Quapropter necesse est
illud compositum, quod ex corpore caelesti et sua forma constituitur,
unum esse numero, et hoc utique non minus simpliciter quam id,
quod in habentibus materiam ex forma et materia fit unum, secundum quod epilogat PHILOSOPHUS in fine 8¹, dicens quod *simile* 60
est quaerere quae est causa unius, et quae causa *unum essendi*;
unum enim aliquid est *unumquodque* ens, *et* illud, inquit, *quod
potentia et quod actu unum est aliqualiter*, et *nulla* ad hoc *alia*
requiritur causa *nisi movens ex potentia ad actum*, in quibuscumque
scilicet est generatio seu in habentibus materiam. *Quaecumque vero*, 65
inquit, *non habent materiam*, ut dictum est, *omnia* quidem talia
simpliciter sunt *quod vere entia aliquid*, et sunt utique simpliciter
entia unum aliquid, quia sine causa alia movente sunt ex se actu
entia, et sunt unum simplicius utique quam habentia materiam,
quae de potentia ad actum per causam aliam a se fiunt ens et unum. 70
Vere quidem autem *entia aliquid* vocat PHILOSOPHUS consequenter
in 9º illa, quae sunt actu simpliciter, et non aliqualiter in potentia.

CAPITULUM 28

DE QUADAM EXPOSITIONE SERMONIS PHILOSOPHI IN FINE
OCTAVI PHILOSOPHIAE PRIMAE, PROUT AD PRAEMISSAM 75
SPECTAT SENTENTIAM

Rationes igitur PHILOSOPHI et COMMENTATORIS expositionem pro-
sequendo, non irrationabiliter visum est quod in illa parte 8ⁱ M e t a-
p h y s i c a e, post determinationem causae unionis formae materialis cum materia, intendebat PHILOSOPHUS determinare de unione 80
immaterialis formae cum sua materia; huius enim ordinis congruitas

61 quae²] est *add. AE*   62 aliquid] aliquod *B*   inquit *om. B*   71 aliquod *A*
72 in 9º] in quo *DAE* : *del.* in quo *Eˣ*   77 ergo *B*   80 determinate *B*

60 simile - 67 aliquid : ARIST., *Metaph.*, VIII (H), 6, 1045 b 19-23.
66 dictum est : ARIST., *Metaph.*, VIII (H), 6, 1045 a 36.
71 Vere - aliquid : ARIST., *Metaph.*, VIII (H), 6, 1045 b 23.
72 illa - actu : ARIST., *Metaph.*, IX (Θ), 10, 1051 b 30-31.

ex processu apparet PHILOSOPHI in 7° et 8°. Postquam namque de quidditate substantiae sensibilis demonstrare in illis tractatibus intendebat, et quaerens in 7° causam unitatis definitionis partes habentis, dicit
85 partes definitionis unam facere definitionem, quia substantia quae definiri habet, est una, licet partes habeat materiam et formam. In 8° autem, hanc perficiens determinationem, primo declarat partium istarum rationem in generabilibus et corruptibilibus, deinde in substantiis sempiternis, quas materiam quidem non habere dicit
90 proprie loquendo, sed subiectum sive id quod subicitur. Quia ergo diversis materiis necesse est diversitatem formarum proportionari, ut ibidem declaratur, idcirco convenientissime non solum de unione formae materialis cum sua materia determinat, sed etiam consequenter de unione immaterialis formae cum suo subiecto, quod non
95 est materia proprie dicta; composita quidem enim ex subiecto et tali forma quodammodo definibilia sunt, ut apparebit post, quamquam non eadem ratione penitus qua composita generabilia et corruptibilia.

Quod autem intentio PHILOSOPHI sit ibidem tractare, non de
00 unitate substantiae simplicis et incompositae, sed compositae profecto plures partes habentis, utique palam est in exordio istius capituli, PHILOSOPHO propositum suum et quid intendit proponente sic : *de dubitatione vero dicta circa definitiones et numeros, quae causa est essendi unum. Omnium enim quaecumque plures partes habent,*
5 *et non est ut acervus quod totum, sed est aliquid totum praeter partes, est aliqua* alia *causa. Quoniam et in corporibus his quidem tactus causa est unum essendi, aliis vero viscositas, aut aliqua passio altera talis; definitio vero ratio est una, non coniunctione quemadmodum Ilias, sed per unius esse. Quid igitur est quod facit unum hominem,*
10 *et propter quid unum, sed non multa, puta animal et bipes?* Et infra post pauca : *Quaecumque vero,* inquit, *non habent materiam* etc., ut

83 demonstrare *p. corr. E^x*] -te *BCDAE*   tractibus *B*   84 7°] 8° *x*   86 habeant *B*   90 sive] sine *B*   94 immaterialis formae *inv. B*   00 incompositae] compositae *CDA*   1 istius] ipsius *B*   9 ergo *B*   10 et... multa *om. B*   propter] praeter *A : (om. B)*   animalque *CDE*   11 Quicumque *CDA*   inquit *om. B*

85 partes - 86 una : ARIST., *Metaph.*, VII (Z), 12, 1037 b 24-27.
87 primo - 88 corruptibilibus : ARIST., *Metaph.*, VIII (H), 6, 1045 a 25-33.
88 deinde - 90 loquendo : ARIST., *Metaph.*, VIII (H), 6, 1045 a 36 - b 7.
3 de - 10 bipes : ARIST., *Metaph.*, VIII (H), 6, 1045 a 7-15.
11 Quaecumque - materiam : ARIST., *Metaph.*, VIII (H), 6, 1045 a 36.

praemissum est. Et quidem ipse PHILOSOPHUS, ut iam diximus, loquens de formis immaterialibus, materiam scilicet in sui constitutione non habentibus, dicit horum *unumquodque statim ens aliquid et unum aliquid esse, non ut in genere ente et uno, nec ⟨ut⟩* 15 *separabilibus existentibus praeter singularia.* Sic etenim — inquam — aliqua fore separata penitus, praeter singularia scilicet omnino separatim existentia, PHILOSOPHUS ipse tamquam impossibilia quaedam in multis locis reprobat, licet alio modo separabiles a materia seu a mobili quandoque doceat esse formas quasdam, in 20 quantum scilicet earum essentia sive quidditas materiae non inhaeret, adhuc et secundum quod per se movens, in quantum huius singuli, aliud esse necesse est a moto quolibet. Alteram igitur negando partem contradictionis, ut praemissum est, videlicet ipsa non habentia materiam, omnino separabilia quidem existentia praeter 25 singularia, reliquam utique partem, oppositam huic, tamquam veram existentem incunctanter afferre volens, prosequenda astruit, propter quod, et id ipsum agendum habens atque sic agens, realiter confitetur intentionem suam de his ibidem fore secundum quod ipsa quidem non habentia materiam, unicuique singularium subiectorum 30 suorum intrinsecus existentia, sunt principia seu essendi causae, quibus *ens aliquid et unum aliquid est illorum unumquodque.* Non per modum quidem generis respectu suorum inferiorum se habente immateriali hoc ente simul et uno respectu sui subiecti singularis, cui substantificae quidem unitatis est principium et entitatis causa, 35 quasi primo modo dicendi per se, loquendo logice, sed potius tertio secundum se videlicet essendi modo, quo quidem, sicut etiam secundum COMMENTATOREM iam visum est prius, essentia simul et unitas huius formae, materiam scilicet non habentis, principaliter et per se primo est ipsamet essentia subiecti proprii singularis. 40

Non est igitur opinandum quod PHILOSOPHUS, in illa parte, de unitate substantiae separatae secundum se tantum determinare

12-40 est... singularis *om. B*   15 et² *Arist.*] ex *x* (*om. B*)   ut *supplevi ex Arist.* 22 huius] huiusmodi *E* (*om. B*)   23 motu *AE* (*om. B*)   27 prosequendam *AE* (*om.* B)   28 habens] hiis *C* (*om. B*)   34 immateriali] in materiali *A* (*om. B*)   39 huius formae *inv. E* (*om. B*)   40 ipsamet] ipsa *A* (*om. B*)   41 ergo *B*   41-42 de unitate *om. A*

14 unumquodque - 16 singularia : ARIST., *Metaph.*, VIII (H), 6, 1045 b 5-7. 32 ens - unumquodque : ARIST., *Metaph.*, VIII (H), 6, 1045 b 1.

intendat, quemadmodum expositores quidam dant intelligere;
magnam enim improbitatem contineret sermo dicentis quod PHI-
45 LOSOPHUS, qui nihil in scripturis suis sine maxima congruentia
ordinavit, de unitate substantiae separatae et simplicis ex intentione
determinaret in tractatu sensibilium et compositorum, cum ante
tres ultimos tractatus P h i l o s o p h i a e   P r i m a e de tali materia
conveniens non sit determinare.

50   Praeterea, absurdum est dicere quod PHILOSOPHUS ibidem, aut
alibi, de unitate substantiae simplicis determinare intendat, cum
vel partes non habeat, quae unam constituant substantiam separatam a materia, vel si simplex esse nobis nota est, hoc ipso simpliciter nota est esse una. Unde PHILOSOPHUS in 7° P h i l o s o-
55 p h i a e   P r i m a e: *Quaerere*, inquit, quare idem est id ipsum,
sive *propter quid ipsum est ipsum*, non est quaerere, sive *nihil est
quaerere*. Nusquam autem reperitur dixisse PHILOSOPHUS quod immateriales huiusmodi substantiae separatae partem et partem
habeant, aut ex partibus aliquibus compositum aliquod unum
60 constituant in se ipsis et secundum se; frivolum igitur est illi
insistere expositioni.

Verum, quoniam aliquod invenitur compositum, cuius forma per
materiam in esse non constituitur, nec materia eius est ens in potentia, quae in actum extrahatur, seu cuius potentia materiae non
65 fit neque fieri potest actus huiusmodi, scilicet immaterialis, ut in
corporibus caelestibus ac etiam in homine, nisi PHILOSOPHUS de
unione formae huiusmodi cum sua materia nobis aliquid deter-
minasset, insufficiens fuisset utique, et de magna difficultate, ad
doctrinam suam pertinente, nullam nobis evasionis viam reliquisset.
70 Sed PHILOSOPHUS magis cautus erat, ut visum est.

Demum ergo dixit: *Quaecumque vero non habent materiam, omnia
simpliciter quod vere entia aliquid.* Super quo COMMENTATOR: *Omnia*

---

43 dant] dicunt *B*   47 cum] et *AE*   51 substantiae] aut *add. B*   determinaret *x, sed corr.* -re *E²*   52 constituunt *B*   53 est *om. B*   54 in *iter. A*   55
Quaerere] Quare *AE*   quare *del. E¹*   60 constituunt *D*   ergo *B*   61 exponi
A   65 neque] nec *AE*   scilicet immaterialis *om. A*   66 nisi] non *A*   67
forma *A*   huius *B*   69 nullam] illam *B*   72 quod vere] quae vera *B*   Omnia...] Nota qualiter essentia talium entium attribuitur rebus quae sunt perfectio

55 Quaerere - 57 quaerere: ARIST., *Metaph.*, VII (Z), 17, 1041 a 14-15.
71 Quaecumque - 72 aliquid: ARIST., *Metaph.*, VIII (H), 6, 1045 b 23.
72 Omnia - 78 corpori: AVER., *Metaph.*, VIII, 16. Ed. Venet. 1562, f. 225 F.

vero quae non habent materiam simpliciter, neque sensibilem neque
intelligibilem, essentia eorum per quam sunt entia, non attribuitur
in suo esse quibusdam rebus, quae non sunt perfectio materiae omnino, 75
et attribuitur quibusdam. Et intendit per hoc, inquit COMMENTATOR,
intelligentias abstractas, quae attribuuntur corporibus caelestibus,
secundum quod anima attribuitur corpori. Intendit igitur PHILO-
SOPHUS quod, sicut materiam habentium *nulla* est *causa alia* essendi
unum ex forma et materia, *nisi* id quod est *ut movens ex potentia* 80
ad actum, sic *quaecumque non habent materiam, omnia simpliciter,*
sine transmutatione — inquam — et sine movente, sunt *quod vere*
entia aliquid et vere unum similiter. Unde COMMENTATOR : *Et ideo*
illa quae non habent materiam, non habent causam aliam a se ipsis,
in hoc quod sunt unum, et in hoc quod sunt ens, e contrario his, quae 85
sunt in materiis ; per formas enim sunt composita ex forma et materia
unum aliquid *et ens aliquid*, ut iam dictum est prius.

CAPITULUM 29

QUOD IMMATERIALIS FORMA CUM SUA MATERIA SIVE SUB-
IECTO MAGIS UNITUR QUAM FORMA MATERIALIS CUM 90
SUA MATERIA

Non lateat autem nos quod *habens formam aliquam et speciem*
magis unum est, ex materia quidem et forma compositum, quam
ipsum continuum sit unum, ut vult PHILOSOPHUS 10º. *Causa* enim,
ut inquit COMMENTATOR, *in hoc quod individuum sit unum, est forma* 95
eius ; ergo forma dignius dicitur unum cum materia *quam continuum,*

materiae quodammodo ut visum est, quia non attribui rebus, quae non sunt
perfectio materiae omnino aequipollet ei, quod est attribui illis quae sunt perfectio.
i.m. D¹.

73 neque¹ *om. AE, sed rest. in ras.* E² 76 intendit] philosophus *add.* x 78 ergo B
84 causam *om.* A 87 aliquid¹] aliquod CDE aliquid² *Aver.*] aliquod codd.
89 materialis AE sive] sine A 94 sit] fit CD Causam D

79 nulla - 83 aliquid : ARIST., *Metaph.*, VIII (H), 6, 1045 b 21-23.
83 Et - 87 aliquid² : AVER., *Metaph.*, VIII, 16. Ed. Venet. 1562, f. 224 M.
87 prius : c. 26.
92 habens - 93 magis : ARIST., *Metaph.*, X (I), 1, 1052 a 22-23.
94 Causa - 97 causa : AVER., *Metaph.*, X, 1. Ed. Venet. 1562, f. 250 C.

cum forma continuationis sit causa. Et hinc patet quod magis unum
est id, quod a forma sive substantia unum est, quam id quod unum
est per aliquid additum, quod in genere quidem est quantitatis.
00   Rursus, circa principium 2[1] D e C a e l o scribit idem COMMEN-
TATOR quod *formam istam,* demonstratam scilicet materialem,
recipiens et adunatum cum ea est corpus corruptibile, ad quod sequuntur
dimensiones corruptibiles *et alia accidentia, quae in eo inveniuntur;*
et ideo forma et formatum sunt in eo idem numero, sed secundum
5 *dispositionem,* inquit, *magis diminutam, quam sit adunatio recipientis*
et recepti in forma abstracta. Et causa, inquit, *istius adunationis inter*
talem formam et suam materiam est, quia non cohaeret suae materiae
mediantibus dimensionibus, sicut formae generabiles et corruptibiles.
Quapropter haec, inquit, *materia caret potentia.* Cuicumque enim
10 materiae mediantibus dimensionibus inest sua forma, hanc quidem
formam necesse est divisibilem esse secundum materiae divisionem,
et per consequens finitam habere virtutem, ac materialem, et non
abstractam. Quinimmo, cum nulla forma per se divisibilis existat,
necesse est omnem formam divisibilem per materiam, cui inest,
15 divisibilitatis rationi subiacere, propter quod mediantibus dimensionibus necesse est in materia recipi omnem formam materialem,
ut probatur in libro D e S u b s t a n t i a O r b i s , alioquin fieret
magnitudo ex non magnitudinibus, quod est contra PHILOSOPHUM
1º D e G e n e r a t i o n e ac 3º D e C a e l o .
20   Non est autem opinandum quod sub perfecta ratione accidentium
dimensiones in materia praecedant formam substantialem, cum
subiecta natura cum forma causa sit omnium *quae fiunt* aut sunt
in materia, *sicut mater* et causa receptiva, immo quemadmodum
subiectum generationis est ens in potentia, et non in actu completo,
25 sic et dimensiones necesse est in potentia esse similiter seu non
terminatas et imperfectas, quaetenus accidens subiecto propor-

98 sive] a *add. A*   98-99 quam... est[2] *om. C*   99 aliquod *BA*   aditum *A*
in... quantitatis] quidem est quantitas *B*   00 2[i]] etiam *C*   1 demonstrantem *C*
2 corruptibile] incorruptibile *Aver.*   3 corruptibiles] corporales *Aver.*   9 haec]
hoc *B*   materia *om. B*   Cuique *A*   9-10 enim materiae *inv. B*   16 materia]
-am *B*   22 causa sit *inv. B*   25 esse similiter *inv. AE*

1 formam - 9 potentia : AVER., *De Caelo*, II, 3. Ed. Venet. 1562, f. 97 B-C.
15 mediantibus - 16 materialem : AVER., *De Subst. Orbis*, c. 1. Ed. Venet. 1562, f. 4-5.
17 fieret - 18 magnitudinibus : ARIST., *De Gener.*, I, 2, 316 b 4-5; *De Caelo*, III, 1.
22 subiecta - 23 mater : ARIST., *Physic.*, I, 9, 192 a 13-14.

tionetur, ut quale est esse substantiae, tale sit et accidentis quod
est in illa. Unde dimensiones huiusmodi, quae sunt accidens in-
completum, incompletam substantiam praesupponunt necessario,
quae est materia ens substantia in potentia seu actu incompleto, 30
quemadmodum accidentia in actu substantiam in actu praesupponunt, cum prior accidentibus *notitia, ratione et tempore sit sub-*
stantia, quae materiam quidem, et formam, ac compositum secundum
distinctionem communem in se complectitur. Et hoc etiam vult
Averroes in libro D e S u b s t a n t i a O r b i s.   35

SEQUITUR QUARTA PARS

---

32 cum] tamen *B*   34 etiam vult *inv. B*   36 Sequitur...] *om. BCD* : Explicit
tertia pars *A* : *iter. E rubricator*

32 prior - substantia : Arist., *Metaph.*, VII (Z), 1, 1028 a 32-33.
34 Et... : Aver., *De Subst. Orbis*, c. 1. Ed. Venet. 1562, f. 4 A-B.

TABLES

SIGLES ET ABRÉVIATIONS

A	= cod. Bruxellensis 7500	a. 1471
B	= cod. Bruxellensis 271	ca 1400-1425
B'	= manus Nicolai de Cusa in *B*	
C	= cod. Audomarensis 587	saec. XV
D	= cod. Audomarensis 588	a. 1450
E	= cod. Vaticanus latinus 2191	ca 1450
x	= consensus *ACDE*	
Leidensis	= cod. Universitatis, BPL 64	

add.	: addidit
cfr	: au début d'une référence, exprime que l'identification est incertaine
codd.	: codices
comp.	: compendium
corr.	: correxit
del.	: delevit
exp.	: expunxit
i.m.	: in margine
inv.	: invertit
iter.	: iteravit
lac.	: lacuna
lin.	: linea
mg	: (en exposant) in margine
om.	: omisit
p. corr.	: post correctionem
ras.	: rasura
rest.	: restituit
scr.	: scripsit
s. lin.	: supra lineam
…	: usque ad

***	: omission supposée
///	: rasure de 3 lettres
⟨ ⟩	: texte à ajouter
[ ]	: texte à supprimer
† ... †	: corruption
exposant	: 1) les mots se trouvant plusieurs fois dans la même ligne, sont précisés par un chiffre en exposant, p. ex. per^1, per^2.
	2) un chiffre ou la lettre x en exposant aux sigles des manuscrits indiquent une « main », p. ex. D^1 (première main du ms. D), E^2 (deuxième main du ms. E), C^x (main du ms. C non identifiée avec certitude).

TABLE BIBLIOGRAPHIQUE

I. *Manuscrits*

BRUGGE, *Stadsbibliotheek, 478* : 11.
LEIDEN, *Universiteit, B.P.L. 64* : 187, 191.
OXFORD, *Merton College, 275* : 87, 131.
VATICANO, *lat. 1311* : 239.

II. *Imprimés*

Abréviations employées dans cette table

Archives HDLMA	: Archives d'Histoire Doctrinale et Littéraire du Moyen Age, Paris.
CAG	: Commentaria in Aristotelem Graeca, Berolini.
CAG lat.	: Corpus Latinum Commentariorum in Aristotelem Graecorum, Louvain.
CCAA	: Corpus Commentariorum Averrois in Aristotelem, Cambridge/Mass.
CSEL	: Corpus Scriptorum Ecclesiasticorum Latinorum, Vindobonae.
PG	: Patrologia Graeca, ed. J. P. Migne, Parisiis.
PL	: Patrologia Latina, ed. J. P. Migne, Parisiis.

[AEGIDIUS ROMANUS], *Expositio domini Egidii Romani super libros de Anima cum textu. De materia celi contra Averroim. De intellectu possibili. De gradibus formarum.* Venetiis, 1500.

—— *Egidio Romano. De plurificatione intellectus possibilis* a cura di H. B. BARRACCO. Roma, 1957.

[ALBERTUS MAGNUS], *B. Alberti Magni ... opera omnia,* cura ac labore Augusti BORGNET, 38 vol. Parisiis, 1890-1899.

—— *Sancti doctoris Ecclesiae Alberti Magni ... Opera omnia ... edenda ... curavit* Institutum Alberti Magni Coloniense Bernhardo Geyer Praeside. Monasterii Westfalorum, 1951 sqq. (= Editio Coloniensis).

—— *De XV Problematibus,* éd. P. MANDONNET dans *Siger de Brabant et l'Averroïsme latin au XIIIᵉ siècle,* II (1908), p. 27-52.

ALFARABI, *De Intellectu et Intellecto*. Texte latin médiéval publié par E. GILSON dans *Archives HDLMA*, 4 (1929), p. 108-126.

[ALHAZEN], *Opticae Thesaurus. Alhazeni Arabis libri septem, nunc primum editi. Eiusdem liber de Crepusculis et Nubium ascensionibus. Item Vitellonis Thuringopoloni libri X.* Omnes instaurati ... a F. RISNERO. Basileae, 1572.

ALONSO M., vide : Petrus Hispanus.

[ARISTOTELES], *Aristoteles graece, ex recensione Bekkeri. Ed. Academia regia Borussica*, 2 vol. Berolini, 1831.

—— *Categoriae vel Praedicamenta. Translatio Boethii, Editio composita, Translatio Guillelmi de Moerbeka, Lemmata e Simplicii commentario decerpta, Pseudo-Augustini Paraphrasis Themistiana*, ed. L. MINIO-PALUELLO (Corpus Philosophorum Medii Aevi. Aristoteles Latinus, I. 1-5). Bruges-Paris, 1961.

—— *De Anima*. Vetus translatio ed. M. ALONSO in *Pedro Hispano. Obras Filosóficas*, III (1952).

—— *Aristotele. De Motu Animalium*, a cura di L. TORRACA (Collana di Studi Greci, XXX). Napoli, 1958. — La traduction de Guillaume de Moerbeke se lit p. 53-63.

—— *Aristotelis Ars Rhetorica*, cum adnotatione L. SPENGEL. Accidit vetusta translatio Latina, 2 vol. Lipsiae, 1867.

[AUGUSTINUS], *Opera omnia.* PL, tt. 32-46.

—— *Sancti Aureli Augustini De Genesi ad litteram libri duodecim, eiusdem libri capitula, De Genesi ad litteram inperfectus liber, Locutionum in Heptateuchum libri septem*, rec. Ios. ZYCHA (CSEL, XXVIII. 1). Vindobonae, 1894.

[AVERROES], *Aristotelis opera cum Averrois commentaria.* Venetiis, 1562-1574.

—— *Averrois Cordubensis Commentarium Medium in Aristotelis De Generatione et Corruptione libros*, rec. F. H. FOBES adiuvante S. KURLAND (CCAA. Versionum Latinarum vol. IV. 1). Cambridge/Mass., 1956.

—— *Averrois Cordubensis Commentarium Magnum in Aristotelis De Anima libros*, rec. F. St. CRAWFORD (CCAA. Versionum Latinarum vol. VI. 1). Cambridge/Mass., 1953.

[AVICENNA], *Avicenne perhypatetici philosophi ac medicorum facile primi opera in lucem redacta, ac nuper quantum ars niti potuit per canonicos emendata.* Venetiis, 1508.

—— *Metaphysica Avicenne sive eius prima philosophia* optime castigata per FRANC. DE MACERATA et ANT. FRACHANTIANUM. Venetiis, 1495.

—— *Liber Canonis Avicenne revisus et ab omni errore mendaque purgatus summaque cum diligentia impressus.* Venetiis, 1507.

[Ps.-DIONYSIUS], *Opera.* PG, tt. 3-4.

—— *Dionysiaca. Recueil donnant l'ensemble des traductions latines des ouvrages attribués à Denys de l'Aréopage et synopse...*, 2 vol. (ed. Ph. CHEVALLIER cum sociis. Brugis et Parisiis, 1937-1948).

DUHEM P., *Le système du monde. Histoire des doctrines cosmologiques de Platon à Copernic.* Tome II, nouveau tirage. Paris, 1954.

[EUSTRATIUS], *Eustratii et Michaelis et anonyma in Ethica Nicomachea commentaria*, ed. G. HEYLBUT (CAG, vol. XX). Berolini, 1892.

[GALENUS], *Claudii Galeni opera omnia*, 20 vol. Editionem curavit C. G. KÜHN (Medicorum graecorum opera quae exstant). Lipsiae, 1821-1833.

[GEBER AVEN AFFLAH], *Instrumentum primi mobilis, a Petro Apiano nunc primum et inventum et in lucem editum... Accedunt iis Gebri Filii Affla Hispalensis Astronomi vetustissimi pariter et peritissimi, libri IX de Astronomia, ante aliquot secula Arabice scripti, et per Giriardum Cremonensem latinitate donati, nunc vero omnium primum in lucem editi*. Norimbergae, 1534.

GILSON E., *Les sources gréco-arabes de l'augustinisme avicennisant*. Appendice I : *Le texte latin médiéval du* De intellectu *d'Alfarabi* dans *Archives HDLMA*, IV (1929), p. 108-141.

—— *L'âme raisonnable chez Albert le Grand* dans *Archives HDLMA*, 14 (1943-1945), p. 5-72.

HENLE R. J., *Saint Thomas and Platonism. A Study of the* Plato *and* Platonici *Texts in the Writings of Saint Thomas*. The Hague, 1956.

HENRICUS BATE, *Speculum Divinorum et quorundam Naturalium*, éd. critique par E. VAN DE VYVER. Tome I : *Introduction, Littera dedicatoria, Tabula capitulorum, Prooemium, Pars I* (Philosophes médiévaux, IV). Louvain-Paris, 1960.

[IOHANNES PECHAM], *Io. Archiepiscopi Cantuariensis Perspectiva communis* per L. GAURICUM Neapolitanum emendata. S.l.n.d. (Venetiis, 1504).

[IOHANNES PHILOPONUS], *Jean Philopon. Commentaire sur le De Anima d'Aristote. Traduction de Guillaume de Moerbeke*. Édition critique avec une introduction sur la psychologie de Philopon par G. VERBEKE (CAG lat., III). Louvain-Paris, 1966.

[*Liber De Causis*], *Le* Liber de causis. Édition établie à l'aide de 90 manuscrits avec introduction et notes par A. PATTIN. Leuven, (1966). Tiré à part de la revue *Tijdschrift voor Filosofie*, 28 (1966), p. 90-203.

[MAIMONIDES], *Rabi Mossei Aegyptii Dux seu Director dubitantium aut perplexorum, in treis Libros divisus*, et summa accuratione Reverendi patris Augustini IUSTINIANI ordinis Praedicatorii Nebiensium Episcopi recognitus. Parisiis, 1520.

—— *Le guide des égarés. Traité de théologie et de philosophie par Moïse ben Maimoun dit Maïmonide*, traduit... par S. MUNK, nouvelle éd., 3 vol. Paris, 1960.

MANDONNET P., *Siger de Brabant et l'Averroïsme latin au XIIIe siècle*, deux. éd. revue et augmentée. Partie II : *Textes inédits* (Les Philosophes Belges, VII). Louvain, 1908.

MANSION A., *Introduction à la Physique Aristotélicienne*, deux. éd. revue et augmentée (Aristote. Traductions et études). Louvain-Paris, 1946.

[PETRUS HISPANUS], *Pedro Hispano. Obras Filosóficas*, edición, introducción y notas por el P. M. ALONSO. Tome III : *Expositio libri de anima, De morte et vita et De causis longitudinis et brevitatis vitae, Liber naturalis de rebus principalibus* (Consejo Superior de Investigaciones Scientíficas. Instituto de Filosofía « Luis Vives », Serie A, num. 4). Madrid, 1952.

[PLATO], Paginae citantur secundum Stephanum. Parisiis, 1578.

—— *Phédon*. Texte établi et traduit par L. ROBIN (Collection des Universités de France. *Platon. Œuvres complètes*, tom. IV, 1). Paris, 1949.

—— *Timée- Critias*. Texte établi et traduit par A. RIVAUD (Collection des Universités de France. *Platon. Œuvres complètes*, tom. X). Paris, 1949.

—— *Phaedo interprete Henrico Aristippo*, edidit et praefatione instruxit L. MINIO-PALUELLO adiuvante H. J. DROSSAART LULOFS. (Corpus Platonicum Medii Aevi. Plato Latinus, vol. II). Londinii, 1950.

—— *Timaeus, a Calcidio translatus commentarioque instructus*, in societatem operis coniuncto P. J. JENSEN edidit J. H. WASZINK (Corpus Platonicum Medii Aevi. Plato Latinus, vol. IV). Londinii et Leidae, 1962.

[PROCLUS], *The Elements of Theology*. A revised Text with Translation, Introduction and Commentary by E. R. DODDS. Oxford, 1933.

—— *Procli Elementatio theologica translata a Guilelmo de Moerbeke (textus ineditus)*, éd. C. VANSTEENKISTE, dans *Tijdschrift voor Philosophie*, 13 (1951), p. 263-302 et 491-531.

[PTOLEMAEUS], *Claudii Ptolemaei opera quae extant omnia*. Vol. I, 1-2 : *Syntaxis Mathematica* ed. J. L. HEIBERG (Bibl. Teubneriana). Lipsiae, 1898-1903.

—— *Almagestum Cl. Ptolemei Pheludiensis Alexandrini Astronomorum principis. Opus ingens ac nobile omnes Celorum motus continens*, ed. P. LIECHTEN-STEIN. Venetiis, 1515.

[ROGERUS BACO], *The « Opus Majus »* of Roger Bacon edited, with Introduction and analytical Table by J. H. BRIDGES, 2 vol. Oxford, 1897.

[SENECA], *L. Annaei Senecae opera quae supersunt*. Vol III. *Ad Lucilium epistularum moralium quae supersunt*, iterum edidit, *Supplementum Quirinianum* adiecit O. HENSE (Bibl. Teubneriana). Lipsiae, 1921.

SIGERUS DE BRABANTIA, *Quaestiones de Anima Intellectiva*, éd. P. MANDONNET, *Siger de Brabant et l'Averroïsme latin au XIIIe siècle*, II (1908), p. 143-171.

[SIMPLICIUS], *Simplicii in Aristotelis De Caelo commentaria*, ed. J. L. HEIBERG (CAG, vol. VII). Berolini, 1894.

[THEMISTIUS], *Themistii in libros Aristotelis De Anima paraphrasis*, ed. R. HEINZE (CAG, vol. V, pars III). Berolini, 1899.

—— *Thémistius. Commentaire sur le Traité de l'Âme d'Aristote. Traduction de Guillaume de Moerbeke*. Édition critique et étude par G. VERBEKE (CAG lat. I). Louvain-Paris, 1957.

[THOMAS DE AQUINO], *Sancti Thomae Aquinatis Doctoris Angelici opera omnia iussu edita Leonis XIII P.M*. Romae, 1882 sqq.

—— *S. Thomae Aquinatis in octo libros De Physico Auditu sive Physicorum Aristotelis commentaria*. Editio novissima cura ac studio A.-M. PIROTTA. Neapoli, 1953.

—— *S. Thomae Aquinatis in Aristotelis libros De Caelo et Mundo, De Generatione et Corruptione, Meteorologicorum expositio*, cum textu ex recensione Leonina, cura et studio R. M. SPIAZZI. Taurini-Romae, 1952.

—— *Sancti Thomae Aquinatis in Aristotelis librum De Anima commentarium*, cura ac studio A. M. PIROTTA. Editio secunda. Taurini, 1936.

—— *S, Thomae Aquinatis in Aristotelis libros De Sensu et Sensato, De Memoria et*

Reminiscentia commentarium, cura et studio R. M. Spiazzi. Taurini-Romae, 1949.

—— *Sancti Thomae Aquinatis in Metaphysicam Aristotelis commentaria*, cura et studio M.-R. Cathala. Tertia editio stereotypa attente recognita. Taurini, 1935.

—— *Sancti Thomae de Aquino super Librum De Causis expositio*, par H. D. Saffrey (Textus philosophici Friburgenses, 4/5). Fribourg-Louvain, 1954.

—— *S. Thomae Aquinatis Quaestiones Disputatae*. Vol I. *De Veritate*, cura et studio R. Spiazzi. Editio VIII revisa. Taurini-Romae, 1949.

—— *Sancti Thomae Aquinatis tractatus de unitate intellectus contra Averroistas*, ed. L. Keeler (Textus et documenta. Series philosophica, 12). Romae, 1946.

TABLE ONOMASTIQUE

Caractères romains : noms des personnes.
Caractères italiques : noms des lieux et des astres.

TABLE DES SOURCES

Les chiffres en caractères romains renvoient aux citations non-littérales;
Les chiffres en italiques, aux citations littérales;
Les chiffres entre parenthèses, aux citations d'identification incertaine.
Les chiffres placés en exposant indiquent combien de fois une source est citée
à la même page.

TABLE ANALYTIQUE DES MATIÈRES

SECUNDA PARS

TERTIA PARS

TABLES

E. Van de Vyver, *Henricus Bate. Speculum Divinorum et quorundam Naturalium.* Supplément au Tome II, 1967.

ADDITIONS ET CORRECTIONS AU TOME I

p. xxvii, col. a, lin. 4 : dem *au lieu de* dam

     lin. 13 : Quomodocumque *au lieu de* Quocumque

   col. b, lin. 4 : § 75, 49-60 *au lieu de* § 75, 49-56

p. lii : A propos de la description de la miniature on tiendra compte de l'article de Mme N. Goldine : *Henri Bate, chanoine et chantre de la cathédrale Saint-Lambert à Liège et théoricien de la musique* dans *Revue Belge de Musicologie*, 18 (1964), p. 10-27. Aux pages 12-14 elle écrit :

> Qu'il s'agisse bien ici d'une leçon de chant, la miniature en témoigne encore par la pose de l'auditeur assis à l'extrémité droite de la peinture : il suit avec une extrême attention l'exposé du maître et il semble tenir la main gauche, non sur la poitrine comme le dit Dom Van de Vyver, mais levée vers lui, adoptant ainsi l'attitude typique du clerc qui apprend la musique et qui s'efforce de mémoriser les secrets de la main guidonienne. On peut suggérer une interprétation d'un tout autre ordre : il s'agirait d'une interprétation symbolique de l'enseignement de Henri Bate : posant la main sur le *Speculum* qui constitue l'essentiel de ses connaissances, il aurait parmi ses auditeurs, un représentant de la musique qu'il enseigna à la cathédrale, tandis qu'un autre, méditatif et recueilli, évoquerait la philosophie exposée par le maître dans son *compendium*.

p. lxxii : Le professeur P. J. H. Vermeeren a établi que le *codex E* a été écrit aux Pays-Bas, dans un atelier d'Utrecht qui, selon toute vraisemblance, était installé chez les chartreux de Nieuwlicht à Bloemendaal aan de Vecht près d'Utrecht. Voir *Le codex Vaticanus latinus 2191 fruit d'une collaboration Neerlando-Italienne du milieu du quinzième siècle* dans *Mélanges Eugène Tisserant*, vol. VII (Studi e Testi, 237), Città del Vaticano, 1964, p. 359-372. Ceci confirme notre hypothèse selon laquelle le *codex E* aurait été procuré au Pape Nicolas V par l'intermédiaire du cardinal Nicolas de Cuse (voir p. xcvi). En effet, d'après le témoignage de Frédéric de Heilo, le cardinal-légat s'est arrêté à Utrecht pendant plusieurs jours du mois de septembre 1450. Voir J. C. POOL, *Frederik van Heilo en zijn schriften*, Amsterdam, 1866, p. 146 et 155.

p. 53, lin. 32-42 : tuita discrepat etiam *Romanorum imperium*, initialiter quidem a consulibus gubernatum et postmodum a caesaribus, ac tandem *ad Germanos translatum in personam* imperatoris *magnifici Karoli* Magni. Huius itaque pronepos, Karolus quidem Teutonicus, imperator ultimus de sua stirpe legitimus, qui secundum quod in chronicis reperitur, *in divisione orientalis regni minimam inter fratres portionem acceperat, ad tantum primo fastigium* ascendens *ut tam orientalia quam occidentalia* simul *regna cum Romano susciperet imperio, ad tantam postremo deiectionem venit ut panis etiam egeret*, secundum *fortunae ludum in modum rotae nunc summa nunc ima pervertentis*. Demum,

32 Romanorum - 35 Magni : INNOCENTIUS III, *Registrum super negotio Romani Imperii*, epist. 62 : Venerabilem (= *Decr.* lib. I, tit. VI, c. 34). PL 216, 1065 C.

37 in - 42 pervertentis : OTTO FRISINGENSIS, *Chronica de duabus civitatibus*, lib. VI, c. 9. Ed. HOFMEISTER, p. 270, 30-34 et p. 271, 4-5.

p. 62, apparat des sources, lin. 2-3 :

50 omnis - 53 naturam : S. THOMAS, *C.G.*, lib. III, c. 25, ed. Leon. XIV, p. 67 b 3 sqq. et c. 50, ed. cit., p. 138 b 13-16.

p. 72, ajouter en tête de l'apparat des variantes :

24 alhaten *B* : alhacen *x, ut semper*   1°] *post* Perspectivae *B* : prime *A*

p. 73, ajouter à l'apparat des sources :

67 quia - aliqua : S. THOMAS, *C.G.*, lib. III, c. 51. Ed. Leon. XIV, p. 140, 10-12 : « Species autem intelligibilis, unita intellectui, non constituit aliquam naturam ».

p. 76, lin. 32 : *categoriis*, ait PHILOSOPHUS. *Omne* enim *quod fit, ex aliquo fit*

32 Omne - fit² : ARIST., *Metaph.*, IX (Θ), 8, 1049 b 28.

33 compositum - 36 accidens : ARIST., *Metaph.*, VII (Z), 8, 1033 b 8-19.

p. 103, lin. 56, *supprimer* : semper.

variantes, lin. 56 : aer] semper *add. B²* au lieu de semper *om. x*

p. 118, apparat des sources, lin. 3 : p. 141, 10 - 142, 35.

p. 121, ajouter à l'apparat des sources :

29 Extremitas - 32 quantitas : S. THOMAS, *In De Sensu*, lect. 6, n. 93.

p. 148, apparat des sources :

37 omnis - ratio : *Ibidem*, II, 12, 424 a 27-28 et III, 2, 426 b 3 et 7.

p. 156, lin. 18-19 : sine alteratione. Et secundum hoc dicit PHILOSOPHUS *sensus alterationes esse* sive *passiones*; praecise tamen loquendo, ipsa

18 sensus - 19 passiones : ARIST., *De Motu Animal.*, 7, 701 b 17-18 et 23.

p. 158, lin. 89 : ri <principio> perfectio dependet sensus...

85 esset *post* infinitum *AE*   87 dicitur *post* sentio *B*   89 principio *supplevi* (*vide infra, p. 180, 31-32*)

p. 183, lin. 88-89 :   Adhuc, *scientia quae est cognitio speculativa, et prudentia quae est ratio practica,* non exercentur actu per animam nisi

88 scientia - 89 practica : S. THOMAS, *In Physic.*, lib. VII, lect. 6, n. 7. Ed. Leon. II, p. 344 a.

89 non - 90 motionum : ARIST., *Physica*, VII, 3, 247 b 23-24.

p. 189, apparat des sources, lin. 1 : 460 b 3-4.

p. 211, lin. 44 : cacissimus sensuum *sensus visus*, qui, quoniam *spiritualior est*

44 sensus - est : S. THOMAS, *In De Anima*, lib. II, lect. 14, nn. 417-418.

p. 211, lin. 62-64 : in phantasmatibus intelliguntur. Unde *vis sensitiva in sui supremo participat aliquid de vi intellectiva in homine, in quo sensus intellectui copulatur.* Ex quo relinquitur quod inter sen-

62 vis - 64 copulatur : S. THOMAS, *In De Anima*, lib. II, lect. 13, n. 397.

p. 231, lin. 14 (Leyde), lire : xxi, cii, 64, 65, 207.

p. 235, lin. 13, lire : *ments*, 7 vol. Paris, 1849-1885.

p. 235, ajouter : DE SEYN E., *Dictionnaire biographique des Sciences, des Lettres et des Arts en Belgique,* 2 vol. Bruxelles, 1935-1936.

p. 237, ajouter : [INNOCENTIUS III], *Innocentii III Romani Pontificis opera omnia.* PL 214-217.

p. 238, ajouter : NAMUR P., *Histoire des bibliothèques publiques de la Belgique,* 3 vol. : I. *Histoire des bibliothèques publiques de Bruxelles*; II. *Histoire de la bibliothèque publique de Louvain*; III. *Histoire de la bibliothèque publique de Liège.* Bruxelles, 1840, 1841, 1842.

p. 239, ajouter : [OTTO FRISINGENSIS], *Ottonis episcopi Frisingensis Chronica sive Historia de duabus civitatibus,* ed. altera recognovit A. HOFMEISTER (MGH Scriptores rerum Germanicarum in usum scholarum, 45). Hannoverae et Lipsiae, 1912.

p. 247, col. a, lin. 6 : multi : 71, 80, 170.

       sub *Avicenna*, lin. 3 : 180-182,

p. 248, col. a, sub *Platonici*, lin. 2 ajouter : 176.

p. 249, col. b, lin. 16-17 :   n. 21   .   .   101.

                lib. III, c. 2, n. 9-14   .   .   157.

       supprimer lin. 18.

p. 250, col. a, sub *De Generatione et Corruptione* ajouter :

            lib. II, c. 10   .   .   .   .   50.

      col. b, sub *De Anima*, lin. 2 : 170 au lieu de *170.*

                      lin. 3 : *50* a.l.d. 156

                      lin. 5 : 156 a.l.d. 156^2

                      supprimer lin. 9 : c. 11 ...

                      lin. 12 : 80, 148, *148*, ...

                      lin. 19 : 60, 150, 174.

p. 251, col. a, sub *De Motu Animalium*, lin. 1 : *156*² a.l.d. *156*

    sub *Metaphysica, lib. IX*, ajouter :

        c. 8 . . . . *76.*

    col. b, sub *De Mundo*, ajouter : c. 7 . . . *50.*

    sub *De Anima*, lin. 2 : com. 69 a.l.d. com. 67

p. 253, col. a, lin. 18 : *De Morbo et Accidente, IV*

    col. b, ajouter :

INNOCENTIUS III.

Registrum super negotio Romani Imperii.

    epist. 62 . . . . . *53.*

OTTO FRISINGENSIS.

Chronica de duabus civitatibus.

    lib. VI, c. 9 . . . . . *53.*

p. 254, col. a, sub Themistius, *In De Anima*, lin. 3 : lib. IV (Arist., II, 7)

    col. b :

THOMAS DE AQUINO (EXPOSITOR).

In Physicam.

    lib. III, lect. 13 . . . 94.

    lib. VII, lect. 6 . . . *183.*

In De Anima.

    lib. II, lect. 13 . . . *211.*

        lect. 14 . . (73), *211.*

In De Sensu, lin. 2 : 121, *122.*

Summa contra Gentiles.

    lib. I, c. 102 . . . (51).

    lib. III, c. 25 . . 62, *63*³.

        c. 45 . . . *59.*

        c. 50 . . . 62.

        c. 51 . . . 73.

Loci non inventi.

    De Priamo, rege Troiae . . . . 51, 89-91.

    De sancto Henrico, imperatore . . . 53, 43-48.

Imprimerie Orientaliste, S.P.R.L., Louvain (Belgique)

D/1967/0602/11.